谨以此书献给辽宁社会科学院建院50周年

辽宁社会科学院学者文库

改革与发展
——辽宁区域经济社会若干问题研究

王宝民 著

王宝民文集

社会科学文献出版社
SOCIAL SCIENCES ACADEMIC PRESS (CHINA)

图书在版编目（CIP）数据

改革与发展：辽宁区域经济社会若干问题研究：王宝民文集/王宝民著.—北京：社会科学文献出版社，2013.12
（辽宁社会科学院学者文库）
ISBN 978-7-5097-5592-1

Ⅰ.①改… Ⅱ.①王… Ⅲ.①区域经济发展-辽宁省-文集②社会发展-辽宁省-文集 Ⅳ.①F127.31-53

中国版本图书馆CIP数据核字（2014）第012474号

·辽宁社会科学院学者文库·

改革与发展·王宝民文集
——辽宁区域经济社会若干问题研究

著　　者／王宝民

出 版 人／谢寿光
出 版 者／社会科学文献出版社
地　　址／北京市西城区北三环中路甲29号院3号楼华龙大厦
邮政编码／100029

责任部门／皮书出版中心（010）59367127　　责任编辑／陈晴钰　丁　凡
电子信箱／pishubu@ssap.cn　　　　　　　　责任校对／李　红
项目统筹／丁　凡　　　　　　　　　　　　　责任印制／岳　阳
经　　销／社会科学文献出版社市场营销中心（010）59367081　59367089
读者服务／读者服务中心（010）59367028

印　　装／三河市东方印刷有限公司
开　　本／787mm×1092mm　1/16　　　印　张／30.5
版　　次／2013年12月第1版　　　　　　字　数／510千字
印　　次／2013年12月第1次印刷
书　　号／ISBN 978-7-5097-5592-1
定　　价／128.00元

本书如有破损、缺页、装订错误，请与本社读者服务中心联系更换

▲ 版权所有　翻印必究

辽宁社会科学院学者文库编委会

主　任　鲍振东
副主任　曹晓峰　孙洪敏　梁启东　牟　岱
编　委（以姓氏笔画为序）
　　　　　王　丹　王凯旋　吕　超　孙　航　李天舒　李劲为
　　　　　沈殿忠　张天维　张思宁　张洪军　张献和　陈　爽
　　　　　高　翔　韩　红　廖晓晴

作者简介

王宝民，1954年12月29日生于辽宁省昌图县。1982年毕业后分配至开原市计划委员会工作，1987年调入辽宁省发展和改革委员会经济研究所，1999年调入辽宁社会科学院。同时，自2002年以来，一直担任辽宁省哲学社会科学规划课题评审专家、辽宁省哲学社会科学成果奖评审专家、辽宁省研究系列学术职称高评委，2006年兼任沈阳化工大学客座教授等。

自1982年大学毕业参加工作以来的30多年间，一直从事国民经济与社会发展的实践性与理论研究性工作。在开原市工作期间，主要从事国民经济与社会发展的计划管理工作，任职副主任。在辽宁省发展和改革委员会经济研究所工作期间，从事经济与社会发展研究工作，任职经济研究处处长，高级经济师。调入辽宁社会科学院后曾任职科研处长、研究员，主要研究方向为区域经济、工业经济和城市经济。在开原市工作期间，主持编制了开原市第七个五年计划。调入辽宁省发展和改革委员会经济研究所和辽宁社会科学院工作后，先后参与了辽宁省"八五"至"十二五"国民经济和社会发展规划的研究与编制工作。30多年来，在国家和省级刊物公开发表和被省、市、县级政府或决策部门采用的研究成果170余篇（部）。主持完成或参与国家级课题6项，辽宁省委、省政府及省重要决策部门课题40余项，市、县课题20余项，并有多项成果获省市科研成果奖。

总　序

时值壬辰，辽宁社会科学院走过了波澜壮阔的五十年征程。经过精心策划和编排，"辽宁社会科学院学者文库"终呈其面，令人欣喜，从中不难窥见中国学术传统的映像和传承，感知社会科学工作者栉风沐雨、砥砺研磨的艰辛劳苦，雄立潮头、凯歌行进的激情与欢乐。

社会科学研究事业于人类的生存发展意义重大。自有人类社会起，就开始了各种方式的对社会规律的探索，以叩问社会之道，寻求社会的良性发展。这些探索已成为人类探索自身的一部分。社会是人的活动域，有关这一场域的属性、构造、关系、机能等的规律性的研讨构成了社会科学的内容。康德生动、精准而有趣地表述了自然、人、社会的关联："大自然迫使人类去加以解决的最大问题，就是建立起一个普遍法治的公民社会。"（《历史理性批判文集》）人类结成社会以解决来自大自然的威胁，或者说人类以社会的方式告别了自己的自然之属。从那一刻起，社会就作为人的结构的一部分而存在，它和人的关系是那样的密切，以至于建设社会就是建设人自身，研究社会就是研究人自己，在对社会的研究中寄托着人类的希望。一个充满活力和希望的社会关联着人类的未来，在马克思的理想中，"人的社会"将"代替那存在着阶级和阶级对立的资产阶级旧社会"，理想社会"将是这样一个联合体，在那里，每一个人的自由发展是一切人的自由发展的条件"（《共产党宣言》）；社会"创造着具有人的本质的这种全部丰富性的人，创造着具有丰富的全面而深刻的感觉的人作为这个社会的恒久的现实"（《1844年经济学哲学手稿》）。对人类未来的期许成就了社会科学研究充类至尽的学术积淀，成就了社会科学研究事业的光昌流丽、兴旺发达。

社会科学研究事业有着不可忽视的学理传统，即要着眼于基础理论的研究。人类社会代有其变，但有着基本的规律贯穿其间，对这些基本规律的研究延续在数千年来对人类社会的体认之中，其成果构成了社会科学理论的深厚传统，凝聚为人类文明的珍贵积淀，影响着各个时代、各种体制下的社会建设。"天有显道，厥类惟彰"（《尚书·泰誓》）。分门别类，彰显根本，对社会之道的追问是社会科学工作者的职责；对人类文明成果的积淀与守护，探索人类社会的运行法则和进步理念，是繁荣发展哲学社会科学研究的题中应有之义。

社会科学研究事业是与时俱进的，这是它的时代性，它由此建立起有差异的合法性、权威性，建立起与所处时代的血脉关联，并以此回应时代之问。时代精神赋予了哲学社会科学分析现实的视角和解决问题的能力，它必须与时代一同发展，葆有向新而在的敏锐性、先锋性，敏锐地在学理传统中整合进时代的质素，以此推进社会的积极发展。对于当下的中国社会科学研究工作者而言，要处理好八种关系，即学术与政治的关系、继承与创新的关系、求真与务实的关系、动机与效果的关系、调查与研究的关系、科研与科普的关系、有为与有位的关系、治学与修身的关系，在全面建设小康社会、开创中国特色社会主义事业新局面的伟大历史进程中，做好本职工作，积极推进哲学社会科学事业发展。

社会科学研究又是一项脚踏实地的事业，它的理论不是面向空中筑楼阁，而是朝向坚实大地的实践结晶，呈具象于大地上繁衍生息的各个人类共同体之中，与具体的生活、建设、发展相联结。它的应用性体现在作为社会管理、政策制定的智库，为具体的社会发展服务。由此，社会科学研究要继续"大兴调查研究之风"的光荣传统。事实上，倡导调查研究是现代中国社会科学研究固有的学术传统，早在 20 世纪初，中国大地上开展的一系列社会调查孕育了现代形态的中国社会科学研究事业，其卓越的成果不仅构架了中国社会科学的基架，而且为中国社会的大变革提供了学理上的合法性依据。当下，中国社会科学研究机构也必须在调查研究中切实致力于发现、认识并解决中国社会的现实问题，把自己打造成党和政府的智囊团。这是它安身立命的价值所在，任何一种脱离了社会现实和应用的社会科学都是没有作为、没有生命力的。

辽宁社会科学院起步于新中国社会主义建设时期的 1962 年，其前身是辽宁省哲学社会科学研究所；迅速发展于改革开放之后，进而蔚为大观。五十春秋，筚路蓝缕，薪火传承，为中国哲学社会科学事业奉献了弥足珍

总 序

贵的学术成果,并作为辽宁省委、省政府的智囊团,为推动辽宁的经济建设、社会发展和文化繁荣作出了应有的贡献,并在此过程中,造就了一支学有专攻、术有所长的学者队伍,涌现出一批学术精英人才。以我国全面建设小康社会关键的"十一五"时期为例。辽宁社会科学院共完成学术成果 3500 项,出版著作 104 部,发表论文、研究报告 3266 篇,有 236 项成果获胡锦涛、李长春、刘云山等国家领导人及省部级领导批示,总字数达 5056 万字。诸多成果不仅显示了特有的学术价值,而且被转化为新政策、新举措付诸实施,带来可观的社会经济效益。有关专家成为辽宁省重点学科——马克思主义哲学、世界经济、金融学、社会学、民俗学、中国语言文学、东北边疆史地史、明清史、东北近现代史、区域经济学的学术带头人。

展望未来,刚刚踏入"十二五"时期的辽宁社会科学院,志在通过五年的努力,建成体制完善、机制灵活、人才聚集、学科布局合理、在国际上有一定影响、在国内位居上游水平、在辽宁省内具有权威地位的哲学社会科学综合性研究机构,成为马克思主义中国化最新成果研究和传播中心、经济社会文化发展战略咨询服务中心、哲学社会科学学术和信息交流中心、地方党委与政府名副其实的思想库和智囊团。

辽宁社会科学院因时而生,为民而谋;孜孜以求,唯兴国以为宏志。共襄五秩盛典,无不鼓舞欢欣,豪情满怀。往事可追,前程在望。感慨系之,谨以为序。

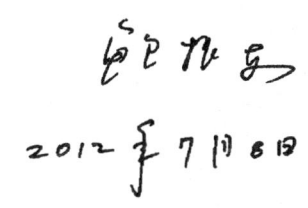

2012 年 7 月 6 日

自 序

出版《辽宁社会科学院学者文库》，对科研人员来说是极有意义的善举。最大的意义在于，可以借此回顾个人的研究与工作历程。这个历程，有可能是从大学毕业到退休或即将退休的全部的历程。因此，从这个意义上说，《辽宁社会科学院学者文库》不仅是对一个学者多年科研成果的回顾，而且更是对个人生命长河中一段最有意义的历程的回顾！

本人自1982年大学毕业以来，主要从事经济管理与理论研究工作。1982~1987年在开原市计划委员会（现改称为开原市发展和改革委员会）工作，实际从事一个县域范围内的经济与社会发展计划管理工作，主持编制了开原市第七个五年计划，并在实际工作的基础上撰写了《关于如何改进和加强县级计划工作的思考》《开原县农村劳动力转移与产业结构调整的调查报告》等在当时具有前沿意义的研究文章和报告，多次参加省市主办的学术讨论会议并做主题发言。这两篇文章我都翻了出来，选入了这本文集。虽然，现在读来，可以明显感觉到一些青年时期的青涩和稚气，但这两篇文章提出的一些观点或问题，如农村人口城市化问题，到今天仍然是我国亟待解决的一个大问题。文章中提出的农村人口城市化的路径，也与今天国家采取或拟采取的政策大同小异。这说明理论研究只有扎根于实践才能真正地发现问题、提出问题和解决问题；学术科研只有抓住事物的本质，才能产生真知灼见，经受住历史的检验。这两篇文章得到了相关部门与领导的认可，并由此提供了本人由县级政府部门转入科研行列的契机。

1987年8月本人调入辽宁省发展和改革委员会经济研究所，之后，专职从事经济与社会发展研究工作。其间，完成了大量省委、省政府、省发展和改革委员会交办的重大研究项目，实际参与了省"八五""九五"计划的研究与编制工作。同时，对当时的经济与社会发展中的一些重大、热点问题，也进行了大量研究。其中，在《经济参考报》（1991年）发表的《论亏损》一文中首次提出了国有企业"体制性"亏损的概念，并提出了解决的路径；在《经济日报》（1992年）发表的《论股份制改革》一文，指出个人资本一旦进入股份制路径即嬗变为社会资本，无所谓"姓资姓社"，因此我国应该大力推进国有企业的股份制改革。该文被《经济日报》征文评为一等奖；1996年末，《国有企业改革路径与对策》《转变经济增长方式研究》两份研究报告，受到当时省委主要领导的批示，同时列入1997年第一期省委学习材料，对推动全省的思想解放和国企改革、转变经济增长方式发挥了重要的促进作用。

1999年调入辽宁社会科学院。这一期间，本人除科研处与社科志的行政业务组织管理工作外，在科研上也取得了丰硕的成果。独立或合作出版了多部专著：《辽宁资源型城市经济转型研究》（辽宁人民出版社，2003），《辽宁省高等教育投入产出研究》（内部出版，2008），《通向复兴之路：东北老工业基地振兴政策研究》（2008），《辽宁工业经济史》待出版，等等。

近年来在核心期刊上发表了多篇论文，主要有：《辽宁城镇化发展道路研究：判断、路径与政策》，发表在《社会科学辑刊》2010年第6期；《中国城镇化发展的现状、主要问题与发展趋势》，发表在《中国经贸导刊》2010年第18期；《辽宁工业化与城市化协调发展实证研究》，发表在《特区经济》2011年第11期；《辽宁工业化与城市化协调发展问题分析》，发表在《中国经贸导刊》2011年第17期。

近年来主持或合作完成了大量的课题研究项目，主要有：《辽宁西部地区经济振兴战略研究》（2007~2008年国务院振兴东北办重点课题，主持完成，任课题负责人）；《通向复兴之路：东北老工业基地振兴政策研究》（国家社科规划课题，合作完成）；《辽宁省高等教育投入产出研究》（2007~2008年省财政厅课题）；参与了辽宁省"十五""十一五""十二五"国民经济与社会发展规划研究项目，如《辽宁省"十二五"固定资产投资规划研究》（省发展和改革委立项课题）、《辽宁省"十二五"扩大内需长效机制研究》（省发展和改革委立项课题）、《辽宁省"十二五"经济社会发展战略、目标和任务研究》（中共辽宁省委政策研究室）等重点研究课题。

有多项课题成果获奖：《辽宁老工业基地全面振兴战略研究》，获省哲学社会科学一等奖（2008年）；《通向复兴之路：东北老工业基地振兴政策研究》，获省哲学社会科学一等奖（第十一届）；《辽宁西部地区经济振兴战略研究》，获沈阳市社会科学优秀学术成果一等奖（2008~2010年）；等等。

多年来，本人在从事的区域经济学、工业经济学、城市经济学等学术研究方面自认为都有一定的收获。在区域经济学研究方面，对辽宁经济在全国的位置、发展阶段和发展趋势等不断进行跟踪研究，提出的一些观点对省委、省政府的决策发挥了重要的咨询参考作用；在工业经济学研究方面，对老工业基地结构调整和优化升级、新型产业的发展以及与城市化发展的相互促进关系等，提出了结构调整思路、方向，产业合理布局和城市化基本格局等许多创新性的观点。

上面叙述的内容，基本都选入了本文集。感谢辽宁社会科学院出版的《辽宁社会科学院学者文库》。她既给了我一个温故而知新的机会，又为我留下了一个值得思考和回味的记忆。

目 录
CONTENTS

第一篇　经济管理体制改革

关于如何改进和加强县级计划工作的思考 ………………………………… 3
县级计划体制改革方向的探讨 ………………………………………………… 8
试论计划与市场的内在统一
　　——学习党的十三大报告的一点体会 ………………………………… 13
改革十年我国宏观调控的演变现状及主要经验教训 ……………………… 18
"东北现象"是体制与历史现象 ……………………………………………… 23
论亏损 …………………………………………………………………………… 28
对辽宁经济发展位次后移和财政困难的分析 ……………………………… 31
当前辽宁的经济形势及对策 …………………………………………………… 36
对辽宁省大中型工业企业生产经营和留利使用状况的调查和分析 ……… 41
从若干种产品看辽宁轻工业发展中存在的问题 …………………………… 46
全面提高工业经济素质
　　——对制定辽宁工业发展战略的一点想法 …………………………… 54
对大中型工业企业生产流通指令性计划的实证分析
　　——兼谈工业生产流通领域计划与市场相结合的设想 ……………… 60
国有企业进入市场的标准、途径及辽宁省应采取的对策 ………………… 69
知识经济：深刻的变革与严峻的挑战 ……………………………………… 85
1999年辽宁社会总需求形势及2000年展望 ……………………………… 94

论科研竞争与激励机制的若干问题……………………………… 110
构建和谐社会是国家繁荣昌盛、长治久安的根本途径………… 119

第二篇　经济结构调整与优化

开原县农村劳动力转移与产业结构调整的调查报告…………… 125
资源开发地区单一产业结构转换的难点及出路
　　——阜新市产业结构调整调查报告………………………… 131
辽宁省产业结构演进情况和调整的研究报告…………………… 138
辽宁二十一世纪高新技术产业发展战略选择…………………… 148
辽宁省创业资本体系实施方案研究……………………………… 156
中国加入世贸组织对辽宁工农业影响分析……………………… 161
装备制造业有望成为辽宁经济最富有活力的增长点…………… 169
辽宁经济发展与投资战略………………………………………… 175
辽宁西部地区经济振兴战略研究………………………………… 201

第三篇　区域经济社会发展

关于"十五"期间辽宁经济与社会发展若干重大思路与政策的
　思考……………………………………………………………… 253
东北地区资源型产业发展现状及对策研究……………………… 259
高等教育发展态势暨辽宁高等教育投入产出研究
　　——辽宁省省属高等学校资金运行与资产使用情况分析… 266
辽宁城镇化发展道路研究：判断、路径与政策………………… 329
中国城镇化发展的现状、主要问题与发展趋势………………… 340
辽宁工业化与城市化协调发展实证研究（1978~2009）……… 346
辽宁工业化与城市化协调发展问题分析………………………… 353
辽宁省"十二五"固定资产投资思路研究……………………… 357
辽宁省"十二五"经济社会发展战略、目标和任务研究……… 414
辽宁省地区经济社会发展战略…………………………………… 458
辽宁省城镇化发展存在问题及对策建议………………………… 465

第一篇

经济管理体制改革

关于如何改进和加强县级计划
工作的思考*

在党的十一届三中全会以前，计划体制的改革基本限于对中央和地方管理权限的划分，这种形式的改革很少触及县级计划工作，因此，县级计划工作基本上是三十年"一贯制"。目前的经济体制改革，使县级计划工作受到强烈的改革浪潮的冲击，有计划的商品经济体制的确立对改进和加强县级计划工作提出了迫切要求。面对新情况、新问题，县级计划工作应如何适应县级微观经济活动的主体，如何满足建立和完善宏观控制调节机制的要求？这样一些问题需要我们深入思考。

一 计划体制的改革，使县级计划工作发生了较大变化，同时也出现了一些新情况和新问题

其一，指令性计划无保证，指导性计划无指导。

缩小指令性计划范围，扩大指导性计划范围这项改革在县级计划工作中表现得十分突出。以我县工业为例：1983~1984年，市以上计划产品均在110种以上；1985年锐减到22个；1986年为37个，其中35个是指导性计划。但是，指令性计划存在的问题是无保证。如我县一个农机厂，今年由省安排了5000根"花键轴"指令性计划，到六月末，该厂仅生产2000根，用货单位迟迟不接货，该厂被迫停止生产，指令性计划也成空头。指令性计划的另一种表现则是短线的上级计划控制得很严，而长线的则任凭市场调节。指导性计划则无指导，只是把产品名称、数量、指标虚列在计划本上，实质上与完全由市场调节的生产和交换差不多。

---

* 原载《计划经济通讯》总第15期，1986年11月。

其二，中、长期计划实际意义不大。

应计划体制改革要求，县级计划工作的重点逐步向中、长期计划转移。我们也试编制了开原县到 2000 年工农业总产值翻两番的规划和"七五"计划。就县级行政区域来说这是十分必要的。但是，整个规划中提出的任务和拟达到的目标能否实现，它对国民经济与社会发展方向具有多大的指导性作用，却难以估计。"计划、计划，墙上一挂"，目前看，这就是中、长期计划的命运。

二 县级计划工作应适应县级微观经济活动的主体

计划体制的改革，把微观经济活动划分成指令性计划、指导性计划、完全由市场调节的生产和交换三个层次。它们的共同点是都必须依据和运用价值规律。不同点在于：首先，放开搞活程度不同，对市场变化反应的灵活性有较大差别。其次，活动范围不同。第一个层次主要在国家与省之间活动，第二个层次主要在省、市之间活动，第三个层次主要在市、县之间活动。县经济活动主要居于第三个层次。因为，在县这一级，农副产品占有相当大的比重，工业企业一般是小型企业，产品难以排上"关系国计民生"的座次。再加上指导性计划无指导，市场调节的生产和交换就构成了县级微观经济活动主体。因此，改进和加强县级计划工作，就应该充分考虑适应县级微观经济活动的主体。

三 建立和完善宏观调节机制，保持国民经济的综合平衡和协调发展

综合平衡是县计委的重要任务，但在实践中县级计委不具备这个功能。尤其是近两年来，县级计划工作对广泛发展的商品经济无法施以有计划的指导、调节，任凭"事后必然性"盲目作用和"看不见的手"指挥，无法对微观非合理行为采取必要的经济手段加以引导和限制。之所以造成这种状况，主要原因还是在于理论上的"不彻底"，即县级宏观综合平衡在国民经济宏观综合平衡中处于什么样的地位和作用。县级计划在国民经济计划中具有基础作用，那么，县级宏观综合平衡在国民经济宏观综合平衡中是否也具有基础作用？

关于如何改进和加强县级计划工作的思考

我们认为,首先,宏观是由有限个微观构成的,有限个微观失控必然导致宏观失去平衡,因此,保持宏观平衡必须以微观均衡为基础。那么宏观上要保持平衡,在微观放开搞活的同时就要加以同步控制。历史上"一统就死,一死就放,一放就乱,一乱就统"的恶性循环的原因,可能就是两者关系处理不当;1985年初出现的投资与消费需求"双膨胀",社会总需求超过总供给也可能缘于此。

其次,就国家与地方来说,宏观与微观是相对而言的概念。相对于国家来说,县级绝大部分经济活动属于微观范畴,属于第三个层次;而就一个县的行政区域来说,又有自身的宏观与微观之分。一个县虽小,却也"五脏俱全",关系到国民经济全局的重大比例关系和经济活动,如各部门及同一部门内部比例关系、生产力的布局、固定资产投资规模及方向等,在县级经济活动中也都有不同程度的反映。举例来说,1985年我县固定资产投资完成2538万元,假设全国三千个县都是这个规模,那么县级投资占全国固定资产投资规模的比重是不容忽视的。由此可见,县级的宏观平衡应该是,也必然是整个国家的宏观平衡的重要基础。

明确县级综合平衡在国民经济综合平衡中的基础地位和作用具有十分重要的意义。我们从两个十分形象的比喻谈起:既要把鸭子放到河里,使其学会游泳、自我生存,又不能让其走失;既要把羊赶到草场上,自寻草吃,又不能让其脱离鞭子的控制。现在的问题是把企业放到"河里""草场上",放得很开、很活,而相应的管理权限对下属机构却放得不合适。国家难免鞭长未及,下属又心有余而力不足,微观一失控,宏观就失去平衡,因此只好沿用旧体制的办法,良莠不分"一刀切"。目前,我国正处于新旧计划体制转换时期,在这一时期存在的主要问题是,只注重国家范围内的平衡,忽略了各级地方平衡的基础作用;只强调各级地方要将原来由行政管理的企业放到河里或草原上"自力更生",只原则性地规定地方具有管理的责任,却没有赋予地方相应的控制、调节的机能或权力;将微观经济活动划分为三个层次,却没有相应地赋予居于不同层次的部门以不同的管理手段和方法。

针对这几个问题,作为国民经济管理体制主体的计划管理体制的改革应该遵循:基础平衡,以国家的综合平衡来安排地方,以地方的基础平衡来保障国家的平衡;层次控制,根据微观经济活动的三个层次,对不同层次的部门分别采取不同的控制方法;分级管理,根据基础平衡和层次控制的要求，明确各级计划部门管理权限，赋予各级计划部门切实的控制与调节手段。

四 改进和加强县级计划工作的设想

适应县级微观经济活动的主体，改进和加强县级计划工作，应围绕既有利于商品生产和交换的发展，又能尽量避免其"盲目性"，在第三层次上按照搞好有计划的指导、控制与调节，保持平衡这样的一个总的构思而展开。相应地需要解决思想观念、控制与调节功能、工作手段等问题。

其一，在思想观念上，应当明确：①社会主义商品经济是有计划的商品经济，不是完全由市场调节的市场经济；②即使是社会主义商品经济，它的广泛发展也会产生某种盲目性，必须对其进行有计划的指导、调节和行政管理；③如果仅仅依靠"事后的必然性"和"看不见的手"指挥、调节社会经济活动，那不是有计划的商品经济，而是市场经济。

其二，使县级计委具备控制与调节功能，是改进和加强县级计划工作的最基本的措施，是县计委能否在基础平衡、层次控制、分级管理上发挥应有作用的关键。为此，需要明确县级计划部门的计划管理权限。

现在人们常说：该管的事情没有管好，不该管的事情管了不少。究竟什么是该管的，什么是不该管的，迄今为止，仅见泛泛的原则议论；国家应当明确县级计委应该管什么，不该管什么。这样可以在一定程度上避免"扯皮"和官僚主义现象，便于地方工作有章可循。我们认为：首先，应当明确县计委对由县支配的财力、物力和人力等推动县微观经济活动运行的主要要素的协调平衡，乃至一定程度的支配权。其次，应当明确县级计划部门综合运用各种经济杠杆的手段和方式。至于以何种方式为好，国家可以根据各地经验和区别灵活制定，供地方选择，但不能不明确。

其三，应把经济信息和经济预测工作作为县计委的基本工作手段和经常性的任务。首先，信息本身就是一种资源；其次，依靠信息和经济预测指导是避免"盲目性"的必要手段，更适应县级微观经济活动的主体；最后，信息和预测可以提高计划工作的科学性，使计划指导建立在科学的基础上。但目前的问题是，大多数县限于财力、人力等原因，信息工作进展速度十分缓慢，已落后于商品经济发展的形势。国家应给予县级适当扶持，以利于这项工作的迅速展开。

其四，加强宏观经济研究。着重研究经济和社会发展战略、生产力布局、有关政策及经济体制改革等重大问题。尤其是要把计划体制改革作为计划工作的重要内容，探索和建立一套把计划管理和市场调节有机结合起来的适应县级微观经济活动主体的计划管理体制。

其五，经济体制改革必须伴随政治体制改革同步进行。要想发挥县计委的综合平衡、参谋决策、宏观协调指导的作用，必须坚持决策民主化，避免对计划工作的不必要的行政干预。

改进和加强县级计划工作需要从主观和客观两方面共同努力，以上我们较多的是对客观、外部条件提出了一些改进和加强县级计划工作的意见。我们在主观上也需要不断加强自身建设，提高自身素质，使外因通过内因起到更大的作用。

县级计划体制改革方向的探讨[*]

党的十一届三中全会以来，城乡经济体制改革全面展开，给县级经济注入了强大的活力。城镇居民生活水平有了较大改善，农村人均收入成倍增长。

经济体制改革，既促进了县级经济的发展，同时又使县级计划体制有了一定改变，尤其是1984年10月，中共中央作出关于经济体制改革的决定以后，县级计划体制再次受到强烈的改革浪潮的冲击，改革县级计划体制迫在眉睫。如何改革？根据我们的工作实践及认识，本文试作如下探讨。

一　县级经济特点及计划体制改革现状分析

县是城乡结合部。县经济是国民经济大系统中的一个子系统，处于国民经济的最低层次。在这个层次上，相对于省、市经济而言，它的最基本特点是：①生产力水平较低，农业生产力落后，小型工业企业多，近几年新发展起来的农村工业占有很大比重。企业管理较弱，设备较为陈旧，人才较为短缺，信息较为闭塞，资金较为匮乏，生产社会化程度较低。②作为国民经济基础的农业所占比重较大。在工业产品中国家指令性计划很少，有些产品虽然也为社会生产或消费所急需，但难以排上"关系国计民生"的座次。因此，指导性计划与由市场调节的生产和交换构成了县级经济活动的主体。如我们三个县：1984年前，工业产品每年都有130多个品种被列为指令性计划；1985~1986年，则减到2~4个品种。指导性计划只有40种左右，市场调节的范围逐步扩大。

农业实行以户为基本单位的联产承包责任制，工业扩大企业自主权及

---

[*] 原载《计划经济通讯》总第24期，1987年8月。合作者：唐宝玉、修国富。

商业、物资流通体制的改革，使计划的客体发生了较大变化，要求计划工作也必须进行相应改革。首先，针对日益繁杂的组织协调任务和市场机制在一定程度上对微观经济行为的诱导，清原县计委设立了经济协调科，营口县恢复了计划委员会制，目的在于加强宏观调控。针对市场调节范围扩大的特点以及适应编制指导性计划的要求，我们三个县在计委内部都设立了信息机构；其次，计划工作的观念有了初步转变。从以往习惯于分钱分物转向参谋服务、协调、间接管理上来。商品经济观念在不断增强，开始重视依据价值规律的要求来编制计划；再次，中长期计划被纳入县级计划工作的日程。几年来，我们三个县都分别制定了从"七五"到20世纪末的规划以及某些方面的专项规划，初步开展了县级经济发展战略研究；最后、计委工作人员有所增加，素质有所提高。清源县由改革前的9人增加到了20人，营口县由22人增加到了29人，开原县由11人增加到了17人。具有大中专及以上学历的人数显著增加。

  县级计划体制的改革，促使县级计划有了一定的转变。但是，也必须看到仍然存在的问题。主要表现在：①指导性计划无指导。从近两年情况看，县里的指导性计划基本上没有起到指导的作用，只是把产品名称、数量、指标虚列在计划本上，与完全由市场调节的生产和交换差不多，实际上造成了计划管理的真空状态。市场调节的"事后必然性"带来了盲目性，使社会生产呈现出某种程度的生产无政府状态，造成较大的周期性波动，导致了生产能力的浪费。②该管的未管起来，导致诸如生产力合理布局、固定资产投资规模及结构、消费基金增长、土地矿产资源利用、农田基本建设、生态平衡、土壤改良等宏观管理范畴内的行为失控。计划管理和计划监督疲软。③计划体制改革落后于迅速发展的形势，许多方面仍停留在过去的水平上。长、中、短期计划考虑经济多，考虑社会发展少；考虑当前多，考虑长远少；考虑需要多，考虑可能性较少。

  上述问题产生的原因在于，首先，指导性计划孱弱。①真正适应有计划商品经济发展的市场体系尚未完全形成。企业一只眼看市场，一只眼看政府。而市场是扭曲的市场，政府是处于职能转换时期的政府。②缺乏必要的调节手段，调节体系还没有真正建立起来。③条块分割。尤其工业指导性计划条条制订，块块下达，条块都难以管理。部门分割与条块分割割裂了综合平衡的内容，县级计划部门只能搞形式上的综合平衡。④企业内部自我控制机制不完善，素质较低，简政放权后不合理行为骤增。政企不分，某些方面甚至有所恶化；其次，县级计委的任务和职责不明确。什么是该管的什么是不该管的，仅见泛泛议论。

二 县级计划体制改革的方向

县级经济特点及对现行计划体制的分析表明，我们所面临的各种问题，用传统的高度集中办法或完全照搬现代市场经济的办法都是不可能解决的，只有把计划和市场的长处有机结合起来，同时避免两者的短处，才能有效地保持商品经济的有计划性有力地推动社会生产力的发展。因此，我们认为县级计划体制改革的模式，应该是计划与市场融为一体的，以指导性计划为主体的模式。

从这个设想出发，本文设计了两种县级计划体制改革的模式。

（一）县级计划部门要制订出符合市场供求关系变动情况和价值规律要求的指导性计划

这个计划由县级计划部门下达到基层单位。用公式表示就是"市场—计划—企业"，即国家引导市场，县根据国家引导的市场编制指导性计划。这样的指导性计划除具有非强制性以外，拟定计划的直接依据是国家干预的市场，国家干预市场的实质是宏观经济发展目标的要求。因此，根据这个市场编制的县级指导性计划，其实质是，地方计划对国家统一计划的具体化，充分体现了集中与分散相结合的原则。这样的指导性计划，既能发挥对微观经济活动的指导作用，又能满足国家宏观控制的要求，具有加强宏观控制和搞活微观的双重功能。提出这种模式的依据一是有些经济活动和建设不是一个乡或一个企业能搞得了的，需要全县统一组织。这就决定了县的指导性计划必须下达到基层。二是信息工作落后，有些全国性的信息，基层掌握不了，无法制订具有科学性的计划。这就决定了县级计划部门对一些经济活动拟定指导性计划下达到基层也是必要的。

这种模式在市场体系完善之后，可能要有所改变，但从目前来看，在较长的时间内还是需要的。

（二）县级计划的主要功能是搞好宏观管理和对市场的调控

（1）县级计划作为国家计划的一个层次，计划的管理应由以直接管理微观为主转向以管理宏观为主。其主要内容大体由以下三方面构成：一是，国家下达的宏观控制目标。如固定资产投资规模，工资总额，统购、统配的生产和生活资料等；二是，根据国家有关方针政策，县里应开展的宏观管理工作。如调整生产力布局、土地矿产资源利用、生态平衡、土壤改良、改造中低产田、调整农村产业结构、转移农业劳动力、引导农业规模经营等；三是，根据本地经济优势和自然优势，开发新的生产门路，制订经济发展战略，贯彻执行各项政策措施，对重大经济决策的选择；等等。

（2）指导性计划的主要对象，应由以直接指挥企业的产销活动为主转向以调控市场为主，通过市场功能间接指导企业经济活动。

（3）指导性计划应由反映社会生产、流通、分配等的经济活动指标和运用经济手段调节经济的政策措施组成。各种经济杠杆和对经济活动能够产生重大影响的政策措施都必须纳入计划中。

（4）县的指导性计划不直接下达给企业。县级政府的职能部门、有关企业和事业部门都是县级计划的执行者。通过他们的活动可引导和促使企业按照县的计划要求进行活动。一部分需直接下达给企业的指令性计划，也应按照商品经济原则，逐步做到自愿互利、等价交换、履行合同、接受法律监督。

（5）指导性计划不是单级而是复级的，具有多层次特点。过去，国家的指令性计划通过省、市、县下达到企业。现在，以指导性计划为主，在国家与企业两级之间存在多种形式和不同功能的中间层次。因此，需要建立完善的多层次的调控体系。涉及全国的政策和杠杆由国家制订和运用，但国家要赋予地方相应的调节功能。县级计划部门如不能运用经济杠杆调控市场，市场将会是一个被肢解的市场，指导性计划仍改变不了无指导的境遇。

三 过渡的条件及步骤

如何实现上述模式，需要具备多方面的条件。

第一，培育和完善社会主义统一、开放的市场。我们的设想是依据市场指导县微观经济活动。只有全面放开市场，尤其是对县级最突出的农产品市场必须进一步开放，强化市场调节功能，指导性计划才能发挥作用。

第二，我们设想的这个模式主要依赖市场，并且是由国家干预的市场。

国家干预失误，就可能导致地方计划的更大失误。因此，需要改革和完善决策程序，实现宏观决策的民主化、科学化和制度化。这是运用计划调控市场的必备条件，否则，失之毫厘，就要差之千里。

第三，必须具备完善的微观基础。宏观调节手段的变革只有与微观基础的改革同时并举时，才能发挥应有的效果。企业是国民经济的基层组织，是社会活动的基本单位。计划对企业间接控制的任何目标，只有通过企业的内在机制才能实现。因此，必须赋予企业自主经营的基本权力，强化企业行为约束，建立企业自我抑制、自我平衡的协调机制，这样，企业才能把自己的计划决策与国家的计划要求很好地结合起来。

第四，建立健全经济信息和反馈系统，使经济、技术、政策、市场变动的信息能够及时、准确地被搜集、分析和发布。这是各级计划制订的重要基础。

健全经济立法与司法，加强经济监督与社会监督，也是必须具备的条件。总之，只有上述这些条件成熟了，以指导性计划为主体的模式才能确立起来。在现实条件下如何实施指导性计划呢？我们认为有必要实行以下过渡性措施和办法。一是逐步改变条块分割和变以条条管理为主为以块块为主的计划体制；二是经济杠杆调节经济活动的程度应逐步增强。计划部门应该掌握经济杠杆控制调节体系的总"龙头"，使各经济杠杆的变动方向协调一致，避免相互掣肘、自行抵消、政出多门的现象；三是我们认为，调节体系完善的程度决定着市场开放程度。从县的情况看，市场在不断开放，调节体系却仅见雏形而踟蹰不前，这样就难以避免微观失调。同时，还应看到市场开放也会促进调节体系的强化，所以金融、物资，尤其是农产品市场要逐步放开。国家和各级地方都应设置主要农产品市场干预调节基金和储备基金；四是随着国家干预市场能力的增强，应扩大指导性计划范围，加强计划的指导作用。

试论计划与市场的内在统一*
——学习党的十三大报告的一点体会

社会主义确立商品经济体制后,计划与市场的关系就一直是社会主义商品经济理论与实践中的一道难题。赵紫阳同志在党的十三大报告中,简练地阐述了计划与市场的关系,明确指出"社会主义有计划商品经济的体制,应该是计划与市场内在统一的体制"这一论断,为在商品经济内部认识计划与市场的关系提供了崭新的理论基础,对我们的思维也不无启迪。

一 历史的认识及其理论依据

新中国成立以来,对计划与市场关系的认识大体经历了"对立"、"板块"、"结合"三个阶段。这三个阶段的认识具有一个共同点,即认为计划与市场完全是外在的关系。"对立论"认为两者是互相排斥的;"板块论"认为计划是一块、市场是一块,"计划调节为主、市场调节为辅"。这两种观点其外在的关系十分明显。即使是"结合论"也是外在的结合,如其理想的目标模式表达,"计划引导市场",计划与市场仍然是外在的关系。

为什么在相当长的一个历史时期我们未能对社会主义的计划与市场的关系从内在统一的角度去认识?其原因首先在于,教条主义地对待马克思主义。按照马克思主义创始人的设想,在共同生产的基础上,每一个人的劳动从一开始就成为直接的社会劳动,社会根据计划自觉组织生产。据此,建成的社会主义国家大都采取了高度集中的计划经济体制。否定商品经济,甚至宁可违背逻辑地承认商品生产和商品交换,也不承认商品经济。这大概是"排斥论"的基本理论基础。

---

* 原载《辽宁经济计划研究》1988年3月。

其次，认为市场是商品经济的范畴，计划是社会制度的属性，两者属于不同序列。但是，社会主义现实还存在商品生产和商品交换，因而必须承认市场的存在和其发挥的作用，而有计划是社会主义的首要经济原则（甚至是政治原则），由此，派生出"为主"、"为辅"的"板块论"。

最后，虽然我们承认了商品经济是不可逾越的历史阶段，但是，对这一生产形式的认识仍拘泥于传统理论的批判分析。认为商品经济、市场就是盲目性、自发性和生产的无政府状态，必须依赖计划去进行外在的控制、指导。

以上的分析表明，对社会主义的计划与市场关系的认识，始终是围绕对商品经济的认识这一主线而展开。认识的出发点，基本是把计划外在于市场作为既定的前提，市场是商品经济的范畴，计划是社会制度的属性，是其核心的理论依据。但据此讨论计划与市场的关系是不可能把计划与市场内在统一起来，只能从"两张皮"到围绕如何把计划的"毛"附在市场这张"皮"上（或者相反）而展开，其附着点即所谓的"结合点"。显然这样的结合只能是外在的结合，无论如何也达不到两者内在的统一。

二 计划与市场都是商品经济的内在要求

计划与市场的内在统一，只能从商品经济的内在属性去探讨，也只能从对商品经济的认识去说明。

市场，不言而喻，是商品经济的固有属性。计划是否也是商品经济的内在要求？对此，经典作家早已有过论述。恩格斯在《反杜林论》中说："在……商品生产者的社会中，渗入了一种新的生产方式。""它确立了在个别工厂里组织起来的有计划的分工；在个体生产旁边出现了社会的生产。两者的产品在同一市场上出卖，因而价格至少大体相等。但是，有计划地组织要比自发的分工强；实行社会化劳动的工厂里所制造出来的产品，要比分散的小生产者所制造的便宜。"[①] 从恩格斯的这段论述中，我们可以得出如下认识：商品生产在个别工厂里确立了有计划的分工，出现了生产社会化；有计划地组织要比自发的分工强，因为它能在单位时间里生产更多的产品或者生产单位产品耗费的劳动更少。所以，恩格斯把"有计划"和

---

① 《马克思恩格斯选集》第3卷，第309~310页。

社会的生产称为是"一种新的生产方式"。

恩格斯接着说:"社会的生产使全部旧的生产方式革命化了。但是它的这种革命性质并没有为人所认识,结果它反而被用来当作提高和促进商品生产的手段。"我们看到,经典作家的逻辑:从商品生产所确立的有计划的分工开始,到社会化生产的出现,发现了在资本主义商品生产内部发展起来的自我否定的力量。正是依据这样的分析,马克思主义创始人才设想社会占有了生产资料,商品生产被消除后,社会生产将由国家通过计划直接组织。认为计划是社会制度的属性的观点只是接受了这一结论,而恰恰忽略了这一结论的依据:计划是商品经济的产物,或者说是商品经济的内在要求。

三 计划只是管理经济的一种方法

有商品经济就需要有计划。商品经济是为市场而进行的生产。任何一个商品生产者,在生产之初和生产过程中,都必须了解市场需要什么、需要多少,以及生产要素的获得。在详尽地占有这些资料以后,才能决定是否生产、如何生产。市场犹如汪洋大海,在其中从事的生产、经营活动犹如一艘航船,"计划"就是船上的罗盘,在大海中航行没有罗盘难免会迷失方向,甚至触礁沉没。同理,为市场而进行的生产,若没有事先的计划,将寸步难行。计划(经济学意义上的相对于市场而言的计划)并非是目标,只是引导实现目标的一种手段,只是在市场这个汪洋大海中组织生产、管理经济的一种方法、工具。这就是计划与市场内在统一的基础。

计划作为一种管理方法,任何经济制度的国家都可以运用,只是运用的层次、范围、程度和目的不同,其中最根本的是目的不同。因此,社会主义商品经济与资本主义商品经济的区别并不在于有计划和无计划。只有这样的认识,才能说明资本主义个别企业为什么有计划,乃至全社会也有一定程度的计划。

四 计划与市场的内在统一方式

计划和市场的作用范围都是覆盖全社会的。国家和企业处于市场的两极,由于所处的位置不同,对计划与市场的关系也不同。

就企业而言，计划力求准确无误地反映市场供求关系变化，依据市场制定生产、销售战略。但是，计划不是被动地适应市场，如同生产创造需求，企业通过新材料、新工艺、新产品的开发也在不断地开拓着市场，创造着市场——这正是市场范围不断扩大的内在动因。所以，计划与市场并不存在谁第一、谁第二的问题，它们自身就是一个事物——商品经济内部的矛盾统一体。

计划与市场的矛盾，最使企业头痛的就是市场的变化无常。商品经济必然伴随激烈竞争，一个企业要生存并立于不败之地，就必须明了市场的变化（包括新的经济法规和政策等）及其带来的机会和压力，一个新的代用品的问世都可能给企业带来新的机会或威胁。这就要求企业必须明了自身的优势和劣势，善于用自身的条件去适应不断变化的市场。这是就微观而言的计划与市场的内在统一方式。

就国家而言，计划与市场的内在统一上升到国家在全社会范围内运用计划调节和市场调节的宏观层次。以生产资料公有制为基础的社会主义商品经济为在全社会保持国民经济的协调发展提供了可能。这种可能变为现实的必要条件，仍然应当从计划与市场的内在统一角度去思考。

从计划角度说，把计划工作建立在商品交换和价值规律的基础上，应是计划调节这一概念的基本内涵。这一点可以说是计划与市场内在统一的基石。这就需要破除以指令性计划为主的直接管理方式，明确指令性计划并不等于计划调节，改变国家与企业的行政隶属关系为等价交换基础上的经济合同关系，改变国家对企业的直接管理为间接管理。与此同时，还要建立、健全和完善计划调节手段。

从市场角度看，现实的最大难点是市场的不发育、不完善。根据商品经济法则，建立、完善市场体系就成了发展社会主义商品经济的当务之急。社会主义商品经济与资本主义商品经济的本质区别在于所有制的基础不同，而建立各类市场、发行债券、股票，尊重商品生产者的权力，开展竞争，允许破产等，都是商品经济的固有属性，并非资本主义所特有。不能把商品经济在资本主义生产方式下的扭曲形态归咎于商品经济。利用市场调节决不等于搞资本主义。

建立社会主义的计划与市场内在统一的商品经济体制是一个渐进的过程。目前，不仅市场体系不发育、不完善，计划调节体系也同样不发育、不完善。这也有利于我们在近乎一张白纸的基础上，建立起社会主义的崭新的计划与市场内在统一的体制。要达到这个目标，现阶段应逐步改变生产资料双轨制，进一步缩小生产要素直接调拨分配的比重，促进市场的发育和形成；按照所有权与经营权分离的原则，转变企业经营机制，使企业真正做到自主经营，自负盈亏；深化金融体制改革；逐步推进价格体制改革；完备经济法规体系；计划工作的重点应转向制定产业政策，通过综合运用各种经济杠杆，保证产业政策的实现。国家对某些重要资源的配置及对某些短缺商品的控制，也应根据商品经济法则改进控制方式。总之，改革的一切措施，都要有利于计划与市场内在统一体制的确立。

改革十年我国宏观调控的演变现状及主要经验教训[*]

中国经济体制改革已进行了十年。1978~1984年，改革主要在农村进行，并取得了举世瞩目的成功；城市主要进行了扩大企业自主权的探索性改革；对中国经济体制改革目标模式的认识尚处于不断摸索阶段。

1984年党的十二届三中全会以后，中国经济体制改革开始进入以市场为导向的有计划商品经济取代具有浓厚自然经济色彩的产品经济时期。"七五"计划建议，又进一步提出经济体制改革三项主要任务：第一是增强企业，特别是大中型企业活力；第二是发展社会主义商品市场，完善市场体系；第三是建立起新的国家宏观调控体制。宏观调控体制的改革成为整个经济体制改革的三大主题之一。本文试图通过对改革十年，特别是1984年以来宏观管理体制改革演变及现状的回顾，以期得到一些规律性的认识，以有利于进一步深化宏观管理体制改革。

一　演变

回顾过去十年，我国宏观调控主要有以下几个方面的变化。

（一）宏观调控决策体系的演变

在传统的集权式计划经济体制下，我国宏观调控决策权高度集中在中央，地方各级政府只是单纯的执行者。这在一个地区经济发展很不平衡、自然和社会条件差异很大的十亿人口大国中，其弊端较易为人们所认识。因此，对中国宏观调控体制的改革率先以扩大地方政府的权力而展开。1980

---

*　原载《辽宁经济计划研究》1989年1月。合作者：盖升贤。

年，国家首先改变了财政统收统支的制度，扩大了地方政府的财权。1984年，以城市为重点的经济体制改革全面展开，宏观调控决策权限更有较大幅度的下放。地方政府有了一定程度的投资决策权、技术改造权、城乡建设权、减免税收权、物价和工资权等。另外，国家还对沿海一些省、市实行特殊政策，八大城市计划单列，各省（市、自治区）也都不同程度地向所属市、县下放经济管理权限。这就改变了我国沿袭多年的一元化的宏观决策调控体系，出现了多元化的局面。

（二）宏观调控方式的演变

在传统体制下，宏观调控方式表现为单一的行政手段，其载体是庞杂而严密的行政机构。显然，这是市场化改革必须首先冲破的障碍，特别是1984年末逐渐恶化的投资与消费需求双膨胀现象，更使人们深刻认识到建立适应于商品经济运行的宏观调控体系的重要性。价格、工资、利率、税率、汇率等调控手段开始在国民经济运行中得到一定程度的运用，一些法律、法规也在不断地被建立和补充，对各种调控手段的综合运用也做了一定的探索，等等。这样虽然初步改变了调控方式单一的局面，但它的作用尚未尽如人意。

（三）从直接调控向间接调控的演变

在传统体制下，国家对企业微观经济活动直接控制。企业产供销活动直接依赖上级指令，资金使用统收统支，利润全部上缴，固定资产投资集中管理，工资、劳动力统一分配。十年改革对这种直接管理方式有较明显的突破。到目前为止，除承担指令性计划的大中型企业外，大部分企业基本上可以根据市场需求变化组织产供销活动。企业留利和各种可自行支配的资金明显增多，工资、奖金和经济效益挂钩，企业可以通过贷款和自筹资金的方式进行技术改造和扩大生产能力。这就在传统的直接管理体制上打开了一个缺口，但间接控制的框架尚未成功地建立起来。

综观十年改革，我国宏观调控的演变是多方面的。但是，作为三大改革任务之一的宏观管理体制的改革，实际上并未真正提上重要日程。企业、市场、宏观管理三项改革之间的有机联系、相互制约关系被严重忽视。从近年来日益混乱的经济秩序和日益恶化的经济环境中，都不难发现因宏观管理体制改革严重滞后带来的影响。

二　现状

（一）宏观调控主体行为紊乱

中央政府沿着行政序列向下级政府下放宏观调控权限的目的是，发挥地方政府的积极性。但放权的结果是，由一个"大一统"的行政集权体制走向了若干封闭的"小一统"的行政集权体制。伴随放权而来的负面效应是地区封锁、建设规模失控和经济发展过热，产业结构趋同等现象日趋严重。这对于控制严重膨胀的总需求、促进全国统一市场的形成、处理好改革与发展的关系十分不利。

（二）新旧体制摩擦，宏观调控弱化

源于1985年的工业生产资料双轨制价格改革，到目前，已不仅局限于价格双轨，而是渗透了整个经济体制。在以传统的计划、价格、财政、金融、物资、商业等体制为框架的计划运行之外，同时出现了尚不健全的市场运行机制，形成了贯穿于各个领域的"双轨制"。由于新旧体制并存，一部分经济活动越来越趋于市场机制，而其余部分却仍然受旧规章、旧管理方式的制约。企业微观经济活动脚踏国家和市场两条船，使经济运行出现了既不同于旧体制，也不同于新体制的许多反常现象。反映在宏观调控上，完全以新的间接调控手段或者完全以旧的体制直接管理都难以取得较好的效果。新旧两难，宏观调控明显弱化。

（三）宏观环境恶化，间接调节机制扭曲变形

1985年以来，以总需求膨胀为特征的宏观失控，一直困扰着中国经济的改革与发展。这里，原因固然较多，但其中间接调控机制扭曲变形是很重要的原因。

比如，工资、奖金不反映劳动效率的高低。1985年以来，每次经济紧缩，下降的只是生产的增长，而不是消费基金的增长。1986年经济紧缩，工业生产的增长速度虽然由上年的18.0%猛跌至8.8%，但职工工资总额和平均工资的增长速度仅由上年的22.0%和17.9%下降为20.0%和15.8%。1987年底，中央决定采取财政、金融双紧政策以后，1988年1~9月份，全

国工业总产值比上年同期增长17.5%,但职工工资总额比上年同期增长20.1%,其中奖金增长46.6%;另外,工资、奖金以外的个人现金收入增长37.5%。

又如,利息不反映资金供求状况和国家投资意向。基本建设投资年年控制,年年突破;价格扭曲,既不反映市场价值,又不反映供求状况;等等。

近年来宏观管理现状,一个明显的特征是,旧体制管理功能逐步退化,新体制成长十分艰难。深刻总结其中的经验教训将能有助于改革的进一步深化。

三 经验教训

(一) 关于行政性分权

面对行政性分权导致的地方政府行为紊乱现状,一种较具普遍性的观点认为是没有合理划分中央政府和地方政府的权限。只要明确中央政府和地方政府之间的权、责、利关系,就可以端正地方政府的行为。我们认为问题并不这样简单。地方政府行为紊乱的根源在于:政企不分的问题尚未得到解决,国家集资产所有者与宏观管理职能于一身的根本体制并未受到触动。

由于国家直接为资产所有者,国家就如同一个大企业,企业就像一个小政府。无论国营、集体,即使是近年来迅速扩张的乡镇企业,也由乡、镇政府作为它的财产代表。这就是政企不分的基本根源。政企不分,使中央政府下放给企业的权力被层层截留,地方政府仍然掌握着本应属于企业的权力,使非理性的行政干预和地区封锁成为可能。所以,任何企图绕开这一体制障碍,试图通过从属性规章规范政府的行为,最终都可能使改革目标偏离方向。

(二) 宏观管理在整个经济体制改革中的位置

1985年,我国经济学界对宏观调控问题进行了广泛探讨。但是,由于认为当时出现的总需求膨胀的成因只是在于旧体制的微观经济基础构造不合理,热闹一时的关于宏观调控理论与政策的讨论逐渐被企业制度改革及建立市场体系等研究所取代。宏观体制的建立只是为围绕企业改革、市场开放配套服务。十年改革实践证明，企业制度、市场条件、宏观管理三大改革必须协调配套；任何单项改革的孤军深入都要受到另两面的左右掣肘；企业改革依赖相应的市场环境；市场体系的建立又离不开企业独立商品生产者地位的确定；宏观间接调控方式的建立，又必须以企业改革和市场的充分发育为基础。从改革的三大任务在实践中互相交叉、互为条件中，可以得出这样的认识：新的宏观调控体制的再建，同企业、市场等微观基础的再造至少同等重要。尤其是当前治理经济环境、整顿经济秩序，前者甚至更为重要。

（三）当前宏观调控难点——新旧体制并存

经济体制改革的最终目标是以新体制取代旧体制。但是，十年改革实践证明新体制不可能一步到位，新旧体制并存时期，新体制尚不能完全担负起调控经济运行的任务，旧体制还在发挥着必要的作用，两者必然产生一些矛盾。如何处理好两者的关系，是一个难题，但又是改革面临的现实。我们应该正视这一问题，研究这一问题。十年改革实践启示我们应从以下几方面去考虑。

第一，新旧体制并存的现状不可能在短期内得到解决，因此，必须重视研究转换时期的宏观调控问题。

第二，新旧体制并存时期，要通过加强和改善国家宏观职能，推动新旧体制有秩序地转换。

第三，新旧体制并存时期的宏观调控方式，既不能完全沿袭旧体制的做法，又不可能完全以新的间接调控为主要形式，应该有一个中间过渡形式。因此要注意对转换时期的宏观调控进行研究。

"东北现象"是体制与历史现象[*]

近年,"东北现象"曾两度成为全国人民代表大会的讨论热点,可见它已是东北区域经济与社会发展中令人关注的问题。什么是"东北现象",我们又如何认识它?本文就此谈几点浅见。

一 "东北现象"产生的历史背景

一般认为,"东北现象"产生于我国1988~1991年的治理整顿时期。此间,虽然国家的"双紧"措施与历次"紧缩"办法无甚差别,但对各地区的影响却不相同。华东、华南沿海地区,对市场疲软的压力未感太大,经济增长率下降幅度相对较小;西北、西南等工业基础较薄弱省区,依然保持高于全国平均增长率的水平;经济发展曾居全国前列的东北三省,却面临着极为困难的局面。第一,经济滑坡速度快、谷底深、时间长。第二,许多省市经济明显回升,甚至出现中高速增长,但东北三省却迟迟走不出谷底,出现低增长或负增长。1990年辽、吉、黑三省的工业增长率分别居全国倒数第4、第2、第5位。第三,地方财政困难,经济效益低下。如:辽宁工业企业1990年实现利税总额分别比1988年、1989年下降39.1%和33.4%。1990年与1989年相比,工业净产值增长率广东为14%、山东为8.4%、江苏为7.9%、辽宁负增长2.7%,居全国末位。由此,辽吉黑经济发展滞后于兄弟省及全国平均水平的不正常状况,被称为"东北现象"。事实上,这种现象并非在治理整顿期间才出现的,只是因不正常现象愈加明显而受到普遍关注。"东北现象"决非是指区域经济增长速度的简单比较,或经济指标的位次排列,它是改革与发展、资源配置方式与国民经济格局

---

[*] 原载《辽宁计划经济管理》1992年12月。

演变、东北区域内部条件与外部环境变化等多层次矛盾的集中反映。

二 对"东北现象"的几点认识

1. "东北现象"是经济体制改革进程中必然产生的一种现象

我国社会主义制度的发展和自我完善,主要是围绕生产资料公有制主体地位和公有制实现形式,研究建设有中国特色的社会主义经济理论和选择政策。国家对不同地区、不同行业、不同经济成分,采取"有放有稳"的区别政策,"摸着石头过河"以积累经验,稳妥地推动全面改革进程。在新的改革形势下,兄弟省区得益于原有产业、行业、企业以及所有制结构的不尽"完善",大胆地依据市场经济原则实现生产要素的合理组合与优化配置,呈现出较高的经济增长率和效益;但是东北地区的经济与社会资源已相对集中,以国有大中型企业为主体的所有制结构已相对"完善",市场机制受到严重制约。这种政策的差别再加上存量结构的刚性,在一段时间内导致东北经济"衰退"势所必然。

2. "东北现象"是国民经济总体格局演变与地区应变不力的结果

新中国成立后,由于历史基础、资源条件和当时的国际国内政治经济环境等因素,国民经济布局的重点在北方。"一五"时期,国家实施的156项重点建设工程有56项在东北。东北的经济基础实力,正是得益于当时国家的生产力布局政策。几十年后,自然与社会资源、国际国内政治经济环境已发生重大变化。北方探明的资源渐趋枯竭,若没有大储量新工业资源的开发,大规模生产力布局似已不再可能。而南方、西部和西北等地区,大量自然资源正在开发或即将进入大规模开发期,势必带动这些地区经济与社会的发展。另外,南方又具备对外开放的优越地理环境和人文条件。所以,从我国经济发展过程和改革开放环境的角度看,"东北现象"预示着国民经济总体格局正在发生演变。在不同的时间里,生产力布局依据不同的基础与资源条件以及政治经济地理环境等因素向不同地区倾斜,形成经济格局的变化,这对于任何国家或许都是一个自然与必然的历史过程。如,经济轴心美国由东海岸向西海岸、联邦德国由北向南偏移,这都是典型的先例。因此在完成总体格局演变时,不同地区出现新的发展不平衡,有其必然性。但是,问题在于东北经济并未摆脱"重数量、轻质量,重外延、轻内涵,重增量、轻存量"的传统外延扩张型发展模式,未能根据工业化发展阶段的不同要求适时调整发展战略，促进工业结构向高级化演进。尽管这里有国家投资政策和管理体制等方面的原因，然而东北多年来未能把握改造传统产业和发展高新技术的时机，未能"大胆开放"推进改革也是重要原因之一。

3. "东北现象"是产品经济观念与计划经济体制的复合产物

由于历史与现实的双重原因，东北地区的商品经济发育程度远低于南方。所以，改革开放以来辽吉黑三省对强化商品经济观念、增强竞争意识均付出了巨大的努力，但成效甚微。究其原因，体制的约束是观念转变不易突破的障碍。以辽宁为例，1990年工业指令性计划324种，1991年全省统配物资数量占消耗量的比例达40%左右，国家定价管理的生产资料产品达700余种，现行的指令性计划仍使大多数重要生产资料的生产企业难以进入市场。传统企业制度缺乏本质改造的现实，对企业经营机制的建立与观念的转变，潜藏着不可低估的影响与作用。所以，改变观念与变革体制，应该是相互促进、相辅相成的关系。从这个意义上说，"东北现象"不仅是观念的产物，更是体制的衍生物。

第一，"东北现象"与倾斜政策。1978年以来，国家对南方若干地区的政策倾斜，促进了当地经济的迅猛发展。其中，最大的得益是体制和运行机制的倾斜。政策倾斜是表象，体制倾斜是本质。南方得益于扩大开放、市场经济体制和市场运行机制的引入；北方受制于传统的计划经济体制和计划管理约束机制。在新的体制环境中，南方的商品经济观念和改革开放意识发挥作用，培育和发展了一大批市场导向的企业，并以灵活竞争的手段使产品占领了国内广阔市场。相比较而言，北方则一直在传统体制约束程度较强、改革开放程度较弱的夹缝中生存和发展。一方面，要承受计划经济管理弱化之苦——市场疲软后指令性订货不足，销不出去；另一方面，还要承受旧体制的继续约束——新的经营机制难以形成，观念难以更新。

第二，"东北现象"与产业结构。几年来，关于产业结构议论最多的是轻重工业比例不合理的问题。但是，东北"重工业比例大、轻工业比例小"的状况，是否一定要改变、能不能改变以及"吃亏"与"不吃亏"之争等，似应有所结论。笔者认为：首先，地区经济结构的形成，主要是由历史、地理和资源条件决定的；其次，地区经济结构的合理性，应从国民经济整体格局中作出判断。离开这两个前提去构造一个理想的区域性合理结构，是不客观的。辽宁从地区出发曾做过两次大的结构调整，结果轻工业不仅没上去，重工业反倒上升。所以，局部地区把轻重工业比例视作产业结构的调整对象，就带有很大的局限性。

所谓"刹车快、启动慢"的"东北现象"，确实与投资类产品相连的投资规模有关。但是，压缩投资规模并不等于对此类产品没有需求。问题是需求量一经减少，马上就会反映出东北数量型经济的弱点——产品缺乏竞争力。如辽宁，全民所有制工业技术水平已退居全国第8位，以落后的技术迎接经济紧缩的考验，必然表现出"刹车快、启动慢"。所以，东北重工业的问题在于技术落后、产品质量差，即技术结构和产品结构不适应市场需要。问题产生的根本原因在于传统的单一计划经济体制严重扼制着企业的积极性和创造性，社会缺乏技术进步的动力和机制，企业生产不是面向市场而是单纯为了完成计划。至于"轻工业效益高、重工业效益低"的现象，是由于重工业，特别是基础原材料工业产品价格严重背离价值产生的，并不反映市场供求关系。

第三，"东北现象"与国有大中型企业。1990年，东北有1761家大中型企业，占全国的13.1%。"东北现象"与大中型企业相对集中有关——这批企业搞不活，必然影响所在区域经济的发展。但是，这里必须澄清"国有大中型企业搞不活与公有制有关"的错误认识。在世界银行的《公有制工业企业成功的决定因素》研究报告所列500家最大公司中，有71家公有制企业，它们分别占500家企业销售额的19%、资产总值的21%、雇员总数的21.4%。报告认为，公有制企业取得成功的主要因素是：企业有"一个激烈竞争的国内外需方市场环境"；有"财务自主权和财务责任制"；有"管理自主权和管理责任制，提高企业的管理素质和保持士气的能力"；"政府把自身的决策和控制职能集中在与其所有者作用有关的问题上，而把制定企业战略决策和经营决策的权力下放给企业的董事会和企业基层组织"。这与我国转变政府职能、转换企业经营机制的改革目标有许多一致之处，说明企业生产经营状况如何与生产资料所有制并无必然联系。因此，消除"东北现象"不在于改变产业结构比例，而在于如何搞活企业；更不在于改变所有制性质，而在于改变传统的单一计划经济管理体制，按照市场经济原则改造企业微观基础，转换企业经营机制。可以预料，东北国有大中型企业经营机制转变之时，也就是东北经济重新振兴之日。

三　两点结论

1. 从本质上看，"东北现象"是我国经济发展过程中的一种体制现象

研究经济（也包括地区经济）问题，应该冲出"就现象论现象"的误区，防止改革政策选择的随意性和局限性。如，在增强人们商品经济观念和改革开放意识方面，只偏重于一般号召和宣传教育，迟迟不能从体制上增强变革的力度；搞活大中型企业，偏重于扩权让利、"双保"，局限于对表症的修修补补，缺乏对企业经营管理制度的本质改革。目前，东北地区生产重要原燃材料的大中型企业，产供销、人财物的管理基本上仍囿于传统的计划经济管理体制；对一般的重型机械工业和加工（含轻工）工业企业的产供销已基本放开，但企业仍缺乏人、财、物方面实质性的独立自主权。这种体制不变革，转变观念、搞活企业的目标就难以达到。最近，世界银行前发言人弗·沃格尔在一份报告中强调，中国的"成功来自向个人提供发挥自己创造力的机会以及向企业提供提高生产力的机会"。这话很有道理，与南方相比，东北缺乏的正是这两个"机会"。提供机会的根本途径就是变革现行的体制，转变政府职能，改革政企不分的管理体制；转换企业经营机制，把企业推向市场。在此基础上，建立具有中国特色社会主义市场经济的新体制。

2. "东北现象"是一种历史现象

以市场取向为目标的中国经济体制改革，是一场深刻的经济与社会变革。新经济组织系统取代旧系统、市场运行条件建立和机制的形成、企业与社会居民对市场的熟悉和适应等，都要有个过程。因此，中国的经济体制改革采用"渐进方式"，并取得举世瞩目的成就。在改革中，东北、上海发挥了重要生产资料和财政支柱的作用，以自身陷入困境为代价，换来全国改革开放的稳定大局。可以说，这种付出是改革成果诞生的阵痛。今年以来，这种情况已发生变化。在南方成功经验的基础上，改革开放的重点开始向北（从广东到上海）梯次转移。对东北的沿海、沿边和内地的改革开放也加快了步伐，特别是以转换企业经营机制为核心内容的经济体制改革已全面展开，对影响老工业基地经济发展诸多制约因素的认识逐渐统一，"东北现象"的消除指日可待。最近，国外人士预言："随着改革开放政策的深入，该地区会再次发挥出自然资源和人力资源丰富、工业基础雄厚的优越性，成为一个'觉醒的工业巨人'。"

论亏损*

一 严重的亏损局面

　　企业亏损是我国国民经济发展中的沉疴宿疾，长期以来一直未能得到很好解决，近年来更有愈演愈烈之势。"六五"时期第一年，我国预算内国营工业企业亏损42亿元，1985年下降到27亿元，但1988年猛增到71亿元，1990年陡升到279亿元，1991年继续攀升，达到310亿元，企业亏损面已达29.7%。如果加上中央直属的煤炭、石油、军工、烟草四个工业行业的亏损，再加上物资、商业、粮食、外贸、建筑、城市公用事业等企业的亏损，目前全国预算内企业亏损额已经超过1000亿元，相当于当年国家财政总收入的1/4左右。

　　除了明亏以外，问题更严重的是企业还存在大量的潜亏。据工商银行典型调查测算，潜亏为明亏的1.72倍，全国预算内工业企业有80%左右存在不同程度的潜亏。目前，全国国有企业盈亏状况大体是1/3亏损，1/3虚盈实亏，真正实现赢利的企业只有1/3。

　　亏损是与社会分工和商品经济相伴而生的一种经济现象。在过去自给自足的自然经济状态下，生产以满足个人需要为目的，一般来说不存在今天意义上的亏损。但一旦社会分工使生产为满足他人需要，并以货币为交换媒介，无论社会形态和经济制度有何不同，亏损现象都将存在。如1991年美国500家最大的工业公司中有103家亏损，约占20%。

　　在现代化商品经济社会中企图要求消除亏损无疑是一种经济幻想，完全没有亏损企业的经济可能也是最无效率的一潭死水。正是在盈与亏的撞击中，才能调动和发挥出企业生产者、经营者的主动性、积极性和创造性，

---

*　原载《经济参考报》1992年7月20日。

经济才会充满生机与活力。但是降低亏损是亏损企业的求生之路，也是提高社会整体经济效益的必要条件。

二 扭亏的核心——体制性亏损

亏损一般分为政策性亏损和经营性亏损两个方面。近年来我国经济生活中出现的亏损，有政策性亏损，也有经营性亏损。但更普遍更本质的是在政策性亏损和经营性亏损掩盖下的体制性亏损。国有企业，特别是国有大中型企业的亏损一般都与体制问题密不可分。

体制性亏损主要表现在以下几个方面。

第一，传统的劳动管理体制造成职工能进不能出，国有企业冗员过多，"三个人的活五个人干"是多年来存在的普遍现象。据企业反映和一般估计，企业冗员约占职工人数的10%~30%。

第二，"可变资本"不可变——"铁工资"。按照商品经济的原则，工人工资不仅要随着岗位、工种和技能的变化而变化，而且还要根据企业生产经营状况而不断变化。企业生产经营状况好，工资可以高一些；企业不景气，工资可以低一些。但是，事实上，多年来无论企业生产经营状况如何，工资（奖金）只能升不能降，职工工资与企业效益挂钩只能挂盈不能挂亏。这部分无效工资对亏损企业犹如雪上加霜，但在全社会亏损总额中占多大比重却很难计算。

第三，企业关停并转步履维艰，企业破产有法不敢依。事实上一些亏损企业早已销售无市场、生产无门路、调整无方向、投入没资金、资不抵债、扭亏无望，实际上已经破产。但是，在法律上宣布破产者却寥寥无几，埋下了进一步亏损的隐患，有弊无利。

第四，价格扭曲、价格体制不合理造成的亏损。如煤炭、石油开采等行业全行业亏损，虽然国家承认这是政策性亏损，但这类政策性亏损是由基础原燃材料价格与加工工业产品价格比价严重不合理造成的。

第五，干部能上不能下的体制保护了一些平庸无能的企业领导。亏损企业领导易地为官现象早已司空见惯。庸者下不来，能者上不去，这种干部管理体制对企业亏损影响程度有多大，根本无法作出定量分析。

第六，最根本的是，传统的经济体制和经济运行机制束缚了国有企业，特别是国有大中型企业的生机与活力。所以，近年来国有企业大面积亏损除受经济紧缩因素影响之外，体制制约也是一个十分重要的原因。

通过上述分析，可以得出这样几点认识：①我国现存的一些政策性亏损随着商品经济体制的逐渐确立和条件的变化，范围应该会不断缩小；②现实的经营性亏损就其本质来说并非完全是市场竞争失败意义上的亏损（从规范的商品经济意义上说，我国国有企业特别是国有大中型企业不存在经营性亏损。如果说是经营性亏损，那么也不是企业经营性亏损，而是"国家经营性亏损"），大多都有体制上的原因。因此，扭亏工作的重心应放在消除造成、诱发和导致企业亏损的体制性根源上。

三　消除体制性亏损的途径

第一，消除企业体制性亏损的根源，首要的出路是按照商品经济原则，改革政企合一的管理体制，建立自主经营、自负盈亏、自我发展、自我约束的企业制度。

第二，改革企业干部和劳动工资管理制度，建立干部能上能下、职工能进能出、工资能升能降的机制。

第三，创造条件逐步实施企业破产法。企业有生有死是市场竞争优胜劣汰机制的基本作用方式。所以，根据企业破产法，实施企业破产制度，不仅能有效地减少不必要的亏损额和亏损面，而且还能有效地增强经济和企业的活力，促进资产合理流动，调整经济结构。

第四，在经济收缩时期采用商品经济的通用办法，刺激需求，拉动生产，最大限度地缩小经济滑坡幅度和企业亏损程度。发达国家在经济收缩时期运用国家力量调节经济运行的一些手段，很值得我们学习、研究、借鉴和"拿来"为我所用。如果我们能够根据中国实际情况学习、借鉴和恰当地选择、运用调整和管理现代商品经济的手段或方式，那么前几年出现的经济滑坡、企业大面积亏损的严重局面，在今后或许可以得到有效缓解。

第五，创造条件逐步消除不适宜的政策性亏损。首先，应通过深化价格体制改革，建立起规范的市场价格形成机制，改变基础原燃材料价格背离价值、不反映市场供求关系的状况；其次，逐步减轻或消除既不必要，又不符合商品经济原则的由传统体制派生出来的政策性亏损补贴的负担。

对辽宁经济发展位次后移和财政困难的分析[*]

进入"六五"时期以来,辽宁经济发展速度和效益等均出现了一些新的变化,面临的矛盾较为复杂,因此,很有必要进行分析和研究,以探索辽宁经济发展的新战略。

一 基本情况和问题

(1)"六五"期间,辽宁工农业总产值、工业企业实现利税、地方财政收入的增长速度,工业企业劳动生产率和职工平均工资水平已被浙江、江苏、广东、山东等省超过。详见表1至表4。

表1 工农业总产值年平均增长速度

单位:%

地 区	全国	辽宁	江苏	浙江	山东	广东
1950~1980年	9	9.9	8.7	7.7	8.8	7.7
1982~1985年	14	12.5	19.8	22.6	14.7	18.6

表2 独立核算工业企业实现利税及地方财政收入年平均增长速度

单位:%

类别 \ 地区	全国	辽宁	广东	浙江	江苏	山东	上海
实现利税年平均增长速度	6.9	6	39.6	30.6	16.2	7.8	3
地方财政收入年平均增长速度	—	-0.4	15.6	10	6.7	6.7	1

---

[*] 原载《理论界》1988年11月。合作者:盖升贤。

表3 独立核算工业企业劳动生产率

单位：%

地 区	全国	辽宁	广东	浙江	江苏	山东	上海
1986年比1985年增长	1.7	0.9	3.2	4.5	5.6	—	—

表4 职工平均工资水平及增长速度

单位：元，%

地 区	全国	辽宁	广东	浙江	山东	广西
1982年	797.5	783.5	937.96	740.4	768.5	758.2
1985年	1102.0	1064.0	1311.0	1035.0	1079.0	1077.0
职工工资年平均增长速度	11.4	10.7	11.9	12.9	12	12.4

（2）预算内工业企业产值利税率、上缴财政利税增长速度全国普遍下降，辽宁省情况好于其他省，但辽宁省企业留利低于其他省（见表5）。

表5 预算内全民所有制工业企业产值利税率上缴财政及留利情况

单位：%

省 份	产值利税率		上缴财政的利税1986年比1983年增长	企业留利	
	1983年	1986年		1983年	1986年
辽 宁	21.64	22.9	20	21.16	23.28
上 海	28.11	24.32	-11.27	17.09	24.51
江 苏	19.73	14.39	-18.35	0.5	36.33
浙 江	23.41	18.75	-9.1	20.44	34.04
山 东	19.56	18.03	-13.69	24.11	36.91
广 东	21.62	18.99	9.66	30.94	39.94

（3）企业产品成本普遍上升。影响成本上升的主要因素：一是企业管理费中贷款利息、差旅费增长过猛；二是原材料价格上升过快；三是平均工资增长快于劳动生产率增长。如沈阳轧钢厂1987年的产值比1980年增长了16.2%，而工厂总成本增长了26.3%，其中企业管理费增加1.2倍。瓦房店市阀门厂1987年比1981年职工工资总额增长了56.6%，劳动生产率提高了23.2%，平均工资提高了47.9%，百元产值工资含量由1981年的13.48元提高到了1987年的16.14元。

据调查，原材料普遍涨价，多数企业原材料价格的上升幅度超过了产品销售价格的上升幅度。沈阳轧钢厂1983年每吨钢材的销价为518.8元，1984年为584.9元，上升了12.7%，而主要原材料20#钢坯进价则由420元/吨上升到590元/吨，提高了40.5%。

（4）企事业单位可自行支配的资金虽有较大的增长，但要求预算外资金安排的支出项目增加得更快，企业自有资金大部分用于建职工宿舍和文教福利等社会性支出，企业仍无真正的自我发展能力。沈阳变压器厂1987年提取折旧和大修理基金，利润留成和新产品基金、福利基金，共计可自行支配的资金为4478万元，但仅有1/3用于生产方面，并且主要用于大修理、安全、环保等方面，而用于建职工宿舍、上缴能源交通基金、认购国库券、社会赞助等方面的占40%以上。

二 原因分析

1. 经济结构（包括产业结构和企业组织结构）对工业发展速度的制约

"六五"期间，沿海的一些省份是以发挥加工工业、中小企业、乡镇工业的速度优势，来带动整个经济的发展。而辽宁的工业大中型企业比较多，因受资源和设备能力的制约，长期处于低速发展的状态，"六五"期间平均增长速度仅为6.4%。城镇集体工业、乡村工业、个体工业发展速度虽快但所占比重小，对全省的影响不大。粗略估算，"六五"期间如要求辽宁的工农业总产值年平均递增速度达到20%，轻纺工业、集体工业和乡镇工业的年平均增长速度要达到30%以上，这对辽宁来说是难以做到的。辽宁和上海一样，财政收入增长速度不快与全民所有制企业占的比重大有关系。广东、江苏、浙江等省预算内全民所有制工业上缴利税的增长速度也是下降的，但是由于这三省的全民所有制企业所占比重小，集体工业、乡村工业所占比重大，地区的财政收入不仅未受影响反而仍有较大增长。

2. 新旧体制交替对辽宁经济的影响

旧体制仍对大中型企业起着主导的支配作用。指令性计划和统配的物资体制在大中型企业产销活动中仍占统治地位，统收统支的资金分配体制虽有所变化，但旧体制的根本弊端并没有改变，企业面临更为复杂的矛盾；调节税仍在起着"鞭打快牛"的作用，扩大企业留利，并没有与企业承担扩大再生产分工所需的资金衔接起来，留利仍然满足不了扩大再生产的需要；企业资金体制改革没有同财政体制改革相配合。本应由财政或社会事业费承担的公用设施、住宅建设等社会事业所需资金仍无正常渠道，大量的社会性建设支出仍以各种形式挤入企业。

在旧的计划、物资、财政体制还没有得到根本改革的情况下，全民所有制企业实行政企分开、两权分离的作用只能是有限的，在与个体企业、乡镇企业和集体企业的竞争中总是处于不平等的地位。

两个市场、两种价格的并存，使企业经营出现了更为复杂的情况，企业的进销价格经常处于不对称的状况。一些指令性任务少或生产市场短线产品的企业和流通部门，可以通过各种渠道和手段取得平价原材料，议价出售产品，轻易取得差价收入；而指令性任务多的企业虽然议价销售产品的比例也在上升，但是购进原材料的议价比例上升得更快。这些企业在购销价格方面出现了新的剪刀差，把合理经营收入转移出去了。

3. 对辽宁省经济发展阶段特点研究得不够，对宏观指导不利

一是省、市、县企业的经营活动如何同中央企业有机结合起来的问题。由于体制上的原因，辽宁省在20世纪60年代建了一批技术水平低、规模小、消耗大、成本高、效益差的"五小"企业。70年代又出现了一批技术落后、产品质次价高、连年亏损、多数依靠财政补贴过日子的支农企业。辽宁的钢铁、机械、化学工业比较发达，但为了满足地方需要又建立了一套落后的地方工业体系，其结果不是使整个经济水平提高了，而是下降了。资源的利用率也随之下降，从而带来效益的下降，给地方财政背上了一个大包袱。改革开放以来，区街工业和乡村工业有了很大发展，但同样也面临着一个如何使这些企业的发展同现代化工业结合起来，向一体化和互相促进的方向发展的问题。二是辽宁经济发展的方向是以追求速度为主，还是以追求结构效益为主的问题。辽宁经济结构特点是以受原材料资源、能源、资金约束的大中型企业居多，由于资源和资金的约束，潜力并没有完全发挥出来。如果能在企业之间、产业之间进行合理协调，将会取得更大的宏观效益。因此，同其他地区相比，以速度求效益不是辽宁的优势，只有坚持向结构合理化和挖掘技术、物资潜力要效益，才是我们的优势。

三　对策与建议

一方面，辽宁工业起步早，重工业和资金密集型产业比重大，以现代化技术装备和专业化水平较高的大中型企业为主，大部分工业产品供应全国各地，这标志着辽宁工业化进程已达到一定水平；另一方面，辽宁工农业生产水平和劳动生产率差距仍很大，城乡经济仍属二元结构。城市工业社会化程度虽高，但商品经济水平、市场发育程度还不如某些工业化起步较晚的地区。因此研究辽宁经济发展和体制改革问题必须针对辽宁的特点，选择能发挥辽宁优势，有利于解决自身存在的问题的发展战略和指导思想。

其一，积极向国家反映以重工业和大中型企业为主的地区在经济发展和体制改革方面的特殊性问题，要求国家对当前仍对全国经济稳定持续发展发挥重要作用的老工业地区在大中型企业发展和改革方面也能给予一些特殊政策扶持。

其二，围绕搞活大中型企业研究辽宁经济体制改革的重点和改革的基本思路。我们认为辽宁体制改革的重点应放在与搞活大中型企业有关的计划和物资体制、企业资金分配和财政体制方面。当前计划和物资体制改革应重点解决仍然执行指令性计划的产品如何采用经济手段体现等价交换和采用合同方式保证企业的相对自主权问题。

辽宁省应该比全国其他地区更快建立起功能健全的生产资料市场，为搞活大中型企业创造市场条件。企业资金分配和财政体制改革的着眼点应有利于搞活企业和促进生产力发展。重点应该解决三方面的问题：一是大中型企业留利必须与承担的扩大再生产任务相适应；二是实行利税分流，取消调节税改收资金使用费。根据不同行业资金利税率水平确定不同的资金使用费率和所得税率，为企业平等竞争创造条件；三是解决企业办社会负担过重问题。国家收取税金之后要为减轻企业负担创造良好的外部条件。因此在设置税种和确定财政支出分工方面必须统筹考虑这方面问题。

其三，制定以追求结构效益为主的发展目标，把辽宁经济发展转向以提高效益为主的轨道。在制订计划、安排工作时，必须处理好速度与效益的关系，把以谋划速度为主转向以规模效益为主。辽宁省"八五"计划期间的经济发展速度应当区别不同行业，规定不同的目标，同时应该规定资金利税率、产值利税率以及不同行业技术进步的目标要求。

当前辽宁的经济形势及对策[*]

1989年冬季以来,工业生产下滑、市场疲软、资金紧张等问题,一直影响着经济的正常运行。因此,对当前辽宁的经济形势做出切合实际的分析,并针对存在问题采取相应的对策是十分必要的。

一 当前辽宁的经济形势

进入5月份,辽宁的经济形势正在逐步向好的方向发展。

农业生产形势稳定,投入有较大增加。1~5月,地方财政用于农业生产的投资比上年同期增长39.4%,银行和信用社合计发放的农业贷款增长25.2%;化肥、农药、农膜等农用物资供应也好于上年;农业生产条件也有所改善;大田和水田秧苗长势均良好;农副产品产销两旺。

工业生产逐渐回升。1~5月,全省工业总产值(乡以上)虽比去年同期下降2.5%,但5月份产值却比上年同期增长0.9%。累计额下降的原因是1~2月下降幅度太大。产品结构也继续朝好的方向发展,能源和主要原材料产品产量稳定增长。

市场销售渐趋上升,通货膨胀得到控制。1~5月,全省社会商品零售总额比上年同期下降2.6%,若与5月份作比较则上升2.4%。说明市场疲软状况已有所改变。市场物价波动较小,4月末累计,全社会零售商品物价总水平仅比上年同期上升0.5%。

投资结构有所调整。1~5月,全民固定资产投资完成29.3亿元,其中生产性投资增加较多,用于农业、能源、交通等方面的投资继续增长;特别是更新改造方面的投资增长较快,对辽宁省很有利。

---

[*] 原载《辽宁计划经济管理》1990年9月。合作者:张鹤礼。

对外贸易继续发展。1~5月，比上年同期外贸出口总额增长5.4%，进口总额下降2.7%，利用外资合同额增长38%。"三资"企业发展也很快。

辽宁省经济形势虽然趋于好转，但市场、资金等问题并未得到根本解决。相反，有些问题，特别是工业生产方面的问题，仍然十分严重。

二　面临的主要问题

1. 启动市场困难

1990年以来，针对市场疲软、产成品积压和"三角债"问题，国家几次投放资金启动市场，但效果并不理想。从辽宁省看，一季度新增工业贷款20.7亿元，而地方预算内工业企业的产品销售收入5月份比4月份下降了10.42%；1~4月份产成品资金占用额比上年同期增长70.7%；清理"三角债"也不理想。截至5月末，全省预算内工业企业发出商品88.23亿元，比上年同期增加44.2亿元，"三角债"达99亿元，比上年同期增加59亿元，并且已发生了前清后欠现象。上述情况表明，单一地从生产环节入手，其结果导致多生产多积压，不仅市场难以启动，而且易于重蹈片面追产值、追速度的覆辙。

2. 企业组织结构僵化，生产要素不能合理流动

几十年来，我国国民经济经历了几次调整—过热—再调整—再过热的循环。除了发展战略和指导思想方面的原因外，最基本的原因可能是每一次都很少触及企业组织结构的调整，只靠生产要素增量调整，不做存量调整。1990年，辽宁省亏损企业大幅度增加。1~3月，县区以上独立核算工业亏损企业比上年同期增加55.24%；截至5月末，地方预算内工业亏损企业比上年同期增加67.9%。企业亏损原因是多方面的：有的是由于总量紧缩，产品销路受到影响；但有相当一部分亏损企业在治理整顿以前就已亏损或处于亏损边缘。说明这些企业的产品、生产技术或企业管理，已不适应市场需求或现代化生产需要。当前经济生活中的一些问题早已存在，这些问题应在治理整顿与深化改革中加以解决，如可通过联合、兼并等方式，实现资源转移、优化重组、改变企业组织结构。

3. 治理整顿尚需开拓，从单纯治"标"向治"本"延伸

近几年，由于总需求超过总供给，国民经济一直处于紧张运行状态。所以，治理整顿初期，采取"双紧"措施，强化指令性计划和采取行政手段是必需的，也取得了一定成效。但是，这些措施只能治标，很难治本，而且由于"一刀切"，往往对国家骨干企业和关系到国计民生的重要产业也带来很大的影响。1~3月，全省有431户大中型企业亏损，比上年同期增长了102.35%；亏损额7.78亿元，占全省亏损总额的73.05%。1~5月，辽宁生铁产量比上年同期下降6.4%，钢产量下降4.9%，这虽然有一些生产技术设备方面的原因，但重要的还是受当前经济形势的影响。

所以，治理整顿应该适时从治标转向治本，即在治理整顿中应逐渐加大改革的分量，通过改革不合理的体制，实现治理整顿目标，进而实现国民经济持续稳定协调发展。

三　几点对策性意见

1. 启动生产与启动消费同步，才能启动市场

生产决定消费，消费反作用于生产。导致市场疲软的主要原因有三：一是产品结构与消费结构不相适应；二是由于紧缩政策导致需求结构与生产结构的严重脱节，这是当前的主要矛盾。所以，应适度引导消费——不仅是城乡居民生活消费，还包括投资类产品的消费。从一定意义上讲，后者比前者启动市场更有效。解决近几年发生的投资与消费需求双膨胀问题，总量控制要适度、适时。总量控制只是解决双膨胀的办法之一，调整投资结构以增加有效供给，拓宽个人消费领域，如在城市逐步推行住宅商品化等，都是解决双膨胀的有效手段。

2. 治理整顿应转向更深层次

首先，应适时加大改革的分量，重点是健全国家宏观调控体系和深化微观企业改革，建立和完善公有制基础上的有计划的商品经济体制；其次，治理整顿应从总量调整转向产业结构和企业组织结构调整层次。尤其是对企业组织结构调整更为重要。因为，没有企业组织结构的调整，产业结构调整势必落空，充其量只能依靠增量进行"微调"，而这种"微调"在一定时期内对产业结构的变化来说是微不足道的。

调整企业组织结构，要通过联合、兼并、组建企业集团等途径，促使生产要素流动起来，保障企业的规模经济，提高社会化、专业化程度。但企业组织结构调整的根本条件是资源能够重新调配，所以，还是要经过改革建立有效的资源流动机制，通过企业组织结构的调整来促使产业结构的调整顺利展开。

3. 辽宁省应采取的主要对策

在当前以总量紧缩为主的治理整顿政策条件下，经济环境相对宽松，短缺状况有所改善，为调整产品结构提供了回旋余地。目前，辽宁省产品结构的调整已初见成效。但是，调整产业内部产品品种的比例关系还只是浅层次的调整，并不能最终增强地方经济发展实力和竞争优势。

根据辽宁的实际情况，下一步深化产品结构调整，我们认为应选择下列产品作为主攻方向。

第一，大力发展高新技术的机电工业产品。机电工业是国民经济的技术装备部，辽宁虽是全国的机械工业基地，但自身的装备水平和技术水平以及产品水平，已落后于国内其他先进地区，与国外比较差距更大，其中电子工业，尤其是投资类电子产品才刚刚起步。值得重视的是，辽宁省在经济发展战略和指导思想上，以及在实际工作中，还没有把机电工业真正摆到战略重点位置。表现在固定资产投资中，机电工业所占比重逐年下降，多用"面多加水、水多加面"的方式解决能源、原材料的短缺，而对缩小等量能源、原材料与国内外先进水平的差距问题则很少考虑；只重视基础产业对经济发展的制约，忽视了机电工业的主导作用。这种情况，应该引起足够的重视。预计在今后的国民经济调整、改革与发展中，国家将会把机电工业摆在突出地位。辽宁省若不能采取有效措施，加快发展高新技术机电工业产品步伐，现有的基础恐怕也将逐渐衰落。

机电工业具有广阔的发展前景。根据辽宁省的基础条件，大力发展下列高新技术水平的机电产品是可能的：行走机械设备、成套矿山机械设备、输变电设备、金属和石油冶炼设备、化工和建材生产设备、各类机床设备等。在可能与需要的前提下，发展上述机械设备都要走机电一体化的路子。

第二，大力发展替代进口的产品。近期可围绕以下几方面展开：一是高新技术机电工业产品急需的细、小、薄品种和特殊材质的钢材；二是用于机电一体化的电子工业产品和民用电子工业产品的主要零部件；三是能源、交通、通信设备；四是农用生产资料，主要是高效复合肥和高效低残留农药。

第三，大力发展机械工业出口创汇产品。针对能源、原材料、农副产品相对紧张，机械工业生产能力大量闲置的特点，大力开拓和扩大机械工业产品出口，这是辽宁发挥创汇优势的关键。

扩大机械工业产品出口，不仅要了解国际市场情况以改进产品质量，还要解决外贸价格、财政税收与管理体制等方面的问题。其中，掌握国际市场的信息十分重要，闭门造车是很难扩大出口的。省内的一些企业集团、大中型企业应在某些国家和地区设置商社性的办事机构，专门了解国外市场动态，提供需求情报，负责推销产品和开展售后服务等工作。

第四，大力发展以工业品为原料的轻纺工业产品，提高质量，加速定型产品的更新换代。由于资源和地理条件的限制，以及近年来已发生的地区间传统分工格局的变化，辽宁省应充分利用当前的时机，大力发展以工业品为原料的轻纺工业生产。

从新中国成立以来的经济发展看，辽宁省轻工业在每一次调整中所受的影响都比其他行业更大，产值下降幅度大于重工业。其原因除投资比重低、基础不稳固外，主要是因为竞争观念和开拓精神不足，产品质量差、档次低、成本高。所以，在当前的调整中，一定要抓紧产品的更新换代，普遍提高产品质量，以求在调整后能够扩大市场占有率。

第五，结合辽东半岛对外开放政策，发展外向型经济，重点抓好企业的技术改造，大力引进、消化、吸收、创新产品。近些年，各行业引进了大量国外较先进的技术设备，但消化、吸收、创新工作还未跟上。从日本发展经验看，消化、吸收，创新至少和引进同等重要，引进设备的最终目的不是直接用于制造产品，而是提高本国技术水平。并且，还要把这种经过改造提高了的技术设备再投放到国际市场上去。这在当前条件下固然有一定难度，但势在必行。建议采取引进、消化、吸收、创新一条龙引进方式，任何部门、企事业单位的拟引进技术设备项目，都要提出具体可行的消化、吸收方案，并要落实到有能力消化、吸收这一技术设备的有关厂家中。严格控制同一技术设备的多头引进，国内需要由负责消化、吸收这一技术设备的厂家提供，国家在财政、税收、金融、物资等方面要给予扶持。同时，在引进设备原则上要争取软硬件一起引进。

对辽宁省大中型工业企业生产经营和留利使用状况的调查和分析[*]

十年来的改革使全社会的宏观经济环境和企业内部的经营机制相对于传统体制来说，都发生了较大变化。这些变化对企业生产经营状况影响如何，企业又是如何适应内外环境和条件变化的，根据我们调查了解到的情况，现综述如下。

（一）我们调查了沈阳飞机制造公司、沈阳重型机器厂、沈阳变压器厂、沈阳市轧钢厂、瓦房店市阀门厂和防爆电器厂六个全民所有制工业企业。这些企业虽然生产规模不同、产品结构不同、隶属关系也不同，但在生产经营和留利使用上具有以下几点共同性

1. 产值都有不同程度的增长

如 1983~1987 年沈阳重型机器厂产值增长 71.1%，年均递增 14.4%；同期，沈阳市轧钢厂产值累计增长 50.4%，年均递增 10.7%；瓦房店市阀门厂产值增长 17.4%，年均递增 4.1%。其他几个企业情况也大体如此，区别只在于增长幅度不同。

2. 企业后续发展能力有所增强，表现为固定资产都有较大幅度增长

沈阳重型机器厂 1983~1987 年固定资产原值累计增长 47.8%，年均递增 10.3%；同期，沈阳市轧钢厂累计增长 42%，年均递增 9.2%；瓦房店市阀门厂累计增长 52.8%，年均递增 11.2%。企业设备有所更新，技术层次有所提高。

---

[*] 原载《辽宁经济计划研究》1990 年 9 月。

3. 企业自行支配资金都有所增长

近几年，随着各项改革措施的逐步落实，企业可自行支配的资金都有不同程度的增长。以企业留利为例，沈阳变压器厂1983年留利62万元，占当年利润总额的13%，1987年留利2677万元，占当年利润总额的39%，1987年比1983年增长42.2倍；沈阳市轧钢厂1983年企业留利200万元，1987年达到642万元，增长2.2倍。另外，近年来，固定资产折旧率和大修理提取率也有所提高。如沈阳变压器厂折旧率由1983年的3%提高到了1987年的6%，大修理由1983年提取1.5%提高到了1987年的3.5%，1987年该厂留利加提取的折旧和大修理等，企业自行支配资金合计可达4400万元左右。

4. 效率水平下降

从调查的这几个企业情况看，利润绝对额都有不同程度的增长，但就相对效益指标分析，全部呈下降趋势。如沈阳变压器厂，1980年销售收入利润率在30%左右，1987年降到22%~23%；沈阳重型机器厂产值利税率由1980年的17.1%下降到了1987年的13.4%，资金利税率由11.4%下降到了8.3%，成本利税率由21.9%下降到了11%；沈阳市轧钢厂销售利润率从1980年的16.6%下降到了1987年的11.9%；瓦房店市两个企业上述指标下降幅度更大，一般下降10%~20%。

5. 成本提高

瓦房店市阀门厂产值成本率由1981年的68.95%提高到了1987年的85%，全部产品成本1987年比1981年增长65.5%，年均递增8.76%。同期，现价工业总产值增长30.4%，年均递增4.52%，成本增长速度高于产值增长速度达1倍；沈阳重型机器厂百元商品产值成本由1985年的79.9%提高到了1987年的88.7%；沈阳市轧钢厂现价工业总产值1987年比1980年增长13.8%，而同期产品成本却增加了26.3%。

6. 企业留利中非生产性支出占有相当大比重，主要是职工住宅、奖金、教育经费以及各种社会摊派等

如沈阳市轧钢厂1986年用于住宅支出117万元，1987年129万元；沈阳变压器厂1983年住宅建设支出30万元，1984年197万元，1985年800万元，1986年1035万元，1987年1350万元，占该厂各年留利总额的比重分别是8.3%、39.6%、48.5%、47%和50.4%。沈阳飞机制造公司1987年用于教育经费支出200余万元；沈阳市轧钢厂1983年教育经费支出1万

元，1986年达到11万元。

（二）初步分析所调查的这几个企业所反映出来的共性，我们认为其与企业内部的生产经营管理、各自条件、企业行为等有一定关系，但是，更引起我们注意的、起主导作用的是与其有直接关系的全社会宏观经济环境

1. **据对调查资料的分析，成本提高主要有以下几方面原因**

（1）原材料价格上涨。如瓦房店市防爆电器厂1987年4种原材料费用总额比1984年增加了39.1万元，其中由于材料价格上涨增加了16.6万元，仅此一项因素使该厂1987年销售利润率下降3%、资金利润率下降1%、产值利润率下降2.4%；沈阳市轧钢厂生产用11种原材料1984年8月价格上调，幅度在30元～215元/吨，从1984年8月到1985年8月，累计影响成本增加927.66万元，导致该厂可比产品成本提高了10.37%。

（2）人工成本加大。沈阳重型机器厂1984～1987年百元产值工资含量由8元上升到9元；瓦房店市阀门厂百元产值工资含量由1983年的10.2元上升到1987年的13.3元；沈阳市轧钢厂1985年百元产值工资含量为2.75元，到1986年上升为3.03元。应引起注意的是职工收入的增加并未与劳动生产率同步，个人收入的提高是以降低企业效益为代价的。

（3）企业管理费占成本比重提高。企业管理费增加也是成本提高的一个重要原因。瓦房店市阀门厂1981年企业管理费占工厂成本的26.4%，到1987年上升至35%；沈阳市轧钢厂1980年企业管理费占工厂成本的3.8%，到1987年上升至6.6%。导致企业管理费增加的因素主要是管理人员增加、销售费用上升、贷款利息提高等。如银行贷款利息，近几年利息率不断提高，由1980年前后的3.6%提高到近两年的平均7%以上。瓦房店市阀门厂1981年利息支出17万元，1987年上升到56.77万元，其中由于利率提高多支出27.6万元；沈阳市轧钢厂根据定额流动资金占用额计算1980年利息支出60万元，1987年上升到202万元，其中由于利率提高使利息支出增加98万元。

2. **价格变化**

近几年，随着全国价格总水平上升，工业产品价格水平也有所提高，但各行业提高幅度是不一致的，我们调查的这几个企业总的趋势是生产所需的原材料价格上涨幅度要高于产品价格上升幅度，还有的企业是原材料

进价上升而产品销售价格下降。如瓦房店市防爆电器厂主要生产接线盒、电器元件两大类产品，1984年接线盒平均价格每台25.81元，电器元件每台1146元，1987年接线盒每台23.78元，电器元件每台1064元，价格略有下降；沈阳重型机器厂1985~1987年，产品平均吨价比上年分别提高12.3%、8.2%和11.8%，而同期该厂生产用原材料价格平均每年上涨20%，显然，产品销售价格提高幅度低于原材料增长幅度，必然要导致效益水平下降。

3. 自有资金使用方向问题

伴随企业自主权的扩大以及利、税体制的改革，企业自行支配资金的数额都有不同程度的增长。但是，由于目前改革的演化程度、某些改革措施的不配套，企业办社会的状况仍在延续，企业自行支配资金中非生产性支出仍占很大比重，挤占了生产性支出。其中，主要是住宅建设、社会事业性的支出（如教育经费）和名目繁多的"赞助"、"摊派"等；奖金、福利性支出也占相当大的比重。

（三）通过调查和分析，我们初步得出以下几点认识

（1）大多数企业利润绝对额的增长，主要是靠产品结构的变换和产品产量的增加，量的扩张仍然是获取效益的基本手段。这种外延型的扩大再生产方式，要求大量的资金、能源和原材料的投入，在这种情况下，企业生存发展能力将日趋软化，企业自行消化原材料上涨的能力也必然十分微弱，企业只能依赖产品销售价格的提高来抵消原材料价格的上涨。这种情况若不改变，必将阻碍价格体制改革的顺利进行。

（2）企业产品成本上升既有企业内部的原因，又有社会经济环境方面的原因。目前看，社会宏观经济环境、政策等方面的问题，更应引起辽宁省的关注。如人工成本加大、贷款利率提高、原材料、燃料、动力价格上涨等都是推动成本上升的重要因素。这种宏观经济环境、政策的变化虽然是全国性的，但对辽宁省的影响大于全国。

（3）新旧体制转换时期的摩擦和技术改造欠账是辽宁省大中型企业的两大负担。近几年的改革使企业活力确有不同程度的增强，但是，旧的计划、财政、物资和价格体制对大中型企业的自主经营还起着主导的制约作用，束缚了企业活力的进一步增强。因此，通过改革，如何真正使大中型企业走向等价交换、自主经营的道路，使企业真正成为独立的商品生产者

和经营者，对辽宁省来说更具有特殊意义。

辽宁的骨干企业基础大都是在新中国成立前和20世纪50年代建立起来的，和全国其他地区20世纪60年代、70年代建立起来的大中型企业比，技术和设备水平都要差一些，因此辽宁省当前的技术改造任务十分繁重。近几年来企业自我改造能力也有所增强，但按现行体制和政策，企业根本无力承担这一历史性的改造任务。

改革是当代中国社会的潮流。改革的过程实质上就是企业的微观基础与社会的宏观经济环境重新构造和调整的过程，在这一过程中出现的变化以及相互适应的状况很值得调查和研究。

从若干种产品看辽宁轻工业发展中存在的问题[*]

由于辽宁的自然资源和历史形成的基础条件,新中国成立后,国家在辽宁的投资主要向重工业倾斜,对轻工业投资较少,这是辽宁省轻工业发展相对缓慢的根本原因。但是,在轻工业发展过程中,其自身也存在许多问题。本文仅根据对若干种轻工产品历史资料的统计,试作以下分析。

一 问题

(一)新产品开发晚

1949年以前,半封建半殖民地的社会性质和近代史上从未停息过的战乱,使我国本已落后的社会生产力不断遭受严重破坏,国产居民消费品极其匮乏,"舶来品"充斥着市场。直到1949年新中国成立后,我国轻工业才逐步发展起来。在新中国成立后得到较充分发展的许多种轻工产品中,与全国相比,辽宁存在的问题并不是没有发展,而是同种产品生产起步时间较晚。从下表对若干种产品统计看,辽宁起步时间少则晚5~6年,多则晚10年以上(见表1)。

表1 若干种轻工产品生产起步时间对比

单位:年

品种 地区	手 表	缝纫机	收音机	照相机	录音机	电视机	化学药品
全国	1957	1952	—	1957	1957	1962	1952
辽宁	1966	1958	1955	1978	1980	1971	1965

---

[*] 原载《辽宁经济计划研究》1989年8月。合作者:郑晓溪。

(二) 未老先衰

产品生命周期理论表明,由于技术进步和消费者消费偏好等因素的变化,任何产品被具有同类功能,而性能更好或功能增多,甚至只是样式、花色改变的同种产品所取代是必然的。比如电子管收音机逐步被半导体收音机、收录机取代,这是正常现象。但辽宁省却存在一些不正常现象:当某些产品尚有广阔的发展前途时,却突然产量大减,近乎绝迹;当某些产品全国产量呈较平缓下降趋势时,辽宁却呈现大幅度跌落,如照相机、缝纫机等产品(见表2)。

表2　照相机、缝纫机"未老先衰"

年份	照相机（万架）		缝纫机（万架）		合成洗涤剂（万吨）		手表（万只）	
	全国	辽宁	全国	辽宁	全国	辽宁	全国	辽宁
1980	37.28	3.55	767.8	63.5	39.3	2.38	2267.0	190.8
1985	178.97	7.02	991.2	6.67	100.5	5.05	5447.1	548.3
1987	256.7	0.89	970.0	1.90	119.2	4.67	6159.4	439.3
1987年比1980年增减（%）	588.6	-75	26.3	-97	203.3	96.2	171.7	130.2

(三) 市场占有率不断下降

辽宁虽然在多种轻工产品上起步较晚,但仍然有一段辉煌的历史,这可以从若干种产品自新中国成立初期至1965年占全国的比重中反映出来。可是,自1978年,特别是1980年以来辽宁却是每况愈下,22种产品统计数据均呈下降曲线,有几种产品甚至在辽宁轻工产品目录上已呈现出绝迹的趋势(见表3)。

(四) 在新的一轮市场竞争中,辽宁仍然处于劣势

1978年以来,伴随改革开放和城乡居民货币收入大幅度提高,我国消费结构也发生了很大变化,家用电器产品奇迹般地发展起来,很快形成了一场全国性的竞争。统计数据表明,辽宁在这场市场竞争中已经处于劣势。在近年风靡市场、广泛进入消费者家庭的若干种家用电器产品中,辽宁仅洗衣机一种产品尚占较大的市场份额,其余产品无不呈微弱的态势(见表3)。从省

表3 辽宁22种轻工产品占全国比重变化情况

单位：%

年份 产品名称	1952	1957	1965	1978	1980	1985	1987
布	—	—	—	4.18	4.50	4.67	3.98
丝	—	—	4.30	6.91	9.31	5.38	4.23
毛线	—	—	19.08	4.87	4.55	4.18	2.86
呢绒	—	2.70	8.45	9.49	7.01	6.16	6.30
麻袋	—	21.70	13.33	7.57	8.28	4.29	3.55
灯泡	2.60	6.21	12.53	5.09	6.18	5.43	6.17
卷烟	8.83	8.15	16.00	2.90	3.27	1.84	1.70
啤酒	—	23.00	6.90	14.50	15.87	11.11	8.20
手表	9.39	27.30	24.40	7.14	8.42	10.07	7.13
收音机	15.00	4.40	—	2.85	6.35	4.23	4.50
自行车	48.10	42.00	7.12	7.30	7.92	5.19	5.23
缝纫机	5.20	—	8.65	7.40	8.27	0.005	0.002
照相机	30.00	0.003	3.72	—	9.52	3.92	0.004
合成洗涤剂	20.90	20.35	—	6.64	6.07	5.02	3.92
机制纸及纸板	—	16.30	4.67	10.10	8.95	7.72	7.13
日用精制铝品	—	7.14	13.40	5.49	7.76	6.75	5.96
家用洗衣机	—	—	10.53	—	22.29	13.28	12.91
家用电冰箱	—	—	—	—	8.16	0.83	3.46
电视机	—	—	—	5.61	6.38	4.84	4.31
其中：彩电	—	—	—	—	—	3.30	3.15
录音机	—	—	—	—	8.04	2.79	2.25
电风扇	—	—	—	—	2.03	1.14	0.90

内各大城市均可看到，充斥市场的家用电器中本省产品很少。如电冰箱1985年和1986年外埠调入量分别占省内纯销售量的59.8%和20.7%，1987年省内产量只占省内销售量的55.4%；彩色电视机1986年调入量占省内纯销售量的41.8%，1987年省内产量只占省内销售量的52.7%；录音机1987年省内产量只占省内销售量的72%。更能说明问题的是，省内缝纫机生产已濒临绝境，而调入量占省内纯销售量的比重却大增，1985年为25.7%，1986年上升到43.2%。

上述情况不能不令人感到焦虑：传统的产品正在不断被"替代"，新产品开发又步履维艰，20世纪六七十年代辽宁具有的轻工产品优势在不断丧失，而新的优势又未能形成。尤其是，有关资料预测，某些家用电器产品在20世纪90年代初有可能达到相对饱和,如彩电、冰箱等,届时,搞不好辽宁的某些家用电器产品又要步照相机、缝纫机的后尘了。

二 原因

综合分析上述问题,可以发现若干种产品大体呈现同一发展轨道,即"上得慢、滑得快"。特别是1980年以后,以商品经济为取向的改革全面展开,辽宁原来占有较大市场份额的轻工产品在竞争中纷纷失利。为什么?从辽宁历史与现实角度、国家的宏观环境与政策以及辽宁经济结构内在关联度分析,我们认为主要有以下几点原因。

(一)"两个递减"

第一,商品经济发育度由南向北递减。上溯到明末,当长江南北商品经济已经萌芽时,塞外北国尚处于金戈铁马时期;现代史上"十四年"日本殖民化统治,更使辽宁商品生产完全窒息;新中国成立后近30年(1949~1978年),同样的高度集中体制,辽宁的集中程度远高于国内其他省(区);1978年以来的十年改革,辽宁受旧体制的束缚又远较其他省(区)大。历史与现实的因素,注定了辽宁的商品经济发育度远低于南方。所以,在商品市场激烈的竞争角逐中,辽宁省许多在旧体制下占有较大市场份额的轻工产品就纷纷落马了。

第二,对外开放度由南向北递减。可以说,近年来迅速发展起来的许多种轻工产品,在很大程度上是打开国门后国外产品、技术和信息涌入的结果。辽宁虽属沿海省份,但与南方一些省区(如广东、福建等)相比,在与外界的联系条件上显示出"先天不足"。同时,更为重要的是,国家对外开放政策实际上开放程度由南向北越来越低。这也是辽宁在近年来迅速发展的消费品工业生产上处于不利地位的现实原因。

(二)结构制约

我们这里所说的结构是指传统的工业结构和所有制结构。1978年以前,若干种轻工产品统计数据表明,辽宁轻工产品生产结构与社会消费结构大体适应。近年来,社会消费结构急剧变化,传统的工业资源配置结构却仍呈现相对稳定状态,其生产要素难以灵活转向那些收入弹性较高的产业,结构转换能力十分低下,再加上全民所有制结构占主导地位的现成格局,必然要使辽宁省这样的老工业区缺乏活力(上海、天津也遇到了类似问题)。与此相反,南方的一些地区,得益于原有的工业结构不尽完整和所有制结构制约较差,迅速崛起了大批以市场为导向的乡镇企业。显示出企业经营灵活、市场化程度高,具有很大结构选择自由和很强产品结构转换能力的强大优势。一些档次较高,代表"新潮流"的产品,乡镇企业就可以搞,而辽宁省较大的全民企业搞不了,即使搞了也站不住脚。这中间反映出的问题不在于辽宁省缺乏技术和对技术的消化吸收能力,而在于传统的工业结构和所有制的制约。我们应当认识到,结构的制约不仅对当前,而且对长远的将来都会有极大影响,它很可能使类似辽宁省这样的老工业区轻工业的衰退成为难以逆转的痛苦现实。

(三) 投资政策倾斜过度,轻重工业关联度低

应该肯定,新中国成立以来根据辽宁的资源和历史条件,以及全国经济建设的需要,国家在辽宁的投资上向重工业倾斜是必要的。但是,反思辽宁经济沿着"重型单轨"运行的四十年,也不能不说这种倾斜是过度的。以全民所有制基本建设投资为例,1949～1987年,辽宁轻工业投资仅占投资总额的5.9%,而重工业投资占56.5%。

辽宁不仅重工业投资比重大,从重工业产品结构上看,与本省的轻工业关联度也十分微弱。直到1987年底,辽宁省以农产品为原料的轻工产品产值仍占轻工业总产值的62.9%,比1981年还上升了1.3个百分点。这既与农产品绝对短缺的辽宁十分不相称,又与素以原材料著称全国的重工业形成强烈反差。比如辽宁钢铁工业规模很大,却难以满足轻工业生产需要的钢材(搪瓷制品、罐头、自行车等产品所需的黑铁皮、马口铁需大量进口,甚至全部进口)。显而易见,辽宁的重工业虽然为全国做出了很大贡献,但却没能相应地带动或促进辽宁轻工业的发展。

三 对策

根据对若干种产品存在问题及原因分析,我们认为,属于观念、政策方面的,可望通过改革的深化逐步克服;属于体制、结构等方面的,则需采取必要的对策,并据此拟定适宜的发展战略。针对后者,本文略作以下

几方面探讨。

(一) 统一组织、协调发展

可以预见,从国民经济整体考虑,由于辽宁的现实条件,在一段相当长的时期内,国家对辽宁的投资政策不会有很大改变。即使通过改革,企业自我积累能力进一步增强,具体到辽宁,其实际情况是,积累能力真正能有较大增强的还是重工业企业(其中还有相当数量是中央直属企业),这就难以避免重工业在现有基础上继续扩大,此即所谓的"结构发展惯性",增量结构是存量结构的"再版"。由此推理,地区结构仍有可能是"重者愈重、轻者愈轻"。所以,辽宁轻工业要有较大发展,现实地看,需要省内统一组织,各级政府和企业协同作战。

第一,省内有关部门在轻工各行业发展规划的基础上,有必要制定若干种产品发展规划(这要比行业发展规划更具实际的指导意义);提出若干种产品结构政策,包括产品更新换代,新产品、系列产品开发,技术引进,消化吸收和创新等。实实在在、稳扎稳打,吸取"上得慢"、"滑得快"的教训,省内在财政、金融、物资上给予尽可能的支持。

第二,在产品布局结构上要正确运用行政力量(即使在市场较完善的条件下,必要的行政干预也是不可或缺的),今后应避免省内重复布点、重复建设,力争生产、开发同一产品的各方力量形成一个拳头。一种产品一般只在一个市重点发展,在创优质、争名牌、上规模、牢牢占领市场等方面下力量,不要四面出击。省内其他市县若有这样的愿望可以采取股份制或技术、设备、人力有偿提供的方式,或者主体单位采取零部件扩散方式,组织企业联合,鼓励企业兼并,发展企业集团。政府应该制定适当政策,通过保证各方权益的实现促进联合,运用行政力量,也要避免行政硬性捏合。

第三,上述联合方式同样适用于重工业企业,或许这是改变辽宁省轻重工业格局的有效手段。辽宁省有些资源经过多年的开发已在某些地区呈现枯竭,如煤炭。所以,这种联合也是必要的。

(二) 扩大以非农产品为原料的轻工业生产比重

到目前为止,已看得比较清楚的一个不可逆转的趋势是,沿海地区发展加工工业由内地提供原材料(主要是农产品原料)的传统地区分工格局开始被打破,并将继续被打破。近年发生的羊毛大战、蚕茧大战、棉花大战、烟叶大战正是传统的地区分工格局行将崩溃的前兆。鉴于这一变化,辽宁省应坚决实施"巩固以农产品为原料的轻工业生产、尽快扩大使用工业原料的轻工业生产"的调整战略,并且这个战略实施得越早越主动。实施这一调整战略,应处理好中央直属企业和地方企业、重工业企业和轻工业企业两者的关系。中央直属企业和地方企业的关系,一般说,如果现行体制不变,即使某些中央直属企业增加了轻工使用的原料,地方所得也是有限的。所以,可以考虑改造地方重工企业,生产轻工原料,以促进地方轻工业的发展;重工业企业和轻工业企业的关系,要从轻重工业综合效益、结构效益角度考虑,协调两者利益分配。也可采取以上所述的联合方式,鼓励发展轻重工业跨行业的新型企业集团。这或许既有利于重工业产品的精、深加工,又有利于轻工业的发展。

(三) 两个技术发展战略:"商品革命"和"国产化"

消费刚性是具有普遍性的世界现象,是商品经济发达国家引导消费资金投入生产的有效手段,如"股份制"和住房商品化在可以预见的两三年内在中国很难推开,即使推开也很难具有较大的实质性意义。所以,吸收居民手存货币的主要手段,可能还是"用"的各类消费品,其中高档家用电器产品在一段时期内仍占显要地位。辽宁目前已基本落后了,下一步不应该再落后。即便如某些文章预测的那样,20世纪90年代初某些产品将达到相对饱和,但也还应认识到,所谓饱和,只是生产该产品的技术、工艺水平在同一时空内相对凝固状态下的表现。例如,在日本,电视机、洗衣机、冰箱等家用电器消费品早已普及,被看作是"成熟商品",但新型号产品仍属抢手货之列。与旧型号相比,新型号增加了新的"生活软件",如新型"爱妻号"洗衣机把脱水噪声由75分贝降到38分贝;温水型洗衣机便于发挥洗衣粉中酶的作用,增强去污效力;45厘米厚的冰箱箱门可左右自动开启,适合日本住宅窄小的特点;各种新型号的彩电;等等。此即所谓的"商品革命"。月晕知风,未雨绸缪,辽宁若能从现在起就重视"商品革命",用不了几年,就一定会改变目前的落后状态,走出低谷。

从后道工序搞起,是我国近年来许多种消费品生产技术引进的基本做法。彩电、冰箱大量装配线的引进是其典型事例。大量散件或主要元器件的进口耗费了大量外汇,无论是国家还是地方都已力不能支。尤其是1990年以后还债期一到,可以预计使用外汇进口散件将更加困难,甚至将不可能。所以,欲谋求长期更大的效益和建立巩固的后续发展基础,从现在起,就应当不失时机地抓住零部件的国产化,从基础做起,前后配套。可以这样说,谁在今天抓住了目前尚需进口的零部件的国产化,谁就会占领、控制明天的市场。

全面提高工业经济素质

——对制定辽宁工业发展战略的一点想法[*]

一 把全面提高工业素质作为战略重点

制定辽宁省今后十年工业发展战略，必须从全省工业经济实际出发，全面提高工业经济素质和经济效益。所谓全面提高工业经济素质，就是要提高生产力诸要素的质量和使用效果，提高生产组织和经营管理水平。具体说，就是提高工业技术装备水平，提高原燃材料利用率，调整企业结构，加强企业管理，提高竞争能力，不断提高工人和专业技术人员的科学文化技术水平和工作责任心、积极性等。

十年来，工业经济素质的提高程度与期望值之间差距还很大。为什么做了大量工作但效果不十分理想，主要原因是缺乏实实在在的工作态度，忽略素质构成要素的内在联系，以及某些体制上的原因。如行技改之名，搞基建之实；先进的技术设备与相对落后的职工文化技术水平不相适应；企业管理"以包代管"、职工教育"以罚代教"；重复、多头引进技术设备，缺乏消化、吸收、创新，经济效益和社会效益一直难以提高；等等。所以，制定发展战略应该把全面提高工业经济素质作为重点。

二 对辽宁工业素质的总体评价

近年来，苏、浙、鲁、粤等地发展较快。辽宁地位下降，位次后移，在省内引起了广泛关注，似乎辽宁要从此衰落了，有"狼来了"的感觉。地位下降，位次后移，主要是从发展速度、产值比重、利税指标等角度说

---

[*] 原载《辽宁计划经济管理》1991年3月。

的,这是事实。但表明一个地区工业经济素质高低的主要标准,应该从以下三个方面去衡量,一是历史基础,二是目前水平,三是今后发展潜力。

一是辽宁工业历史基础较好。辽宁从19世纪末就开始了由农业自然经济向工业化过渡。新中国成立前,日本军国主义出于掠夺和战争的需要,建立了辽宁近代工业的雏形;新中国成立后,1949~1962年,辽宁省成为国家建设的重点,以钢铁为重点的重工业基地基本形成;1963~1978年,在巩固发展钢铁工业的同时,石油化学工业发展很快。机械、建材及其他行业也有了很大发展,基本建成了门类齐全的工业基地。可以说,辽宁的工业基础不仅庞大,而且实力仍很雄厚。

二是当前水平相对较高。十年来,辽宁工业技改投资逐年增加,由1980年的13.6亿元增加到1988年的94.2亿元。主要工业行业共改造了600多条生产线,5万多台设备,近1/3的重点企业的重要技术装备已达到或接近20世纪70年代末80年代初的国际先进水平,平均每年有1700多种新产品投产。技术改造,已使辽宁老工业基地初步焕发了青春。另外,辽宁企业的规模与结构、生产的专业化与社会化程度、企业管理平均水平、重要产品的数量与质量、职工与专业技术人员的数量与质量,在全国仍占优势。

三是辽宁工业的发展潜力很大。日本经贸会最近对中国各省区经济发展潜力做了一番研究,结论是辽宁、山东、广东发展潜力最大。辽宁排在第一位。

另外,根据有关资料分析,辽宁的技术潜力很大。1979~1985年,全国技术引进软件用汇比只占5%,辽宁占8%,高于全国平均水平。与广东比较,辽宁的潜力更为明显。1979~1985年,广东技术引进中软件用汇比只占4%;从引进的技术和设备先进程度看,辽宁引进的技术和设备达到20世纪80年代水平的占55.1%,广东引进的70年代末80年代初水平的占18%;辽宁技术引进的主要效果是进口替代,如大化肥装置进口备件、冶金行业的替代进口钢材。在引进技术的消化吸收上,辽宁也要好于广东。

从上述三方面简单看,辽宁工业经济素质与国内一些比较先进的地区相比,还是较好的,总体水平还是高一些的。但是,仍然存在问题,有些问题还很严重。

(1)技术装备仍很落后。从全省现有工业设备看,20世纪30~40年代的占30%以上,50~60年代的占60%以上,70年代后的不足10%;大中型企业技术装备达到国际先进水平的仅占0.3%，达国内先进水平的占4%，达国内一般水平的占79.7%，达国内落后水平的占16%；钢铁工业主体设备达50~60年代水平的占70%，达70年代水平的占10%；机械工业设备达60年代水平的占52%，达70年代水平的占38%；建材工业中大部分设备是50~60年代的。总体评价，辽宁工业技术装备比国际先进水平落后20~30年。

（2）原燃材料利用率低，消耗高。见表1、表2。

表1　工业物耗率与净产值率变化

单位：%

年　份	物耗率	净产值
1957	57.5	42.5
1978	62.0	38.0
1980	62.8	37.2
1985	63.8	36.2
1988	68.0	32.0

表2　冶金、石油、化工、建材等主要行业耗能（以耗电为例）

产品耗能（千瓦小时/吨）	1985年	1988年	1988年比1985年增加（%）	按照1985年水平可节约电及工产品产量
生铁耗电	13.35	18.13	35.8	5696万度电可生产生铁426万吨
钢材耗电	84	90.6	7.9	5966.3万度电可生产钢材71万吨
电解铜耗电	242	271	12.0	169.6万度电可生产铜0.7万吨
电解锌耗电	2983	3160	5.9	2279万度电可生产锌0.76万吨
原油综合耗电	56.07	73.2	31	3.73亿度电可加工原油65.5万吨
合成氨耗电	195	237	21.5	3557.4万度电可生产合成氨18.2万吨
水泥综合耗电	93.8	128	36.5	4.5亿度电可生产水泥48万吨

（3）企业管理较差，即使大中型企业，管理水平也不十分高。根据个别企业介绍，财、物管理只要稍抓紧一点，减少的浪费或增加的效益竟以数千万元计。区、县企业约有2/3处于管理落后状态；多数城镇个体企业仍然采用传统的经验管理。特别是近年来相当一部分企业"以包代管"，大大削弱了企业管理能力。

（4）企业结构素质差，大而全、小而全问题一直未解决。粗放经营、缺乏分工协作，专业化程度很低。

（5）产品结构不合理、质量低。以机电工业为例，美国机电产品有60余万种，苏联有2.4万种，辽宁只有7000种；机床是辽宁的重要机电产品，但只有17种，而日本则有3000余种。轻纺工业产品品种，尤其是质量问题更为严重。

（6）职工文化技术素质亟待提高，特别是思想政治教育亟待加强。全省工业现有工人中，大专文化程度的只占7%，中专、高中（技工）文化程度的占21.0%，初中文化程度的占62.2%。工人平均技术等级也有所降低，特别是近年来忽略了职工教育，造成职工责任心、劳动积极性有较大幅度下降，这个问题更为严重。

三　全面提高工业经济素质的途径

（1）从粗放经营向集约经营转变。提高工业经济素质是一个长期的过程，不可能一蹴而就。经济要真正做到持续、稳定、协调发展，在指导思想上决不能再出现急于求成，片面追求产值、速度的失误，使经济真正实现由速度型向效益型，由外延型向内涵型的转变。总之，就是要积极实现从量的扩张转向质的提高。

（2）要进一步深化改革，调整企业组织结构，提高企业素质。国家要尽快创造条件，建立社会保障系统，使企业破产法得以实施，淘汰素质低劣的企业，提高个别企业素质。只有每一个工业企业素质都提高了，工业经济素质总体水平才能提高。

（3）改革企业升级考核方法。把企业技术装备水平及利用程度，原燃材料的使用效果，产品品种与质量及市场占有率，专业技术人员的数量与质量及发挥作用的程度，企业管理方式及其有效性，职工的工作态度及创新精神等，作为主要考核指标，纳入企业承包责任制中去。

（4）加强政治思想工作，培养职工主人翁责任感，调动劳动积极性和创造性。广泛开展群众性的技术革新活动和合理化建议活动，增强企业凝聚力；全面落实知识分子政策，充分发挥专业技术人员的作用，鼓励他们的发明创造精神；充分发挥企业管理人员的作用，提高企业管理水平，在新一轮承包期里，要慎重妥善研究承包方案，消除"以包代管"的弊端。

（5）更多地发挥计划调节作用，恰当地运用行政力量。如在技术进步问题上，私有制企业技术进步的动力一是来自追求剩余价值的内在动力，二是来自市场竞争、企业破产倒闭的外部压力。公有制企业由于生产目的不同，市场不完善，以及国家出于政治方面的考虑，企业技术进步的内在动力相对不足，外部压力很小，没有形成一种激励技术进步的机制。这是问题的一个方面；另一方面，现代，即使在完善的市场经济条件下，也不可能完全依靠市场力量促进企业技术进步，还要适当运用行政力量。当代西方较发达国家市场虽已相对完善，但是政府还是运用财政、税率、汇率、利率等手段，给企业以刺激，促进技术进步。甚至由政府直接出面，组织重大的高科技活动，如美国的"星球大战"计划、欧洲共同体的"尤里卡计划"等。

因此，社会主义国家更要发挥计划经济的优越性。20世纪80年代中期，在计划指标上曾列过效率指标，如单位产品耗能指标，应该恢复并真正实行，将单位产品耗能指标分为国内一般水平、国内先进水平和国际先进水平等几个档次，限期达到，否则企业关、停、并、转。对供过于求或供求大体平衡的产品都可以采取这一方式。总之，要适度运用行政力量，弥补市场功能不足。近年来改革强调政企分开，政府对不该管的事确实不要管，但对企业技术进步就一定要管，否则就很难达到目的。

（6）政府经济管理机构，包括计划、财政、税务、工商、银行、物资、外经贸等部门要协调动作，围绕提高工业经济素质这个中心开展和检查工作，指导企业生产经营、基建技改等各项经济活动，并给予必要的政策倾斜。

（7）全面提高工业经济素质应该选择恰当的突破口。辽宁省工业门类齐全，基础庞大，既需要全面提高，又不能齐头并进；工业经济素质包括各方面内容，但也要有主次之分。因此，应选择重点突破，带动其他。

行业突破口应以提高机电工业素质为先导，以钢铁、石化、建材工业为基础。理由是，机电工业为其他行业提供技术装备；钢铁工业提供的产品品种、规格和材质与机电产品性能、质量紧密相关。石化、建材工业在辽宁省占有举足轻重的地位，且这两个行业的素质提高了可以大大缓解辽宁省能源紧张状况。在构成工业经济素质的各方面内容中，首要的是提高人的素质，其次是加强企业管理和推进技术进步。为什么要把提高人的素质放在第一位？从简单的生产和再生产过程看，技术设备需要人去使用、去创新；管理要由人去组织、实施和执行。最简单的一个产品的质量不仅受生产这个产品的工人技术水平的制约，而且受他责任心的影响，甚至还要受他的情绪影响。

　　从强调对物的管理转向重视对人的管理，是管理领域中一个划时代的进步，而把人当作一种使企业在竞争中生存、发展，始终充满生机和活力的特殊资源来刻意发掘，是现代先进管理思想中的一个重要组成部分。马克思主义从来就认为，在生产力诸要素中，人是最活跃的因素。所以一定要加强对人的教育。十年改革一个最大的失误就是放松了对人的教育。对人的教育，不仅要提高其科学文化技术水平，更重要的是要提高责任心、积极性、创造性，塑造企业主人翁的形象。

　　另外，加强对人的教育，不仅指企业职工，还包括对企业领导、行政机关干部的教育。

对大中型工业企业生产流通指令性计划的实证分析[*]

——兼谈工业生产流通领域计划与市场相结合的设想

1984年国务院批转国家计委《关于改进计划体制若干规定》以来,计划管理形式的改革主要是以缩小指令性计划范围,扩大指导性计划和市场调节的比例为基本思路。到目前为止,国家对国营小型企业和集体所有制企业,基本上不下达指令性生产计划;而对国有大中型企业,特别是原材料工业企业的生产流通,指令性计划仍占很大比例。指令性计划,对这些企业以及对国民经济发展与体制改革有哪些影响?在企业已成为相对独立的商品生产者和以建立有计划的商品经济体制为取向的改革条件下,仍沿用指令性计划的管理形式是否合适?这些问题都很值得探讨。本文根据对若干国营大中型工业企业的实际调查情况,对指令性计划做几点分析,谈几点认识和设想。

一 实证分析

(一) 企业执行指令性计划的动机

1. 利益诱导

近年来,由于存在悬殊的双轨价差,企业力争多纳入国家生产计划,其利益诱因是争取多分配一些平价的原燃材料。但在产品分配方面,企业则尽可能降低国家计划完成率,或者以大路货完成计划,多留紧俏产品自销。其利益诱因,是计划内外的价差。

---

[*] 原载《辽宁计划经济管理》1991年12月。

2. 市场风险较小

执行指令性计划，市场冲击较小，无论生产经营状况如何，都可向主管部门交代。

3. 体制约束

1978年以来，国家对在政企关系、所有权与经营权关系、股份制等公有制实现形式等方面的改革进行了理论探索，搞了大量试点，颁布了若干法律、法规和政策，但很少能在经济运行中真正推广、贯彻和执行。因此国家向全民企业下达指令性计划理所当然，企业执行指令性计划尚有很大的体制约束作用。另外，企业（特别是国有大中型企业）也认为企业资产属国家所有，执行国家指令性计划天经地义。

（二）指令性计划执行的结果

近年来，指令性计划执行的结果表现出"三不满意"。

1. 国家不满意

合同兑现率逐年下降，1990年纳入国家统计考核的18种统配产品均未完成国家订货合同。其中，有10种产品的合同兑现率比上年有所下降。

2. 企业不满意

企业生产条件得不到充分保证，多数指令性计划产品平均只能保证60%左右，企业生产经营自主权很小，企业生产什么、生产多少、产品销售对象、销售价格，都由国家计划安排。

3. 用户不满意

有指令性计划分配指标，但订不到货，或者总量供货不足，或者品种规格不对路，或者计划内指标按市场价供货。

（三）指令性计划与企业效益

计划价格决定企业效益。如，大连机车车辆厂生产的内燃机车占全国总量的50%，技术水平、科研力量、产品质量、管理水平等均属国内一流。但该厂的效益不取决于自身，主要取决于铁道部在系统内部制定的平衡政策。1990年，由于原材料涨价、机车销价未变，企业亏损1972万元；当年铁道部调整了机车出厂价，即盈利3919万元。

（四）指令性计划与企业经营机制

近年来，凡是承担指令性计划的企业，无论指令性计划比例大小，都不同程度地处于双轨运行状态。企业的生产经营既盯着国家又盯着市场，哪头有利，就向哪头倾斜。国家的计划管理同企业的要求间也存在尖锐的矛盾。市场紧张时，国家要多管；市场疲软时，指令性计划产品销不出去国家管不了。如，抚顺钢厂1991年上半年指令性计划4万吨，只被订货2万多吨，企业要求自销剩余钢材，但有关部门不允许，使企业左右为难。

（五）指令性计划与市场调节

从国家角度看，指令性计划与市场调节是具有本质区别的两种管理形式。从企业角度看，两者的不同点就在于价差。1990年，部分物资的计划价格高于市场价，有些单位自动放弃计划指标，自行从计划外寻找资源。今年2月份以来，国家调整了黑色金属价格，双轨价差接近一致，指令性计划分配的物资失去了利益诱因。企业认为，在价格趋于一致的情况下，无所谓指令性计划与市场调节。这说明，对工业生产流通领域的指令性计划，我们应该有一个重新的认识。

二　几点认识

（一）指令性计划与资源配置

计划与市场是资源配置的两种形式。我国是一个发展中国家，人口众多，人均资源占有量相对较少，一些关系国计民生的短缺资源主要由计划配置。这是由国情的特殊性决定的。

但是，工业生产、流通领域的指令性计划与资源配置计划的性质并不完全相同。1984年以来，保留工业指令性计划的一个基本依据，就是在资源短缺的情况下更好地保证重点生产和重点建设等方面的需要。但这种意义的资源短缺，并非都是国情因素的短缺，还有由于总需求大于总供给导致国民经济紧张运行，或者是由于供给结构不适于需求结构造成的。前者是国民经济发展速度过快的问题，后者是国民经济各产业、行业、产品结构等不合理的问题。这里的指令性计划，实质上就是定量分配计划，如同过去布匹不足发本票定量供应一样。这样的指令性计划与配置资源是完全不同的两回事。

可以设想，国民经济若能达到持续稳定协调发展，克服过热—紧缩—

再过热的恶性循环，工业生产流通领域的指令性计划管理形式也是可以改变的。1991年以来，有些企业的指令性计划产品分配不出去，也说明了这一点。或许有人认为，这是由于这两年整顿带来的市场有效需求衰减的负效应，一旦需求再度高涨，这个问题就不存在了。就当前经济状况来说，这样的认识似乎不无道理。但是，对需求再度高涨应作具体分析。如果经济发展速度适当的高涨，保持了总需求与供给的基本平衡，市场能够自行调节企业生产和资源流向，指令性计划的存在就是多此一举；如果经济发展出现了再度过热的高涨，那不仅不是我们希望的，更是应极力避免的。

（二）指令性计划与价值规律

1984年以来，对一些企业的生产流通管理，既要沿用传统的指令性计划，又要根据商品经济的要求，尊重企业商品生产者的法人地位。这是一个两难的选择。为了解决这一矛盾，提出了指令性计划也应自觉利用价格规律，但从近年来的经济运行看，很难找出指令性计划在工业生产流通领域能够自觉地充分利用价值规律的证明。

从过去几年的实际经济运行看，如果指令性计划能够自觉地充分运用价值规律，就应该根据市场供求关系和社会必要劳动量，合理确定指令性计划产品价格。而前几年，多数工业生产资料的计划价与市场价的价差竟以倍计，决不能说这就是指令性计划自觉地充分利用了价值规律的结果。如果指令性计划能够充分地利用价值规律，它应该依据市场价格变动的情况，自动调节生产要素在国民经济各部门间的合理转移，促进经济结构调整，形成一个协调发展的比例关系。而多年来计划价低于市场价的产品，大部分都是供求不平衡的基础原材料或重要的短线产品。按商品供求规律，供不应求的商品价格应该较高，但实际上计划价却压得很低。政府主观地压低了这类产品价格，导致价格扭曲、市场信号失真，诱使社会投资向加工工业倾斜，反过来加剧了原材料工业与加工工业的不平衡。国家更不敢轻易放开，结果是"越少越管、越管越少"；市场上"长线产品调不短，短线产品调不长"，相当数量的生产资料产品供求弹性近乎为零，从而形成了一种恶性循环。指令性计划能否利用价值规律，实质属于价格形成机制问题。价格形成机制的改革，是经济体制改革的关键环节。只要进行改革，这一问题迟早会解决。

诚然，用理论裁剪现实不可取，理论必须结合中国的具体实际。但是，现实中企业认为，当指令性计划价格与市场价格趋于一致时，指令性计划则失去了本质的意义。也就是说，如果指令性计划能够充分地利用价值规律，指令性计划也就不成其为指令性计划了；反之，则说明了指令性计划不可能充分利用价值规律。近两年，通过治理整顿，国民经济过热的发展速度和投资膨胀得到抑制，供给与需求的矛盾得到缓解。在现实的经济运行中，商品经济规律正在不断地迫使计划价向市场价靠拢，有些生产资料实行定点定量不定价的分配方式就是其表现之一。传统的指令性计划形式正在发生变型，指令性计划只起了一个固定供应渠道、稳定协作关系的作用，这正是价值规律对指令性计划的校正。

（三）指令性计划与经济改革

到目前为止，改革指令性计划的主张，依然停留在缩小指令性计划范围上。指令性计划究竟缩小到什么程度才算合适？截至1989年，中央与地方管理的指令性计划产品产值占工业总产值的比例为16.2%。其中，国家计委管理的指令性计划只占9.7%。如果继续缩小，还需降低几个百分点？这是一个无法回答的问题。我们认为，指令性计划不在多少，而在于作为一种管理形式的存在对社会经济改革与发展的深刻影响和作用。

1. 指令性计划与商品经济

建立有计划的商品经济体制和计划经济与市场调节相结合的经济运行机制，是到20世纪末深化经济体制改革的基本目标。在坚持社会主义生产资料公有制基础上，遵循商品经济的一般规律，采用符合商品经济发展要求的做法，是建立商品经济机制的根本前提。指令性计划，源于高度集中管理的命令型经济，无论它管理的范围如何变化，都不可能消除其脱胎而来的那个母体的痕迹。反映在现实的经济生活中，指令性计划既不反映价值也不反映市场供求，实质是游离于市场之外的生产与交换行为，不可能等同于商品生产与交换。商品是天生的平等派，以自由让渡为原则，这是商品经济的一般规律。社会主义商品经济也应遵循这一规律，在商品的生产流通中改革传统的指令性计划管理方式。

2. 指令性计划与搞活大中型企业

目前，中央和地方现行的指令性计划，基本上由国有大中型企业承担。1991年5月份，国务院在关于进一步增强国有大中型企业活力的通知中，

对大中型工业企业生产流通指令性计划的实证分析

把适当减少大中型企业的指令性计划作为搞活大中型企业的重要一条。这说明,大中型企业缺乏活力与指令性计划有一定的关系。

我们认为,搞活大中型企业的核心问题是要从三个方面改革经济管理体制:一是赋予企业自主经营的权力,二是建立企业自负盈亏的机制,三是注入企业自我发展的动力。指令性计划对大中型企业的影响,从表象上看,似乎是影响了企业利益,造成市场竞争条件不平等;从本质上看,它限制了企业自主生产经营的权力,国家让企业干什么企业就干什么,让干多少就干多少,先进的企业不能多生产,落后的企业不能少生产,"饿不死,撑不着"是对指令性计划的形象概括。指令性计划在很大程度上扼杀了企业的主动性、积极性和创造性。这是一个方面;另一方面,企业既然不能自主经营,盈亏就只能由国家承担。所以,指令性计划既限制了企业的自主权,又助长了企业依赖国家的心理和惰性,还可以掩盖企业的经营管理不善。固然,搞活大中型企业还涉及国有资产管理、政企分开、产权制度、劳动工资政策和社会劳动保险制度等问题,采用一种新的管理方式取代指令性计划,并不是搞活大中型企业的唯一方法,但以新的管理形式取代传统的指令性计划是必要的、起码的一步。

3. 指令性计划与指导性计划和市场调节

多年来已普遍形成了这样一种认识,即只有缩小指令性计划,才能扩大和实施指导性计划和市场调节。如果指令性计划缩小了,指导性计划和市场调节量的比例可以加大,但能否实施并发挥各自的作用与数量的大小并没有必然联系。过去几年,理论和实践都很重视对建立指导性计划管理体制和市场调节体系的探讨和试点。然而,迄今为止指导性计划仍不能真正起指导作用,甚至部分地变成了指令性计划,或者部分地转化为市场调节。在工业生产资料流通领域,也基本上没有建立起完善的市场。为什么?我们认为,根本的原因是指令性计划与市场调节不相容。市场调节的核心是价格调节,基本不反映供求关系的指令性计划价格,既限制了市场价格形成机制的运行,又通过计划分配使市场成了没有商品的空壳。在此条件下,要发挥市场的调节作用,无疑缘木求鱼。它说明了这样一个道理:在工业生产流通领域,计划管理形式的改革,不应再囿于缩小指令性计划、扩大指导性计划与市场调节的思路,而应该根据商品经济通用法则,寻找出一条既适合中国国情,又符合商品经济规范的新思路。

三 初步设想

根据前面的分析，我们认为：对工业生产流通的管理，应在有计划地调节市场供求进而放开市场价格的基础上，实行全社会的指导性计划与绝大部分企业进入市场调节相结合的管理方式，逐步实现指导性计划与市场调节一体化的管理体制。

所谓有计划地调节市场供求，是国家运用计划手段，依据市场价格受供求规律调节的商品法规，有意识地调整决定市场价格的有关变量，参与和影响市场价格的形成，而不是通过制订计划价格与市场价格抗衡（需由国家定价的商品除外）。

通过调节市场供求影响市场价格，与通过制订计划价格影响市场价格是思路不同的两种调节形式。如前所述，通过制定指令性计划价格影响市场价格的结果是：价格扭曲、价格体系不合理、市场信号失真、不能正确引导社会生产与投资；市场价格不调下来，计划价格还要升上去。与计划事先调节的主观愿望相反，计划价格往往要被动跟进。通过调节市场供求影响价格的形成，可以达到事先调节的目的，能够充分体现有计划商品经济的要求。随着国家影响市场价格手段的不断完善和调控能力的不断增强，可以逐步取消工业生产流通中的指令性计划，为实施指导性计划和市场调节提供发挥作用的场所或空间。依据这一思路，试提出以下具体设想。

（一）对特殊行业、企业和产品实行国家直接管理

国家直接管理的行业、企业和产品大体可分为三种类型：一是有必要由国家直接管理的基础产业、国防工业和高新技术产业；二是市场范围狭小，流通环节单一，不宜展开竞争，适合于国家垄断和生产集中布局的产品（如内燃机车和船舶），可由国家直接管理；三是某些市场需求范围广阔的原材料。若某企业产量占全社会总产量比例较大，具有调节市场供求的作用，国家应对其实行直接管理。如鞍山钢铁公司钢产量占全国总产量的 1/8 左右，国家可直接管理，作为调节钢材市场供求的砝码。以此类推，对重要的生产资料（主要是原材料），国家应分类排队筛选出直接管理的企业。具体做法如下：

（1）计划管理单轨运行，即在同一企业中不再搞计划一块、市场一块，

消除企业双轨运行机制。

（2）国家保证生产要素，即企业的各种生产要素，首先自行依靠市场解决，市场满足不了的国家要给予保证。

（3）国家平衡企业盈亏，即国家直接管理的企业，主要发挥调节市场供求的作用。企业不以取得直接效益为目的，企业的效益表现为社会效益。企业盈亏由国家平衡。

（4）职工收入相对均等，即企业职工收入不应低于同行业职工收入平均水平，并由国家予以保障，以保证职工队伍的稳定。

（二）对非直接管理的企业，实行全社会的指导性计划与市场调节相结合的管理方式

国家指导性计划应是全社会的总量计划，一般不要再具体规定个别企业的生产数量指标。企业生产经营，由企业参照国家总量计划，依据市场供求自行组织。在目前市场尚不够发达的情况下，指导性计划可以下达给大中型企业，但必须充分听取企业的意见，不得在企业接受不了的情况下强行下达。

根据计划经济与市场调节相结合的原则，对这类企业也不应放任自流。首先，国家要运用经济、法律、行政等手段加以管理，尽快建立起符合商品经济规范的宏观调控体系。其次，把扩大再生产与简单再生产分开管理。在简单再生产范围内，企业生产什么、生产多少应实行市场调节，发挥市场的长处，切断政府部门伸向企业的"手"，国家实行间接管理；在扩大再生产领域，涉及生产要素配置、投资规模、工业布局与结构、产业政策等宏观经济政策和总量指标，应以计划管理为主，发挥计划经济的长处。对内涵扩大再生产，国家可赋予企业一定的自主权，但必须考虑市场需求变化和产品生命周期。

（三）以国家订货和企业合同取代流通领域统一分配、调拨的指令性计划

（1）国家订货。一是保证国家直接管理的行业、企业生产与建设的需要；二是建立国家物资储备制度，掌握稀缺程度较高、可替代性较弱、供给弹性较小的重要资源作为调节市场供求的物资杠杆，与国家直接管理的企业双管齐下以调节市场供求。具体做法可由物资和国营商业部门向企业

直接订货，或组织重点企业、重点项目向企业订货。双方必须信守合同。国家享有优先订货和择优选购的权力，同时也要给予合理的价格；企业有义务优先完成国家订货合同。

（2）企业合同。一是以企业合同取代流通领域统一分配调拨的指令性计划，改企业产供销之间的产品经济联系为商品经济行为；二是现阶段企业合同的某些缺陷，可由国家订货手段加以弥补；三是要不断强化流通领域的法制建设，不允许以公有制企业为理由欠物、欠债不还，或者无限期拖欠。

实现上述国家对工业生产流通管理方式的转变，可采取分行业、分企业或分产品逐步放开的方法。从目前的供产销情况看，可首先在建材行业或冶金行业搞试点。通过试点，取得经验，逐步推开。

国有企业进入市场的标准、途径及辽宁省应采取的对策*

开展国有企业如何加快进入市场的讨论,首先应该明确两个问题。

其一,所谓国有企业进入的"市场",并非仅指企业各类产供销活动或产品交换意义上的市场,而是指国有企业从计划经济向市场经济蜕变意义上的市场,即本质上的市场经济。因为,一方面,目前国有企业的产供销活动已大量地进入了市场,但如果就此作出国有企业已完全进入市场的判断,那么,讨论国有企业进入市场问题也就失去了意义。另一方面,这也是对商品交换的场所和国有企业初步具备的市场行为与市场经济的混淆。也就是说国有企业目前具备的市场行为远不能体现市场经济的本质内涵,而仅是初步进入市场的一种表象,与市场经济的本质要求尚有相当大的距离。

其二,国有企业怎样才算进入市场,或者说进入市场的标准是什么,目前进入市场程度如何?这也是首先应该加以讨论的问题,进而才能明晰国有企业进入市场的必要途径及应采取的适宜对策,提出符合事物发展规律及思维逻辑的意见,全面有效地加速这一进程。

一 国有企业进入市场的标准及目前进入程度的实证考察

(一)国有企业进入市场的标准分析

国有企业怎样才算进入市场?其一般性的标准是什么?分析这一问题,考察现代市场经济条件下企业的一般特征或共性,应该是其逻辑的起点。

---

* 原载《辽宁省委学习材料》1996年第1期。

现代市场经济条件下，企业一般具有如下特征。

1. 企业制度

（1）公司体制。所谓的现代企业制度就是现代公司制度，即国家独资、各种方式合资的股份有限公司或有限责任公司。现代公司制度是市场经济条件下企业的最基本的组织形式。因而，传统的国有企业制度能否或何时改造成现代企业制度，是判别国有企业是否进入市场的首要标准。

（2）企业身份。企业具有独立的法人资格，同时具有独立的民事行为能力和责任能力，享有完整的法人产权，并能以其全部财产承担民事责任。它改变了现行国有企业只是名义上的法人的状况。

（3）人事任免。各出资方组成的董事会任免董事长，董事长提名董事会通过任免总经理，企业及其管理人员没有行政级别。它从根本上改变了现行国有企业厂长由政府部门直接任命，企业管理人员列入政府行政干部系列的体制。

2. 政企关系

（1）政企分开。公司法人权利、责任、义务都在有关法律和公司章程上明确规定，使得政企分开有了保证。它改变了现行国有企业制度下政府实际上以企业主身份管理企业，政府职能与企业职能难以真正分开的体制。

（2）两权分离。公司是所有者财产与企业法人财产相分离、所有权与经营权相分离的法人企业。它从根本上改变了现行国有企业所有者财产与企业财产不分，所有者直接经营企业财产的"自然人"企业。

（3）有限责任。公司制度下国家对企业既不是承担无限责任，也不是没有任何责任，而是承担有限责任。它改变了现行国有企业发生欠债或亏损一般通过挂账、免除债务、财政补贴等办法进行扶持和保护，而国家实际上对企业承担无限责任的做法。

3. 管理机制

（1）领导体制。企业的重大生产、经营活动由董事会直接控制，并实行企业决策机构（董事会）、执行机构（董事会领导下的经理负责制）、监督机构（监事会）三者之间相互独立、权责分明、相互制衡的机制。它标志着企业内部管理机制的彻底转换。同时，也使企业建立科学的决策程序，提高决策水平和决策效率在较普遍的意义上成为可能。

（2）科学管理。科学管理即现代企业管理。它不仅是传统的劳动纪律、环境卫生，或单纯的生产活动的组织管理，而是有着更为丰富的内涵。主要有以下几方面。

一是根据企业内外部环境,制定有远见的、切实可行的发展战略目标;

二是精心研究,随时把握市场变化情况,并做出快速、灵敏、准确的反应,有效参与市场竞争;

三是优化组合生产要素,提高要素使用效率,推进技术进步,增强产品竞争能力;

四是建立和完善与市场经济规则相适应的企业内部各项管理制度,严明纪律,严格管理;

五是遵循现代企业管理从过去主要对物的管理转向对人的管理的大趋势,开发人才资源,加强企业管理人员和职工的培训,强化以人为中心的管理;

六是加强企业文化建设,运用各种手段塑造企业形象,提高企业整体素质。

(二) 国有企业进入市场程度的实证考察

目前,国有企业进入市场程度如何?或者说国有企业在多大程度上已进入了市场?考察这一问题,应从整个国民经济市场化程度入手。

有关研究资料表明,自1992年提出建设社会主义市场经济以来,我国经济的市场化程度明显提高,传统经济体制计划程度明显降低。但综合各方面材料分析,当前我国经济市场化程度不超过40%。

(1) 劳动力市场方面,农村总体上仍属自给自足经济,劳动力市场化程度仅在25%左右;城镇劳动力市场化程度约为40%;全国总体劳动力市场化程度不超过30%。

(2) 资金市场方面,目前全国各类银行金融机构真正按市场化原则贷款经营的预计仅在40%左右,其余60%左右的资金仍在传统的轨道中运营。

(3) 价格市场方面,国家目前保留着33项重要商品的定价权,全国城镇约有2000亿元的商品与劳务市场化程度仍然很低。总体上我国真正放开而由市场决定的价格,份额不会超过40%。

(4) 能源、交通和工业生产的市场化方面,国家计委管理的工业产品仍占20%,另有20%甚至更多一点的亏损企业没能进入市场,交通和能源基本上为国家所垄断,综合起来生产方面的市场化程度不超过50%。

根据上述对全国经济市场化程度的分析,我们认为国有企业目前进入市场的程度大约仅为30%。与企业进入市场的标准差距十分鲜明。说明国有企业要完全进入市场，尚要走很长的一段路，还需要全社会政治经济等方方面面锐意改革、消除障碍，为国有企业进入市场开辟道路。

二　国有企业进入市场的途径

加速国有企业进入市场，亦即从本质上实现由计划经济向市场经济的转变，最基本的需要通过以下几个途径。

（一）抓住公司化改造这个纲，建立现代企业制度，奠定国有企业进入市场的体制性基础

国有企业要进入市场，首要的前提是改革传统的国有企业制度，建立现代企业制度。所谓建立现代企业制度，即以"产权清晰，权责明确，政企分开，管理科学"为基本内容，对国有企业实行股份制公司化改造。不同类型的国有企业可根据各自的实际情况，选择独资的公司，或混合所有的股份有限公司、有限责任公司等。

1. **在建立现代企业制度问题上，应自觉消除认识上的偏差**

有一种观点认为近几年我国新组建的股份制企业中的相当部分，包括不少上市公司，并没有真正转换企业经营机制，也没有真正搞清股份制的规范要求，只是换了一块牌子或把股份制作为筹资的手段。这是事实。但是不能据此得出国有企业股份制公司化改造应该延缓，甚至似无必要的结论。首先，国有企业进行公司化改造，是向现代企业制度靠拢乃至进入市场的不可或缺的一步。不迈出这一步，建立现代企业制度或进入市场则无从谈起。其次，国有企业从实行公司化改造到按公司化原则规范其生产、经营、管理等企业运营的全过程，不可能一蹴而就。这既需要企业内部遵循公司化规则，建立和完善董事会、监事会，以及生产、销售、人力资源、财务、研究与开发等各项管理制度，还需要社会各方面改革的配套与完善。诸如政府职能的转换，市场体系的建立，企业干部制度的改革，社会保障体系与企业破产、劳动用工制度的同步完善，等等。目前实行公司化改造的一些企业尚不规范，大都缘于全社会改革的不配套，而非公司化改造方向有偏差。我们应该牢牢把握住这一基本趋向，不能因在公司化改造过程中出现了一些不规范的现象而止步不前。

2. 准确把握"产权清晰，权责明确，政企分开，管理科学"四者之间的相互关系

建立现代企业制度，这四者既有相对独立的内涵，又是一个密不可分的整体。其中，产权清晰是前提，权责明确是核心，政企分开是关键，管理科学是基础。前三者大体属于现代企业改革范畴，而管理科学则属于现代企业管理范畴。改革是管理的前提条件和动力，管理是改革的基础和保证。显然，片面强调哪一点都是不合适的。但是，也不能忽略现代企业改革与现代企业管理之间的因果关系。一般说，现代企业管理是企业制度改革的结果而不是相反；幻想在缺乏企业制度改革的前提条件下建立现代企业管理是一种本末倒置。

因此，国有企业进入市场的先决条件是建立现代企业制度。建立现代企业制度一定要抓住股份制、公司化改造这个纲。纲举才能目张。

（二）经济体制改革与政治体制改革要同步运作，特别是政治体制改革要适应经济体制改革的需要，主动为经济体制改革铺平道路

经济体制改革与政治体制改革的同步运作，核心有两点。

1. 转换政府职能，实现政企分开

其实，这是一个老生常谈的问题，也是一个一直未得到有效解决的问题。其中，既有传统体制的惯性因素，又有政府职能转换不力的原因；既有企业只愿找"市长"不愿找市场的惰性，也有市场体系不完善的现实情况；最根本的是企业所有权与经营权合二为一，使企业无论如何也跳不出政府的"手心"。因此，转换政府职能，核心是按照"产权清晰，权责明确"的思路，分离国有企业的所有权与经营权，同时科学界定政府职能。

科学界定政府职能，首先应该明确政府必须管理经济，进而还应明确政府管理经济不等于直接管理企业（特殊企业除外）。管理经济是当今任何一国政府（包括一国之内地方政府）都具备的一种最根本的职能。而以直接管理企业作为管理经济的基本手段，当属传统体制的基本特征，其弊端已暴露无遗，作为被改革的对象十几年前就已提出。但事实是，这方面改革阻力最大、难点最多，效果也不十分明显。因而，时至今日，专家仍在大声疾呼"政企分开"。政企不分的矛盾主要在政府方面。解铃还须系铃

人，政府，特别是中央和省两级政府首先要彻底还经营权于企业，通过财政、货币、税收、价格、产业政策等经济办法管理经济，进而作用到每一个企业。其次，应该明确政府与企业的各自目标。当代世界各国政府的目标不外乎保证充分就业，抑制通胀，保证社会公平、经济稳定增长，保持国民经济主要比例的基本平衡，等等。在我国，上述政府目标中有相当部分要求企业肩负并完成。其中，最典型的是就业包袱，大都由国有企业背着。这或许就是职工吃企业的"大锅饭"、企业吃国家的"大锅饭"——两个"大锅饭"的由来，显然这与企业利润最大化的目标背道而驰。同时，以企业冗员掩盖就业不足的矛盾并非明智之举，也不是长久之策，对裁减企业冗员也大可不必视之为洪水猛兽。其实，这里有一个掩耳盗铃的谜，即企业冗员所吃掉的企业效益最终体现在企业上缴利税的减少账上。即使是亏损企业也是如此，只不过体现在亏损额的增加上。而两者最终都将体现在国家或地方各级政府财税收入的减少上。所以，这个包袱形式上由个别企业背着，实质上仍由整个社会即国家背着。这本是一层窗户纸，但不捅破它，企业背着这个包袱是很难进入市场的。

2. 改革传统的国有企业干部任命制度

传统的国有企业实行的干部任命体制是由"社会大工厂"、"国家辛迪加"模型直接衍生出来的，即由组织部门或有关行政机关直接任命企业干部。国有企业经过多年改革，相对于其他方面的变化来说，这一方面的变化还微乎其微。如果这方面改革不能取得实质性进展，建立现代企业制度无异于一句空话。因为，国有企业实行公司化改造之后，如果董事会和董事长不是由股东会选聘，就意味着他们可以不对股东会承担责任，股东会也很难要求他们按出资人的盈利目标行事；如果总经理和执行机构不由董事会任命，董事会也就形同虚设，代表股东对高层经理人员的监督和激励也将不存在，公司化管理结构也就难以运转。最后，企业家阶层也就难以脱颖而出。

归根结底，国有企业要进入市场，在过去十几年改革的基础之上，需要进一步攻坚企业进入市场的根本性障碍，政企不分和企业干部制度或许是诸多难点中最关键的两个。攻克这两个难点，需要政治体制改革与经济体制改革的同步运作，尤其需要政治体制改革的支持。邓小平同志早就讲过，"企业下放，政企分开，是经济体制改革，也是政治体制改革"。①

---

① 《邓小平文选》第三卷，第192页。

（三）经济体制改革要综合配套，建立宏观调控体系，完善国有企业进入市场的外部环境

综合配套改革也是一个老生常谈的问题。这个问题盘根错节、千头万绪、错综复杂。这里既需要各类生产要素市场的逐步完善，又需要市场价格体制及其形成机制的逐步形成；既需要资产流动合理组合、劳动力双向选择、企业冗员的裁减及破产企业职工的保障，又需要国有资产管理、劳动就业体制和失业保险制度的建立和完善；既需要企业集团化经营、企业兼并与企业组织模式的重构，又需要有反垄断、反不正当竞争、反暴利等法律、法规的约束；既要重组全社会的利益形成机制，又要兼顾公平与效率，处理好改革、发展、稳定三者关系。这的确需要我们统筹规划。

事实上，整个国有企业的改革，甚至一个较大型的国有企业的改革，都是一个庞杂的系统工程。每一个具体的改革方案，都必然面临一个两难甚至三难的选择。而为了将国有企业纳入市场经济的轨道，再难也必须找出一条出路。今年，国家确定了百户国企改革试点企业，根据改革的总体要求，试点企业制定的改革实施方案，既包含着以战略高度搞好国有企业的总体思路，也包含着落实现代企业制度"产权清晰，权责明确，政企分开，管理科学"十六个字基本特征的具体措施，更包含着进行全社会综合配套的方方面面的改革政策。国有企业从计划经济向市场经济转变过程中所遇到的诸多难点将得到克服，或者有了解决办法。可以预期，随着这些难点的突破，国有企业全面进入市场为期不远。

（四）以社会主义市场经济一般规则为依据，变革哲学、经济学及其他社会科学领域的传统思维定式，消除意识形态障碍，为国有企业进入市场建立广泛的、群众性的思想意识基础

变革传统的思维定式，消除意识形态障碍，有大量的社会科学研究工作要做。就国有企业进入市场而言，核心是国有企业职工劳动分配观念的重塑和"主人"地位概念的科学回归。这两个问题的复杂性及敏感程度丝毫不亚于其他方面的改革。

1. 劳动分配观念的重塑

新中国成立几十年来我国一直实行计划经济模式，与之相适应的、已根深蒂固在人们思想意识中的收入分配观念是按劳分配，即在过去那种计划分配、统购包销的模式下，只要生产出产品就能领取报酬。显然，这种

收入分配模式与现在部分其他类型企业已经来临和即将在全社会普遍来临的市场经济条件下的分配方式已大相径庭。这是因为传统的计划经济本质上不存在商品生产与商品交换。收入分配方式直观地表现为劳动产品—工资报酬，中间没有以货币为媒介的交换环节。而在市场经济条件下，劳动产品转化为商品后，由商品到货币这一"惊险的一跃"已不是传统的计划分配，而属于纯粹的市场行为。跃不过去，那就意味着产品积压、资金占用，甚至企业亏损，职工也就少得甚至得不到报酬。即使跃过去仍有三种可能，第一是带有或多或少的剩余利润，企业、职工同时获得或多或少的收益；第二是生产成本加销售成本等于销售价格，剩余利润为零，企业收益为零，职工只能获得劳动力价格收益；第三是销售价格低于生产与销售成本之和，企业要亏损，不言而喻职工收益要低于劳动付出量。

显然，市场经济和计划经济各自不同条件下的收入分配模式有很大不同。相同的一个基本前提是都必须劳动，创造他人需要的使用价值；不同的是，传统体制下分配模式简单地表现为劳动—分配，国家作为一个社会大工厂全包了。而在市场经济条件下，分配模式表现为劳动—商品—货币—分配。这一分配模式不仅表现为环节的增多，而且体现为一种质变，即劳动不一定能分配到收益。简言之，计划经济条件下的按劳分配已转化为市场经济条件下的以劳动为基本前提，但劳动所创造的使用价值又必须为市场所需要，亦即必须为生产或生活消费者所认可，才能得到或多或少的收入分配。这本是商品生产与商品交换的常识。但我国新中国成立前缺乏商品经济的大发展，新中国成立后又实行了否定商品经济的计划经济体制，所以树立这种观念难度很大。改革开放以来，一直强调职工收入与企业效益挂钩，但普遍的挂盈不挂亏就是一个证明。固然，其他原因也许多，但只要劳动而不论其效果如何都要获得收入的传统分配意识影响也不能低估。并且随着企业制度改革的逐步深化，企业兼并、破产、裁减冗员等企业组织结构改造事例的逐步增多，这个矛盾将日益突出。此时，转变传统的劳动分配观念，在国有企业中建立符合市场经济原则的分配模式就更为重要了。

2. "主人"概念的回归

职工是企业的主人。这一命题在国有企业早已根深蒂固，在全社会也具有广泛的影响。随着国家政治体制、经济体制改革的不断深化，国有企业改革向纵深发展，"主人"概念的回归，即给出科学的符合社会主义市场经济规则的解释，是十分必要的。

在计划经济时代,全国是一个大工厂,这个大工厂又是同政府混为一体的,因而笼统的以"工人阶级主人翁"之名冠于企业全体员工,是与当时的政治经济背景相吻合、相一致的。但根据市场经济改革方向,从现代企业制度观点考察,在每一个个别企业中继续延用"主人"这个概念就不那么科学了。因为,在同一企业内部,如果员工是"主人",那么"仆人"是谁?其逻辑的结论只能是经理(厂长)及其他管理人员。

在同一企业内部确定这种"主仆"关系模式,本质上属于潜意识中的资本与劳动相对立观念的反映;是过去"左"的斗争哲学对立思维定式的产物;是把工人阶级这个思想政治上的群体概念与社会分工的"工人"这个概念的混淆。所以,这种划分是不科学的,在现实更失去了意义。严格地说,即使在传统体制中,这种划分所体现的也主要是政企合一体制中企业具有的行政与政治色彩。目前,历史条件已发生了较大变化,企业是社会的经济细胞而非政治组织已成为全社会的共识。在一个企业内部不应该再有"主人"或"仆人"的称谓,而只有岗位分工的不同。"主人翁"这个概念应该回归到全社会中去。具体到社会各阶层,这个概念的外延不仅包括工人,还包括农民、军人、知识分子等。

三 推动辽宁省国有企业进入市场的对策

(一) 加强对国有企业改革理论和政策研究,统一认识,并用以指导实际工作

辽宁省国有大中型企业众多,在全省经济中,无论过去、现在还是未来,都占有并且还将继续占有十分重要的地位。国有企业的兴衰,决定着辽宁经济的兴衰。近年来,省内议论的辽宁经济地位下降、位次后移,主要原因就是国有企业发展相对滞后,统计分析可以完全证明这一点。所以加强对国有企业改革理论和政策的研究十分必要。

加强国有企业改革理论和政策研究,首先,应锻炼感知国家关于国有企业改革基本思路的敏感性。目前,关于国有企业改革理论和政策的核心,就是建立现代企业制度问题。实际上这一理论发源于1992年邓小平同志南方谈话。而在过去几年中,我们对此的反应并不十分敏锐,相应地缺乏这方面的研究,在国有企业中建立现代企业制度的步伐也就略嫌迟缓。而沿

海一些省市如上海、广东、山东,甚至内地省份如四川,就敏锐地抓住了这个核心,国有企业改革的步伐就相对较快。因此,我们建议省委、省政府有关部门、领导,要重视经济研究与政策研究工作,特别要重视其超前性的研究,发挥智囊作用。

其次,贯彻执行国家关于国有企业改革的总体思路要抓住主要矛盾。就建立现代企业制度而言,其本质是对传统企业制度进行产权清晰、政企分开的公司化改造。这样强调不是忽略其他内容如科学管理,而是不能以非主流、非本质的东西掩盖了本质。从普遍的意义上说,设想产权不清晰,权责明确从何而来?没有权责的制约,现代科学管理由谁制定?由谁实施?由谁执行?政企不分开,产权又怎能清晰?权责又怎能明确?在建立现代企业制度问题上,绕开主要矛盾,次要矛盾也就得不到根本解决,而且这个主要矛盾事实上是绕不开的。

最后,贯彻执行国家关于国有企业改革的总体思路要有创造性和前瞻性。国家关于国有企业改革的总体部署是综合全国情况和市场经济的一般规则制定的,不可能规定每一个企业的具体改造模式。具体到辽宁省,由于地缘、历史、现实等各方面的情况、条件不同,应该创造性地执行。根据每一个企业的具体情况和可能,采取多种改造模式,并且要一个企业一个企业地落实,研究和制定改造方案。要创造性地执行国家政策,还要有适度的前瞻性。如1996年国家确定百户现代企业制度试点企业。我们应该明了所谓试点并非是因为现代企业制度不合适,而是因为这种制度改革涉及企业冗员的裁减,企业办社会的剥离,企业债权债务的重组,企业兼并甚至破产等牵一发而动全身的诸多问题。因而,试点是从改革、发展与稳定角度的考虑。认识到这一点,国家试点我们要积极推荐企业参与。没有参加试点的大中型企业,省有关部门也应下大力气组织有关专家,协同企业制定改造方案,加大这方面的宣传力度,脚踏实地坚定不移地推进企业改造、改组工作。狭隘地理解试点是片面的和不可取的。制度变迁是有"路径依赖"性质的。学会"炼解"发达市场经济国家企业制度形式的有益经验,现代企业的基本模式、标准,将使我们国有企业改革少走弯路,降低改革成本。

(二)把握国有企业改革的基本模式和最终趋势,做好各方面的基础性工作

自1978年改革开放以来,国有企业改革模式大体经历了从扩权让利到

国有企业进入市场的标准、途径及辽宁省应采取的对策

承包经营的演变过程,其间配合以两步利改税和转换企业经营机制的运作。到目前为止,国有企业改革进入了以建立现代企业制度为核心的发展时期。国有企业改革的基本模式——股份制公司化已基本确立。在这一大方向已基本确定的前提下,国有企业改革的最终趋势已十分明显:相当数量的小型国有企业,将逐步实行非国有化;部分长期亏损、资不抵债、技术落后、产品无市场的企业将被兼并或破产倒闭;大量的一般国有大中型企业,将通过产权重组,采用多种合作、合资或嫁接等方式,改为资产混合所有的股份制公司;少数重点大型骨干企业,将直接按《公司法》要求改制为规范的独资公司或控股公司。

明确了国有企业改革的基本模式和最终趋势,我们应该始终不渝地按照这一既定方向迈进。在这一过程中,对企业管理落后、个别已改制的公司尚不规范等问题,应该就事论事,而不应该冲淡了股份制公司化改造这一根本宗旨;对金融、保险、市场体系和价格体制等配套改革问题,我们的基本指导思想和工作出发点应该是在坚持国有企业改革大方向的前提下,去完善各方面配套改革或为其创造条件,而不应该以此不完善为理由,延误企业股份制公司化改造进程。改革的政策机遇不仅是个别地区的政策机遇,如最初的广东、深圳和现在的上海浦东,而且还有一个总体的政策机遇,就看我们能否抓得住、捷足先登。国内近年来发展较快的一些地区,对此均表现出较强的敏感性。据中国股份制企业评价中心1995年4月30日统计,全国共有股份有限公司9069家,占第一位的是上海,968家;第二位是广东,849家;第三位是山东,845家;内地以四川最多,605家。而辽宁省有多少家呢?这很值得我们深思。

我们建议省及有关部门,组织企业改制、资产评估、国有资产管理、金融证券等各方面的经济研究、政策研究专家学者,综合制定全省国有企业改造、改组、改制方案或规划。按企业规模(大、中、小)、行业性质、隶属关系等分类排队,分类指导,分类制订方案,分类改造,通过资产流动和重组,组建大公司、大集团,实现生产要素的优化配置。"亡羊补牢,犹未晚也",政府当前管理经济的力量应当在这里。此即所谓的向改革要效益、向政策要效益、向结构要效益。这比泛泛地抓个别企业的扭亏、个别企业的管理、个别项目的建设,泛泛地议论产业结构调整更具有现实的和长远的意义,更能有效地推动全省经济与社会事业的发展,推动国有企业走上市场。

（三）各级政府及其部门要率先投入改革，认清政府职能转换及国有企业改革的大势所趋，明确政企分开的改革内涵，自觉革"政企不分"的命

所谓政企不分，即所有权与经营权不分。所有权，即企业财产归谁所有；经营权，即企业生产经营管理权。国有企业的资产既然属于国家，那么，所有权由代表国家的政府（或各级政府）所有是天经地义的。所有权与经营权怎样分开？就是政府拥有所有权，经营权则分到企业去，此即所谓的还权于企业。显然，经营权分不分给企业，不在于企业，而在于政府。政府肯分，政企就能分开；政府不肯分，政企分开就遥遥无期。政企不分开，国有企业无论如何也进入不了市场。因而，国有企业能否进入市场，何时进入市场，根本上取决于政府。国有企业只有进入市场，即实现由计划经济向市场经济的转变，才能充满生机与活力。因而，国有企业乃至整个国有经济能否搞活，也取决于政府。各级政府要认清国有企业改革的最终趋势，率先投入改革，自觉革"政企不分"的命。

革"政企不分"的命，要准确把握政企分开的改革内涵。第一，要明确政府与企业在市场经济体制中的不同地位。政府作为国家或全民代表，维护国家与人民的根本利益、全局利益和长远利益。企业是经济活动的主体，在国家法律政策范围内追求最大限度的利润。第二，在经济运行机制中，政府作为国家和全民的代表行使国有资产所有权；企业作为独立法人行使国有资产经营权。第三，明确国有资产所有权本质上不是财产所有，而是资本所有。即主要以企业固定资产形式存在的国有财产，在现代市场经济下本身也是一项经营内容，属于企业经营权范围，甚至企业本身也作为一种财产存在方式，属于市场经营内容，即所谓的"产权交易"。第四，明确国有资产管理内容与方式。①如果是国有独资企业，由政府或政府委托部门任命法人代表；如果是多方出资经改造、改组的国有企业，则由各出资方组成的董事会任命法人代表。无论哪种方式，法人代表一经任命就有权全权经营企业。②政府（独资企业）或董事会（多方出资企业）任命由反映社会公众利益或股东利益的社会、企业各方代表组成监事会，随时监察企业的生产经营活动，保障国有资产的保值、增值和国家或股东的利益。

自1978年改革开放以来，关于政企不分的理论讨论、宣传与实际的多

国有企业进入市场的标准、途径及辽宁省应采取的对策

种改革试验已进行了十几年，也取得了许多宝贵的经验与教训。到目前为止，彻底实现政企分开的条件已大体具备。虽然，有关方面配套条件尚有欠缺。但是，等一切条件都成熟再去做恐怕要贻误时机，也难免有形而上学之嫌。鉴于辽宁省国有大中型企业众多，约占全国的1/10，如果能在政企分开的改革方面率先行动起来，对全国都有很大的意义。因此，我们要更加主动一些，胆子再大一点，步子再快一点，办法再多一点，方式再灵活一点，工作再实一点。

实际上，根据研究我们认为，政企分开的改革成本并非很高，对社会稳定的影响也并非很大。它所直接涉及的不是大多数职工的利益，而是政府及其官员和企业现存"官员"的利益。因为，政企分开意味着社会经济主角的变换。政企合一即传统的计划经济的主角是政府，政企分开即现代的市场经济的主角是企业。应该实事求是地承认，我们在相当大程度上仍习惯的是服从领导、长官的意志，而不习惯服务。这也是一种既得利益，姑且称之为"精神上的既得利益"的丧失。一旦政企分开，社会经济主角发生变换，这种既得利益的丧失则是不言而喻的。另外，涉及企业现有"官员"的利益。首先最直接的就是企业"官员"与行政官员级别的脱钩。副部级、地司级、县处级企业将不复存在。在传统的"官本位"观念浓厚的土壤中，这无疑是一场深刻的革命。其次是目前在职的企业"官员"，在实行政企分开改造重组后，能否再次获得政府，特别是董事会的任命，出任企业法人，确实是一个未知数。易地为官更是不可能了，权力可能一次性终结。这可称之为"权力上的既得利益"。毋庸讳言，与上述利益相关联的最根本的还有"物质上的既得利益"。因此，政企分开本质上是权力结构的调整，是利益结构的调整。正如邓小平同志不止一次指出的那样："改革是第二次革命。政府要率先投入到第二次革命中去。"

（四）国有企业进入市场只是从整体上搞活国有经济的手段，在市场经济中发展和壮大国有经济才是目的；工欲善其事，必先利其器，在建立现代企业制度，奠定国有企业与市场经济接轨的体制性基础的同时，还必须坚决转变国有经济增长方式，即由外延粗放型转为内涵集约型

同全国一样，新中国成立以来，辽宁省国有经济的增长，大体走了一条外延粗放型的路子。这种经济增长方式，在过去生产力极端落后、供给

严重不足、国民经济体系残缺不全、社会经济基础十分薄弱的传统计划经济体制时期，有其产生和存在的历史必然性。经过十几年的改革，目前国民经济管理体制正在由计划经济向市场经济过渡。国民经济体系，特别突出的是辽宁省工业体系已相对庞大，人民生活已由温饱型开始向小康型转化。这在客观上要求转变经济增长方式。另外，资源与环境约束，资金短缺制约，市场竞争日趋激烈，更使粗放型增长难以为继，转变国有经济增长方式势在必行。

经济增长方式的本质内容包括生产要素的分配方式和使用方式两个方面。因而，转变国有经济增长方式，必须从转变生产要素的分配方式和使用方式两个方面入手。转变生产要素的分配和使用方式，核心是要加速经济体制改革，即加速计划经济向市场经济的转变。因为，传统的经济增长方式归根结底伴生于传统计划经济体制；而新的经济增长方式与市场经济体制具有内在的必然联系。事实上，关于转换经济增长方式问题多年前就已提出。时至今日，变化甚微的根本原因就是经济体制不予配合。所以，转变经济增长方式，不能忽略加速和深化经济体制改革，建立市场经济体制这个基本前提，以发挥市场在资源配置中的基础性作用，这是其一。其二，转变国有经济增长方式必须转变国有企业制度，即建立现代企业制度。企业作为生产要素的具体使用者，能否切实以最小投入获得最大产出，即最大限度地提高生产要素的使用效率，根本上取决于市场经济条件下的社会竞争机制和企业内部是否具有自主经营、自负盈亏、自我发展、自我约束的经营机制。而企业要具有这样的一个经营机制，不经过现代企业制度改革是不可能的。正如《中共中央关于制定国民经济和社会发展"九五"计划和 2010 年远景目标的建议》中指出的那样，"实行经济增长方式从粗放型向集约型的转变，要靠经济体制改革，形成有利于节约资源、降低消耗、增加效益的企业经营机制，有利于自主创新的技术进步机制，有利于市场公平竞争和资源优化配置的经济运行机制"。

所以，我们认为加速计划经济向市场经济的转变和传统企业制度向现代企业制度的转变，是转变国有经济增长方式的根本前提。在这个基本前提条件下，目前，我们还要做好以下几方面工作。

第一，加速老企业技术改造。从过去的经验看，加速老企业技术改造，一是要技改资金真正用于技改；二是要面向市场需求搞技改；三是要瞄准当代国际先进水平搞技改；四是要选准对地区经济与社会发展带动效应大的重要产品搞技改；五是要重点针对大中型企业搞技改。通过技术改造从总体上提高国有企业的技术水平，为国有经济增长方式的转变奠定必需的物资技术基础。

第二，调整生产结构和企业组织结构，通过企业兼并、破产，促使劳动和资本从生产率较低的部门或企业向生产率较高的部门或企业转移。这种转移在经济学研究中属于资源再分配的过程。现代经济学研究表明，资源再分配的潜力，对于发展中国家比对发达国家更为重要。因而对我们来说，更具有现实的意义。辽宁省确定的"结构优化"战略，应以此为核心而展开。

第三，依据现代企业制度要求建立现代企业科学管理制度。

（五）解放思想、转变观念，最根本的是要通过深化改革，变革社会存在；在以市场经济为取向的改革目标确定后，解放思想、转变观念，还要具体、系统地列出专题，逐项研究，有的放矢，宣传、教育人们自觉投身市场经济改革

解放思想、转变观念，核心是两个"认清"。即认清市场经济的本质，认清市场经济改革的大势所趋。认清市场经济的本质，首先，要认清市场经济性质上属于一种资源配置方式，与社会制度并无必然联系；其次要认识到市场经济内容上属于一种竞争性经济，优胜劣汰是这种生产方式运行的铁律。它能最大限度地调动、激发企业、职工乃至全社会每一个人的主动性、积极性和创造性；它摒弃教条主义的说教，在催人奋进、开拓进取的精神殿堂中注入了活生生的物质内容。因而，它在较短的时间内，不仅促使社会财富极大涌流，而且还促使相当一大部分人实现了从传统的"政治人"向"经济人"的转变。这是国家、民族之福音。

社会存在决定社会意识。目前，市场经济作为社会存在已广泛深入到各个角落。但其深度与相对发达完善的市场经济体制相比，还有相当大的距离。要缩短这个距离，根本的还是要不断深化改革、加速改革。但是，也不能忽略解放思想、转变观念的作用。社会意识反作用于社会存在。如果全体干部、职工、全体人民都能充分意识到市场经济改革的大势所趋、不可逆转，并能深刻认识到市场经济与国与民利莫大焉，那么，无疑将会大大加速这一历史进程。因此，解放思想、转变观念将是一个长期性的、历史性的任务。现在的问题是再继续泛泛地或空泛地倡导、讨论、号召解

放思想、转变观念并无更多的实质性意义。解放思想、转变观念要具体化、系统化，向纵深发展。

具体化、系统化，就是要随着形势和条件的变化，经常提出哪些思想应该解放，哪些观念应该转变。要分类排队，列出专题，如，劳动分配问题、"主人翁"问题、公平与效率问题、企业干部制度改革问题等。组织有关部门、专家、学者逐项研究，通过理论研讨，搞清问题的本质，然后化为宣传教育的纲领，通过各种媒介，宣传教育全体党员、全体干部、全体工人，乃至全体人民。这样方能切中时弊，有的放矢，收到事半功倍的效果；方能避免一哄而起、隔靴搔痒；方能促使人们更快地跳出计划经济的樊篱，自觉投身市场经济改革。

可以预期，如果人们的思想意识能与市场经济和谐共振，那么，国有企业进入市场的阻力就将化为动力。

知识经济:深刻的变革与严峻的挑战*

知识经济将给人类社会的生产、生活乃至人类的思想、思维,带来哪些深刻的甚至是革命性的变革?我们应该如何未雨绸缪,抓住时机,更新观念,迎接挑战?本文拟就此谈一些看法和认识,以参加对知识经济的探讨。

一 一场革命性的深刻变革

如同两百年的工业经济极大地改变了甚至从根本上改造了数千年的农业文明一样,可以确定无疑的是,知识经济亦将从根本上改造工业文明。一场深刻的革命性的变革已迫在眉睫。

(一)生产要素理论将被重写

农业经济,构成经济活动基础的是土地和劳动力,"劳动是财富之父,土地是财富之母"正是对农业社会两大生产要素的高度概括。工业经济,生产要素在土地、劳动力的基础上,又增加了一项主要表现为各种生产工具的资本。经济学史上,从亚当·斯密、大卫·李嘉图到凯恩斯的主流经济学理论,都基本上没有把知识列入生产要素之内。而知识经济,知识是最基本的生产要素,它排在其他所有要素前列,其他的生产要素都必须靠知识来更新,靠知识来装备,所谓的高新技术也不过是高新知识的凝结。全社会的一切经济活动都必须以知识为基础,所有经济行为都必须依赖于知识的指导。即使目前最为人们关注的"金融资本"也将和其他传统生产要素一样成为普通商品,而"智力资本"——知识,将成为创造一切社会

---

* 原载《经济改革与发展》1998 年第 8 期。

财富首要的、最实际的推动力量。

(二) 产业结构序列将被重新建构

工业经济的基础产业主要表现为能源、交通及农业、城市基础设施建设等产业；主导产业则以钢铁、石油化工和汽车工业为代表。工业经济以重、厚、长、大为特征，它优先考虑的是大批量生产、大批量消费的所谓规模经济，注重的是硬件。知识经济最重要的基础产业是基础性科研和教育产业，及用于连接电脑、数据库和其他信息设备的电子网络；主导产业则体现为多级分散型，由不同产业间的技术融合或"技术集成"来支撑，制造业和金融业、硬件和软件融为一体。其主导产业序列，第一以"光电子产业"为核心，相对于其他产业，"光电子产业"将起到基础材料的作用。第二是"信息通信产业"。工业经济基本上是以发动机和电动机为基础的"动力的世纪"，知识经济将是通信、电子计算机和网络技术三位一体的"信息的世纪"。第三是反映新时代要求，"与人和自然息息相关"的"健康和福利"、"环境和新能源"产业。其中，生物工程产业将成为21世纪的最为突出的科技制高点。它在医药、农业、环境、能源、采矿，特别是在人体生命科学方面，已经展现出极大的应用价值和发展前景。《第三次浪潮》一书的作者托夫勒提出，"未来世界的第四次浪潮主要是生物革命"。1996年诺贝尔奖获得者，化学家罗伯特·克尔宣称："本世纪是物理和化学的世纪，但很显然，下一个世纪是生物学的世纪。"我国遗传学权威复旦大学谈家桢教授1997年7月也指出，"下世纪是生物科学的世纪"。

(三) 权力与财富的概念将被重新定义

工业经济导致社会所发生的一个最重大的变化是，使过去几千年来大量的依附于土地的农民变为产业工人。由农民到工人的这种职业的转换，并非是一个复杂过程，只要具备基本的劳动能力，他们或许只需经过若干星期的训练，便能按照机器工作的要求进行简单的体力劳动性质的常规操作。而知识经济，一切产品的核心部件都将由一个芯片来装备，一切产品都将是电脑或变形的电脑，整个社会都将由电脑和数字技术组织起来，估计现存的70%左右的体力劳动的岗位将被自动化系统、机器人和计算机所替代，人的体力劳动将越来越多地被排斥在直接的生产过程之外。脑力劳动、复杂劳动的比重越来越大，并将发展成为未来社会的主流工作方式，白领人员的数量将大大超过蓝领人员的数量,知识型人才或知识型劳动者将成为决定社会生产和运作的主体,或如丹尼尔·贝尔所言,"专业与技术人员阶级处于主导地位"。与此同时,掌握现代科技和社会各方面知识的人才价值也将会得到充分的体现,每一个人的知识水准及其所做出的贡献,将是决定其所获报酬及所处社会地位的首要条件。如同联合国教科文组织顾问、系统哲学家 E. 拉兹洛在他的《决定命运的选择》一书中开宗明义地指出的那样:"在 20 世纪末和 21 世纪初,规定世界上权力与财富性质的游戏规则已经改变。权力不再以诸如某个办公室或某个组织的权威之类的传统标准为基础,财富的含义正在从诸如黄金、货币和土地之类有形的东西转移开去。一个比黄金、货币和土地更灵活的无形的财富和权力基础正在形成。这个新基础以思想、技术和通信占优势为标志,一句话以信息为标志。"概括说来,农业经济首要的生产要素是土地,因而,获得更多的土地也就能够获得更多的财富以及相应的社会地位;工业经济首要的生产要素是资本,因而,资本通过资本的人格化把资本内在扩张的冲动发挥到了极限,进而聚敛了庞大的社会财富并也取得了相应的社会地位;知识经济首要的生产要素是知识,因而,知识的占有者通过知识的运用取得相应的社会财富和社会地位也将是一种历史必然。比尔·盖茨成为当今世界的首富,正是这种历史必然性的典型写照。美国是当代世界位于知识经济最前沿的国家。目前,美国整个私人部门人均年收入为 2.8 万美元,而在软件和技术服务业部门工作的人员年均收入几乎达到 5.6 万美元。这种由所占有知识不同而导致的收入方面的差距是显而易见的,并且也更具有普遍性的意义。

(四)传统的经济学理论将受到严峻的挑战

毫无疑问,到目前为止所产生的一切经济学理论或经济学流派,都必然带有十分浓厚的农业经济或工业经济的色彩。毋庸置疑,在未来的知识经济里,已经失去产生条件和存在土壤的传统经济学,大多将进入经济学史的范畴。可以预期,适应知识经济需要的新的经济学将应运而生,并且已经开始向传统经济学提出挑战。比如在经济体制上,当代世界各国普遍采取的是市场经济体制,或者正在向市场经济体制过渡。为什么实行市场经济体制,传统经济学的主要理论依据是市场配置资源的"有效性"。为什么要发挥市场配置资源的"有效性"作用,这是因为资源稀缺或资源是有限的和相对有限的。然而，在知识经济时代，经济发展所依赖的首要资源是知识，而知识本身具有的非磨损性和无限增值性的特点，使知识在使用过程中不仅不会减少反而会越来越多，不断更新，知识创造知识。同时，由于知识的运用，还将大大提高其他生产要素的质量和使用效率，单位资本、生产资料、劳动力所创造的社会财富与工业社会不可同日而语。因此，在知识经济社会，世界是否能从分配稀缺资源的限制中解放出来，由必然王国进入自由王国，或者，现行的经济体制将会发生哪些变革，市场配置资源的方式将会发生哪些变化？这或许是经济学所要回答的首要问题之一。又如关于经济增长问题。人类社会追求经济增长的欲望是永无止境的，工业社会把人类的这种欲望发挥得淋漓尽致。但是，经济每增长一个百分点，都是以相应的自然资源消耗为代价的。地球蕴藏的自然资源是有限的，不可能无限制地满足人类消费和经济增长的需要，在这种情况下，经济何以能够保持长期持续增长，这是传统经济学理论无法解释的一个难题。因此，1996年成立的罗马俱乐部，1972年出版的第一本书就叫作《增长的极限》。应该实事求是地承认，在传统的工业经济中，以大量的自然资源消耗和生态环境破坏为代价的经济增长确实是已经走到了尽头。但是，在目前初露端倪的知识经济中，由于知识要素的特性和作用，我们已经可以看到增长无极限的曙光。其他诸如规模经济问题、经济效益问题、外向型经济发展战略问题、资本增加边际效率递减规律问题、通货膨胀问题、生产过剩问题、就业问题、价值学说问题等，都将随着知识经济的实践，被修正、丰富，或成为历史。

（五）知识管理将成为现代企业管理的核心内容

企业管理，起源于18世纪60年代开始的第一次产业革命，即工业经济取代了农业经济以后才有了企业管理这个概念。但是，从第一次产业革命到20世纪初的一百多年间，企业管理大多还停留在经验管理阶段。1897年"泰罗制"诞生，开启了现代企业管理的先河，从而开始了以"科学管理"取代"经验管理"的现代企业管理过程，进而形成了各种各样的管理学说，诸如管理过程学派、经营管理学派、决策学派、管理经验学派、数理管理学派、系统学派、行为科学学派等。在现代企业管理诞生100周年，知识经济即将取代工业经济之际，一种崭新的管理思想——知识管理，将赋予现代企业管理以新的内涵。所谓知识管理，就是通过知识共享、运用集体的智慧和充分发挥并尊重个人的独创性精神,以提高企业应变能力和创新能力的一种管理思想。知识管理产生的现实背景是,未来企业成功的定义并非是资本总值或有形资产进入世界多少强,无形资产——知识,即企业内部积蓄的智力资源,及由此决定的企业应变能力和创新能力才是成功的尺度。微软公司工厂规模较小,原材料库存较少,但其资产价值达 2000 亿美元;通用汽车公司的全球设施和库存量十分庞大,但它的资产价值只有 400 亿美元。这两个典型的范例是推动所有企业实施知识管理的动力。知识管理的目标是利用信息与人类认知能力的结合创造新的知识,如不断开发新技术、新产品,构思新的生产经营思路等。但是,知识管理的精髓并不是技术和信息开发本身,而是蕴藏于集体智慧和个人创造性之中的创造能力和创新能力的储备,以及这些智力资源的运用。新技术、新产品是"果",智力资源的储备及运用是"因"。在这里,因果关系不仅不能颠倒,而且知识管理更注重的是"因"。因此,既要充分发挥集体的智慧,又要承认个人在知识发展中的独创性;既要建立一种对积极参与"知识链"的企业员工的激励机制以发挥集体的优势和知识共享,又必须承认知识是每一个人认知过程的体现,承认人们的思考成果或称"知识产权"应该属于每一个思考者。如何在两者之间寻求一条最佳的结合途径,将成为知识管理最主要的内容。有专家称 21 世纪的企业管理是"以'人性化'为标志"的"科学加艺术的管理",讲的就是这个道理。

(六)现存的生产、流通、生活、工作方式都将经受一场洗礼

传统的工业大规模生产方式将被扬弃,随着工业产品制造模式转向知识密集型产品,柔性制造系统即将到来,无论何种产品,均可按用户要求在柔性生产线上小批量、多品种生产;工业社会两百多年来形成的制造业居主导地位的局面将被彻底改变,生产性经济转向服务性经济,有关专家预测到 2010 年,美国经济构成只有 10% 是制造业,其余都是服务业,因而,经济增长的推动力量也将不再是制造业而是服务业;利用电子网络进行的商务活动,即电子商务将逐渐取代传统的商品流通和企业营销方式,如托夫勒所言:"供销观念已不再是一连串的商品目录或往货架上堆放商品,而是一种将消费者与制造商加以沟通的信息系统。"据预测,到 2000 年,全球电子商务交易额将达到 250 亿美元,到 2010 年,这一数字将猛增到 4500 亿美元以上;生产岗位和工作时间趋于灵活化和个体化,随着笔记

本电脑、手机、寻呼机及网络技术、智能控制技术的发展，工业社会造就的集中劳作的产业大军或在办公室里的集体办公，将逐渐分散走回家庭。美国IBM公司约有1.5万名员工，其中约有1.25万人在家上班，约占公司员工总数的83%。灵活多样的劳动时间，使劳动者个人有了更大程度的自由空间；劳动力失业或者就业已不单纯取决于工业时代的劳动力或者生产是否过剩，还取决于劳动者的知识结构是否适应新产品、新技术的需要；互联网将对报刊、广播、电视等传统媒体发起挑战和冲击，一个集视、听、读等方式为一体的全新的大众传媒即将成为社会的主流；人们的思想观念、思维方式、逻辑、哲学、价值观已经发生并且还在继续发生着巨大的变化，20世纪的一些思想观念已不能只在理论上演绎或者只在学术文献里推进，精神必须能够变成物质，即变成历史和社会的真实，才能够表现出精神或者思想的力量，哲学化思考将代替直线思维，各类科学都更加追求哲学意义的和谐与完美，现代许多流行的人文和社会科学理论与观念尚未得到充分发展就可能已略显老化，现行使用的许多政治观念、经济理论、法律制度、伦理规范需要改造和重组，等等。一个不以人们的主观意志为转移的对工业社会的全方位的改造正在开始，对此，我们唯一的选择就是顺应潮流、抓住时机、转变观念、迎接挑战。

二　一次全面创新的严峻挑战

对于任何一个国家或地区来说，知识经济都既是一个机遇，又是一场挑战。但是，由于基础条件不同，面对相同的机遇却存在事实上的机遇不平等。美、日等发达国家在教育、科技等方面占有明显的优势，知识经济对它们来说更多的是机遇，而我国也包括其他发展中国家，面临的更多的是挑战——挑战大于机遇，并且，机遇本身也是一种挑战。因此，面对即将扑面而来的知识经济大潮，我们更多思考的应是如何应付这场挑战。

（一）教育创新——教育为本，树人第一

教育已不再是一种消费性的投资，而是生产性的投资。发达国家无不把发展教育作为进入知识经济社会的首要的准备工作。英国首相布莱尔强调他上任以后有三件头等大事，即教育、教育、还是教育。美国总统克林顿在其连任总统后的第一份《国情咨文》中也大谈教育问题。法国总统希

知识经济：深刻的变革与严峻的挑战

拉克发誓，要在 2000 年让所有中学生都参加互联网络。德国人则认为教育"在将来是投资环境中的头号因素"，"输送人力资本在将来比输送实物资本更为重要"。据 1992 年诺贝尔奖得主贝克尔观察，发达国家的资本有 75% 以上不是实物资本，而是人力资本。相比之下，我们还有着巨大的差距。当代，影响中国经济与社会发展进步的最大瓶颈产业是教育产业，特别是高等教育严重滞后。根据人口普查和年度人口抽样调查资料分析，当前我国 25 岁及 25 岁以上人口中，受中等教育的人口比重为 42.5%，与美国（44.6%）、苏联（49%）、日本（43.7%）、澳大利亚（48.3%）等发达国家相比差距不大。但是，具有大学以上文化程度的人口比重与发达国家相比差距很大。我国 25 岁及 25 岁以上人口中，受高等教育的人口比重只占 3.5% 左右，而美国为 46.5%、日本为 20.7%、加拿大为 21.4%、澳大利亚为 21.5%。因此，我国发展教育事业，特别是高等教育，是当务之急。因为，从普遍意义上说，知识经济需要更多的是高层次人才。我们必须确立教育是进行人才的生产和再生产、生产力的生产和再生产的一种特殊的经济产业的思想。"科教兴国"必须教育先行，因为，教育是科技的基础和源泉。改革传统的计划招生制度，绝大多数专业的高等教育应采用自费上学、国家不包分配的办法，以达到扩大招生而又不过多增加国家开支的效果，既能满足每年因计划招生名额限制而被拒绝于大学门外学子的求学愿望，又能有效引导城乡居民资金投入教育产业，利国利民，两全其美；改革教育体制和教学方法，传统的应试教育应该尽快转向素质教育，丰富教学内容，改善教育结构，更新教育手段，大力提倡通才教育；教育领域也应该引入竞争机制，鼓励、扶持和引导各种社会力量，采用多种方式，发展各类教育事业。"十年树木，百年树人"，教育应该放在首位且凌驾于其他一切产业之上。

（二）科技创新——再塑民族进步的灵魂

今天，人类面临的越来越多的是一个用现代科技元器件组装的人工世界。大量的人工合成材料、转基因物质、各种虚拟现实的技术，已经成为人类新的工作环境、劳动对象、操作工具和生活伴侣。一个民族只有不断地学习、掌握和创造新知识、新技术，才能够与这个科技化的人工世界打交道，才能够以自己的能力和智慧参与这个世界的发展竞争，才能够生存和进步。如同江泽民总书记指出的那样，"创新是一个民族进步的灵魂，是一个国家兴旺发达的不竭动力,没有科技创新,总是步人后尘,经济就只能永远受制于人,更不可能缩短差距"。科技创新已经直接关系到我们这个国家与民族的兴衰存亡。现实是严峻的,而我们自己的情况又是令人担忧的。据有关资料分析,20世纪90年代发达国家国外技术依存度为10%左右,其中美国只有1.6%,日本为6.6%,而我国则在50%以上。科技创新已迫在眉睫,时不我待。科技创新,除了要继续深化经济、科技、国有企业的制度改革,改造、建立全社会科技进步机制外,以下三点或许更应着重强调。首先,必须树立中华民族自强不息的精神,我们可以充分利用"后发优势",但不能由此养成单纯"拿来主义"的惰性,需知花钱是买不来真正核心的高新技术和实现现代化的,我们要有自己的高新技术,要有自己的知识产权,这样,才能不受制于人。其次,要处理好基础、应用和开发研究的关系,李政道博士对此有过精辟的论述,他说:"基础研究与应用研究、开发研究的关系,可以比喻成水和鱼、鱼市场的关系。显然,没有水,就没有鱼;没有鱼,也就不会有鱼市场。"我们应该深思。最后,就是要特别重视创新因子——人才的重要性。重视人才应该落到实处。哪里是实处?北大方正香港董事局主席、两院院士王选教授一语中的,他说:"我们既要造就若干院士,同时也要造就几百个百万富翁。"科技人才与实业相结合创造高科技企业是当代经济社会发展的一种潮流和趋势,我们应该为此提供必要的制度安排和人文环境。

(三)产业创新——建立适应知识经济要求的产业结构

根据人类劳动或劳务所创造的物质精神财富方式和对象的不同,传统的产业划分方法,将人类从事各种活动的领域划分为第一、第二、第三产业。其中,第二产业,主要是以工业代表经济与社会发展的主导力量。这是与工业社会注重以资本或资本物化而形成的有形资产为第一生产要素的生产方式相吻合的。有形资产虽然是各种经济形态都赖以生存和发展的物质基础,但是,在以知识为基础的知识经济社会,它的重要性已经从第一位退居到第二位,知识将成为首要的生产要素,人类的劳作方式将主要不是使用体力的功能,而是使用脑力的功能,被传统的三次产业理论忽略了的教育、科研、技术开发等部门,将从第三产业中分离出来,成为构筑新产业的重要基础。以知识为核心的产业将全面取代传统的三次产业,可大概划分为知识基础产业、知识创新产业、知识应用产业三大产业部门。知

知识经济：深刻的变革与严峻的挑战

识基础产业，主要包括教育、基础性科研和信息通信网络，它是其他一切知识产生、传播的源泉和通道，为人类认识世界和改造世界，发展各类高新技术产业提供理论基础，它是知识经济社会的"大脑"；知识创新产业，主要包括知识应用与开发研究各部门及各类高新技术产业，它是知识经济社会的"心脏"，为经济与社会的运行提供新鲜血液；知识应用产业，包括除了以上两部分之外的传统三次产业的全部，它是构成知识经济社会的"四肢"和"骨骼"。建立适应知识经济社会要求的产业结构对于我们来说是一个更加巨大的挑战，因为，我们不仅要迎接知识经济的挑战，而且还要完成传统的工业化。这就要求我们在设计未来发展战略时，要敢于和善于实施跨越式发展战略，瞄准21世纪高科技、高技术前沿，运用政府的各种产业政策、投资政策引导各种资源的配置方向。对不合理的传统的工业结构，坚决实施战略性重组，敢于打破传统产业的"坛坛罐罐"。纺织工业的重组证明，这是一条可行的路子。竭力发展高新技术产业，我们应该认识到，工业社会流行的以若干实物产品产量来表示一国综合国力的概念已经过时，对于GDP也不能只看其量的多少，还要看其质的构成，即高新技术产业所占比重。必须抓住影响经济与社会发展的最根本的因素，即知识和科技的创新，为经济与社会发展提供不竭的源泉和动力，奠定我国自立于世界民族之林的崭新基础。

（四）市场创新——从制造产品走向制造市场

单纯的市场导向是指工业社会普遍存在的那只"看不见的手"的事后调节。而开拓需求、创造需求，即制造市场、创造市场才是知识经济的真谛。英特尔创造对芯片的需求，微软创造对Windows的需求，科龙集团创造对无氟冰箱的需求以及数字电视取代模拟电视都是在创造一种新的需求。这说明，有些需求本不存在，但可以由供给创造出来，以创造需求取代传统的市场需求导向的时代已经开始。我们的企业不能总是跟在市场后面爬行，而应努力成为引导消费新潮流、创造市场的楷模。可以认为，21世纪是企业创造需求，驾驭市场的世纪，而不再仅是被动盲目适应市场的世纪。谁能洞察市场先机，掌握和控制明天的市场机会，谁就能在未来的全球竞争中占有更大的胜率。

1999年辽宁社会总需求形势及 2000年展望[*]

社会总需求主要包括投资需求、消费需求和出口需求三个部分。1999年,国家继续实行扩张性的财政政策以促进投资需求的扩大,调整城镇居民收入分配政策以促进消费需求的增长,提高出口退税率等以促进和鼓励出口,对扩大辽宁社会总需求和经济增长,发挥了一定的推动作用。但从总体考察,辽宁投资下滑、消费不足、出口萎缩的局面尚未得到有效遏制,形势依然比较严峻。

一 1999年辽宁社会总需求形势

(一)投资需求形势

1. 投资需求总体不足

1~9月,全省共完成全社会固定资产投资540亿元,比上年同期下降3.8%。其中,基本建设投资184.33亿元,比上年同期减少50.5亿元,占全省投资比重由上年的41.8%下降到34.1%;技术改造投资92.89亿元,比上年同期减少5.5亿元,投资比重由上年的17.5%下降到17.2%;房地产开发建设投资96.69亿元,比上年同期增长26.0%;其他投资39.48亿元,比上年同期增长7.9%;城乡集体投资53.8亿元,比上年同期增长7.7%;城乡个体投资72.9亿元,比上年同期增长12.1%。

2. 投资升降幅度较大,起伏不定,趋势尚不明朗

一季度,全省城镇完成固定资产投资41.5亿元(不包括城乡集体和个体投资,下同),比上年同期下降6%;上半年,完成207.5亿元,下降

---

[*] 原载《1999~2000年辽宁经济社会形势分析与预测》上卷。

11.8%，下降幅度趋于扩大；1~7月，完成271.57亿元，下降9.6%，下降幅度趋于缩小；1~8月，完成344.26亿元，下降5.8%，下降幅度进一步缩小；1~9月，完成413.39亿元，下降7.3%，下降幅度又有所扩大。

基本建设、技术改造投资下降幅度较大，并有逐渐加速迹象。与上年同期比，基本建设投资上半年下降25.0%；1~7月下降21.8%；1~8月下降18.5%，比上月放慢3.3个百分点；1~9月下降21.4%，比上月又加快2.9个百分点。技术改造投资上半年下降13.7%；1~7月下降10.2%；1~8月下降1.9%，比上月放慢8.3个百分点；1~9月下降5.5%，比上月又加快了3.6个百分点。

3. 投资结构表现为"四升四降"

所有制结构——非国有经济投资上升，国有经济投资下降。1~9月，全省国有经济投资288.74亿元，比上年同期下降13.0%，其中国有基本建设投资下降17.4%，国有技术改造投资下降21.2%；非国有经济投资完成251.3亿元，比上年增长9.6%。

（1）产业结构——第一、第三产业投资上升，第二产业投资下降。1~9月，全省第一产业完成投资9.19亿元（不含城乡集体和个体，下同），比上年同期增长1.5倍，占全省投资比重由上年的0.8%上升到2.2%；第三产业完成投资246.83亿元，比上年同期增长3.7%，比重由上年的53.3%上升到59.7%；第二产业完成投资157.37亿元，比上年同期下降23.2%，比重由上年的45.9%下降到38.1%，其中工业投资152.35亿元，比上年同期下降24.1%，投资比重为36.9%，下降8个百分点。建筑业完成投资5亿元，比上年同期增长20.3%。在工业投资中，电力、机械、冶金工业的技术改造投资分别增长2.3倍、59.5%和18.4%，纺织工业基本建设投资增长97.8%，其余部门投资均为下降。下降较多的行业是，煤炭采选业（45.5%）、石油加工及炼焦业（45.0%）、电子工业（34.2%）、石油天然气开采业（19.3%）、化学工业（17.9%）。

（2）资金来源结构——国家预算内资金、国内贷款上升，各种债券、利用外资和自筹资金下降。1~9月，全省已到位建设资金总计446.7亿元，比上年同期减少26.82亿元，下降5.6%。在已到位的建设资金中，国家预算内资金27.73亿元，比上年同期增长84.6%；国内贷款86.79亿元，增长28.2%；各种债券0.53亿元，下降63.7%；利用外资20.9亿元，下降64.5%；中央、省、市、县各级自筹资金198.04亿元，下降10.7%。

（3）中央与地方——中央投资下降，地方投资上升。1~9月，中央项目投资137.39亿元，比上年同期下降33.7%。其中基本建设项目投资69亿元，比上年减少63亿元，下降47.8%；技术改造项目投资33亿元，比上年减少10亿元，下降23.3%。地方项目完成投资402.7亿元，比上年同期增长13.7%。

4. 房地产投资继续大幅增长

1~9月，房地产投资完成96.69亿元，比上年同期增长26.0%，占全部投资的比重由上年同期的13.7%上升到17.9%；住宅建设投资93.69亿元，比上年同期增加16.66亿元，增长21.6%。在住宅建设投资中，商品住宅投资66.83亿元，比上年同期增长32.8%。商品住宅销售情况，售给个人的商品住宅142万平方米，比上年同期增长53.7%，占全部出售住宅的比重由上年同期的55.8%上升到76.8%，提高21个百分点。

5. 重点项目完成情况较好，主要向基础设施和传统产业倾斜

1~9月，全省施工的国家和省重点基本建设、技术改造项目102个，完成投资92亿元，占基本建造、技术改造全部投资完成额的33.2%。其中，年初以来完成投资超过亿元的项目有18个，主要有沈阳至山海关高速公路（14.8亿元）、鞍钢半连轧（12.3亿元）、绥中电厂（9亿元）、油田开发（6亿元）、鞍钢连铸（4.4亿元）、丹本公路（2.4亿元）、凌钢1号高炉改扩建（2.3亿元）、白石水库（2.2亿元）等。

（二）消费需求形势

1. 商品市场需求总体不旺，9月份略有起色

社会消费品零售总额，一季度，实现385.46亿元，比上年同期增长8%；上半年，实现765.89亿元，比上年同期增长6.6%；1~7月，实现895.19亿元，比上年同期增长6.5%；1~8月，实现1030.72亿元，比上年同期增长6.7%；1~9月，实现1178.73亿元，比上年同期增长7.1%。9月份当月实现148.02亿元，比上年同月增长9.8%，增长幅度较大，市场消费需求出现一个亮点，但能否就此形成由有效需求不足转为消费趋旺的拐点，尚需进一步观察。

2. 买方市场特征明显，物价指数持续低迷

市场商品普遍供大于求，竞争愈演愈烈，消费热点不突出，城市消费断层趋势明显。上年销售情况较好的大屏幕彩色电视机、微波炉、全自动洗衣机、VCD等家用电器产品也出现了下滑趋势。价格水平继续呈下跌趋势，商

品零售价格和居民消费价格，一季度分别比上年同期下降3.5%和0.6%；上半年分别下降4.0%和1.0%；1~7月，分别下降3.7%和0.8%；1~8月与1~7月持平；1~9月继续走低，分别下降3.8%和1.0%。下滑速度又有加快趋势。9月份，除中西药品、化妆品和书报杂志三大类商品分别比上年上涨1.3%、1.3%和4.0%外，其他商品价格均呈下跌趋势。

3. 生产资料市场需求平稳，购销平淡

辽宁省是大宗工业生产资料调出省，今年以来，尽管国家继续加大投资力度，但由于固定资产投资规模下降，在很大程度上影响了生产资料的销售。1~9月，全省社会生产资料零售额实现1128亿元，仅比上年同期增长了6.6%，增幅仍比上年同期有所下降。由于资源供过于求，多数交易较为平淡，价格跌势仍然未止，9月份，机电和建筑装潢材料类产品零售价格分别为上年同期的95.8%和98.5%；1~9份，全部制造业产品零售额仅比上年同期增长了0.1%。

4. 农村市场出现回升，农民对非农业居民零售进一步下降

今年以来，由于各级政府加大调整农村经济政策和开拓农村市场力度，农村市场初步呈现回升势头。1~9月，全省县及县以下的农村地区社会消费品零售额实现208.6亿元，比上年同期增长6.6%，增幅接近城市。但形成较大反差的是，农民对非农业居民零售进一步下降，1~9月，农民对非农业居民零售实现145.96亿元，比上年同期下降了1.8%。

（三）进出口需求形势

1. 进出口起伏波动剧烈，9月份大幅增长

据海关统计，一季度全省进出口总额27.4亿美元，同比下降5.97%；上半年，进出口总额59.33亿美元，同比增长5.3%；1~7月，进出口总额71.1亿美元，同比增长6.3%；1~8月，进出口总额84.95亿美元，同比增长5.1%；1~9月，进出口总额93.28亿美元，同比增长7.29%。9月份，进出口总额11.33亿美元，比上年同月增长26.51%。但9月份的形势能否保持下去，使进出口需求特别是使出口需求走出低谷，短期内主要取决于国内鼓励出口的政策力度和国际市场需求变化情况，因而还有很大的不确定性。

2. 出口1~7月负增长，8月份持平，9月份出现转机，进口大幅增加

一季度，全省出口总额15.55亿美元，同比下降2.3%；上半年出口总额34.14亿美元，同比下降2.1%；1~7月，出口总额41.33亿美元，同比下降0.5%；1~8月，出口总额48.32亿美元，与上年同期持平；1~9月，出口总额55.13亿美元，同比增长2.2%。9月份，出口总额6.81亿美元，比上年同月增长21.39%，初步扭转了前8个月的颓势。进口大幅增长，一季度，全省进口总额11.86亿美元，同比增长19.2%；上半年，进口总额25.2亿美元，同比增长17.3%；1~7月，进口总额29.8亿美元，同比增长17.5%；1~8月，进口总额33.6亿美元，同比增长13.4%；1~9月，进口总额38.15亿美元，同比增长15.6%。9月份，进口总额4.52亿美元，比上年同月增长35.07%，进口增幅居高不下，净出口大幅减少。

3. 出口结构变动较大，表现为"四增四减"

（1）出口市场结构——对日本、韩国、中国香港和东盟出口增加。1~9月，对日本出口22.4亿美元，同比增长14.1%；对韩国出口4.7亿美元，同比增长7.9%；对中国香港出口2.2亿美元，同比增长4.4%；对东盟国家出口4.4亿美元，同比增长19.4%。对欧盟和美国出口下降，1~9月，对欧盟国家出口7亿美元，同比下降16.9%；对美国出口7.1亿美元，同比下降13.1%。

（2）出口经营结构——"三资"、集体、私营企业出口全面增长。1~9月，三资企业出口29.2亿美元，同比增长20.6%；集体企业出口1.7亿美元，同比增长96%；私营企业出口586万美元，同比增长110.8%。国有企业出口大幅度下降，1~9月，国有企业出口24.2亿美元，同比下降16.2%。

（3）贸易方式结构——加工贸易出口增加，一般贸易出口减少。1~9月，加工贸易出口同比增长了6.7%，一般贸易出口同比下降2%。

（4）出口产品结构——机电产品、部分轻纺产品和农副产品出口增加。增长幅度较大的有机电产品（15.2%）、冻鸡（31.7%）、水海产品（14.4%）、大米（103.6%）、玉米（806%）、蔬菜（27.3%）、服装（15.2%）、鞋类（18.3%），电视机和录放机等家电产品出口增长幅度也在20%以上。原油和部分重化工产品出口减少，下降幅度较大的主要有原油（47.7%）、石蜡（20.4%）、水泥（26.5%）、钢坯（35.6%）、钢材（57.4%）、船舶（25.7%）。

二 总需求不足的主要成因分析

（一）投资需求不足的主要原因

1. 国民经济形势前景不明朗制约了投资的增长

投资的全部过程，从投资愿望的产生，到投资收益的获得，都是在国民经济形势的大环境中进行，因而不可避免地要受到整个国民经济发展状况的制约。所谓投资是投入实物资产或金融资产以获取预期效益的行为和过程。获取预期效益体现了投资者的动机与目的，而且这种效益并非是已经现实存在的，而是出于投资者的预期，是投资者主观判断的结果，这种判断以人们对整体客观经济形势的评价为基础。因而，国民经济形势前景的好坏决定了投资的主观愿望和投资实现的客观条件，在不同的经济形势条件下，投资者必然要对自己的投资战略与行为做出不同的调整与安排。而在目前国内外经济形势尚不明朗的条件下，投资者的投资行为趋于谨慎是一种必然的理性选择。

2. 资金要素配置的市场化改革有发展，但发展得不充分

近几年，国有银行的市场化、商业化改革进程不断加快，银行风险约束增强，对投资项目的信贷投入极其谨慎，银行贷款权力上收，实行贷款责任制。国有银行的市场化改革无可厚非，但各项改革措施的不配套和改革方案设计得不严密，直接影响了商业银行贷款的行为规范。一是贷款方向主要局限于国有大型企业，而绝大多数国有大型企业一直在高负债状态下运作，财务指标趋于恶化，贷款压力沉重，银行不愿意再增加贷款投放。二是对中小企业，特别是对非国有中小企业的贷款条件要求极其苛刻，绝大部分贷款都要有抵押或担保，使中小企业获得贷款难度极大，在这种情况下，即使一些企业有好的项目，但由于得不到资金支持也难以实现投资计划。三是在强化防范金融风险的同时，并没有相应建立贷款投放的激励机制，国有商业银行在改革和风险的双重压力下惜贷倾向明显，从而导致大量资金滞留在银行。截至9月末，全省金融机构各项存款余额为5168.1亿元，比年初增加438.3亿元，增长9.3%，同比多增219亿元；各项贷款余额为4694.8亿元，比年初增加255.95亿元，同比少增50亿元，存差473.3亿元，银行资金滞留状况更趋严重。

3. "投资断层"——这是辽宁经济发展中的一个新现象，应引起各方面的高度重视

分析辽宁省的总需求，与"消费断层"相对应还存在一个"投资断层"的问题。"投资断层"主要表现在两个方面。

一是投资主体断层——中央投资、国有经济投资，以及主要由国有经济投资构成的基本建设和技术改造投资下降，甚至大幅下降，而外资和城乡集体、个体投资没有相应填补或尚不足以填补这个空间。1～9月，全省城乡集体和个体投资合计为126.7亿元，仅占全社会固定资产投资总额的

23.46%，其中个体投资72.9亿元，仅占投资总额的13.5%。中央投资和国有经济投资的大幅度减少反映了以下几点信息：①国家生产力布局向中西部转移已成为未来的主要发展态势；②辽宁建筑在采掘工业基础上的原材料工业的鼎盛发展时期已经成为历史；③国有经济从加工制造业竞争领域里的大量退出正在逐步展开。

二是产业投资断层——基础设施、传统产业投资趋于缩小，高新技术产业、新兴产业投资扩张不足。辽宁经过多年的建设，以能源、石油化工、交通、邮电等为代表的基础设施和传统产业，或因资源枯竭而失去了继续发展的空间，或在目前的经济技术发展水平基础上渐趋完善，短期内已无更大的发展余地，因此，在一段时间内必然影响到投资需求的增长。今年1~9月，不仅煤炭采选、石油加工、石油开采和化学工业投资大幅下降，而且交通运输、仓储邮电业投资也比上年同期下降了15.8%。高新技术产业和新兴产业投资严重不足，即使是列为辽宁省四大支柱产业之一的电子工业，1~9月份投资也比上年同期下降了34.2%。

上述两个"投资断层"对辽宁现在和未来的影响将是十分巨大的。如何弥补和填充这两个断层，不仅关系到辽宁最近的投资需求增长，而且还关系到辽宁未来的发展前景。因为，它不必然是全国的共性问题，但必然是辽宁地区的特殊性问题。

（二）消费需求不旺的主要原因

1. 城乡居民收入放慢是消费需求不足的现实原因

按照经济学的一般分析，影响消费的主要因素有利息、价格、收入。但从我国现实情况来看，似乎利息与价格对消费的影响作用是有限的，甚至有相反的作用。如7次降息并未诱发消费的增加，价格已连续二十多个月的下降也未引发消费增长，反而大有价格越降消费增长越慢的趋势。因此，目前来看对消费真正起作用的只能是收入。近年来，在我国的国民收入分配中，居民的收入增长大幅度落后于GDP的增长，辽宁省城乡居民的实际收入水平也完全与这种状况相吻合。全省城镇居民家庭人均可支配收入1996年增长13.0%，1997年增长7.9%，1998年增长2.2%；农民家庭人均纯收入1996年增长22%，1997年增长7.0%，1998年增长12.1%。今年1~9月，城镇人均可支配收入比上年同期增长9.4%，农村人均现金收入仅增长1.9%。

2. 预期支出上升是消费需求不足的潜在原因

近年来，我国经济体制改革已经逐渐从宏观体制层次转移到微观企业领域。市场竞争的压力使在岗职工和下岗职工出现收入不稳定预期；教育、住宅、医疗、就业、养老保险等各项费用的上涨速度大大超过大多数家庭收入的增长速度。这种转轨时期的各种体制变化使人们的支出预期发生变化，特别是尚未完成的体制转轨使人们无法做出稳定的支出预期，风险支出预期上升，防范风险的储蓄倾向随之上升，消费倾向下降。这种防范风险的储蓄动机使利率对储蓄变化影响减弱，无论是存款利率提高或下降，居民储蓄均保持高速增长。1998年全省城乡居民储蓄存款余额达到4669.5亿元，当年新增存款453.5亿元，比上年多增53亿元。今年1~9月，城乡储蓄存款余额比年初增加333.6亿元，平均每月增加近40亿元。

3. 收入分配差距的不合理扩大

从长期看，或者从更深层的客观原因看，消费不足、消费倾向下降，在更大程度上是受收入分配差距扩大的影响。居民收入分配差距，主要表现为不同阶层居民收入水平的差距；城市居民与农村居民人均收入水平的差距；地区收入水平的差距。这三方面差距直接导致了两方面的消费断层，一是城镇低收入阶层与高收入阶层的消费断层。城镇大多数的中低收入居民生活耐用品基本饱和，而对轿车、商品房、文化教育、卫生医疗和旅游等进入壁垒较高的消费领域的支付能力还很不足；高收入阶层消费倾向随着收入水平的递增而边际消费倾向递减。二是城市与农村的消费断层。由于受城乡二元经济结构的影响，城乡消费存在明显的消费断层，无论是消费水平，还是消费构成，专家估计城乡差距至少在10~15年。辽宁省的东部、西部和北部相当部分的农村地区与城市的差距至少也在这个区间。正是因为城乡居民巨大的消费断层，当城市居民进入新的消费升级准备阶段时，农村居民未能及时填补城市居民消费调整留下的市场空白，造成了工业生产能力过剩和产品的大量积压，从整体上限制了消费需求的有效增长，农村市场未能发挥应有的作用。

（三）出口增长缓慢的主要原因

1. 国际地区经济一体化发展开始对我国出口产生负面影响

地区经济一体化是当代世界的一个重要发展趋势，目前，发展比较完善的是欧盟和北美自由贸易区。这两大地区性的国际经济组织，对区外国家特别是对我国常常实施歧视限制，表现为征收高额反倾销税，设置安全和卫生等技术壁垒。今年来，随着欧元启动，欧盟区内贸易发展迅速，对我国反倾销立案、包装防疫等技术壁垒有增无减，使辽宁省对欧盟出口大幅削减；美国以打击纺织品非法转口为名，加强对中国香港地区纺织品转口贸易的检查，直接导致辽宁省经香港地区转美国的纺织品出口下降。

2. 供给结构调整缓慢

分析今年的进出口形势，一个显著的特征是出口大幅减少，进口大幅增加。1～8月，即使在出口保持与上年持平的情况下，进口增幅仍保持在15%以上；9月份，比上年同月增长了35.07%。在内部需求不足的时候，对外部需求却大量增加。这种现象说明，因结构调整滞后，不仅不能适时创造新的需求，而且对于已有的需求也难以满足。扩大内需结果变成了扩大外需。大量的无效供给的存在使扩大出口拉动内需的效果被进口的大幅增长抵消了许多，进而降低了净出口对省内总需求增长的贡献度。

3. 集体和私营企业出口增幅很高，但所占份额太低

1～9月，虽然集体企业出口比上年同期增长96%，私营企业出口增长110.8%，但是，集体企业和私营企业出口额合计仅为1.76亿美元，仅占全省同期出口总额的3.2%。极高的出口增长幅度表明，最具活力的出口企业是集体企业和私营企业，问题在于如何把集体企业和私营企业的出口额尽快做大，这恐怕是辽宁省需要认真考虑的问题。

三 2000年辽宁社会总需求前景展望

（一）2000年投资需求的增长，主要取决于国内外经济形势的转变及能在多大程度上改善投资者的预期；取决于国家扩张性的财政政策力度、投向和投资方式；取决于政策、法律能否调动和提高集体、个体的投资积极性。预计全省全社会固定资产投资总规模为1250亿元左右，投资增长11%左右，投资率增长28%左右

1. 国内外经济形势将略好于今年

2000年，从目前发展态势看世界经济，预期美国经济中的泡沫成分能够得以进一步消除；只要日元不进一步升值，日本经济还能继续略有复苏。如果美国、日本经济趋稳，欧盟不出现大的问题，那么世界经济就基本能处于一种稳定略好的状态。国内经济，预期将继续执行扩张性的财政货币政策，特别是扩张性的货币政策力度或许会有所加强；国债发行规模预期

不会有太大的变化,但投向和投资方式会有一定的改变;鼓励和支持集体和个体投资的政策环境将会有较大的改善,这些对投资的增长会起到一定的推动作用。

2. 国债的投资方向和投资方式将会发生较大变化

2000年,鉴于扩张性的财政政策也存在对国民经济长期发展的负面作用,不易长期地、高强度地实行下去,因此,预期国债发行规模不会比今年有大幅增加,也不会有大幅减少。但预计国债投资向装备制造业和原材料加工业的倾斜力度会有所加强。这对以装备制造业和原材料加工工业见长的辽宁省重化工业结构来说是相对有利的。同时,国家改造老工业基地的力度也会有进一步加强。这些因素对辽宁省国有经济投资逐年下降的趋势会起到一定的延缓作用,特别是能带动辽宁省传统产业技术改造投资有较大幅度的回升,但期望值也不能太高。另外,2000年的财政投资预计将有相当部分用于财政贴息,以直接带动非财政投资的增长。在国家财政支出使用方式多样化的政策下,辽宁省应大力筹集地方财力和企业财力,吸引更多的国家财政贴息,以推动地方投资的增长。

3. 个体投资预期将会有一个较大幅度的增长

今年,国家出台了《个人独资企业法》。《个人独资企业法》出台的意义,怎么评价都不过分。它实际上承认了个人独资兴办企业的合法性,承认了个人私有财产受法律保护、不可侵犯,降低了国人创业的门槛,给个人资本的发展创造了一个起点。只要其他方面的环境和条件不发生太大的变化,预期2000年开始,将由该法引起一个投资热潮。这对填补辽宁省国有经济投资下降所遗留下来的断层,对亏损、停产和半停产企业的重组、并购和兼并,对下岗、待业和失业职工的再就业都将产生重大的影响。

(二)2000年消费需求的增长,主要取决于收入绝对量和相对量的增长水平;取决于供给结构的改善程度;取决于生产与消费关系的调整和扩张性货币政策的实施及其实行力度。预计全省社会消费品零售额为1850亿元左右,增长10%左右,物价指数下降趋势将得到遏制,预期将有一定幅度的反弹

1. 2000年绝对收入和收入的相对量增长水平预计将有一定幅度的提高

绝对收入理论将收入界定为人们的现实绝对收入水平。这一理论认

为，一定收入量之中消费支出与收入之间的比例关系是一个稳定的函数，居民绝对收入水平增长速度的下降，必然导致消费增长速度下降；收入预期理论认为，消费不仅取决于消费者即期收入，而且还取决于人们对未来的预期收入，以及收入增长与预期支出增加的关系，即收入的相对量增长。所谓收入的相对量增长，是指在收入增长与预期支出增加的对比关系中，收入的增长应超过预期支出的增加。如果收入虽然有所增长，但预期支出的增长比收入增长更快，那就等于收入并未增加。目前，我国，也包括辽宁省绝对收入下降和收入的相对量增长水平下降这两种情况都存在，共同作用于消费，使消费增长乏力。今年，国家采取了大幅度提高行政事业单位职工工资和提高社会低收入阶层收入水平的措施，对刺激即期消费起到了一定的积极作用。2000 年，预计国家将进一步采取旨在提高在职职工和农村人均收入水平的各种措施，同时，对与城市居民生活关系密切的，如住房、医疗、退休养老制度的改革方向和改革方案，将作出比较具体和明确的规定，从而将大大地稳定和改善居民的支出预期，促进消费需求的增长。

2. 生产结构与消费结构之间的矛盾将得到一定程度的缓解

20 世纪 90 年代中期以来，我国，也包括辽宁省居民消费总体水平已从温饱阶段进入小康水平。但主要囿于管理体制和企业制度的束缚，改革不到位，对应于温饱型消费的生产能力，出现越来越多的过剩；对应于小康型消费的生产能力，则一时难以形成。生产和消费的矛盾加剧，结构矛盾突出，使企业生产难度加大，经济也缺少新的增长点。但可以预期，2000 年，对应于新的竞争发展环境和新的消费需求，经济管理体制和经济运行机制的改革，企业制度的改造和企业资产的重组、兼并，消费政策的调整和鼓励消费政策的进一步完善，将在推动生产结构的调整和促进消费需求的增长两方面，同时发挥较大的作用。并将在不同程度上同时实现深化改革、企业产品更新换代、产业升级和产业转移，以及促进消费和扩大就业等多项目标。

3. 生产与消费的关系将得到适度温和的调整，货币供给将适当扩大

从"八五"末期至"九五"计划期开始以来，由于在生产力水平迅速提高的同时，消费能力没能相应提高，生产能力已大大超过消费能力，造成产品大量积压、生产能力大量放空，经济生活中的供需矛盾已由生产能力不足制约消费需求的实现，转化为消费能力不足制约生产能力的发

挥。从辽宁省的实际情况看，无论是投资类产品还是消费类产品，生产能力大约有30%处于闲置状态，商品房大量积压，截至9月末粮食库存达260亿斤，棉花由于降价也大量积压。因此，以目前的生产能力支持消费以较快速度增长，增加居民收入，提高全社会消费需求是有物资保障的，不会形成过度的通货膨胀。2000年，在近年来连续降息和降价对推动消费并没有起到较大正面作用的情况下，预计国家将采取适度的、温和的扩张性货币政策，通过国民收入超分配的办法，适当扩大基础货币供应，促进居民收入增加，改善预期，拉动消费增长。总体判断，适度实施扩张性的货币政策以拉动消费的时机已经成熟，条件基本具备。至于力度有多大，通货反弹幅度有多大，对辽宁省的影响有多大，应该引起我们的密切关注。

（三）2000年出口需求的增长，主要取决于国际经济环境能否进一步好转和中国加入WTO对进出口有多大影响；取决于供给结构的改善和产品升级换代替代进口的水平；取决于外经贸体制的改革与机制转换。预计全省进出口总额将达到140亿美元左右，增长10%左右，其中进口55亿美元左右，出口85亿美元左右，地方产品出口预计达到80亿美元左右

1. **世界经济环境将进一步趋于好转**

今年下半年，特别是8月份以来，世界经济开始出现好转的迹象。东亚地区经济快速复苏，日本经济渐有起色，欧洲经济渐趋走强，美国波动尚属正常。预计2000年全球经济的形势会进一步好转，经济增长速度会进一步加快。虽然，辽宁省产品的出口仍将面临东南亚各国的竞争、欧盟的歧视限制和美国的贸易保护主义政策，但是，全球经济形势的好转，仍将会带动辽宁省进出口贸易以较大幅度上涨。另外，目前国际资本正在掀起新一轮投资热潮，其中相当部分可能重新流回亚洲。充分利用好这一轮国际资本寻找投资场合的机会，采取更加积极的对外开放政策和招商引资措施，有效引进外资，既可增加省内投资需求，又可大量增加加工贸易的出口，获得"一石二鸟"的效果。同时，中美已签署中国加入WTO协议，只要在年末前能正式加入WTO，对辽宁省明年的进出口将产生很大影响。

2. **供给结构的调整是一个长期的动态的过程**

由于以政企分开、产权明晰为核心的经济管理体制和企业制度的改革

尚未实现实质性的突破，再加上银行惜贷和职工就业压力等主客观原因制约，以企业产品升级换代、产业升级、产业转移为标志的供给结构的调整可能将是一个漫长的过程。另外，结构调整实际上还是一个动态的过程，随着原有结构问题的解决，又会出现新的结构问题。因此，所谓的供给结构与需求结构相互适应是相对的，不是绝对的。有鉴于此，针对今年以来出现的进口的增加速度远远超过出口的增加速度的情况，预计2000年国家将采取适当的宏观调控措施减少进口，鼓励尽量多地利用国内供给资源，这对辽宁省扩大出口减少进口也将起到一定的作用。

3. 外经贸体制的改革将为扩大出口注入新的活力

目前，涉外经济贸易体制存在的最大问题，一是对外经济贸易体制相对僵化，国有外贸企业仍然垄断着外贸经营权，大量的生产性企业，特别是民营企业开拓国际市场的巨大潜力被扼杀；二是国有外贸企业制度改革不到位、机制死板、管理落后。特别是第一点，已经成为扩大出口的主要障碍。预计2000年，国家在这方面的改革将会迈出较大步伐，这对扩大出口无疑是十分有利的。

四　扩大总需求的主要途径选择与政策建议

（一）努力遏制中央投资、基本建设投资和技术改造投资下滑的速度和局面，仍然是近期辽宁扩大投资需求的现实选择，但应明晰，国有经济性质的中央投资、基本建设、技术改造投资下降和在总投资中所占比例逐渐缩小的趋势不可逆转。因此，扩大利用外资，鼓励和支持股份合作等各类性质的集体投资，特别是启动民间私人投资培育新型的投资主体填充由于国有经济逐渐退出而形成的投资断层，是保证辽宁未来投资需求稳定增长的根本途径

1. 努力争取国有经济投资，特别是争取中央投资能有一定的增幅

传统体制的发展惯性和历史决定了辽宁国有经济占有绝对比重，决定了迄今为止辽宁国有经济投资仍在总投资中占有较大的比重。今年1~9月份，国有经济投资在全社会固定资产投资中仍占有53.47%的比例，它意味着国有经济投资每降低1个百分点，全社会固定资产投资就要降低0.5个百

分点以上。这个比例预期到"十五"中后期才能发生质的变化，即届时其他所有制形式的投资才能占据主导地位。因此，2000年及以后的2~3年，争取国有经济投资不大幅下降，特别是争取中央投资不下降，仍然是保证辽宁投资需求增长的一个基本途径。

2. 争取传统产业技术改造投资能有一个大幅增加

经典作家的理论研究和发达国家的实际经验表明，在经济萎缩和生产过剩时期，一般都伴随着大规模的企业技术改造，通过设备更新，带动经济由萧条转入复苏，进而走向高涨。但从我国近两年的财政政策实际执行结果看，恰恰与此相反，主要都投入了基本建设领域。今年下半年以来情况发生了一些变化，技术改造领域的投资力度有所加强。预计2000年国家财政投资将主要用于国有企业的技术改造，我们应该抓住这个有利的机会，大力推动国有企业技术改造的步伐。通过技术改造，不仅可以增加投资，而且还可以改善供给，缓解就业压力，增加职工收入，也有利于扩大内需和满足出口需求。同时，还能改变国有经济技术改造投资下降的局面。

3. 培育以民间投资为核心的新型投资主体

美国盖洛普机构组织进行的"中国消费观念和生活方式"调查表明，一股企业家的热潮正在中国兴起，被调查者中超过1/4的人表示他们想创立自己的事业。国内《个人独资企业法》的出台，无疑为个人创业提供了法律保障。这对辽宁省来说又是一个很好的发展机遇。辽宁省应该在有关政策和制度建设上为个人创业或民间投资提供良好的社会环境。首先，因为投资实质上是预期问题，其中最核心的预期就是产权问题，破坏和扰乱预期就是破坏产权。要启动民间投资就要使经济政策改善人们的预期，建立和制定有关保护产权的地方经济法规。其次，通过财政贴息、参股等方式，调动民间资本的投资积极性和引导资金投向。最后，扩大民间资本投资领域，对外资开发的领域对内资也要开放；对外资暂不开放的领域对内资也要考虑首先开放；等等。

4. 结合老工业基地改造加大对高新技术产业的投资力度

目前，辽宁省老工业基地日益衰退问题已经引起了国家的高度重视，预计从2000年开始国家对改造老工业基地的倾斜力度将会逐步加强。但是，辽宁省自己应该注意的是，对传统产业的技术改造并非就是对老工业基地的改造。从国际经验看，衰退地区走出困境的根本措施是导入高技术产业和新产业。这个资源重新配置的过程单纯依靠市场的力量是很难完成的，国家的资金援助和政策介入是世界各国普遍认同的措施。其中，由国家主要以工资补贴方式对所导入的新产业资本提供补贴是各国的共同经验。工资补贴实质是对资本的补贴。与税费减免相比，工资补贴可以更直接、更迅速地促进就业岗位的增加，同时也就是促进收入的增加，这对扩大消费更具有现实的意义。问题在于，我们能否以合情合理的方式向国家争取到类似的资金和政策投入。

（二）要扩大城乡居民有支付能力的需求，城市的核心是增加收入、调整分配、稳定预期；农村的核心是改变城乡二元经济结构，实现农村人口的城市化

1. 增加收入、调整分配、稳定预期

增加收入，主要是适当增加中等收入阶层的收入，培育一个有相对规模的中等收入群体，稳定消费增长；较大幅度增加低收入阶层的收入，适当提高下岗职工的基本生活费标准，适时取消对所有居民的价格补贴，转向对低收入特困家庭人口的补贴，适当提高失业人口生活救济补助标准，适当提高城镇最低生活费标准。调整分配，主要是通过转移支付的方式，调整发达地区和落后地区的分配；对合理的高收入的分配调节，则需相当慎重；对不合理的高收入，不存在调节的问题，而是治理的问题。稳定预期，主要是全面实施城市居民最低生活保障制度，建立健全对低收入人口社会救济的法律法规制度；适当增加离退休职工的生活津贴，确保养老金按时足额发放；通过实行扩张性的货币政策，建立全社会的社会劳动保险和保障制度，稳定居民未来预期。

2. 改变城乡二元经济结构，加速农村人口城市化进程

近两年来，启动农村消费，消除城乡消费断层，已引起社会各界的广泛关注。启动农村消费，关键是增加农民收入。如何增加农民收入？我国农业已经过早地进入了高价农业的阶段，靠国家财政补贴提高农产品价格的路子已经走不通。那么，出路何在？增加农民收入的根本途径就是减少农民，从根本上改变城乡二元经济结构。所谓城乡二元经济结构，主要表现为工农两种生产方式、城乡两种生活方式。这种二元经济与社会结构的矛盾，已经成为我国，也包括辽宁省经济社会发展的主要矛盾；城市化与工业化发展脱节，已经成为有效需求增长不足的一个重要原因。由于农业生产方式的改造受农村内部主要矛盾人多地少的影响，因此，改变农业生

产方式，必须以减少农民为前提，加速农村人口城市化的进程。目前，农村人口城市化的主要障碍在于城乡要素流动仍然受着过时的城乡体制的制约，现行的户籍制度在城乡之间筑起的壁垒仍然在人为地限制着农村人口的自然流动和劳动力的自由转移。这种状况已经到了应该被打破的时候了，必须消除这个抑制需求的长期隐患。

截至1998年底，辽宁全省设市城市31个。其中，特大城市4个、大城市6个、中等城市6个、小城市15个、县城23个、建制镇571个，城镇总人口2183万人，城市化水平53.5%。辽宁省的工业化基础和目前的城市化发展水平为农村人口的城市化提供了大大高于全国平均水平的有利条件。2000年，应该在全省范围内展开以大中小城市、县城建设和乡镇合并为中心的城市化进程。如果辽宁省城市化水平提高10个百分点，那么，全省就有将近200多万人口由农村转入城市；以目前辽宁省城市人口是农村人口消费水平的3倍以上计算，大约每年可增加社会商品零售额80亿元以上，可使全省社会商品零售额多增4个百分点以上。

（三）从目前情况看，扩大外需成本最低、效果最显著的方法是打破国有外贸企业垄断局面，允许各类企业，特别是允许民营企业直接到国外开拓市场

目前，外贸出口经营体制的现状是，大量的生产企业，特别是民营企业没有外贸经营权，不能直接与国外客户建立联系，不能积极主动地开拓国际市场，巨大的开拓潜力被扼杀了。实际上，我们的许多产品在国际市场上并非没有销路，只是由于对外经营权被中间商垄断，特别是被国有外贸公司垄断，许多潜在市场远远没有开发出来。如果让生产企业，特别是让那些具有较强开拓精神的民营企业直接到国外开拓市场，许多产品是可以找到销路的。许多发达国家的经验证明，从事外贸经营的不一定要大企业，更不一定要国有企业，它们的外贸企业不是以规模大，而是以专业性强和机制灵活取胜。因此，辽宁省应尽快赋予有条件的企业，特别是赋予民营企业外贸经营权，鼓励他们到国外找市场、找订单。这方面的投入只需要政策不需要资金成本，应当成为2000年辽宁省扩大出口的一项重要举措。

论科研竞争与激励机制的若干问题*

随着社会主义市场体制逐步确立，事业单位改革逐渐展开，哲学社会科学研究系统开始引入市场化机制。社会科学领域的科研竞争与激励机制建设，成为科研管理工作的重要环节，成为现阶段科研管理创新的中心内容。

一 科研竞争与激励机制的本质，是市场经济属性在哲学社会科学领域的反映

自1992年确定社会主义市场经济体制改革目标以来，我国以市场为取向的经济体制改革在经济与社会诸多领域广泛展开。经过十多年的改革与发展，市场经济的行为方式和准则，已经在国民经济与社会发展中发挥了资源配置方面的基础性作用，成为推动经济社会发展的主导力量，并已日益渗透和影响到经济社会文化领域的方方面面。因此，在哲学社会科学研究中引入市场化机制，建立科研竞争与激励机制，本质上是市场经济属性在哲学社会科学领域的反映，或者说是市场经济体制改革在哲学社会科学研究领域的必然要求。

但是，由于历史的原因以及哲学社会科学研究单位的性质和特点，目前，在社会科学系统，还不同程度地存在着传统管理重于现代管理，职业道德规范重于制度规范，科研导向与实现机制契合程度较低等问题。如何在哲学社会科学研究中引入市场化机制，或模拟市场运作，建立科研竞争与激励机制，还处于探索过程中。

哲学社会科学系统目前存在的这些问题显然与市场经济条件下的经济

---

* 原载《社会科学管理与评论》2004年1月。

社会文化发展趋势不相吻合。面对党政机关精简，国企职工"并轨"，教育、文化、卫生、体育和自然科学院所等传统事业单位的产业化经营或经营性改革，社会科学系统的体制改革已经被客观地提上了议事日程，并在一定程度上、一定范围内成为人们关注的焦点。特别是随着全国事业单位改革的逐步展开，哲学社会科学系统在研究重构市场经济体制下的经济、社会、文化和思想、观念、理论等结构基础的同时，也必须接受市场经济的改造，重构新的发展基础。

因此，可以认为，在哲学社会科学领域引入市场化机制，建立科研竞争与激励机制，既是市场经济催生的哲学社会科学管理体制的一项重要改革，也是哲学社会科学研究系统在市场经济基础上的重构，同时，也是哲学社会科学在新的历史条件下的一个繁荣发展的契机。

二 哲学社会科学研究引入市场化机制与哲学社会科学研究"市场化"是性质完全不同的事

在以市场经济为基础的社会经济体制与制度环境下，哲学社会科学研究的许多环节都可以引入市场化机制，或采取模拟市场的运作方式。如在科研管理中，依据市场竞争的一般规则，建立科研竞争与激励机制。但是，鉴于我国的国体与政体，鉴于哲学社会科学的理论指导、思想观念引导、意识形态塑造和在经济社会文化发展中的特殊功能，哲学社会科学研究完全"市场化"是行不通的。因此，必须明确哲学社会科学研究引入市场化机制与哲学社会科学研究"市场化"是性质完全不同的两回事。

近些年来，面对全社会的市场取向改革的深化，面对文化"产业化"、教育"产业化"、卫生"产业化"、体育"产业化"，以及自然科学院所的企业化经营，在社会上也隐约产生了一种社会科学研究"产业化"的主张。这种主张的初衷，是为了改变目前哲学社会科学系统存在的经费短缺、人才流失、待遇较低的现象，似乎有一定的现实合理性。然而，这种主张是对哲学社会科学的轻视和短视，是把哲学社会科学研究成果与商品的一般属性混为一谈，或者是把哲学社会科学研究成果与自然科学的科技成果混为一谈。

哲学社会科学研究成果并不具有完全的商品属性；哲学社会科学"产品"的社会需求主要是社会，受益的也主要是社会；绝大多数哲学社会科学研究人员对科研课题的选择并非出于赢利的动机，更多的是出于专业偏好，甚至纯粹出于对某一学科的、某一课题的兴趣爱好；有些成果也能产生经济效益，甚至产生巨大的经济效益。比如关于经济体制改革的理论、思想或主张，但这种效益主要表现为全社会福利的增加，很难与某个哲学社会科学研究部门或某个科研人员收益呈正相关。

自然科学无国界，社会科学有国度。自然科学的科技成果具有普适性，而哲学社会科学成果却不一定具有普适性。比如美国微软公司的Windows，世界各国都可适用，但是，美国的市场制度、民主政体、文化理念，甚至思维方式却不一定适用于各国。因为，自然科学的研究对象是自然界，自然界是相对于整个人类社会来说的客观存在；而哲学社会科学的研究对象是人类社会，构成人类社会的各个国家或地区的历史、文化、地理环境等存在巨大差异。研究对象的多样性，再加上科研人员自身的学术修养和学术观点的差别，决定了哲学社会科学研究成果的"仁者见仁、智者见智"。

因此，所谓哲学社会科学研究"产业化"的主张，实质是断送哲学社会科学研究，葬送哲学社会科学事业。哲学社会科学既有严肃的科学性质，又有极其现实的人文精神和意识形态性质。双重的性质和功能决定了它不同于一般的社会事业，更不可能等同于其他经营性产业，那种社会科学产业化的主张，至多在以非研究为目的的企业或市场咨询等狭窄领域具有一定的实际意义。而文学、史学、哲学等人文科学，也包括经济学、法学等，在微观的经济社会活动方面很难有更多的用武之地。

三　建立科研竞争与激励机制，必须适合哲学社会科学研究特点和发展规律，明确"竞争"与"激励"的内涵

在哲学社会科学研究中引入市场化机制，建立科研竞争与激励机制是必要的，对哲学社会科学的繁荣发展和理论创新可以发挥一定的作用，但对此不能估计过高。另外，建立科研竞争与激励机制，也不是把市场竞争与激励原则在哲学社会科学研究和科研管理中机械地套用。

毫无疑问，科研竞争与激励机制主要规范或约束的对象是科研部门及其科研人员。但是，许多哲学社会科学的原创性成果并非是竞争的结果，而是潜心思索、执著钻研的成果；并非是市场通行的利益驱动效应，而是

对科学理念、先进文化和学术思想的执著追求。有些科研成果甚至是毕生的理论思索和实践考证的结晶，运用市场短期竞争与激励规则去约束是不合时宜的。

因此，建立科研竞争与激励机制，可能具有普遍性意义，但可能不具有特殊性意义；它的作用范围和约束对象是一个群体，但可能不适应某个特定的个体。这就要求在具体的有关竞争与激励制度的设计过程中，既要充分地考虑到制度的张力，又要充分考虑到制度的弹性。缺乏张力则制度难免陷于松弛与宽泛；缺乏弹性则制度难免陷于呆滞与僵化。科研竞争与激励机制，必须适应哲学社会科学研究特点和发展规律。

还要明确科研竞争与激励机制的内涵。如同商品世界某种特殊的商品都有特定的竞争内容和范围一样，科研竞争与激励也有其特定的领域或对象。综合全国社会科学系统情况，目前，哲学社会科学的竞争主要表现为一个科研单位内外的"科研项目竞争"、"成果转化竞争"和"成果评价竞争"三个方面；激励主要表现为一个科研单位内部鼓励"多出成果、多出精品、多出人才"三个方面。

所谓"科研项目竞争"，即各类科研课题的竞争。就地方社科院而言，从课题来源角度划分，科研课题可以大体划分为四类：一为国家哲学社会科学规划课题；二为省级哲学社会科学规划课题；三为院级课题；四为社会类课题——国家各部委和省、市、县（区）各部门，国外基金课题，以及各类企业的委托课题等。所谓"成果转化竞争"，主要是指科研成果转化为党政决策部门的政策或意见，某些思想、观念为领导所采用，以及成果的出版或发表的竞争。所谓"成果评价竞争"，主要是指各类科研成果转载、引用、评论或评奖等方面的竞争。

科研单位内部的"多出成果、多出精品、多出人才"三个方面的鼓励方式各有不同。"多出成果"一般表现为对文字量的要求，即根据有关部门的要求或单位自行制定一个量的标准，分别规定出正高、副高、中级和初级研究人员每年必须完成的文字量，并以此作为考核科研人员的基本标准。"多出精品"一般是指在成果考核的基础上，多出版一些有影响的专著，在大报、大刊上多发文章，研究成果能够获得领导的批示或采用等，并相应地给予奖励。"多出人才"一般是指通过职称晋升制度、导师助手制度、重点学科学术带头人制度、分配制度等，鼓励人才成长、提高和脱颖而出。

四 国内社会科学系统实行的科研竞争与激励机制在实践中存在的问题

从实践的结果看，目前，国内社会科学系统实行的竞争与激励机制还有待于进一步完善。

在"科研项目竞争"方面，国家和省社科规划课题是不同科研部门对同一课题"发包"主体的"竞争"，院级课题体现的是院内科研人员申报课题的"竞争"。就竞争的本质而言，这两方面仅是一种"不完全竞争"，其中，还掺杂着一些非竞争因素。而真正能够体现面向市场特征的是社会类课题的争取，从供给与需求两个方面都具有本质上的市场化意义，可以说是一种"完全竞争"。不同学科争取课题的机会也不同。国家、省社科规划课题和院级课题，对各学科竞争机会大体是均等的；而社会类课题，大多是经济社会发展中的现实问题，主要集中在经济、社会两大学科。文学、历史、哲学等基础理论学科，课题来源相对狭窄。

在"成果转化竞争"方面存在的主要问题是学术著作出版困难。学术著作因其特定的读者群体很小，出版数量也很少，又因其学术性强，没有"卖点"，不可能进行商业化运作，很难列入各级出版计划，基本处于作者自行出版的状态。"谁有钱谁出书"或"谁出书谁出钱"，已经成为现代出版学术著作的常态。因此，在一定程度上，这样的成果转化竞争并非是学术水平的竞争，而是出版经费的竞争。这不能不影响到学术著作的质量。发表论文也存在类似的问题，版面费已经是一个公开的秘密了。

在"成果评价竞争"方面存在的主要问题是成果评价不规范。各级学会、协会，各级党政部门，甚至各类研讨会，动辄评奖。比较规范的奖项也存在按人情薄厚评奖、按官阶大小评奖的现象，在评论方面存在托人写评论文章、相互奉承的现象，等等。

关于"多出成果、多出精品、多出人才"的激励机制的设计初衷是好的，在实践中对促进哲学社会科学的发展也发挥了一定作用。存在的主要问题是：第一，基本的文字量考核标准是必要的，但文字量考核标准又是易于应对的。在集体完成的著作中，挂名"搭便车"已经成为一种较普遍的现象。文字量考核标准既不可缺少，又失去了意义，处于已经形同虚设但又不能不设的尴尬境地。第二，精品奖励标准或力度很不平衡。由于各地经济社会发展水平不同,对哲学社会科学重视程度不同,筹集经费能力不同,对科研精品的奖励标准也不尽一致,调动科研人员多出精品的动力有强有弱。条件好的社科研究机构,一名科研人员一年就可以获得2万~3万元的科研精品奖励金额,相当于条件差的社科研究机构一年内能支出的全部奖励经费。第三,激励与约束机制不对称。激励机制相对健全,约束机制还很不完善,或者还难于执行。而现代的研究表明,惩罚机制对人们的激励作用要大于奖励机制的作用。第四,部分科研人员还存在不思进取、钻研精神不强的现象。

总体观察,目前在社会科学系统内以各种形式实行的竞争与激励机制的内涵还应进一步丰富,具体的制度设计还应进一步规范,机制的实现措施还应进一步强化,激励与约束机制还应配套执行,特别是竞争与激励机制的外部环境还有待于进一步改善。

五 建立科研竞争与激励机制,需要进一步改善哲学社会科学研究系统的外部环境,准确认识哲学社会科学的功用

诚然,在哲学社会科学研究领域引入市场化机制,建立科研竞争与激励机制,既是市场经济属性在哲学社会科学领域的反映,也是社会科学系统内在的改革要求。但是,如同其他任何一项改革一样,建立、形成和创造一个适宜的外部环境,是保障这项改革顺利进行的一个重要条件。

1. 加强和改善党和国家对哲学社会科学的领导,全面落实"四个同样重要"思想

党的十六大报告指出:"坚持社会科学与自然科学并重,充分发挥哲学社会科学在经济和社会发展中的作用。"这是继江泽民同志2001年、2002年先后三次就哲学社会科学发表重要讲话后,中国共产党在全国党代会的报告中,首次对哲学社会科学地位与作用的科学界定,也是党中央对哲学社会科学提出的新的要求、期望和嘱托。发挥哲学社会科学在经济和社会发展中的促进作用,是哲学社会科学的神圣职责,也是哲学社会科学责无旁贷的历史使命。哲学社会科学要肩负起这一职责,除了自身的努力外,首要的外部条件是,各级党委、政府要真正做到像尊重自然科学那样尊重社会科学,像重视发展自然科学那样重视发展社会科学,像对自然科学的投入那样向社会科学投入,真正落实江泽民同志提出的"四个同样重要"

的思想。

2. 增加投入，提高科研人员待遇，改变哲学社会科学研究经费单一的财政拨款渠道

投入不足是社科系统许多单位面临的首要问题。如大多数地方社科院，财政拨款除用于工资、办公费用、医疗保险等必要支出后所剩无几。出差调研、学术交流、著作出版等费用严重不足甚至均无着落，这直接影响到科学活动的开展和成果质量。社科系统的绝大多数科研人员收入较低，待遇较差，这直接导致了社科院"引不进人、留不住人"的严重局面。作为事业型、公益性科研单位，哲学社会科学需要增加财政投入。这作为一个重大的体制与政策问题应该引起各级党委和政府的关注，并逐步得到落实。

另外，目前哲学社会科学研究资金主要来源于国家和地方财政的单一渠道。我们要借鉴国外的通行做法，通过调整税收政策，以企业一定比例的税收作为发展哲学社会科学的基金。通过建立哲学社会科学发展基金，既可以补充哲学社会科学研究经费的不足，又可据此形成科研项目的公开竞争机制。

3. 加强哲学社会科学的制度化建设，建立科学的哲学社会科学研究规范与评价体系

目前，全社会的哲学社会科学制度化建设还十分薄弱，甚至基本是一个空白。"院士制"、"国家社会科学奖"等制度应尽快建立起来。这对挖掘科研人员的潜力，树立哲学社会科学的学术"权威"，从制度上确立哲学社会科学的社会地位，都有极其重要的作用。

要建立科学的哲学社会科学研究规范与评价体系。哲学社会科学研究规范主要包括学术研究方法的规范、学术评价与批评规范、引用文献规范等内容；哲学社会科学评价体系建设主要包括评价体系的理论基础研究、评价体系的结构建设等，如评价指标的选取、评价方法的应用、评价机制的设计、评价结果的监督等。目前，全社会的哲学社会科学研究规范与评价体系还很不完善，甚至严重滞后于学术的发展，导致哲学社会科学研究中学术失范、评价失真问题严重，阻碍了哲学社会科学研究的进一步繁荣发展，影响到哲学社会科学理论创新氛围的形成。哲学社会科学研究规范与评价体系亟待建立，应尽快形成新型的项目形成机制、成果转化机制、成果评价机制。

六　建立科研竞争与激励机制，哲学社会科学管理体制及社科系统内部各项管理制度的改革也要逐步展开，配套运作

1. 事业单位改革与建立科研竞争与激励机制要同步运作

目前，根据国家事业单位改革的总体安排，事业单位的改革已经逐步展开。事业单位改革将进一步明确社会科学研究机构的事业型、公益性性质，改革的重点是实现事业单位职工由身份管理向岗位管理的转变。事业单位职工由身份管理向岗位管理转变，是建立科研竞争与激励机制的重要基础。在现行的专业技术职务、人事和劳动工资管理方式下，在缺乏人员退出机制的条件下，真正建立起科研竞争与激励机制是比较困难的，竞争难以展开，激励与约束机制不对称等问题也难以得到根本解决。因此，只有两者同步运作，才能减少摩擦或阻力，进而才能真正建立起科研竞争与激励机制。

2. 积聚支付改革成本的能力

任何一项改革都需要支付一定的成本，建立科研竞争与激励机制也不例外。特别是激励机制，在现实的社会环境中，已不可能再是单纯的一张奖状、一个通报表扬或大会表彰。那种所谓的"淡泊名利"、"安于贫困"的说法，是与竞争和激励机制相抵牾的。市场经济条件下的"竞争"和"激励"与"物质利益"之间的关系是无法割裂的。但是，从大多数社会科学部门的实际情况看，尚缺乏这方面的物质力量。社会科学部门依靠哲学社会科学的主业，特别是人文学科进行创收十分困难。财政拨款都是专项经费，也不可能用于这方面的成本支出，因此，如何解决这部分改革成本，也是关系到科研竞争与激励机制能否切实建立起来和有效实行的关键。

3. 社科系统内部各项制度要与科研竞争与激励机制的制度建设相互衔接

毫无疑问，科研工作是各级社科部门的中心工作。科研管理也是各项管理中的核心环节。但是，科研管理若不和职称晋升制度、人事管理制度、劳动工资制度等有机结合，科研管理也难以达到预期目的。建立科研竞争与激励机制，若没有职称、人事、劳动工资等管理制度的有效配合、紧密衔接，科研竞争与激励机制也是建立不起来的，即使建立了也难以达到预期目标。

4. 科研人员的思想观念需要与时俱进

毫无疑问，改革开放 20 多年来，广大哲学社会科学工作者，站在改革开放的前沿，为改革"鼓与呼"，而当改革降临到自己头上时，难免产生迷惘、摩擦，对旧体制还存在一定程度的"路径依赖"。同时，还有刻苦钻研和敬业精神方面的欠缺。另外，毋庸讳言，也有一些在科研岗位上的人员，缺乏科研人员应具有的敏锐感知能力或敏感性的素质和功底等。对这些问题，我们也应该有一个比较清醒的认识。

构建和谐社会是国家繁荣昌盛、长治久安的根本途径*

党的十六届四中全会作出了加强党的执政能力建设的重要决定，首次提出了"构建社会主义和谐社会"的设想。社会主义和谐社会的提出，使我国社会主义现代化建设的总体布局，由发展社会主义市场经济、社会主义民主政治和社会主义先进文化这样的"三位一体"目标，扩展为包括社会主义和谐社会在内的"四位一体"目标。构建社会主义和谐社会的命题，是我们党坚持用发展着的马克思主义指导新的实践，与时俱进推进理论创新的最新成就，适应了当前我国经济结构、社会结构和社会生活结构深刻变化的迫切需要，扩展了我国社会主义现代化建设的内涵，对我们党巩固执政的社会基础意义重大，特别是对振兴辽宁老工业基地具有更大的理论和实践指导意义。

所谓"和谐社会"是指一种状态，即由全社会所有人组成的生活共同体中的每个系统、各种要素处于相互协调的状态。目前我国，也包括辽宁省经济社会发展中还有许多不协调的地方。改革开放20多年来，我国经济社会发展的主要方面都取得了巨大进步，但是，政治、经济、社会、资源、环境等各领域的某些方面，发展得还不均衡甚至相互割裂，各种矛盾和利益冲突纷繁复杂，中国进入了一个相对不稳定的高风险阶段。其风险主要来自四个方面：一是政治风险源——政治体制改革与政府职能转换滞后，腐败现象严重，导致政治上人民对执政党和政府权利认可程度降低、信任度下降、失望感增强，产生了某种信仰、政治和精神危机。二是经济风险源——新旧体制转轨的摩擦系数越来越大，特别是下岗失业导致普通劳动者、弱势群体等社会成员利益受损，这部分人的失落感和被"边缘化"的

---

* 原载《辽宁省科学院要报》2005年第2期。

感觉增强,使现实社会中潜伏着某种经济、社会和政治危机。三是社会风险源——收入差距过大,导致一些社会成员产生相对的被"剥夺感",并且"马太效应"还在不断强化着这种趋势,这部分人自认为处于社会底层,易产生心理裂痕和社会危机。四是自然风险源——资源、环境对经济社会发展的约束不断趋紧,以石油为主的能源和金属矿产资源进口量骤增,对国际市场的依赖程度不断加深;环境破坏严重,局部改善的生态环境尚未改变整体恶化的趋势,人与自然的关系日益紧张。

上述四个方面的风险在辽宁都不同程度地存在,特别是养老和失业社会保障问题表现得更为突出。辽宁的现代经济社会基础是传统的计划经济体制与矿产资源禀赋高度契合的一个结果。其典型特征表现为:国有经济占统治地位并成为劳动者就业的主要选择,国有企业众多且建厂历史悠久,城市化水平高且相对密集,重工业吸纳了大量的产业工人,等等。在传统体制条件下,劳动力就业与社会保障问题隐藏在企业层面,尚未得到充分暴露。以市场为取向的经济体制改革全面展开后,辽宁高达300万人的庞大离退休人员队伍、25%以上的国企职工"失业率"、1:0.67的在岗职工与下岗职工比例、城市每年约600万人的保障总量与需支付的约250亿元社保资金产生的巨额资金缺口,以及城市化、工业化过程中逐渐丧失土地的农民社会保障问题都开始暴露出来,成为社会不稳定因素的重要根源。因此,建设和谐社会,对于消除不同收入阶层的隔阂,化解不同利益阶层的矛盾,净化社会政治经济环境,对推动改革开放事业的发展和全面建设小康社会,实现辽宁老工业基地的振兴,具有十分重要的现实意义。

一是有利于保障经济制度平稳转型。我国是由计划经济向市场经济转型的国家,目前这个转型还没有完全结束,而辽宁老工业基地由于传统体制基础深厚,"路径依赖"的惯性更强,振兴过程中的体制转型任务更为艰巨。经济社会转型本质是经济利益结构的重新调整,不能不引起社会的各方面矛盾,由此导致各阶层利益冲突和产生一些新的矛盾,如辽宁各城市普遍出现的弱势群体——贫困人口,这在计划经济时期是不可想象的。如何解决和处理这些复杂的利益关系,化解各类冲突和矛盾,需要建立一种和谐的社会,使各不同利益主体有通畅、规范的利益诉求渠道,以理性合法的形式表达利益要求,以建立完善的社会保障制度为基础,最终才能保证经济社会制度的平稳转型。

二是有利于保持社会稳定。著名政治学家亨廷顿关于现代化引起不稳

构建和谐社会是国家繁荣昌盛、长治久安的根本途径

定、现代化伴随风险的观点已为发达国家所走过的历程所证明。所谓的亨廷顿观点，即认为在现代化的起飞阶段——从农业社会向工业社会过渡时期，这一时期的收入标志大约是人均收入 1000～3000 美元，是社会最动荡的时期。我国目前正处于这样的敏感发展阶段，即进入了社会矛盾凸显、社会结构错位、社会问题增多、社会秩序失范、社会风险易发的时期。如近年来，各类犯罪案件、经济纠纷、民事纠纷、信访数量等大幅度增长，表明在社会微观层面蕴藏、积压着大量人际矛盾和社会矛盾，是社会不够和谐的明显信号。因此，需要建立一种和谐的社会，避免矛盾激化，保持社会稳定。

三是有利于建设以人为本、尊重人权的社会。国家或者社会发展的首要目标是国强民富。富民是最大的以人为本，是最大的尊重人权——人的生存权。和谐社会必须是一个富民的社会；必须是一个尊重人权的社会。人权得不到保障，就没有真正的和谐。因此，建设和谐社会，对于中国社会来说，真正具有长治久安，保护国家安全和统一的深远意义。

四是有利于保持经济、社会、资源、环境、人口的可持续发展。建设和谐社会，要求经济、社会、资源、环境、人口也必须和谐发展。经济发展要做到速度、质量和效益相统一；对自然资源的利用要做到人与自然和谐共处；社会要营造出诚信、包容、开放、文明的良好人文环境；等等。

目前，中国社会已经进入了一个社会风险持续扩张的时期。产业调整、企业制度改造以及工业技术进步导致城市失业劳动力剧增；人口老龄化社会的来临使当代人的负担日益沉重；收入分配差距日益增大导致贫困人口从农村扩展到城市；市场的效率与社会的公平双向不足以及各自的价值取向日益扭曲着社会财富的分配和占有；政治文明建设以及中国人权观念的加强日益强化着国民生活权益保障意识；经济全球化以及中国已经实际融入国际经济体系，日益放大着国内的风险。因此，中国已经进入了一个特别需要建立和谐社会的时代！

第二篇

经济结构调整与优化

开原县农村劳动力转移与产业结构调整的调查报告*

一 开原县农村劳动力资源总量、使用量、剩余量及剩余形式分析

1986年底，开原县总人口576302人，总户数151017户。其中，农村人口464174人，总农户114397户，分别占全县总量的80.5%和75.8%。在农村与城市人口构成上，与全国"10亿人口，8亿农民"的估计大体相同。

在464174名农村人口中有多少劳动力？我们计算农村劳动力数量的基本原则是：在劳动年龄人口（男16~59岁、女16~54岁）区间内，凡是能够参加劳动的，不论是否劳动、劳动多少，都视为劳动力；凡是不能参加劳动的，如中学在校生、病残者，在劳动年龄人口内剔除。半劳力以两个折一个整劳力计算。

根据上述概念，我们计算开原县1982年和1986年农村劳动力资源总量分别为20万人和22万人。

在1986年的22万农村劳动力中，总的使用量计算结果是13.9万人，它说明相当于劳动力总量36.8%的8万余人的劳动量处于闲置状态，也说明1986年开原县农村社会总产值（现价52174万元）仅是由相当于劳动力总量的63.2%的13.9万人的劳动创造的。因此，我们得出的结论是：开原县农村劳动力在总量上存有剩余。我们把这种剩余叫作"绝对剩余"，即农村劳动力使用量与资源总量之差。

但是，总量上的绝对剩余并不能说明劳动力剩余于农村哪一产业层次。仍就开原县1986年情况分析，全县22万农村劳动力中，从事第一产业劳动

---

* 原载《计划经济通讯》1987年第12期。

的 18.4 万人，第二产业 2.6 万人，第三产业 1 万人，分别占总劳力的 83.6%、11.8% 和 4.5%。其中，80% 多的农村劳动力困守在农业生产活动中，受到有限资源的约束和市场相对狭小且波动较大（如猪禽类生产）的限制。同时农村第二、第三产业劳动力也占有资源（如耕地），他们的劳动时间不可能充分使用，活劳动不可能有效支出（见表 1）。

表 1　开原县农村劳动力全年从事农业劳动时间

产　业	工　日	劳动时间	
		天	月
种植业	22581000	103	3.4
其中：粮食作物	15308700	70	2.3
林　业	600900	3	—
牧　业	6688800	30	1.0
其中：生猪饲养	3600000	16	0.54
副　业	304200	1.4	—
渔　业	177000	0.8	—
合　计	30351900	138	4.6

注：每工日以 8 小时计；每月以 30 天计；劳工以 22 万人计。

以人们经验估计，东北农民一年只干 4 个月左右的农活，表 1 的数据与这个估计大体相当。如果有 15% 以上的农村劳动力既从事农牧副渔业又兼从事第二、第三产业劳动，那么余下的 80% 多的劳动力做些什么呢？他们大都处于闲置状态。因此农村劳动力的剩余基本是第一产业内部的剩余。这种剩余并不是某一部分人"完全无活干"，而是大多数人"不能完全干活"。我们把这种剩余叫作"相对剩余"，即在目前生产技术水平、农业资源开发利用和其他各业发展现状条件下，由于农业尤其是种植业生产特点决定的在其自然生产过程中，现实的农村劳动力总量不能完全使用而产生的剩余。

二　劳动力转移现状，就业结构变化及未来转移方向的探讨

农村劳动力的剩余早已存在，只不过以往隐藏在"队为基础"的"大锅"里。1982 年以来，联产承包责任制改变了农业生产组合方式，使压抑、

束缚着的生产力在短短几年间得到了较充分的发挥,农民在获得经营权的同时也获得了支配自身劳动的自由,这就为解决农村就业问题提供了全新的基础。近年来,农民致富的冲动正在逐步改变着就业结构,农村劳动力配置已显露出重新组合的先兆(见表2)。

表2　1982~1986年开原县农村劳动就业结构变化

单位:万人,%

年份	劳动力合计	第一产业		第二产业		第三产业	
		人数	比例	人数	比例	人数	比例
1982	20	18.33	91.7	1.31	6.6	0.36	1.8
1986	22	18.4	83.6	2.6	11.8	1.0	4.5

虽然,这种变化步履沉重,从事第一产业的劳动力绝对量仍未减少,但是,在农村劳动力总量不断增加的同时,农村第二、第三产业发展势头还是很猛的(见表3)。

表3　开原县农村各产业劳动力增长速度

单位:万人,%

产业	1982年	1986年	定基增长	年平均增长
第一产业	18.33	18.4	0.4	0
第二产业	1.31	2.6	98.5	18.7
第三产业	0.36	1.0	177.8	29.1
合计	20	22	10	2.4

我们看到,四年间,第一产业劳动力基本持平,第二、第三产业劳动力定基增长速度和年平均递增速度大大超过同期的劳动力增长速度。遗憾的是第二、第三产业基数很低,较高的增长速度仍未抵消劳动力绝对量的增长。这就是转移农村劳动力所面临的严峻现实。到20世纪末,预测开原县农村劳动力将达到30万左右,这就是说,目前的困境尚未摆脱,未来数万劳动大军还要加重砝码。劳动创造了人,而人却不能参加或不能完全参加劳动,劳动的"力"受到抑制,但是这个力却现实地存在着,并在不断地开拓着转移的方向。

农村剩余劳动力向哪里转移?根据对开原县情况的分析,本文提出以下几条思路。

1. 农村劳动力在种植业内部的有效利用

在种植业内部有效利用劳动力应从调整种植业结构入手。调整要依据以下几项原则：一是单位面积上投入活劳动较多，二是调整后收益要高于调整前，三是要遵循按比例分配社会劳动的规律，四是要因地制宜。根据上述原则，开原县要大力抓好"三项开发"：一调整粮食作物与经济作物结构；二发展蔬菜、参、药、菌类生产；三开发荒山，建设以山楂为主的水果基地。

2. 农村劳动力在农（种植业）林牧渔各业间的合理配置

合理配置农林牧渔各业劳动力对转移农村劳动力来说意义较大。以畜牧业为例，牧业生产的最显著特点是，没有十分明显的季节性，劳动时间较均匀地分布在全年，劳动力一般可全年使用，大体可以改善种植业用工的极不均衡状态，可有效解决农村劳动力劳动时间不充分的部分剩余。如开原县1986年生猪饲养量为328986头，消耗了相当于1.2万人的全年劳动量，两者比值为27.4，即每人约养猪28头。这个比值说明如果生猪饲养量增加2.8万头，就可以利用相当于1000名劳动力的全年劳动量，实质上就等于转移了1000名剩余劳动力。

3. 农村劳动力向农村非农产业及城市转移

1982～1986年的四年间，调查结果显示出开原县农村劳动力急剧地向非农产业转移的趋向。交通运输业劳动力年均递增114.2%，建筑业年均递增65.1%，商业饮食业年均递增56.3%，以劳务输出方式转向城市的年均递增25%左右。虽然就开原县来说，他们占劳动力比重还很低，但他们显示着农村产业结构和劳动力就业结构新式格局的雏形。尤其具有重大意义的是，他们作为先行者，对长期禁锢在土地上的农民来说，像新大陆的探险者一样，他们的成功必将引起更为强烈的"共振转移"。

三 转移的阻力及对策与条件

农民，数千年来与土地为伍，对土地眷恋情深。其一，受自足观念影响，小富即安，知足常乐，这种观念是农村劳动力转移的阻力之一。其二，利益障碍。如资金使用机会成本大大提高，同单位资金选择不同产业效益相差竟以倍计。其三，市场障碍。市场障碍表现在两端，一方面是市场不完善，另一方面是农民对呼啸而来的商品经济不适应。其四，政策障碍。

如现行的户籍制度、就业政策。其他诸如文化、教育落后等，也不同程度地阻碍了农村劳动力转移的进程。

如何克服这些障碍，开辟出转移农村劳动力的广阔道路，一定的对策与条件是必要的。

（一）打破城乡壁垒

在商品经济的条件下，生产要素流动的经济性选择必然要冲破地缘的界限。农村劳动力的转移实际上也正在冲击着城市这座堡垒。应该打破新中国成立以来形成的城乡就业选择和户籍管理等方面的壁垒。不仅允许农民进入小城镇，还要允许农民进入城市。开放劳动力市场，彻底改革劳动用工制度，这对促进土地集中、规模经营的形成及合作经济的发展等，都具有积极的意义。

（二）加速农户经营模式的转换

归纳开原11.4万多农户的经营模式，大体可分为五种：①种粮为主，兼营少量的林、果、牧、蔬菜等生产；②农忙种田，农闲兼营家庭手工业；③农忙种田，主营第二、第三产业。这部分人具有一定技术专长，是从事第二、第三产业较固定的职工；④农忙务农，农闲从事第二、第三产业临时工或其他劳务活动；⑤种田并综合经营一定规模的林、牧、果等生产。

以上五种经营模式，第一类基本仍处于自给半自给状态，后四种初步具备了商品经济经营模式的雏形。可以通过兴办农村工业，发挥"能人示范"、"邻里效应"的作用，促进结构合理、功能最佳、效益较高的综合一体化的规模经营的形成等，加速第一类模式向后四类模式转化，后四类模式向商品经济更高级阶段发展，这样也就实现了不同梯度和层次转移农村劳动力的目的。

（三）全面开拓第一产业

应当提出这样的口号：向第一产业生产的深度和广度进军。因为，第一产业内部尚有开拓的广阔领域，并且第二、第三产业的发展也不能建立在无米之炊的基础上。开拓的方向是，提高粮食作物单位面积产量，逐步使大田生产园田化。在耕地有限且资金转少的条件下，以劳力、技术和知识投入的增加改变传统，创造新的农业生产格局，发挥劳动力众多的优势。在充分利用耕地的同时眼睛要瞄向总土地资源，鼓励农民治山、治水、种树、种果，大搞农田基本建设。充分利用当前劳动力量多价廉的优势，修路、修桥，搞好农村公共基础设施建设。

最后，经济体制改革深入进行要尽快建立比较完善的市场体系，建立正常的市场行为，提高农户排除风险的能力，实现平均利润，强化农民的商品经济观念等，这些也是实现顺利转移农村剩余劳动力的必要条件。

资源开发地区单一产业结构转换的难点及出路[*]

——阜新市产业结构调整调查报告

以自然资源开发为主而形成的工业城市或基地，由于资源储量有限且不可再生，迟早都将遇到结构转换的问题。辽宁的抚顺、鞍山、本溪、盘锦、阜新、铁法和北票等地都属于这类地区。目前，这些地区均已认识到结构转换的必然性和重要性，不同程度地开展了产业结构调整工作。从目前看，抚顺地区结构调整战略比较成功，阜新地区结构转换难度较大。根据调查，我们认为阜新地区产业结构调整在客观上存在以下几大难点。

一 结构单一，主导产业功能自然衰减

阜新是以煤电工业为主导而形成的工业基地和城市，素有"煤电之城"、"塞北名珠"之美称。

1980年，该市能源工业产值占工业总产值的51.4%，其中煤炭工业产值占27.0%、电力工业产值占24.4%，结构单一的特点在全省十分突出。至1988年，能源工业产值占工业总产值的比重降为31.6%，其中，煤炭工业产值比重降为18.1%，电力工业产值比重降为13.5%。以上数字表明阜新地区历经八年发展，产业结构已有一定程度的转换，但结构单一的特点依旧存在。

阜新煤炭工业，从1897年当地人首次在新邱发现矿脉起，至今已有90多年的历史。新中国成立前，1926~1948年累计生产原煤2802万吨，平均年产127万吨；新中国成立后，1949~1988年累计生产原煤39735万吨，平

---

[*] 原载《辽宁计划经济管理》1990年第4期。合作者：胡延涛。

均年产 993 万吨。阜新能源工业基地的形成，始于新中国成立初期。"一五"时期全国 156 项重点工程中，阜新即占海州露天矿、平安立井、新邱立井和阜新发电厂四项。

到 1988 年末，已探明煤炭可采储量仅余 4.46 亿吨，可供进一步勘探的远景亦不乐观。"七五"期间将有 9 对矿井报废，2001 年前又将有 2 对矿井、2 座露天矿报废（包括海州露天矿，该矿 1986～1988 年年均产煤量占全局总产量的一半以上）。新中国成立初曾闻名全国的阜新发电厂（苏式小型机组，总装机容量 55 万千瓦）更新改造已迫在眉睫，任务十分繁重。

预计到 2001 年时，煤炭产量还将继续下降，"煤电之城"将名不副实。届时，能源工业很难再继续带动阜新地区经济与社会的进一步发展。但是该地区已形成的城市与经济基础不能放弃，所以替代产业的选择与培植已刻不容缓。

二　替代产业选择前景难以预料

阜新主导产业功能衰减是不可抗拒的现实，而重新培植主导产业替代能源工业是结构转换的内在要求。

阜新能源工业在四十年的发展过程中，在一定程度上曾带动了其他产业的发展，特别是从 1980 年以来，机械冶金和纺织工业发展得很快。机械冶金工业产值 1988 年比 1980 年增长 139.2%，占工业总产值的比重由 1980 年的 12.4% 上升为 1988 年的 18.5%；纺织工业产值 1988 年比 1980 年增长 97.2%，占工业总产值的比重由 1990 年的 10.3% 上升到 1988 年的 12.6%。1988 年，两项产值合计占工业总产值的比重为 31.1%，与能源工业产值比重基本相等。

但是，若从产品结构、技术结构、企业组织结构、自然与人文资源和地区经济结构等多角度透视，阜新市目前工业各行业均不具备，或者基本不具备继能源工业之后成为主导产业的条件。就机械冶金和纺织工业而言，如果不另辟蹊径，囿于现存格局和传统发展模式，凭现有条件能否成长起来，形成较大的工业优势，也难以预料。

三　投资环境相对较差

阜新位于辽宁省西北部内陆。地理位置条件不优越，交通虽较便利，但并非交通枢纽，且交通沿线大都是较落后地区；与中部城市群相距较远，经济联系不甚密切；文化、教育、卫生、科技和邮电等基础条件与省内大多数城市相比均较落后。阜新地区经济落后，地方财政拮据（1988年支大于收1.7亿元），自我发展能力极低。现行投资惯例（每上一个基本建设或技术改造项目，都要求地方和企业有一定比例的自筹资金）更使阜新这种无论是地方财力还是企业都极难自筹资金的地区陷入了穷者愈穷的恶性循环。另外，根据现有地质资料分析，阜新除煤炭外，尚未发现大规模的其他矿产资源可供开发，这使其投资领域更为狭窄。显然，阜新地区以现有的投资环境，很难吸引到大量投资，但若欲改变投资环境，又需大量资金。

四　劳动力就业结构转换压力大

产业结构单一决定了劳动力就业结构的单一。1988年，仅矿务局系统就有全民职工8.5万人，约占全市独立核算工业企业全民职工的46%。

由于煤矿资源逐渐枯竭，今后，将不可避免地出现劳动力就业结构转换的巨大压力。1985年，新邱矿报废后留下4个"四"（四千名全民职工、四千名离退休职工、四千名待业青年、四千名集体职工季节性或长期放假），已造成了严重的社会问题。目前，全局尚有待业青年1.5万人，集体企业放长假职工1.98万多人。到20世纪末，大批矿井相继报废，剩余职工越来越多，就业问题将更加突出。目前，仅海州露天矿，就有3万多名职工（其中矿多种经营公司及后勤服务部门有2万多人）需要变换工作空间（建新矿）或转入其他行业就业。由于阜新除能源工业外，其他工业经济规模有限，所以，依靠阜新地区的自身能力去独立解决就业问题是难以办到的。这个问题从现在起就应该在各级政府的重视下有计划地加以解决。

五　体制约束

在经济发展中，市、矿之间缺乏必要的合作与协调。由于对阜新地区经济与社会的发展市、矿缺乏综合考虑、统一规划，因此出现了一些不应有的损失。矿务局近年来虽已充分注意在采煤之外开辟新的生产门路，并投入了一定数量的资金，但是所建项目和开发的产品很不理想。其深层原因就是市、矿之间难以统一认识、统一规划，相互之间缺乏密切合作。

综上所述，阜新地区产业结构转换工作面临的问题既严重又特殊，仅依靠阜新地区自身的力量根本没办法解决这些问题，只有在国家、省、阜新市三级政府统筹规划下，针对地区经济的特点和各方面的经济实力，通过采取各有侧重和综合平衡的具体措施，才能促进阜新地区经济结构在发展中得到调整。

（一）国家和省应重点解决以下几个方面的问题

1. 降低开发强度，延长煤矿服务年限

阜新煤矿开发强度一直很大。国家有关部门（能源部、东煤总公司等）宜尽早决策，适当降低开发强度，延长煤矿服务年限。其理由有以下几点。

第一，阜新地区目前已探明原煤可采储量仅有4.5亿吨，预计还可新增可采储量1.8亿吨，合计为6.3亿吨。以1988年采煤1374万吨计，理论计算尚可开采40多年。但考虑铁路、住宅压煤等情况，实际开采年限将缩短。

第二，近年来的高指标生产导致高强度、超能力开采，采剥严重失调。1988年来，新邱露天矿剥离欠量1415万立方米，海州露天矿剥离欠量368万立方米。当前，又面临第三次调整（20世纪60年代初为第一次调整，70年代为第二次调整），因此适当减慢开采速度是完全必要的。

第三，保障阜新本地能源长远需要，延长阜新电厂寿命。1988年，阜新地区用煤400万吨左右（其中阜新电厂消耗约占70%），约占当年煤产量的30%。随着经济的进一步发展，自用煤量还要增加。如果仍然保持年产1300多万吨的规模，那么，若干年后，阜新用煤必然依赖外地调运，阜新电厂与煤矿的存在息息相关，保煤就是保电。

第四，适当降低开发强度，给阜新地区产业结构转换创造一个比较宽松的环境，有利于各级政府在阜新比较从容地重新配置生产要素。从长远看，这样做对国家和地区都是有利的。

考虑多年形成的产供销渠道不宜急于变动及有关部门对煤炭供需的平衡，降低开发强度工作可以分阶段实施。

第一阶段为准备时期，在1990年底以前，国家及有关部门应重点研究、制定阜新煤矿减少产量规划，以及分年度实施计划和重新安排用户供应渠道。

第二阶段，1991~1995年（"八五"时期），平均每年减少产量70万吨，到1995年年产量争取减少到1000万吨（统配矿与非统配矿合计）。

第三阶段，1996~2000年（"九五"时期），平均每年减少产量60万吨，到2000年，产量保持700万吨或者更少一点。2000年以后，再过渡到产销地自求平衡。阜新地区也应该注意不发展高耗能的产业或产品。这样，预计阜新煤矿可延长服务30~40年，相应延长了阜新电厂的寿命，相应减轻了阜新地区结构转换的压力。

2. 开发新的煤炭生产基地，转移职工队伍

自1985年新邱矿报废后，阜新地区就一直面临职工再次就业的沉重压力，如果从"八五"第一年起逐年削减产量，那么，还将加剧这方面的压力。但是，应当看到，即使不削减产量，到21世纪初，海州露天矿也将报废并重演新邱矿的历史。所以，转移职工队伍是迟早要解决的问题。及早动手逐步解决将获得主动权，反之则一定是被动和痛苦的。

转移在职职工，省、市都很难办到。其原因，一是因为从目前地质勘探资料看，辽宁省境内储量大的煤田已基本全部动用；二是由于产业性质不同，煤矿职工的技能和主要的机械设备很不适应其他行业；三是其他行业也已"人满为患"。所以，应由国家统筹解决这个问题，选择适应阜新矿务局技术和设备的大储量煤田，建立新的生产基地。这既能减轻地方政府和企业的压力，又可避免国家资产的损失和浪费。在"八五"时期，国家有关部门应该有计划地做出安排。

3. 采取倾斜政策，培育主导产业，扶持阜新经济发展

从结构转换比较成功的抚顺等地经验看，资源开发地区结构转换的关键是国家有计划地安排重大建设项目。阜新地区基础落后，投资环境差，国家应当采取特殊的投资倾斜政策，在不妨碍宏观综合平衡和生产力区域布局的情况下，以有助于培育阜新地区的主导产业为目标，重点在阜新地区安排一些或一组基本建设项目。当然，投资效益是必须考虑的，但是否可以这样定性：两地投资效益相同的项目，优先安排阜新；当在阜新建设投资效益略低于其他地区时，也要给予安排。

（二）根据本地基础和资源条件阜新自身应侧重考虑以下几个方面的问题

1. 建设巩固的农业基础

阜新具备发展农业的一般条件，尤其畜牧业有进一步发展的基础。1988年末，阜新实有耕地面积432万亩，人均占有耕地面积2.4亩，比全省人均

占有耕地面积多 1.04 亩；猪牛羊肉产量 4455 万公斤，按农业人口计算人均产量 43.2 公斤，居全省各市之首，比全省农业人口人均产量高 12.3 公斤。影响当地农业发展的不利条件主要是土质差、风沙大、降雨少、自然灾害多。当前，阜新农业存在生产方式落后，技术集约化程度低；粮食生产基本上还是粗放式经营，广种薄收，平均亩产 150 公斤左右，仅相当于全省平均水平的一半多一点；畜牧业、种畜业落后，草场亩载畜量小等问题。这些问题都说明，阜新地区农业发展仍有较大潜力。

阜新地区发展粮食生产的首要问题是改善自然条件和生态环境。应积极种草植树、涵养水源；加强农田基本建设，增施有机肥，改良土壤；还要因地制宜，种植水稻等高产优质作物。发展畜牧业生产的核心应是发展良种羊，这对阜新及全省都有很大意义。

农业的基础地位十分重要，今后十几年中，阜新地区在工业产业结构调整的同时，必须使农业有较大的发展。

2. 大力发展轻工业

阜新同全省一样，轻工业也是"弱项"。1988 年，全省轻重工业比例是 35.1：64.9，阜新是 34.6：65.4，两者基本一致。当前，借产业结构调整时机，阜新大力发展轻工业，调整轻重工业比例，甚至建立一个以轻型化为主体的地区经济结构还是可能的。并且，在能源工业优势消失后，继续维持重型化的工业结构，对阜新地区发展也不一定有利。

发展轻工业，除上级政府给予项目和资金支持外，阜新应该大力发展利用本地农产品为原料的轻纺工业，如红麻造纸、制糖、毛纺和亚麻混纺等。利用本地农产品发展轻工业关键是建设原料基地。阜新耕地面积较多，只要土质、气候等能适应一些轻纺原料的生长条件并试种成功，就会大有作为。

3. 开发利用煤矸石资源

阜新煤矸石资源丰富，储量 10 亿吨左右，应该积极开发利用。如生产煤矸石空心砖、建矸石电厂等，既可增加能源，又能节约耕地、治理污染，获得综合经济与社会效果。

当前，面对阜新地区能源工业萎缩后将可能引发的一系列经济社会问题，全省上下均应予以充分重视，各级政府及有关部门，应本着为这一地区长远负责的精神，发挥计划经济的优越性，慎重考虑该地区的前途，做出科学的规划。

最后，由阜新产业结构转换面临的问题，可以得到这样一点启示或者教训：凡是以可耗尽资源开发为主而形成的大的工业区和城市，从资源开发伊始，就应考虑到未来的结构转换问题；在资源开发的盛年期，就应做好必要的物资、资金、技术和人才的储备，注意带动相关产业和其他各业的发展。在辽宁（甚至东北地区、全国），类似的结构单一的城市和地区要从中吸取教训，不能再重蹈阜新的覆辙。

辽宁省产业结构演进情况和调整的研究报告*

辽宁省经济发展进入20世纪70年代以来,结构性矛盾日益明显。实现结构优化已成为推动辽宁省经济进一步发展的重要途径。本文根据辽宁省产业结构的形成、特点和所存在的问题,对全省产业结构调整的总体目标、实施步骤、政策措施等进行了较为系统的研究。

一 辽宁自然经济概况

辽宁地处东经118°53′至125°46′,北纬38°43′至43°267′,全省土地面积14.59万平方公里,约占全国总面积的1.52%。东西部的山地丘陵约占总面积的60%,中部为辽河平原,约占总面积的33%。海岸线长2000公里左右,占全国海岸线长度的11%。全年降水量为440~1130毫米,由东向西逐渐减少。气温平均在5℃~10℃,大部分地区冰冻期为3个月。全年平均无霜期为124~215天。

全省共有耕地5238万亩,占全省土地总面积的24%。其中高产田(亩产350公斤以上)2745万亩,占总耕地面积的52.4%;中产田(亩产200公斤以上)1147.2万亩,占22%;低产田(亩产200公斤以下)1346.3万亩,占25.7%。林地面积7277万亩,占全省土地总面积的33.2%;草地面积3031万亩,占13.9%;水域滩涂2372.7万亩,占16.2%;城市、工矿、交通占地1668.3万亩,占7.26%。

1988年全省总人口3825.5万人,占全国总人口的3.5%,在全国居第12位。人口密度为每平方公里262人。乡村人口1049.5万人,占全省总人

---

* 原载《东北经济区产业布局研究》1990年9月。

口的27.4%；市镇人口2783万人，占72.7%。

全省行政区划为14个省辖市、5个县级市和38个县、56个区。城市人口超过百万的有沈阳、大连、鞍山、抚顺4市。

全省矿产资源比较丰富，中部平原和渤海湾蕴藏着丰富的石油和天然气。在46800平方公里勘探区内预计石油资源储量为40亿～42亿吨，天然气5700亿方。已探明石油储量为12亿吨，天然气860亿方。东部山区赋存铁、菱镁、滑石、硼、铅、锌、金等矿产资源。西部山区赋存铝、金、磷及其他非金属矿产资源。铁矿探明储量为120亿吨，占全国的1/4。菱镁矿探明储量为23亿吨，占全国的85%。煤炭探明储量为67.1亿吨。锰、硼、镁、滑石等矿产资源的储量也都居全国前列。

辽宁是全国的重工业基地之一，经过40余年的建设，已形成独具特色的工业体系、商品率较高的农业基础和发达的运输通信设施。1988年全省社会总产值1861.4亿元（现价），占全国的6.4%；国民生产总值814.0亿元，占全国的5.9%；国民收入生产额694.5亿元，占全国的5.8%。

1988年全省工业固定资产原值972.7亿元，大中型企业865个，职工人数990.6万人，重工业产值669.3亿元（1980年不变价），均居全国第一位。全省有30余种主要重工业产品生产能力居全国前三位。其中发电设备装机容量、石油加工、钢铁、铁矿石、电解镁、电解锌、纯碱、机制纸及纸板、洗衣机等居全国第一位。天然气、铁合金、电解铅、硫酸、平板玻璃、粘胶纤维、机制纸浆、彩色电视、黑白电视等居第二位。电解铝、烧碱、轮胎外带、汽车、拖拉机、内燃机、合成纤维、日用搪瓷、原盐等居第三位。

近40年来，辽宁为全国提供了大量的物资设备，1952～1986年（缺1966～1970年数字）调出生铁9061万吨，钢材7440万吨，各种有色金属468万吨，硫酸、烧碱、纯碱等950万吨，水泥3535.2万吨。1952～1987年上缴国家积累总额1247.6亿元。

二 产业结构演变的情况

辽宁省产业结构演变，大体可分为四个时期。

1. 近代工业建立时期（1949年前）

帝国主义，特别是日本军国主义为了掠夺辽宁的资源，以沈阳、大连为中心，沿中长铁路两侧以及沿海港口开始建立现代工业。

1894～1903年京沈铁路延伸至新民屯，1898～1904年中长铁路修至大连。随着铁路的修筑，煤炭、矿山、面粉、榨油、制材、电力、制糖等近代工业开始出现。"九一八"事变后，日本帝国主义为侵略亚洲和中国大陆的需要，先后发展和建立了鞍山钢铁联合企业、本溪煤铁公司、抚顺炭矿制铁试验工厂（抚钢前身）、大华矿业株式会社大连工厂（辽宁大钢前身）。同时还在本溪、丹东、锦西开办有色金属矿；在沈阳、岫岩、葫芦岛、抚顺建立了铜、锌、铅、铝等冶炼厂；在大连、抚顺、鞍山等地发展了制碱、制酸等化工厂；在沈阳、大连发展了军械制造、铁路机车、矿山机械修造业；在抚顺、阜新、大连等地建设了大型火电站；在抚顺和锦州建立了页岩炼油和煤炼油等企业。

2. 重工业基地形成时期（1949～1962年）

新中国成立后经过经济恢复，1953年国家提出了国家工业化和社会主义改造的目标。辽宁省成为国家建设的重点，总的要求是：利用现有的基础，优先发展重工业。在钢铁、能源、机械、建材、化工等方面进行大规模的改造和建设。"一五"时期国家安排了156项重点工程，辽宁省占24项。其中钢铁2项、有色金属2项、煤炭8项、电力3项、石油加工1项、机械5项、国防工程3项。同时在沈阳、抚顺、本溪、丹东等地还安排了730个配套建设项目。这一时期全省工业固定资产投资118.7亿元，其中冶金工业占36%，煤炭工业占14.2%，机械工业占14%，电力占12%。这些项目投产后，辽宁基本形成以钢铁为重点的重工业基地。

3. 重化工发展时期（1963～1978年）

1960年大庆油田投产，国家组织全国炼油技术力量对辽宁六大炼油厂进行改造。新建、扩建常减压、热裂化、蜡裂解等装置，引进了当时世界先进水平的炼油装置，使辽宁石油加工的生产技术和工艺水平进入世界先进行列。

20世纪70年代建成了大庆油田到辽宁的输油管道，开发了辽河油田，新建了鞍山、盘锦两个炼油厂，建成了辽阳石油化纤厂以及锦州炼油厂，发展了顺丁橡胶、异丙醇、石油化工添加剂和抚顺石油二厂甲乙酮、乙醇胺、环氧乙烷等生产能力。在化学工业方面新建了年产11万吨尿素的盘锦化肥厂、本溪东方红化肥厂、年产48万吨尿素的辽河化肥厂和52个小氮肥厂。全省石油加工能力达到2500万吨，合成氨生产能力达100万吨。

冶金方面，新建了凌源钢铁厂、保国铁矿、沈阳钢厂、营口中板厂，扩建了北台钢铁厂。煤炭方面，在铁法、南票、阜新、沈阳等地新建了一批矿井。电力方面，新建了清河、朝阳、凌河、大连三电厂。电子工业和新型建材工业方面也有发展。

1963～1978年全省工业总投资为175.5亿元，其中石油、化工占31.8%，冶金占23.5%，机械占15.1%，电力占10%。

4. 技术改造时期（1979年以后）

到1986年全省固定资产投资共323亿元，其中基本建设投资161.1亿元，技术改造161.9亿元。技术改造投资中石油化工占32.8%，冶金占18.1%，机械占14.7%，电力占11.6%，煤炭工业占9%；基本建设投资中能源建设占较大比重，石油开采占20.7%，电力占18.1%，煤炭占12.4%。在这期间，乡镇工业发展迅速。1987年全省乡镇及农村工业产值为181.4亿元，占全省工业产值的20.2%。乡镇工业结构特点也是以重工业为主的重型结构，重工业比重为67%。矿产、建材开采和机械加工是乡镇工业的支柱产业。

三　产业结构现状、特征和评价

（一）在40年的建设中，辽宁省的产业结构，经过不断调整和改善，虽然还有一定的问题，但逐步趋向合理

（1）从三次产业构成看，第二产业占优势。1988年国民生产总值为814亿元，第一产业141.8亿元，占17.4%；第二产业472.5亿元，占58.0%；第三产业199.7亿元，占24.5%。

（2）从工农业构成看，工业产值占优势。1988年，工业产值占工农业总产值的90.4%，农业产值占工农业总产值的9.6%。

（3）从工业内部结构看，重工业产值占优势。1988年工业总产值为1031.6亿元，其中重工业669.3亿元，占工业总产值的64.9%；轻工业362.3亿元，占工业总产值的35.1%。在重工业中，原材料工业、制造工业具有同样的重要地位。其中，采掘工业的比重为6.3%，原材料工业为47%，制造业为46.7%。

（4）从生产要素看，在全省大中型企业中，1985年劳动密集型企业占

48.6%，资金密集型企业占 41.3%，技术密集型企业占 10.1%。

（5）从技术结构看，大中型企业以机械化、半自动化为主体（占 77.7%），重工业以半自动化为主，轻工业以机械化为主。

（6）从物资和资金的流动看，1988 年物资调出总额 585.1 亿元，调入总额 424.9 亿元，净调出 160.2 亿元；出口商品收购总额 94.14 亿元，占工农业总产值的 8.2%；国民收入净上缴额为 46.7 亿元。

（二）从演变过程和现状看，辽宁省的产业结构有以下主要特征

（1）辽宁省经济的发展基本上是建立在本省资源基础上。矿产资源比较丰富，具有发展重工业的良好条件。40 年来在资源配置方面，从事重工业的劳动力为轻工业的 2.3 倍。重工业的资金投入为轻工业的 5.1 倍，净产值为轻工业的 3.1 倍，实现的利税为轻工业的 3.8 倍。因此，辽宁省投入资金的产出率、国民收入的积累率、向国家提供的物资和资金均居全国前列。重型产业结构的优势得到了一定的发挥。

（2）从资源开发转向资源综合利用、深加工和机器制造。产业结构的这一演进过程说明了辽宁省经济从发挥资源优势为主已转向发挥技术优势为主。

（3）全省工业已进入重化工业时期，略快于全国工业化的进程。

（4）工业的发展是从发展重工业起步的，对于全国建立独立的工业体系，支援经济建设起到了重要作用。但是，也带来了全省经济发展的不平衡，形成了三重结构。比较发达的城市，已进入了工业化中期，正在由重化工向技术密集和加工高度化过渡；以生产能源、原材料初加工为主的地区，尚处于重化工业的初期阶段；广大农村经济由于经营粗放、技术水平不高，尚处于工业化初期。三重结构带来的优势和制约因素并存，影响了辽宁经济向更高水平发展。辽宁的工业化进程虽然略快于全国，具有一定的资源、技术优势，但按产业结构高度化的要求，还存在一些急需解决的问题。

第一，以大中型企业为主的冶金、化工、机械等行业，技术装备比较陈旧，已有的技术优势正在弱化。钢铁工业的主体设备处于 20 世纪五六十年代水平的占 70%，70 年代水平的只占 10%；机械工业的设备，处于 60 年代水平的占 52%，70 年代水平的占 38%；建材工业的设备大部分都是 20 世纪四五十年代的水平。总体比较，辽宁的工业技术装备水平落后国外先

进水平20年或30年。特别是60年代发展的"五小"工业、70年代的县办支农工业、80年代发展的乡镇工业，造成了资源和资金的极大浪费。

第二，基础产业、基础设施严重滞后，制约了优势产业的发展。能源的增长落后于工业的增长。1953~1988年工农业总产值平均增长8.2%，能源生产只增长5.1%。1988年全省电力缺口80亿千瓦，占用电量的20%。1988年需要煤炭7600万吨，省内生产4350万吨，需调入3250万吨。由于运力不足，实际调入只有2750万吨。全省城市日缺水80万~100万吨，工农业用水长期处于严重不足的状态。由于能源、运力和水资源的不足，影响了石油、化工、冶金、建材工业的发展。

城市建设、住宅、公共设施等非生产性建设的欠账非常严重。工业化、城市化越发达的地区，欠账越多，这制约了工业化、城市化高效益的发挥。

第三，工农业经济水平差异过大。辽宁省主体工业生产手段以机械化和半自动化为主，已进入高度社会化大生产时期；农业商品化水平很低，生产手段以手工劳动、传统的耕作方式为主，仍处于半自给的状态。工农业劳动生产率相差8倍，城乡居民收入水平差距很大。农业生产方式的落后，是辽宁省工业发展的一个重要制约因素。

产业结构存在的问题，综合反映了宏观效益的潜力不能充分发挥。全省全民所有制独立核算工业企业产值利税率、资金利税率，自20世纪60年代以来出现了下降的趋势（见表1）。

表1 全民所有制独立核算工业企业效益情况

单位：%

年 份	1965	1978	1981	1983	1987
百元产值利税率	26.4	25.6	24.4	23	23.8
百元资金利税率	32.6	26.7	28.8	22	20.59
万元固定资产利税率	27.3	24.7	20.5	18.8	17.99

产生上述问题的原因：一是建设方针、产业布局和体制的影响；二是管理水平落后于宏观经济发展的需要。20世纪70年代以来辽宁省经济发展已进入工业化中期，经济发展应由以粗放扩大规模为主转向以提高管理、技术水平和提高效率为主，实行集约化经营，优化资源配置，取得较好的宏观效益。实际上辽宁省在这方面注意得不够，仍停留在工业化初期的水平。

四 实现产业结构高级化的基本思路

基本目标是要以推进技术进步为中心,实现产业结构高级化,为全国实现现代化提供先进的自动化设备、优质的原材料和新型材料。

要实现这个目标,在产业结构调整中必须坚持:以提高技术带动产业结构调整的原则;发挥资源、技术优势的原则;面向国内外市场的原则;以增量调整带动存量调整的原则;节约能源和水资源的原则;综合利用的原则。

根据优化目标和调整原则,提出了产业结构优化的初步设想。

第一,要解决工农业经济水平差异过大的矛盾。解决这一矛盾的根本途径是采用现代化手段改造传统的农业生产技术,加快农业现代化进程,缩小务农与务工的收入差别,提高农民从事农业生产的积极性。全国实现农业现代化不能齐头并进,也不能仅仅根据为国家提供商品粮的多少来确定农业现代化的先后,而应根据地区经济发展水平、工农业的差异和推进农业现代化的条件,对不同地区提出不同的要求。辽宁省工业化水平比较高,为农业服务的条件比较好,劳动生产率、农作物单产水平、粮食的商品率比较高。因此,辽宁的农业现代化应快于全国。

推进农业现代化,一是要国家增加投入。目前农业的积累能力比较差,只靠农业自身的力量难以实现;二是要解决农村多余劳动力的安排问题。农村劳动力能否及时转向非农产业是提高农业劳动生产率、实现农业现代化的先决条件。要注意发展乡村企业,把实现农业现代化节省的劳动力消化在农村或小城镇;三是要加强农业技术的推广和农业生产资料的供应。

第二,要解决能源发展滞后的问题。能源的供应长期不能适应国民经济发展的需要,这是整个经济不能走上以节省资源、提高效益为主轨道的重要原因。要加速经济发展,必须加速解决能源不足的问题。解决这个问题的主要途径:一是加工工业不能脱离能源的可能保证程度盲目发展,要采取限制加工工业发展的措施解决能源不足;二是采用先进技术装备优先改造耗能多的产业和大户,提高能源的利用率;三是增加投入,适当扩大煤炭开采,新建一些发电厂;四是要调整电力工业的能源构成,要利用炼油厂多的优势,适当增加渣油发电的比例。由于减少原油出口而减少的外汇，用增加的电力生产一些创汇率高的产品，换取外汇来弥补。不采取调整能源结构和降低能源消耗措施，就不可能使能源的紧张状况得到改善。

第三，推进主导产业向高技术和高度加工化过渡。新中国成立后经过40多年的建设，冶金、化工、机械工业在产业结构演进中不同程度地起到了带动整个经济发展、提高经济素质的主导产业的作用。

冶金工业，在20世纪五六十年代已成为辽宁省的主导产业，今后在替代进口等方面仍将发挥重要作用。应围绕着发展替代进口钢材、增加品种、提高质量向产业结构高级化发展，同时还需加速冶金工业的技术进步，缓解辽宁省能源、交通、水资源不足的矛盾。因此，在产业结构调整中，需把冶金工业的技术改造放在重要地位。

钢铁工业现有的生产设备、工艺技术已落后于世界先进水平。今后要通过扩建、改建实现高炉大型化、炼钢转炉化、浇铸连续化、矿山运输汽车化，积极提高自动化水平。工艺流程和技术装备必须符合节能的原则，真正做到以节能求发展。

石油化工在21世纪将会成为辽宁省的主导产业，对推动辽宁省产业结构实现高级化将起到重要作用。石油化工在辽宁省也是一个新兴产业，产品的开发从无到有，采用的技术起点比较高，要增强加工深度，向综合化方向发展。

机械工业对提高国民经济的技术水平将会发挥越来越重要的作用。从辽宁省产业间的关联度看，机械行业是推动辽宁省产业结构向高度加工化和技术集约化过渡的主导产业。辽宁省重型机器制造业的技术装备和工艺水平均落后于世界先进水平，已成为制约其他产业加速技术进步、提高经济效益的"瓶颈"产业。机械工业落后于世界先进水平，实现现代化就是一个空口号；机械工业的技术水平低于其他产业，产业结构高级化也是一句空话。因此，机械工业要围绕实现机、电、仪一体化的目标，进行技术改造，为实现现代化提供自动化水平比较高的机械设备。同时，还要利用重机制造的优势，为国家多提供一些具有先进水平的重机设备，使机械工业向大型化发展。

第四，要解决轻纺工业竞争力不强、市场占有率低的问题。1978年以来，辽宁省的轻纺工业发展得比较快，但近几年落后于全国轻纺工业的发展，市场占有率下降。下降的主要原因，就是竞争能力不强。辽宁省的轻纺工业，要在更新换代、提高档次、增强竞争能力的前提下，积极发展。在加速技术改造、提高竞争能力的同时，需积极发展轻纺工业原料，提高以工业品为原料的轻纺产品的比重，扩大市场占有率。

五　调整产业结构的措施

（1）由增加投入扩大生产规模为主转向以提高技术、提高效率、提高管理水平为主的轨道。按照一般规律，在工业化初期，生产社会化程度不高，产业之间的关联度不紧密，主要靠资源和劳动力的高投入来推进劳动密集型产业的发展。进入重化工业时期，生产社会化的程度大大提高，产业之间的依存关系增强，资金密集型产业占有主导地位。资金不足已成为经济发展的重要制约因素。因此，必须进行技术改造，节省资源，提高效益，增加积累，走内涵扩大再生产的道路。提出这一方针已有多年，但收效甚微。近几年经济效益不仅没有提高，反而下降了。实现这个转变需要一定的宏观经济条件和企业内部机制的转换，不是一件轻而易举的事。因此需要做好准备工作，创造良好的条件，逐步转向以提高技术、提高效率和提高管理水平为主的轨道。

（2）要制定两个规划。一是区域经济的发展规划。地方计划管理部门应根据区内的实际情况，提出地区经济发展方针和产业结构调整的建议，并纳入国家计划，使地区经济在国家计划指导下发展；二是产业结构调整的长期专题规划。调整产业结构，不是在短期内可以解决的，例如推进农业现代化，加快主导产业的技术改造，解决基础产业、基础设施发展滞后的问题，都不是一两个"五年计划"能够完成的任务。应该拟订超越五年计划的专题规划，提出分期实施步骤。"八五"期间不能提出过高的调整要求。

（3）要调整固定资产投资结构。优化产业结构，必须对资产存量和投资结构进行调整。资产存量调整比较复杂，难度较大。增量的调整，由于分兵把口体制的影响，在短期内也不可能进行较大的调整。因此，需要制定一个比较长时间的专题调整计划，逐步加以实施。

（4）为集约化经营创造良好的内、外部条件。要提高企业的水平、挖掘内部潜力、降低费用、提高效益，必须创造一个平等竞争的外部条件。能源、交通、公用事业，必须适应企业发展的要求；同时还要完善企业内部技术进步、追求效率的激励机制。公有制经济虽然为提高经济效益创造了基本条件，但由于公有制的企业制度和市场条件尚不完善，没有得到很好的发挥。在这种条件下，如何使企业主动地以提高技术、改善管理、提高效率为主，搞好企业经营，尚需进一步深化改革，完善企业内部机制。"八五"期间，要为集约化经营创造良好环境，做好准备工作。

辽宁二十一世纪高新技术产业发展战略选择*

一 指导思想——牢固树立"发展高科技，实现产业化""科学技术是第一生产力"的指导思想

工业社会两百多年的高新技术产业发展历史过程表明，在不同的历史发展阶段中，哪一个国家或地区科学技术处于领先水平，高新技术产业居于优势地位，掌握并使用先进的生产工具，这个国家或地区就在历史进程中掌握了优先权、主动权和决定权。近几十年来这种趋势越发明显，21世纪这种趋势将愈演愈烈。因此，我们唯一的选择就是竭力提高科学技术水平，发展高新技术产业，"发展高科技，实现产业化"应该成为21世纪发展辽宁经济的根本指导思想。

第一，当代，经济的全球化、知识化和可持续发展已表明了21世纪人类经济和社会发展的主要特征，和平与发展有可能是贯穿整个21世纪的全球的主题。和平时期的发展，亦即非战争的掠夺和殖民地的奴役，科技知识的生产和传播及在此基础上发展起来的高新技术产业将成为经济和社会发展的决定性因素，成为国家和地区间的竞争与合作的关键所在。也就是说，科学知识的拓展、传播和应用已成为人类社会文明进步唯一可依赖、可不断拓展的资源和不竭的动力。"发展高科技，实现产业化"是我们的唯一选择。

第二，中国经过近20年的改革开放，生产关系的调整和完善已为生产力的解放和发展提供了广阔的空间，通过调整生产关系促进生产力发展的潜力已越来越小。今后提高生产力发展水平的基本途径就是提高科技水平，

---

* 原载《探索与决策》1998年第12期（总第114期），1998年12月20日。

发展高科技，发展高新技术产业。

　　第三，传统产业，包括机械、冶金、石化，甚至汽车产业，对经济增长的拉动作用越来越小，这是全球性的发展趋势，而高科技产业、高新技术产业表现出强大的生命力。美国信息通信产业产值已占国内生产总值的80％以上，正是由于美国以信息业迅速置换出已越过发展巅峰的制造业，使美国稳固地占领了当代世界经济的制高点。辽宁省也应该以最快速度、最大限度地用高新技术产业替代传统产业，这样才能有更光明的前景。

　　第四，出口导向正在向高技术层次转移，传统产业低技术产品出口对经济增长的拉动作用趋于弱化。传统的比较优势，诸如成本、价格、自然条件、劳动力工资等，在高科技优势及由此决定的高技术产品优势面前，正在逐渐消失。

　　第五，发展高新技术产业是吸纳失业劳动力，解决再就业问题的一个重要途径。以提高科学技术和劳动生产率发展水平为目标的传统产业的改造，必然付出的代价是失业人口的增加。依靠传统产业量的扩张吸纳失业劳动力在今后若干年内都是不现实的，并且几乎是不可能的。因为，不仅是中国，目前全球范围内的生产都相对过剩，并且恐怕将持续相当长的一段时间。高新技术产业具有十分惊人的吸纳劳动力的能量。与传统产业不同的是，高新技术产业并不是将大量的劳动力直接吸纳到制造业本身，而是吸纳到伴随高新技术产业而兴起的服务业中。美国近年来劳动力失业率处于几十年来的最低水平，其中一个重要的原因就是信息服务业吸纳了大量的劳动力。

二　发展原则——重新认识改造传统产业与发展高新技术产业的关系，优先发展高新技术产业

　　把"发展高科技，实现产业化"，即把发展高新技术产业作为21世纪发展辽宁经济的根本指导思想，必须在实际工作中坚持优先发展高新技术产业的原则。我国，也包括辽宁省面临着既要对庞大而又陈旧的传统产业进行改造，又要发展高新技术产业的双重任务。因此，必须处理好改造传统产业与发展高新技术产业的关系，或者说，必须根据近年来变化了的国际、国内形势，特别是根据知识经济即将取代工业经济这一历史性的发展趋势，重新认识改造传统产业与发展高新技术产业的关系。

第一，辽宁当前所处经济社会发展阶段具备了优先发展高新技术产业的一般条件。根据对辽宁省三次产业产值占国民生产总值比重分析，目前，辽宁经济大约处于工业经济中后期发展阶段。发达国家工业经济发展过程表明，工业经济从中后期向后工业化演进阶段，一般皆以发展知识、技术密集的高新技术产业为重点，逐步实现高新技术产业对传统产业的替代，或称产业转移，进而由工业经济社会过渡或进入知识经济时代。这是现代社会经济发展阶段演变的一般规律。近些年来，我们在加强传统产业改造的同时，也一直特别重视发展高新技术产业，这也正是这一规律作用的结果。目前，根据辽宁省经济基础条件和现代社会演进规律的要求，我们应该优先发展高新技术产业。

第二，不同的经济社会发展阶段，有不同的主导产业，大体由单一向多元，由简单向复杂发展。农业经济，农业即是其主导产业；工业经济，在其发展初期，纺织工业表现为主导产业，在其发展的中后期，重化工业、冶金、石化、机械和汽车工业表现为主导产业，而农业经济的主导产业——农业，则演变成为工业社会的基础产业之一；未来的知识经济社会，主导产业有可能在信息通信、生物工程、新材料、新能源、海洋工程和航天技术等产业中产生，或者由其一起构成21世纪的高新技术产业群落。现存的工业社会的主导产业，不论是冶金工业、石化工业、机械工业，还是汽车工业和建筑业，虽然仍都是国民经济的重要基础，但在未来决不会再居于主导产业的地位。这是一个全球性的发展趋势，并且这一时代已经来临。发达国家如美国，从20世纪20年代以来，就已经有意识地，也比较自然地逐渐实现了这种产业转移。21世纪，全球经济增长将主要由新的高新技术产业群来推动，未来的竞争也将主要表现在高新技术产业领域的竞争，体现一个国家或地区综合实力和发展水平的也不再是传统产业，而是高新技术产业。因此，我们必须优先发展高新技术产业。

第三，对传统产业应该有一个更深刻、更本质的认识。不言而喻，传统工业化是实现由工业经济向知识经济转变的重要一环。但必须明了，传统产业即使已经达到世界先进水平，也仍然是传统产业，虽然有助于改变经济基础条件，但从本质上说并不是再造辽宁的辉煌。辽宁经济再造辉煌，必须再造高科技、高新技术产业的辉煌，传统产业不论怎样改造只能代表过去，不能代表未来。那种认为传统产业在发达国家是"夕阳产业"而在发展中国家还是"朝阳产业"的观点，并非完全能站住脚。它忽略了经济全球化、知识化、信息化是一种不可逆转只能顺应的大潮流。如果不能尽快地把高新技术产业发展起来，那么，在未来的全球社会分工中我们还将处于不利地位。

第四，赶超世界先进水平，我们也必须明确赶超世界什么先进水平，是赶超传统产业的先进水平，还是当代乃至未来高科技、高新技术产业的先进水平。赶超传统产业的先进水平并非无意义，但其意义远非人们想象的那么大。20世纪60年代以来，日本的冶金、石化、机械、汽车工业和制药工业等，在美国、西欧发明创造的基础上普遍来了一次创新，80年代前后就已达到世界一流水平。但从80年代末以来，日本经济一直处于不景气状态，到目前为止，不仅没有改善的迹象，反而越来越严重。它启示我们对日本走过的并已为我们所借鉴的引进、消化、吸收、创新的路子应该有所反思——创新既要创传统产业的新，更要创新兴产业、高新技术产业的新。对传统产业的创新日本已达到了登峰造极的程度，而真正的自主创新日本却差了一筹。以传真机Fax为例，20世纪90年代初，日本传真机占领了世界大部分市场，如果美国跟着日本的路子走，能否超过日本很难说，即使超过了或许也只能达到日本的水平。美国采取的策略是，你做你的，我做我的。传真机让你做，我结合我的计算机优势做电子邮件E－mail。现在，可以清楚地看到随着互联网的扩张，E－mail已经在取代Fax了。因此，日本1996年通过了"科学技术基本计划"，开始了由"技术立国"转向"科技创新立国"的过程。

第五，通过发展高新技术产业推动传统产业的改造。传统产业的改造决不能走全盘复制的老路，大力促进传统产业生产要素向高新技术产业转移，既是发展高新技术产业的需要，也是改造传统产业的一个重要途径。改造传统产业有一个高新技术来源问题，即是花钱买高新技术改造传统产业，还是发展我们自己的高新技术来改造传统产业。两条道路都可以走，但需知花钱是买不来真正的尖端技术的，全盘引进、购买的方针是不可行和不可取的。也就是说，改造传统产业最终还是要靠自己的高新技术。

三 发展战略——优先发展高新技术产业必须实行超常规、跳跃式发展战略

根据我们目前所面临的既要迎接知识经济的挑战，又要完成传统的工

业化；既要对传统产业进行脱胎换骨的改造，又要大力发展高新技术产业的双重任务，在设计未来发展战略时，要求我们要敢于和善于实施超常规跳跃式的发展战略。提出这一战略的基本出发点是，我们与发达国家的差距，如果完全沿着常规的路子走，一步一步赶，很难说什么时候才能缩短这个差距。最后，即使这个差距缩短了，达到了世界先进水平，也可能在其他方面的差距又拉大了，或者市场、经济与社会环境、条件已经发生了变化。这一战略的核心内容包括以下几点。

第一，把优先发展高新技术产业作为实施结构优化战略的突破口。结构优化无疑要优化第一、第二、第三产业结构，各产业内部的各行业结构、企业组织结构、技术结构和产品结构，等等。但要注意的是传统产业的此增彼减并不一定等于结构优化，即使在技术水平有了一定程度提高的基础之上全盘复制传统产业也不能完全代表结构优化战略的全部内涵。而必须以发展高新技术产业为龙头，促进目前集聚在传统产业的各类生产要素向高新技术产业流动，实现产业转移，方能全面实现结构优化的战略目标。

第二，改变传统的以资金、自然资源、劳动力生产要素大量投入推动经济增长的发展模式，转向主要依靠科学技术、知识信息推动经济增长的发展模式。从注重有形资产，转向注重无形资产、注重提高劳动者素质、注重提高产品的科技含量和竞争力。

第三，扬弃目前的主导产业或支柱产业的概念，或者说根据当代世界发展趋势和潮流，自觉地、有意识地构筑 21 世纪的辽宁主导产业，制定"面向新世纪，发展高科技，实现产业化，再创新辉煌"的战略目标。

第四，当今世界面临着一个新的时代，其发展的主旋律呈现出明显的不确定性、跳跃性和波动性的特征，此即所谓的"量子时代"。这一时代，产业机遇一方面越来越难于把握，另一方面机遇越来越多，越来越快的波动性变化要求我们的产业必须是从战略而不是从战术角度进行调整，任何一个国家或地区，在特定的环境中都可以产生跳跃性的发展和变化。

四 发展方向——构筑 21 世纪辽宁高新技术产业群落或战略产业

所谓战略产业，即该产业的发展不仅关系到利润，而且关系到一个国家或地区的综合实力和发展水平。战略产业可以是一个,也可以由几个组成。但现代经济发展史表明,一个新兴产业的发展足以改变一个国家或地区的经济实力和影响力。我们应该从一般地泛泛地讨论发展高新技术产业进入到一个更深的层次,即大力研究、探索这样一个新兴产业,结合政府行为、企业行为和市场行为,以企业行为为主,通过市场优胜劣汰的竞争机制,培育、促进新兴产业的成长和壮大。其发展方向,大体可以围绕以下几个方面展开。

1. 电子信息产业

电子信息产业在 21 世纪中叶前几十年仍将是最具优势的产业。辽宁发展电子信息产业具有一定的基础条件。主要集中在沈阳地区的东软、和光、长白、先达、东江、北泰、东宇等电子信息企业,已具有了一定的发展规模。其中,东软、和光已成为国内著名企业。沈阳 47 所的数字集成电路设计能力和研制能力,在国内也居于一流水平。各有关方面的技术人才也相对具有一定优势,大专院校、科研院所支撑力度也较强,科技型企业家不断涌现。因此,可以认为,在现代电子信息产业的竞争中,辽宁还是有角逐这场世纪之赛的潜力的。这是 20 世纪末 21 世纪初发展辽宁电子信息产业的最后一次机遇,应该把全省的有限资源集中起来,吸取彩电、冰箱、洗衣机等家电行业的发展教训,创建辽宁电子信息产业集团军,克服体制和地区分割的束缚,跨越基础落后的障碍,改造生产、服务、经营、管理,实现跳跃式发展。以加快信息基础设施建设,大力推动多芯片模块、多媒体计算机配套芯片、专用集成电路芯片、电子卡、多媒体信息系统技术等各类电子信息制造业软硬件新技术、新产品的开发和创新为发展方向。根据电脑、电信相互融合的发展趋势和世界电信数字化、综合化、智能化、个人化的发展方向,大力开发光纤通信,数字交换,移动通信新技术、新产品。

2. 机电一体化与新材料产业

1998 年,国家启动"知识创新工程",集中力量建设 8 个创新基地。其中之一是"沈阳东北高性能材料与先进制造技术研究开发基地"。这为辽宁省改造传统产业和发展高新技术产业提供了双重的绝好发展机遇。

"机电一体化"是日本人创造的一个用以描述机械与电子工程集成化的术语,是一种多学科集成的从事产品和制造系统设计的方法,其本质是对机械与电子技术进行有效的集成以创造出最佳产品。机电一体化,作为智能型新产品设计的原则,作为传统产业改造、传统产品更新换代的方向,对辽宁具有特殊的意义,对辽宁机械工业是挑战更是一个机遇。我们应该抓住这个机遇,把运用现代电子技术改造机械工业作为全省改造传统产业的突破口,在机电一体化的基础之上重新确立其支柱产业的地位。结合辽宁省实际情况,其发展方向可主要围绕可编程控制器、数控机床、机器人三个方面展开。

辽宁省的钢铁工业及以培养冶金和材料学科人才、以新材料为主要研究方向的东北大学、大连理工大学、中科院金属研究所等科研单位,为新材料产业的发展提供了优质原料、人才和科研等支撑条件,因此,结合对冶金工业的改造,把新材料产业发展起来,对辽宁改造传统产业和发展高新技术产业具有双重的意义。应有效协调地区内的各方面力量,把高性能均质合金、稀土磁性材料、贮氢合金、形状记忆合金及阻尼材料、生物体植入材料、金属基复合材料、高性能高分子材料、功能高分子材料、高性能陶瓷材料等各类新材料的基础科研、新技术开发、新产品试制等各方面工作组织起来,把辽宁的新材料产业尽快发展起来。

3. 生物工程

生物工程,是在传统生物技术基础上,基于 20 世纪 50 年代分子遗传学和分子生物学及 70 年代遗传工程学,即 DNA 重组技术的突破,加之计算机技术等工程学技术的引入而形成的关于生物体系的一门综合技术。它包括基因工程、细胞工程、酶工程、发酵工程及生化工程共五大方面技术,按其应用领域划分,可分称为工业生物技术、农业生物技术和医药生物技术。辽宁省拥有一批生物制药、食品等企业,中科院生态所、中国医科大学、沈阳药科大学、沈阳农业大学、省农科院等科研院所和高等学校具有雄厚的生物技术科研力量,并自 70 年代以来,已广泛开展了生物技术方面的研究与开发工作,人才、设备和历史基础已具备了进一步发展的条件。发展方向是工业生物技术,重点发展现代生物技术生产和研制细胞因子新药品技术,工业性细胞产品的分离、钝化、精制和检测技术及固定化酶、固定化细胞技术等;农业生物技术,重点培育抗逆、优质农作物品种,畜鱼虾高产抗病新品种,新型高效合成氨催化剂,绿色食品用高效无污染复合肥,抗病、抗虫、抗菌果蔬新基因工程等。另外,还要大力应用现代生物技术改造现有生物药品生产技术,内涵式地发展维生素、抗生素、激素及心血管类药物产品。

4. 环保产业

由于人口激增和工业化发展，尤其是不合理开发和利用自然资源，目前，全球性的环境污染和生态破坏十分严重，对人类的生存和发展已经构成了现实的威胁。保护环境，治理污染，实现可持续发展，正在逐渐成为人类的自觉行动。专家认为，20世纪是人类破坏自然环境的世纪，21世纪是人类修复自然环境的世纪。因而，环保产业有可能如同医药产业保护人类健康福利一样，成为一个不可或缺的保护人类生存环境的重要产业。抓住这一机遇，把辽宁的环保产业发展起来，对再造辽宁的辉煌具有很大的意义。多年来，辽宁在保护环境、治理污染方面已经做了大量卓有成效的工作，积累了比较雄厚的技术储备，包括人才和设备等，有了一定的基础。发展方向是要进一步开发水处理技术，提高处理水平和处理效率，建设城市污水集中处理系统和废水资源化示范工程，开发和推广中水人工循环利用新技术，加强遥感技术在区域水环境保护和大气污染防治中的应用研究，大力开发控制空气污染和空气净化新技术，提高各类固体废弃物综合利用水平，大力研究、推广和实施清洁生产，开发研究各类生态保护技术。

5. **海洋经济**

人口的不断增加，陆地资源的不断减少，科学技术的不断进步，使人类的生存空间从陆地扩大到海洋，这既是一种必然，也已成为可能。辽宁地处东北沿海，地域优势和各相关工业产业基础，为发展海洋经济提供了优越的科研、试验和生产环境，众多的科研院所、高等学校，以及企业技术力量为开发海洋资源提供了较充分的人才支撑条件。发展海洋经济，建设"海上辽宁"，完全可以作为21世纪辽宁发展经济的主战场之一，以陆促海，以海带陆，海陆并举，为辽宁经济的振兴拓展更大的空间。发展方向为，促进现存的海洋产业结构由以传统产业为主向以新兴产业为主转变，建立以海洋矿物资源、海洋生物资源、海水资源开发利用为主体的新型海洋产业体系。海洋矿物资源，重点开发浅海油气资源和深海矿物资源，建设海上原燃材料基地；海洋生物资源，重点攻克海洋增养殖生物技术和海洋药物、海洋功能食品研制与开发技术，实现海洋农牧化，发展新型海洋医药与食品工业；海水资源，加强对海水直接利用技术的研究，扩大海水直接利用规模，海水淡化技术要向低成本、耐腐蚀、反渗透方向发展，开发高性能大型化淡水设备，提取海洋化学元素，除制盐工业外，进一步开发海水提溴、镁、钾、铀、锂等新技术，实现商业化应用。

辽宁省创业资本体系实施方案研究[*]

一般而言，在现实的市场经济环境中，新创的高科技企业和一些濒临破产而急需拯救的现有企业，由于投资风险高，很难得到一般商业性贷款。创业资本正是瞄准这一投资空白以其独特的规避风险的运作方式产生和发展起来的一种新型金融资本。目前，创业资本在发达国家和许多欠发达国家或地区，已经得到了充分或比较充分的发展。国内一些公司、部门、省市，已经开始了类似的运作。发展创业资本的宏观环境已经具备，条件已经成熟，并且也是一个新的发展机遇。近年来，辽宁经济一直处于不十分景气的状态，其原因不仅在于老工业的困境，更在于新工业的缺乏，不论新老工业都急需一种新型资本的支持和扶持。因此发展创业资本，建立辽宁的创业资本体系或制度，对改变辽宁现状，走出困境，实现第二次创业的目标，具有十分重大的意义。

根据国内有关部门、省市一些类似于创业资本的运作方式，结合我国体制改革、经济发展阶段等具体的国情、省情，创业资本体系的建立必须符合现代市场经济的一般规则，符合创业资本的本质要求或特征和可操作性。本研究报告从发展模式、体系层次、管理制度等宏观角度提出了建立辽宁创业资本体系的基本设想或架构，同时，还就具体建立"辽宁省创业投资公司"（暂定名）给出了具体的设计安排。

一 发展模式

发展模式，即"政府引导，官民合办"。所谓"政府引导，官民合办"，即在发展创业资本的初期，利用政府信誉及财政性资金的主导性投入，引

---

[*] 原载《探索与决策》1999 年第 9 期（总第 212 期），1999 年 9 月 20 日。合作者：曹占英。

导企业及其他一切商业性资金、国外资金的介入,以及诱导民间个人资金的参与。就目前情况而言,采取"政府引导,官民合办"的发展模式,是建立辽宁创业资本体系,发展创业投资事业的最佳选择,甚至可以说是目前唯一可行的途径。

1. 传统的"官办"老路行不通

采取完全的"官办、包办"的方式,一方面受政府财力的限制,创业投资公司在数量上、财力上难以满足新老企业对创业资本的需求;另一方面,"官办"在投资公司的运作机制上也必然缺乏活力。根据历史甚至现实的经验看,创业资本的实际运作预期难以获得理想的效果。

2. 完全民办条件不成熟

根据国外的经验看,创业投资无论是对法人还是对公众,主要采取私募方式,因为,以私募方式设立的创业资金,投资者与资金管理公司之间的关系主要是一种基于相互了解和信任而达成的委托—代理关系,资金运作压力较小一些,也较少受制于一些现行政策的制约。但从我们的具体国情、省情看,由于投资者尚不成熟,采取私募方式有可能导致社会乱集资现象,不利于资金的规范化运作和确保投资者的权益。

3. 转轨时期的必然选择

针对我国目前正处于由计划经济向市场经济过渡时期的具体国情,官民合办发展创业资本是现实的必然选择。事实上,政府财政出的钱不一定需要很多,但对民间资金来说,政府资金投向就是"指挥棒"、"定心丸"。另外,政府的参与既可以提高创业投资的信誉,增加投资者的安全感,引导投资,又可及时发现问题,调整创业投资有关政策。因此,在现阶段政府参与、组织建立全社会的创业资本体系,发展创业投资事业是十分必要的,并且也是不可缺少的。但是,应该明确的是政府应把主要精力放在引导和支持创业投资的发展上,而不应该过多干预创业投资公司具体业务的运作,即使是以政府投入资金为主体而建立起来的创业投资公司,政府也应主要让市场决定公司资金的投向及公司管理模式。

二 体系层次

建立辽宁创业资本体系,初步设计按照以下几个层面展开:①省级政府创业资本;②市级政府创业资本;③产业(行业、机构)创业资本;

④国际合作创业资本；⑤民间创业资本。

1. 省级政府创业资本

以省级政府财政出资为主体，联合社会各类企事业单位，组建省级政府创业资本，成立"辽宁省创业投资公司"，并作为"政府引导，官民合办"的典型推出，发挥示范效应，推动全省创业资本体系的建立和规范发展。具体公司名称、公司性质、公司架构、人员构成、政府出资额、资金来源渠道等，详见本文后面的具体设计安排。

2. 市级政府创业资本

全省14个省辖市，以市级政府财政性资金来源为主体，参照省级政府组建的创业投资公司模式，每市组建一个创业投资公司。鉴于每个市在经济发展水平、财务状况、科研教育发展水平及创业投资所必需的专业管理人才等各方面的条件具有很大的差异，初步可在沈阳、大连两大城市试点，然后，扩展到鞍山、抚顺、本溪和锦州，最后在全省各市普遍推开。

3. 产业（行业、机构）创业资本

根据21世纪高新技术产业发展趋势，结合辽宁省各产业发展基础条件，选择电子信息产业、机电一体化产业、生物工程和医药产业、新材料以及环保产业等在21世纪最有发展前途的产业，组织各产业中的若干龙头企业，联合出资，建立产业发展战略基金，主要投入与本产业、行业或企业发展战略有关的创业企业。

4. 国际合作创业资本

省、市和产业各级创业资本组建起来后，或者在组建过程中，可以采用类似招商引资的方式，引进国外资本，建立合资、合作性质的创业投资公司，同时还可以引进国外创业投资的管理模式和管理人才以及发展经验。

5. 民间创业资本

这一类创业资本的资金来源于民间个人，亦称个体投资者，其组成可以是朋友、家庭成员或是经济上成功的人。国外一般称之为"精灵投资者"（Angel Capitalist），所投资的资金一般称之为"种子资金"（Seed Financing），投资金额一般较小，通常在5万美元（或更少）到25万美元之间。发展这类创业资本，目前看我国条件似乎还不太成熟，但是，随着经济与社会的进步以及个人收入的增长，这类创业资本也必将成为整个创业资本体系的一个重要组成部分。

三　管理制度

建立辽宁的创业资本体系，发展创业投资事业，一开始就必须建立起规范的、科学的管理制度。对于国际社会发展创业资本的成功经验，我们可能需要更多地借鉴而不是摸索，以避免"变形"或"异化"，少走弯路。根据当前及今后一两年国家行政事业单位改革发展趋势和基本要求，尊重创业资本——专家管理型资本的本质，按照现代市场经济的一般规则，辽宁创业资本体系管理制度应重点体现以下几点特征。

1. 成立全省创业资本宏观管理机构

设立"辽宁省创业投资（资本）管理办公室"，可考虑与"辽宁省政府投资公司"合署办公，隶属于省政府，各市根据本地情况参照执行。办公室职责主要为以下几方面。

（1）制定全省建立创业资本体系，发展创业投资事业规划，纳入省中长期国民经济与社会发展总体规划，并组织实施和协调服务。

（2）根据国内外发展创业资本的通行做法，研究拟订鼓励发展创业投资的有关具体政策、法规，保障创业投资公司在资本筹集、项目选择、知识产权保护和所有权转让等方面的权益。

（3）研究建立全省创业投资监管系统和风险防范机制，规范创业投资公司的业务范围和运作机制，制定符合创业资本运动和新兴产业成长规律的"游戏规则"，运用政府及相关中介机构的力量实施监管。

2. 管理体制

（1）省级创业投资管理办公室，以及省市政府投资公司，一律实行"事业单位，企业管理"体制，其职员应主要由具有高级职称、高学历的理论与实践经验丰富的经济类专业人员组成，包括财政金融、企业管理、注册会计师等各类专家，以及经济、产业等各类分析人员，以充分体现专家管理型资本的特征。

（2）省市级政府投资公司，实行"有限合伙制"。省市级政府作为主要合伙人，组建创业投资公司、招聘专业管理人员、统管投资机构业务、管理各方投入的资金，其他投入资金方则为有限合伙人，按有限合伙人净收益的20%提取管理报酬；资金筹集方式，实行"承诺制"，即有限合伙人起初不必注入承诺的全部资金，但需提供必要的机构运行经费，待选定投资项目后再提供必要的资金。

（3）组织建立全省创业投资协会和为创业投资服务的各类咨询服务机构。

（4）省市政府创业投资公司，单独设立，不能与现有的政府或部门类似公司相关联或交叉，以保证创业资本按照自身的规律和机制进行运作，保障各方合伙人的权益。

3. 建立省市政府创业投资资本金投入制度

（1）省市两级政府主要在现有的预算内外收入中，提取一部分资金作为省市政府发展创业投资事业的原始资金投入，从1999年始，初步设计执行到2005年，省级财政每年投入资金以不低于3亿元人民币为宜。各市视具体情况而定。

（2）明确政府财政资金投入以扶持创业投资事业的发展为主要取向，而不是以获取所投入企业的"产权"或"股权"为目标；通过产权转让所获投资收益则以滚动使用为原则，培育辽宁创业投资事业的不断发展壮大。

中国加入世贸组织对辽宁工农业影响分析*

中国即将加入世界贸易组织（World Trade Organization，以下简称 WTO）。按照 WTO 组织程序，估计 2000 年五六月，中国将成为 WTO 正式缔约方，所有的市场承诺从正式成为缔约方之日即开始生效。中国加入 WTO 对国民经济的方方面面都将带来不同程度的影响，同时也将不可避免地作用于辽宁省工农业各个产业、行业、企业甚至若干重要产品层面，其中，既有正面影响，也有负面影响，对每一产业、行业和产品的影响程度也不尽相同。

一 对辽宁经济整体影响分析

1. 正面影响

加入 WTO，中国在更广阔的范围和更深刻的层次上全面融入国际社会，将有力地推动整个中国经济体制改革的进一步深化和市场经济体制的进一步完善。辽宁经济体制改革相对滞后，特别是金融、投资、外贸、产权和企业制度等深层次管理体制与现代市场经济的框架还有相当大的差距。因此，改革动力有可能在辽宁产生一种相对的放大效应。第一，将极大地促进生产要素的优化配置和投资消费的增长。加入 WTO，国内市场尤其是服务市场将更加开放，外商投资企业的产品外销比例不再适用，外汇平衡制约不复存在，外经贸政策透明度增加，外商投资企业实行国民待遇，投资环境趋于统一和得到普遍改善，外商直接投资总量将会大幅增加，这些将间接启动辽宁省投资消费的增长和引导资本、劳动力等生产要素的流向，

---

* 原载《社会科学辑刊》2000 年 2 月。

使生产要素得到更加优化的配置。第二，将最大限度地激发国有企业的竞争意识，加速企业技术进步。加入 WTO，将有更多的外国跨国公司进军中国市场，从而将强化竞争机制，激发国有企业的竞争意识，迫使企业注重研究开发名牌产品和对品牌的培育，加大技术投入，竭力提高员工素质和企业管理水平。竞争的压力会促使国有企业加快经济结构和产品结构调整，加速改制、重组、联合、兼并的进程，从而改善国有企业数量庞大但质量较差、成本高、效益低下、不良债务充斥企业资产负债表的现状。降低关税后，进口设备、技术和原材料的价格将有所下降，工业发达国家对我国实行的技术出口管制政策也将在很大程度上得到制约，有利于辽宁省企业引进高新技术和降低某些企业的生产成本，从而提高企业的竞争能力。第三，有利于推动多种所有制共同发展局面的形成。加入 WTO，对外国企业将逐步取消各方面的限制，实行国民待遇，允许经营银行、保险、进出口贸易、电信、旅游、商业批发和零售等业务。外商投资企业的大量进入，将进一步促使我们转变观念，破除所有制歧视，有利于为私营企业创造一个与国企、外企平等竞争的机制和环境，这对改善相对单一的所有制结构，实现多种所有制共存和共同促进发展的局面具有极大的推动作用。第四，使消费者得到更优质、廉价的服务。加入 WTO，一方面关税降低，进口限制的取消将会使进口商品增多；另一方面服务行业开放，垄断将被打破，竞争更趋激烈。其结果将使城乡居民在消费市场上有更多的选择，能购买到质量更好、价格更廉的商品，在金融、保险、电信、旅游等方面将得到更优质、更廉价的服务。专家估计，加入 WTO 等于在同等国内收入水平下，购买力增加近一倍，而且消费者可选择的领域更广、产品质量更好。第五，促进辽宁省经济增长和进出口贸易增加，缓解就业压力。据国家有关方面专家测算，我国加入 WTO，将使我国的 GDP 增加 2.94% 和新增近 1000 万个就业机会。以辽宁省 1998 年 3800 亿元 GDP 同比例测算，约可增加 110 亿元国民生产总值和新增 50 万个就业机会；进出口贸易方面，到 2005 年，全国进出口总额可望从 1998 年的 3240 亿美元增加到 6000 亿美元，大约增加一倍，以同一比例测算辽宁省进出口贸易总额也可望有一个较大幅度的增长。

2. 负面影响

加入 WTO，对辽宁经济的负面影响也不容低估。第一，产品对国际市场的依存度增加，投资对国际资本市场的依存度也会增加，尤其是按 WTO

协议，若干年后全面开放银行、证券、保险和外汇等市场后，国际商品市场、资本市场的波动对国内的传递作用将十分显著。如果出现针对中国的国际资本投机浪潮，对我国经济，也包括辽宁省经济的全面影响将远甚于前，尤其是伴随外商、外资企业的大量进入和其在国民经济中地位的上升，国家宏观调控的难度将会加大。第二，对知识产权保护力度的强化，会使一些长期侵权和缺乏创新能力、缺乏品牌、依靠仿制生存的企业难以为继。严重重复建设的行业和企业在市场开放后，会受到市场竞争机制更加严厉的惩罚，预计相当一部分企业要重新选择发展方向，还有一部分企业会被淘汰。高新技术产业发展起步较晚，不少行业和产业还是空白，国外企业有可能长驱直入抢先占领市场。第三，外国产品更自由地、廉价地进入国内市场，对某些行业会产生一定的冲击，如化工制药业、机床工业、汽车工业、某些电子产业、通信设备制造业等。一些质次价高的产品可能要被淘汰，而这样的产品又多在就业较为集中的传统产业，这对辽宁的影响相对较大。第四，开放农产品市场，进出口关税大致在 6 年左右的时间内会降至国际一般水平，农产品的进口会逐步增加。出口补贴削减，出口阻力可能相对增大。这对农业生产的产业化、农产品的全面市场化和农业现代化将形成一定的压力，丰产之后出现的卖粮难问题可能会加剧，部分农产品在国际市场上的价格优势亦将消失。

二 对辽宁工业的影响

加入 WTO，对工业领域不同产业的影响各不相同，其中，既有受益的产业或行业，也会有遭受冲击的产业或行业。短期内劳动密集型和资源开发型企业将会受益。由于这些企业的产品大都是发达国家已不生产或很少生产的，价格比较低廉，需求相对稳定，因此，加入 WTO 以后将使这些企业获得发展机遇。而对处于幼稚期的技术密集型企业、资本密集型企业来说，加入 WTO 后将面临不小的冲击。

1. 对传统产业的影响

轻工、工艺、食品、家用电器、钢铁等传统产业将会得到开辟新市场的机遇，其中一些行业有可能逐步走出以加工贸易为主的初级阶段，如农业公司、渔业公司、饲料公司等类型的企业。过去，这一类公司的产品出口主要面向以日本为主的亚洲国家和地区，由于市场过于狭窄，抗风险的能力不强，在东南亚金融危机的冲击下,产品出口或多或少受到影响,加入 WTO 为其创造了开拓欧美及其他国家市场的机遇。轻工业产值约占辽宁工业总产值的 25%,钢铁工业产值约占工业总产值的 15%,两项合计占工业总产值的 40% 左右,加入 WTO 对轻工业和钢铁工业利大于弊,这无疑对辽宁是一个较大的利好。加入 WTO,对造纸业将产生双重的影响,进口木浆价格下降,将有利于造纸业降低产品成本,但国外纸品的进入将冲击国内的纸品市场,国外纸业公司挟木材资源优势将与国内企业展开激烈竞争。机械工业,除数控机床和精密加工设备、工业用控制系统、高精度控制仪表等以外,辽宁大多数中档机械产品并非幼稚产业,加入 WTO 后难以得到保护,有些享受国家补贴的产品也不能再享受继续补贴,其价格将难以和国外产品竞争。环保产业预期将进入有利的发展时期,辽宁的环保设备在全国目前尚处于一流水平,目前在深、沪股市上市的环保产业股票也仅有辽宁一家,借加入 WTO 的东风,把环保产业做大,无疑将会使辽宁占领一个新兴产业的制高点。

2. 对纺织工业影响巨大

一方面,作为劳动密集型产业,纺织品行业对出口依赖程度相对较高,但纺织业特别是化纤行业深受西方国家各种关税和非关税壁垒限制。加入 WTO,纺织品贸易自由化将使纺织服装企业深受其惠。特别是在 2005 年全面取消配额后,纺织服装业将可以进一步扩大出口,专家测算,届时在欧美市场的份额可以由现在的 15% 上升到 30%。另一方面,其他一些非关税壁垒,如"原产地规则",仍会对纺织品出口制造一些障碍,但总体估计加入 WTO 对纺织业的影响利大于弊。从纺织业各大类产品的国际竞争力比较看,较具竞争力的首先是服装的出口,其次是针织、棉麻纺织和丝绸织品出口,而毛纺织、染整、化纤和纺织机械等产品的出口则相对处于劣势。后者之所以处于劣势,主要是因为,世界新的纺织业发展,已经出现了争相应用高科技的趋势,而纺织的上游行业如化纤业还是一个资金密集型、对规模经济要求甚高的行业,这方面,对辽宁可能将产生较大的不利影响。从面料角度看,加入 WTO 对成衣业相对有利,但对面料企业却是利空,从成衣进口角度看,对中高档成衣生产企业将形成较大冲击,因为国外进口的成衣无力在国内低价格市场竞争,只能抢占中高档市场,而这将严重影响尚未完成产业升级的国内成衣业。

3. 医药工业将获得一定的发展条件

首先,有关 WTO 对知识产权的保护,将加快医药工业从以仿制为主走向自主开发道路的进程,加快创制新药,从而促进医药业的发展,保护知识产权;有利于促进国外医药企业和辽宁企业的合作;也有利于发挥医药工业领域的科技人员改进工艺技术,提高生产效率,努力研制新型药品的积极性。其次,加入WTO,为辽宁医药产品进入国际市场竞争也创造了一定的条件。辽宁医药总体水平虽然不高,但也有产品达到或接近国际水平,中成药、医疗器械中的普通设备和手术器械等中低档产品在国际市场上还是有一定竞争力的,部分高、精、尖类诊断治疗设备,也可望能比较顺利地进入国际市场参与竞争和获得改造、发展、提高的机会。最后,对一些国际厂商的垄断、倾销行为和歧视性待遇,也可以通过WTO贸易争端解决机制,得到比较公正、合理的解决,维护企业利益。但是,我国医药工业在自主开发的道路上将面临严峻的挑战,加入WTO与国际市场接轨,就必须按国际规则办事,这个规则就是知识产权保护,这对我们的医药工业将是最大的冲击。另外,加入WTO,医药产品的进口关税将降低至5.5%~6.5%的水平,进口药品会大量增加,这对药品市场的巨大冲击也不可低估。

4. 化学工业在国内国际趋同的市场上将面临激烈竞争

短期内,化学工业将受到来自国际市场的两个方面的冲击。一是大量的化工产品将受到市场开放的冲击。许多产品成本高,质量低,用户服务跟不上,在市场竞争中缺乏价格和质量优势,很容易受到价廉质优的进口产品的冲击,有机化工产品和合成材料都将面临类似情况;二是化学工业也存在知识产权保护、提高科技开发水平和创新能力的问题。乌拉圭回合谈判已制定了有关知识产权保护的协定,该协定与化学工业的发展关系极大,在这方面化学工业的发展面临着极其严峻的形势。

5. 汽车工业,主要是轿车工业,是加入WTO后我国所受冲击最大的产业

虽然,辽宁的轿车工业基本是空白,但加入WTO后,由于轿车工业所受冲击而诱发的其他方面的影响仍然应引起注意。一是汽车工业失去关税和非关税的双重保护,那些规模小、成本高、技术水平落后的企业将难以生存,汽车工业将进入大规模资产重组阶段。这对辽宁现有的大中型汽车生产企业也将产生一定的影响。二是国内与国外汽车跨国公司的全面合作将进入一个崭新的发展阶段。原来的国家定点的八大轿车生产企业可能会发生一些变化,新的与国外跨国公司或国内轿车生产企业的合作机会也有可能产生,对此我们应该做好必要的准备,争取可能的合作机会。三是国内轿车工业的发展主要寄希望于轿车进入家庭。轿车进入家庭，必然带来交通、维修等基础产业和服务业的大发展，对此，我们应该未雨绸缪，在省内市场占据有利的地位。

6. 高科技产业面临挑战

加入 WTO 后，对信息业产品征收的关税将由目前平均的 13.3% 逐渐降低到 0。到 2005 年不再对半导体、电脑、电脑产品、电信设备、信息技术产品征收关税。除了实行零关税外，还将取消外商高科技企业为获取国内市场份额而必须向我方转让技术和出口配额的做法，使高科技产业外商的投资环境更加宽松，技术优势得到加强，也将使发达国家的公司可以从中获得更大的国内市场销售份额。这一领域的开放将增加外国高科技产品的进口和企业投资，使高科技市场的竞争加剧，增加了我国电子信息企业自我开发技术和进行技术创新的压力，高科技企业将会受到冲击，高科技市场将出现严峻的竞争局面。

三 对辽宁农业的影响

《中美农业合作协议》是中国加入 WTO 一揽子协议中的重要组成部分。协议主要包括市场准入、削减关税、减少补贴和取消一些非关税壁垒措施等内容。《中美农业合作协议》的签署，表明我国农产品市场对外开放程度将有较大的提高，给辽宁农业及农产品市场也将带来较大的影响。

1. 对玉米产业的影响

根据《中美农业合作协议》有关规定，我国加入 WTO 后，关于玉米贸易政策，一是减让关税。到 2004 年将农产品平均关税税率降至 17% 的水平，而且对美农产品的平均关税税率还要低一些，为 14.5%。二是增加玉米进口配额。三是取消玉米出口补贴。根据协议要求，中美双方都承诺不再对农产品提供任何出口补贴，对我国玉米的生产、流通和消费等都将产生极大的影响。生产领域，主要体现在对农民利益的保护上。加入 WTO 后，国内国际玉米市场接轨只是迟早的事情，当国际玉米市场价格不足以弥补国内玉米种植成本时，国内粮农应如何应对？玉米生产如何发展？近三年来国内玉米保护价格连续下调，但是国内市场玉米价格与美国玉米价格相比依然处于劣势，这个问题需要引起我们的高度重视；流通领域，首当其冲的便是玉米"北粮南运"的流通格局将会被改变，即北方—东北及华北两大玉米产区、南方以沿海省区为重点的饲料用粮基地这种多年形成的玉米流通格局，将逐渐被"南进北出"的国际玉米大循环所替代。北方特别是东北玉米产区在兼顾内贸的同时，主要是发展玉米外向型经济，以日本、韩国、朝鲜、东南亚等亚洲国家为主要出口目标，而南方沿海各省区则主要在国际市场上进口玉米。在这种格局演变过程中，受到冲击最大的就是包括辽宁在内的东北玉米产区，因为，无论是从玉米内贸角度讲，还是从外贸角度讲，东北玉米产区都面临着美国强有力的竞争；消费领域，加入WTO的初期，受国际国内玉米供大于求的影响，玉米消费量会有所增长，但又由于加入WTO后，国内肉类市场一定程度的开放，有可能导致国内饲养业的暂时滑坡，从而对国内玉米的需求起到一定的抑制作用，因此，综合来看，国内玉米消费格局暂时不会发生太大变化。

　　加入WTO，在辽宁玉米产业受到较大冲击的同时，也面临一定的发展机遇，带来一些积极的影响。一是能有力地推动玉米种植结构、品种结构的调整，使辽宁玉米生产真正走上"两高一深"的道路；二是对玉米外向型经济发展大有裨益，加入WTO，国家必将重新审视和思考玉米产业对策，东北玉米外向型经济发展目标无疑是中国玉米流通新战略适应国际贸易新秩序的必然选择，极可能给包括辽宁在内的东北玉米主产区带来一些新的变化；三是有助于推动国家建立一个全新的集农民利益保护机制和全国储粮参与国际市场吞吐机制于一体的玉米产销政策体系，这对于增加农民收入、缓解粮食收购难和贮存难的矛盾、减轻由粮食存储所造成的财政负担等都是有很大益处的。玉米是辽宁粮食的主品种，1998年全省玉米产量1205万吨，占当年全省粮食总产量（1828万吨）的65.9%。加入WTO对辽宁农业影响程度如何，主要取决于对玉米的影响程度，这一问题应当引起高度重视。

2. 对小麦、大豆、肉类、水产、水果、奶业等的影响

　　《中美农业合作协议》撤销了由于TCK（小麦矮腥黑穗病）问题而对美国七州小麦实行的长达27年的进口禁令，这将给我国国内小麦价格造成一定压力，但是，由于国内小麦库存很大，小麦总体供大于求，又由于中美两国小麦价差为每吨300元左右，如果小麦增收1%关税和13%增值税，则价差仅为150元/吨，因此，即使加入WTO后会给国内小麦市场增加一些压力，这个压力也不会很大。1998年辽宁产小麦61.4万吨，约占全省粮食总产量的3%，比重较低，因此，小麦市场无论怎样变化都不会产生太大的影响。

我国国内有关大豆及其制品等进出口政策不会有大的变化,也不可能从配额制和提高关税方面对国产大豆实施保护。目前进口大豆及其制品为中国消费主要来源,国内大豆及豆粕市场对国际市场的依赖性增加,价格也随国际市场波动,因此加入WTO对国内大豆价格影响也不会太大。

肉类生产具有竞争优势。在价格上,除禽肉外,其他肉类价格优势明显;在市场方面,除港澳地区外,在与我国相邻的日本、独联体国家、印尼,以及中东地区国家都有较大的出口市场。所以,加入WTO后能为肉类生产和贸易提供有利条件。不过美国等国物美价廉的牛肉将会对国内牛肉生产形成一定的冲击。这一点应引起我们的注意。

水产品具有一定的竞争优势。总体上讲,进入WTO框架后,有利于扩大水产品的出口市场,改变出口布局,实现出口市场的多元化。但关税下调也会使水产业的竞争优势受到影响。比如对虾,近年来因为生产成本逐年上升,目前与对虾生产国东南亚成本接近甚至略高,关税下调后显然会削弱我国对虾的贸易竞争力。

《中美农业合作协议》涉及的水果品种主要是柑橘,与辽宁关系不大。其他类水果,从目前国际市场的情况看,主要不是价格问题,也不是有无竞争力的问题,而是技术不过关、质量上不去的问题。只要改良品种,把质量搞上去,辽宁的水果生产在国际市场上还是有一定的比较优势的。

奶业基本不具备竞争优势。奶业在国内是一个新兴产业,但由于奶牛单产低,饲养成本高,加工企业规模效益差,加工成本高,国产奶制品价格高于国际市场,缺乏竞争优势。加入WTO后,我国国产奶制品的竞争力会进一步降低。

装备制造业有望成为辽宁经济最富有活力的增长点[*]

装备制造业是辽宁经济的支柱产业,企业遍布于省内14个市,分属于机械、冶金、电子、交通、石化、轻工、煤炭和军工各系统。2001年,辽宁有装备制造业生产企业1852户,资产合计2117.38亿元,固定资产净值633.34亿元,流动资产平均余额1132.67亿元,实现工业总产值1185.63亿元,实现产品销售收入1115.94亿元,完成工业增加值293.29亿元,实现利润总额33.93亿元,利税总额77.34亿元。

一 装备制造业对辽宁国民经济发展的特殊意义

1. 装备制造业使辽宁工业发展方向及城市功能定位更加明确

改革开放以来,丧失了计划经济优势的辽宁工业一直处于发展的迷茫阶段。向什么方向发展,能够发展什么,怎样发展,辽宁还有什么竞争上的优势,这一直是困扰我们的问题。树立大装备工业的目标能使辽宁工业的发展思路更清晰。应该认识到,传统的老工业基地既是我们的劣势,也是我们的优势。辽宁装备工业门类齐全,"基础性技术"层面扎实,这其实是辽宁工业最大的优势。事实上,许多外资企业之所以选在辽宁投资,正是看中了这一点。如三洋电机公司在投资前曾经在上海、天津、青岛、大连等中国有代表性的七个工业城市做了调查,最后认为沈阳的机械工业集中程度在中国是最高的,因此决定在沈阳发展。

2. 装备制造业是辽宁"先进生产力"的最佳体现

一方面,从辽宁本身的特点来看,辽宁的先进生产力能够体现在什么

---

[*] 原载《辽宁社会科学院要报》2002年第8期(总第87期),2002年9月10日。合作者:张万强。

地方？综合各方面来考虑，装备制造业是最理想的落脚点。辽宁装备工业门类齐全、规模宏大、基础雄厚，具有很强的综合配套能力，尽管江苏、广东、上海等地区近些年在产值上超过了辽宁，但在这一点上没有任何一个地区能与辽宁相比。因此辽宁发展装备制造业的潜力最大。

另一方面，从装备制造业本身来看，装备工业是高科技转化为现实生产力必要的重要手段和产业载体，具有高技术化、集成化、智能化的发展趋势，在一定意义上代表着先进生产力发展的方向。不仅传统产业技术升级，而且所有高新技术产业的发展都要靠装备工业来实现，有些装备工业本身就是高新技术产业。如大型计算机及其配件制造、航空航天设备制造、电信设备制造等。用高新技术来改造传统设备制造业，能够形成新的高效生产力。

3. 装备制造业有望成为辽宁经济最富有活力的新增长点，从而成为辽宁老工业基地振兴的最佳出路

今后 5~10 年内，由于国内产业结构调整、工业技术升级和西部大开发，必将带来新一轮的设备更新和更大需求，将为装备制造业的发展提供广阔的市场空间，从而迎来一个装备制造业的黄金时期。国家也认识到，目前装备制造业已代替基础产业成为制约我国产业结构升级和竞争力提高的新"瓶颈"，把装备制造业的发展提高到战略的高度；此外，随着发达国家向后工业社会转变，正在超越自身"全套型"的产业结构，制造业正向发展中国家梯度扩散。这为已有一定制造业基础的辽宁提供了难得的历史机遇。

长期以来，我国大量工业装备依赖进口，主导产品的技术源头在国外。但理论和实践都可以证明，靠买设备是买不来现代化的，进口先进的技术装备对经济发展水平的影响远远低于装备工业的技术进步。装备制造业的发展水平是一个国家综合国力和国际竞争力的重要体现。

二 辽宁装备制造业发展目标定位

应把辽宁定位于建成东亚最大的装备制造业中心。辽宁发展装备制造业的优势是国内其他地区所无法比拟的。尽管江苏、广东、上海等省市装备制造业都有一定的规模，甚至目前在产值上超过辽宁，但辽宁的中国装备制造业的主导地位是难以动摇的。首先，辽宁装备制造业门类的齐全和

"基础性技术群体"的扎实是占据绝对优势的。一些国外经济学家认为，沈阳铁西工业区的"基础性技术"的群体，在东亚是最大的，而这正是成功的装备制造业"技术群体结构"中关键的一部分。如果能成功地进行现代化改造，必将成为东亚装备工业技术的最大基地。

其次，事实上，产值超过辽宁的这些地区大都是由个别企业拉动的，上海如果剔除轿车产值，江苏如果剔除空调的产值（春兰公司），这两个地区都将低于辽宁的总量。相对于上海来说，尽管上海制造业力量雄厚，但其作为中国对外开放领头羊的国际大都市，承担着众多的经济和政治功能，如果辽宁将自己明确定位为建设中国乃至东亚的装备制造业的中心，则会由于特色鲜明、目标明确而独树一帜，有利于吸引更多的世界装备制造企业来辽宁投资、合作；对其他地区来说，辽宁沿海而辐射全国的地理优势是其他几个省市所无法比拟的。

三 辽宁发展装备制造业存在的问题

尽管辽宁有着发展装备制造业的种种优势，但存在的问题也是显著的。经济运行的质量低、效益差，全员劳动生产率只有上海的30%，不到全国平均水平的70%。资产负债率近70%，高出全国平均水平约3个百分点，高出上海约10个百分点；市场竞争能力弱，主要产品技术水平低，只有近5%达到了国际先进水平，总体上大约落后于国际先进水平20年。主要产品在国内市场适销对路和比较适销对路的只占50%。在国内外市场上没有形成销售优势，还没有把自己的品牌打响；一些企业组织结构仍存在"大而全"的问题，产品结构趋同。缺乏顶尖优秀人才，大批专业人才外流。在这些问题面前，辽宁如何抓住机遇，重振装备制造业雄风，从而摆脱老工业基地的桎梏，带动辽宁经济新一轮的起飞，成为摆在我们面前的一项迫切任务。

四 辽宁发展装备制造业的总体战略思路

1. 辽宁要高高竖起装备制造业的大旗，政府要加大对装备制造业规划、调控、指导的力度，制定产业政策等扶持措施

竖起装备制造业的大旗，意味着辽宁要以装备制造业为自己的特色，以装备制造业为自己的品牌，把装备制造业作为辽宁的第一主导产业，从而把这个品牌在全国叫响，在全世界叫响。其意义在于：第一，通过叫响这个品牌，吸引全世界的装备制造大企业来辽宁投资合作。目前，在美、日、德、英等装备制造业强国对中国的投资合作中，除日本以外辽宁对吸引外商并没有什么优势。而长江三角洲和珠江三角洲已有趋势成为发达国家装备制造业向中国转移的重要地区。产生这一趋势的原因并不是这些地区的装备制造业比辽宁更有优势，而在于辽宁的对外开放时间较晚，开放程度相对较低，外商对辽宁的装备制造业情况并不了解。而长江三角洲和珠江三角洲地区是中国对外开放的先导地区，除整体投资环境可能优于辽宁以外，更主要原因的是先期投资这些地区的外商对所有不同行业的外商都有很大的带动作用，因而形成某种投资的"路径依赖"。辽宁要想重振装备制造业的雄风，收复失地，必须得改变这种发达国家对中国投资的"路径依赖"，从而必须竖起装备制造业的大旗；第二，由于中央已看到装备制造业对国民经济发展的具大意义，今后必将增加对装备制造业的支持力度。如果辽宁叫响装备制造业这个品牌，辽宁可能得到中央更多的资金投入和政策倾斜。

辽宁应制定装备制造业发展振兴专项计划，建立产业发展导向资金。由主管部门编制《辽宁省装备制造业发展振兴规划纲要》，以明确发展战略方向、重点领域、重点项目和产业布局等，确定重点攻关课题和提出相关扶持政策，确定阶段性的战略目标及对策措施。导向资金要注意避开 WTO 规定的相关规则。按照国际通行做法，在政府采购中应对国内的装备制造业产品给予一定的优惠，在 WTO 的框架内对装备制造业给予税制上的倾斜。

2. 辽宁对外应实行盯住日本战略

必须明确，日本的装备制造业实力至少在亚洲是其他国家所无法比拟的，鉴于在短期内辽宁对欧美国家装备制造业梯度转移并没有优势，因此辽宁必须首先实行盯住日本的战略。日本是辽宁装备制造业能否实现其发展目标的重要影响因素。20 世纪 80 年代以后，日本制造业开始向海外扩散，原因是其工业出现结构性危机，特别是支撑着整个产业的机械工业的基础部分，面临着地基塌方式的崩溃。如被称为"3K 工种"（指脏、累、危险的工种）的铸造、锻造、电镀、机械制作等部门，青年人避而远之。这迫使日本从"全套型产业结构"向"亚洲经济网络型产业结构"转变，带动了制造业的扩散。目前，日本的制造业扩散正处于高峰期，辽宁必须首先要抓住这个机遇，切不可舍近求远。

由于北美和欧洲对辽宁的接触和了解相对较少，再加上政治等因素限制，短期内在装备制造业上与辽宁大规模的合资合作是比较困难的。辽宁由于与日本的历史渊源、地缘等因素，更容易得到日本企业的青睐。换句话说，重振装备制造业的雄风，收复失地，必须得改变这种发达国家对中国投资的"路径依赖"，尽管日本国内也有人散布"中国威胁论"，阻止向中国转移高技术制造业，但基本是在政界，实际上日本已有很多企业在辽宁投资，民间人士接触频繁，学者之间的交流也比较多，多数日本人对中国和辽宁是很友好的。事实上，我国南方一些省市已经在抱怨说，日本只对辽宁特别是大连有兴趣，并加紧了对日本吸引投资的工作。因此辽宁要有危机感，应该进一步密切与日本的政府、企业、民间组织等多种层次的关系，继续大力引进日本的制造业投资仍是辽宁在今后很长一段时期内的重要任务。简单地说，辽宁发展装备制造业首先要实行"盯住日本"的战略，然后以其为核心向俄罗斯、韩国及我国台湾等周边地区扩展，再进一步加快与欧洲和北美地区的国际著名装备制造业公司的合资合作。

3. 十年内，辽宁要紧紧抓住国内经济发展对装备制造业形成的各种机遇，这是辽宁装备制造业能否如约启动的关键所在

一是今后十年内，我国正处于传统企业的产业结构调整和技术升级的关键时期，新一轮的设备更新将引发国内对装备制造业的巨大需求；二是我国中东部城市已进入了大范围的城市基础设施改造建设时期，城市正在向人性化、环保等方向迈进，将带动相关产业的快速发展；三是国家正在实施的西部大开发，西部地区在加紧进行的能源、交通、通信等基础设施建设，推动城市化发展，西气东输、西电东送、南水北调、高原铁路、"三河三湖"治理等一大批重点工程，为装备制造业的发展提供了一次难得的历史机遇。这些因素将促使装备制造业迎来一个黄金时期。

输气工程，辽宁具有制造大口径钢管、阀门和加压设备的能力，早在20世纪70年代，就已经创造了大庆至大连石油码头长途、高寒输油管道的业绩。西电东送工程，辽宁拥有国内技术水平一流、配套能力最强的输配及控制设备制造业，已经在全国完成了数项500千伏级的重大输配电工程；发展石化产业，辽宁是国内仅有的可以完成重大石化项目设备成套的地区，也有重大工程成套的业绩。南水北运工程，需要的主要是挖掘机、推土机、装载机等工程施工机械，辽宁都有成熟的产品。工程需要提升水位，建立泵站，辽宁有大功率水泵，也有大口径阀门；铁路机车会随着新开线路和提升速度而扩大需求；至于数控车床更是提升改造各产业不可少的，不是没有市场，而是需要拿出更多更好的产品。

4. 要从产业集聚的角度出发，一方面重新整合辽宁内部的装备工业资源，另一方面要促进辽宁与国内其他地区优势互补。要采取开放的地区发展政策，将辽宁建成开放型的装备制造业大省

整合辽宁的装备制造业资源，是重振辽宁装备工业雄风的重要步骤。要通过政策导向等非行政的手段，促进省内同一行业和相关行业的合资合作，强强联合，塑造一批投资多元、实力雄厚、运作规范、竞争力强的跨行业、跨地区、跨所有制的现代化、国际化的大型企业集团。如沈阳和大连的机床企业等。

将辽宁建成东亚最大的装备制造业基地，并不是要在辽宁建成一个封闭的全套型的装备制造业的产业结构，相反，要建成一个更加开放的格局。不能因为配套的零部件企业是辽宁的企业就给予优惠，要按照市场经济的原则，充分与国内其他地区开展分工协作，实行优势互补，特别要重视与东北其他两省的合作。如与黑龙江联手发展发电—输配电成套设备、石化成套设备、冶金设备等。

5. 加快辽宁装备制造企业的制度创新

辽宁的装备制造企业多数是国有企业，因此说到底是国有企业的制度创新。已有的国有企业改革仍远远不够。除极少数关系国民经济重大领域和国防装备之外，都应该在产权结构上有重大突破。按照现代企业制度要求，建立和完善规范的公司体制和运行机制，特别是要建立规范的法人治理结构。增加其市场的开拓能力和产品的开发能力，充分市场化的企业是装备制造业稳健快速发展的基础。

6. 用信息技术提升传统的装备制造企业

装备制造的骨干企业应尽快采用现代虚拟制造技术，在产品设计、生产过程、产品销售和服务、管理与决策等领域，全面提高信息化水平；通过现代信息技术的应用和信息资源的深度开发及利用，不断提高研发、生产、经营、管理、决策的效率和水平；推进企业网络化工程建设，大企业集团应建立自己的局域网，实现生产、管理、销售、服务等网络化、规范化、系统化，使骨干企业通过网络率先与国际接轨。

辽宁经济发展与投资战略*

一 "八五"至"九五"期间辽宁经济发展与投资状况分析

"八五"至"九五"时期是我国经济转型与发展的重要时期,在这一时期,辽宁省作为老工业基地,经历了结构调整与亚洲金融危机的挑战,国民经济整体素质、社会发展总体水平和人民生活水平明显提高,社会稳定,潜在的经济矛盾有所缓解,制度化与法制化建设日益完善。社会主义现代化建设进入了一个崭新的阶段。在促进辽宁省经济增长的诸多因素中,投资起到了至关重要的作用。分析投资对经济发展的促进作用,是正确认识经济发展规律,提前完成辽宁省"十五"经济发展目标的关键。

2000年辽宁国内生产总值达到4669.06亿元,与"八五"初期的1990年的1062.74亿元相比,增加了3倍多;2000年辽宁省人均国内生产总值达到11226元,与1990年2698元相比,增加了3.2倍;全省每天创造财富的能力1990年为2.91亿元,而2000年达到12.79亿元,提高了3.4倍。全省每天消费总额从1990年的13364万元增至2000年的51161万元,增长2.8倍多;2001年辽宁省外贸出口总额为111.1亿元,比1990年的56.1亿元增长近一倍。经济总量的扩大与固定资产投资所形成新增生产能力及装备水平提高有着密切关系。随着生产能力的提高,全社会创造财富与积累财富的能力进一步加强,单位劳动成本创造出更多的财富。分析数据表明:1986~2000年,辽宁省各地区基本建设投资和技术改造投资所形成的新增固定资产达到4471.8亿元。在"八五"、"九五"这两个五年计划中,投资对经济增长的贡献分别达到40.1%和31.9%。

从传统经济学角度看,投资、出口、消费作为经济增长的三大要素对经

---

* 辽宁省"十五"经济社会发展规划采用。合作者:陈亚文。

济发展起着极其重要的作用,特别是投资,它是经济增长的基础与关键,是经济发展的重要动力,是经济总量扩大和结构变动的前提。在过去的10年中,辽宁共完成固定资产投资8498.3亿元。正是因为大量的固定资产投资,提高了辽宁省的劳动生产率,而劳动生产率的提高又促进了消费、出口的增长;正是因为大规模的投资,才使辽宁经济持续发展,国有大中型企业的竞争力得到提高,三年脱困任务圆满完成;同时大规模的固定资产投资,也提高了老工业基地的技术装备水平,为辽宁省国有经济平稳过渡到市场经济创造了条件。图1为"八五"至"九五"时期辽宁省固定资产投资总体情况。

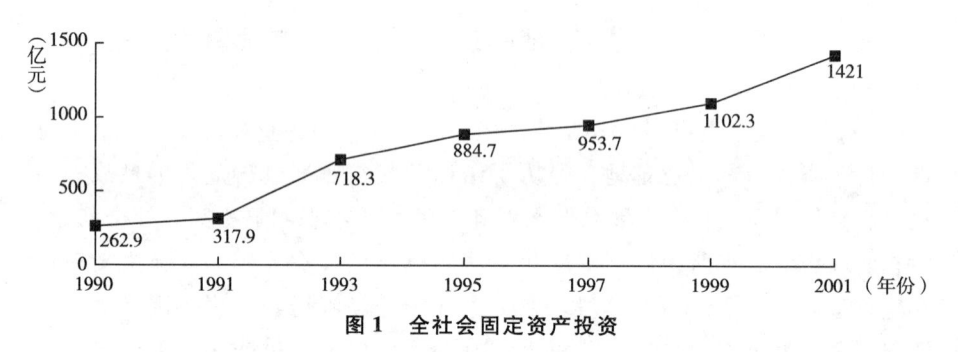

图1 全社会固定资产投资

随着"八五"和"九五"时期辽宁固定资产投资稳步增长,投资结构也日趋合理。三次产业比例日趋合理,产品出口量增加,国内外竞争力显著提高,经过改造的老工业企业在市场竞争中生存下来,并焕发了青春,这些变化为辽宁经济发展提供了最重要的物质基础。但是,一个不容忽视的问题是,"八五"到"九五"期间,随着经济结构、体制条件和经济环境的变化,辽宁投资对经济的拉动作用有所降低,投资对经济增长的贡献率由"八五"期间的40.1%下降到"九五"期间的31.9%。投资对经济增长贡献率的降低与投资规模、投资来源、投资结构、投资效益等变化直接正相关,同时对辽宁经济的增长与发展也产生了极大的影响。

1. 10年间投资规模变化对经济增长的影响

过去的10年间,辽宁的投资规模呈相对下降的趋势。统计数据表明,"八五"时期,浙江、上海、河北和四川等地的投资规模开始超过辽宁省,辽宁省在全国的位置下降到第八位,占全国固定资产投资的比重下降到5.3%;而到了"九五"时期,北京和河南的投资规模也开始超过辽宁,辽宁在全国的经济排位降到第11位,占全国固定资产投资的比重也下降到3.8%。

表1　辽宁全社会固定资产投资增长速度与比重

单位：亿元，%

年　份	固定资产投资总额	全国平均增长速度	辽宁增长速度	占全国比重
"七五"时期	1184.4	11.8	13.1	6.0
"八五"时期	3246.0	35.1	27.5	5.3
"九五"时期	5252.3	10.5	7.5	3.8

资料来源：《辽宁经济统计年鉴2001》，第111页。

从表1中不难看出各个不同经济时期辽宁投资一直在增长，但从全国的平均投资增长速度来看，辽宁同全国相比还有一定差距，到了"九五"时期，辽宁投资占全国比重又下降了1.5个百分点。原因在于，国内发达省份由于加大了投资力度，沿海省份大量引进外资，增加了本地区企业的竞争力，逐渐在竞争中占据了优势。而辽宁"八五"时期固定资产投资平均增长率为27.5%，低于全国平均水平7.6个百分点。

由于投资增长率下降，对经济的拉动作用也随之减弱。如图2所示，"八五"至"九五"时期，由于投资增长速度下降，投资对经济的拉动作用也在下降，如果把投资对经济增长的拉动作用与其他作用因素隔离开分析（得到一种特定模型），不难发现投资高速增长能够形成一定范围的良性经济循环，使投资对经济的拉动作用提高，反之，投资增长速度的下降，会导致投资对经济拉动作用的下降。辽宁的情况应属于后者，投资增长速度的下降（相对于沿海发达省份而言），导致了投资所带来的效益的下降。从全国情况看，近年以来大量外资涌入我国，使我国固定资产投资总额迅速增长，已经形成了良性循环，投资收益率得到了很好的提升，这应当属于前一种情况。

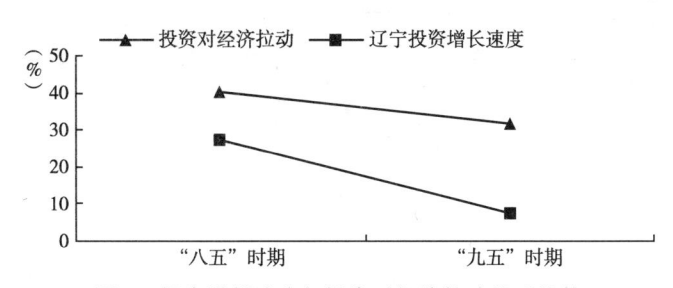

图2　投资增长速度与投资对经济拉动关系趋势

综上所述，可以认为，辽宁"八五"至"九五"时期，投资对经济增长的拉动作用下降，主要是投资增长速度下降的结果。

2. 投资来源结构变化与经济增长的关系

"八五"和"九五"期间，在固定资产投资总额中，由于国家预算内的投资比重下降，政府在投资方面的作用降低，这是计划经济走向市场经济的一个必然。这种社会机制的变革对于辽宁这样一个老工业基地来说，这一过程的影响是深远的，在20世纪90年代以前，辽宁的国家投资比例较高，辽宁也为整个国家经济建设无偿地付出许多，在国家经济体制转变为市场机制后，辽宁未得到及时有效的补偿。以辽宁当时发达省份的地位来说，这应当说是一个历史性的失误。由于这种国家政策与投资的变化，辽宁省国有企业随之陷入困境，国有企业转制在经济上受到一定程度的制约，导致老工业基地整体效益有所下降，这种下降对以工业为主导的辽宁经济发展产生了影响。

当然，预算内资金占固定资产投资比重的下降与财政直接控制的资源升降有必然联系。"七五"时期，辽宁的地区财政收入占GDP的43.4%，"九五"时期下降到20.1%，下降了23.3个百分点。

表2　辽宁全社会固定资产投资来源结构

单位：%

年　份	国家投资	国内贷款	利用外资	自筹和其他
"七五"时期	10.0	21.3	6.4	62.3
"八五"时期	2.9	21.8	10.9	64.3
"九五"时期	4.4	18.5	8.8	68.3

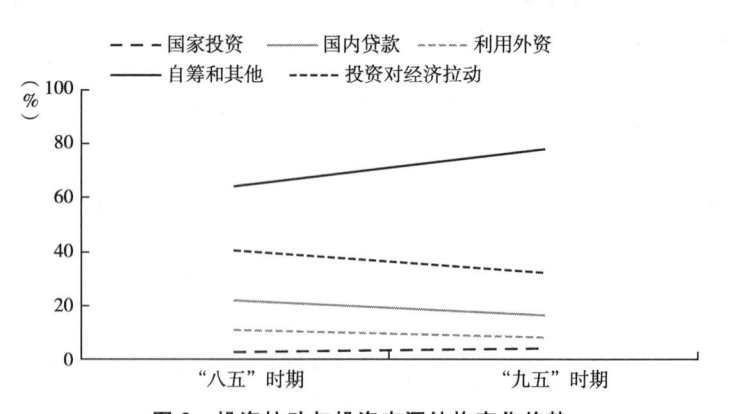

图3　投资拉动与投资来源结构变化趋势

上面我们谈的是预算内国家投资的变化对辽宁经济发展的影响，相对而言，在"八五"到"九五"时期，由于辽宁省经济处于转制时期，计划经济时期形成的依靠国内贷款拉动经济发展的影响并未完全消除，同时由于改革开放的进一步深化，外资对辽宁经济发展也开始产生重要影响。

从表2的数据及图3的趋势曲线中我们不难看出，"八五"到"九五"时期，与投资对经济拉动趋势曲线走势相吻合的是国内贷款与利用外资。因此我们可以得到如下狭义的结论：在"八五"和"九五"期间，国家投资对经济的拉动作用已经不明显了，自筹资金对经济的拉动作用变化也不大，几种投资对经济增长的拉动作用中，国内贷款和利用外资起到了重要作用。因此，如何更快地提高国内贷款和利用外资的增长率，应当成为未来促进辽宁省经济增长的重要一环。但是一个不容忽视的问题是，随着辽宁省金融风险体系的逐步健全，银行对企业的贷款日趋慎重，致使"九五"时期，国内贷款比"八五"时期有所下降，与此同时由于缺乏地理及政策上的优势，同期利用外资也有所下降，因此，"八五"至"九五"时期，由于预算内投资下降，企业转制受阻，效益下降，加上国内贷款和利用外资下降，使辽宁省投资对经济的拉动作用明显下降。

3. 投资主体变化与辽宁经济增长的关系

"八五"期间辽宁的国有经济占整个国民经济的70.2%，到"九五"时期这一比例下降到59.3%，降幅达到10.9个百分点，包括联营经济、股份制经济、中外合资经济和外国独资经济在内的其他经济形式所占比重上升了10.7个百分点，集体经济略有上升，私营经济上升了3.4个百分点（见表3）。

表3 各种经济类型占固定资产投资比重

单位：%

年　份	国有经济	集体经济	私营经济	其他经济
"七五"时期	79.6	8.9	11.5	—
"八五"时期	70.2	11.0	6.0	—
"九五"时期	59.3	11.1	9.4	20.2

资料来源：根据《辽宁经济统计年鉴2001年》第111页计算。

从不同时期经济增长速度来看，"八五"时期，在各种经济类型中，辽宁集体经济的固定资产投资增长最快，为44.52%，高于全省平均增长水平

15.3个百分点，在所有经济类型中个体经济投资增长速度最低。但到了"九五"时期，辽宁个体经济的投资增长速度比全国平均水平高出12.36个百分点，成为全省不同投资主体中增长速度最快的经济类型，但是，由于个体经济在固定资产投资总额中所占比重很少，只有9.4%，因此，个体经济对全省经济的拉动作用依然比较小。辽宁作为老工业基地，"九五"时期国有经济的增长速度不仅大大低于其他经济类型，而且大大低于全国国有经济的平均增长水平，两者相差8.1个百分点（见表4）。

表4　固定资产平均增长速度比较

单位：%

项　目	"八五"时期		"九五"时期	
	全　国	辽　宁	全　国	辽　宁
固定资产平均增长	35.6	29.22	10.65	7.45
国有经济	30.24	22.64	10.2	2.13
集体经济	46.06	44.52	7.3	10.06
个体经济	21.12	18.42	12.3	24.66
其他经济	—	60.35	13.4	15.15

资料来源：根据《辽宁经济统计年鉴2001》第111页计算。

从表3、表4不难看出，投资主体结构发生变化，导致投资对经济拉动作用发生变化。投资对经济拉动作用下降，与当时占主导地位的国有经济投资增长下降有着必然的联系。对辽宁这样一个老工业基地来说，在计划经济时期形成的国有经济占国民生产总值份额比例较重，随着社会主义市场经济的确立，国有经济地位的下降，由于占主导地位的国有经济效益下降，国有经济对全省经济的拉动作用必然下降，当然这里面有一个体制变革的因素，特别是在一个重工业占举足轻重地位的大省里，一旦国有投资降低，不可避免地使投资对经济的拉动作用下降。同时我们也看到，新兴的集体、个体经济由于所占份额相对较小，它们对全省经济所构成的拉动作用不大。

从图4中我们也不难看出，同期集体经济、个体经济投资都在增长，只有国有经济投资在下降，这种现象反映出辽宁国有经济在整个经济增长拉动作用中的重要地位。图4的曲线中，国有经济增长速度曲线与同期投资对经济拉动作用曲线走势完全相同，因此，可以肯定地说：国有经济是"八五"和"九五"时期辽宁经济增长的主要拉动力,其他经济形式所形成的拉力尚不能改变辽宁国有经济对经济增长的拉动。这一数据也表明,辽宁省经济结构与国内大部分省份有明显差异,国有经济所占的垄断地位一时还难于打破,在今后的经济建设中,辽宁省机制变革方面应以创新为主,不盲目效仿其他省份,真正从实际出发,尽快完成国有大中型企业转制。

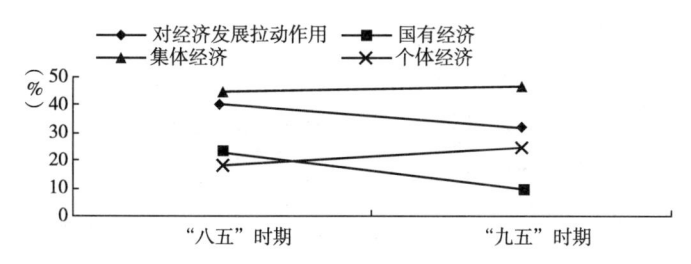

图 4 各种经济类型增长速度变化与投资拉动作用变化趋势

4. 投资效益下降与辽宁经济增长下降的关系

投资、消费、净流出是经济增长的三大主要拉动力,综观整个"八五"时期,投资、消费、净流出对辽宁经济增长的贡献率分别为 40.1%、51.5%、8.4%,投资增长率比同期 GDP 增长速度(10.2%)高出 29.9 个百分点。到了"九五"时期,消费、净流出两项指标总体对经济增长的贡献率明显提高,其中消费对经济增长的贡献率为 55.1%,比"八五"时期增长了近 4 个百分点;投资对经济增长的贡献率为 31.9%,但这一比重比"八五"时期下降了 8.2%(见表 5)。

表 5 投资、消费、净流出对辽宁经济增长的贡献率

单位:%

年 份	投 资	消 费	净流出
"七五"时期	36.5	53	10.6
"八五"时期	40.1	51.5	8.4
"九五"时期	31.9	55.1	13

资料来源:根据《辽宁经济统计年鉴2001》第36页计算。

从表 5 中我们看出,"八五"到"九五"时期,消费和净流出对辽宁经济增长的贡献率都在上升,只有投资对辽宁经济的贡献率下降,与此同时,辽宁省与国内发达省份相比经济增长速度缓慢,应与投资所造成的拉动不足有直接关系。上面数据也表明:投资是经济发展的核心动力,只有投资

规模上去了，投资效益增加了，辽宁省在"十五"期间才有可能完成预期的经济目标，当然，在加大投资的同时，也应当加大消费和净流出对经济的拉动作用，使国民经济健全发展。

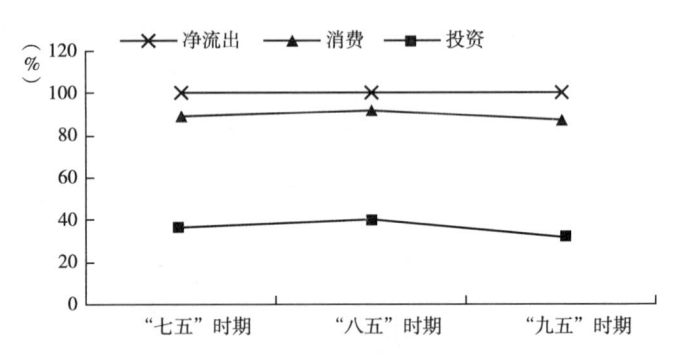

图 5　投资、消费、净流出增长与投资对经济拉动作用趋势

不难看出，"七五"到"九五"期间，投资对经济贡献率先升后降，而且降低的幅度较大。"九五"期间投资对经济增长的贡献率，比"七五"时期还低4.6个百分点。从图5有关趋势数据可以得出如下结论：投资增长速度下降，导致投资收益下降。

5. 产业结构变动与经济增长的关系

改革开放以后，第三产业一直是辽宁省经济成分中最活跃的经济形式，"八五"至"九五"期间，第三产业投资比重变化较为明显，由"七五"时期的35.8%上升到"九五"时期的53.2%，上升了17.4个百分点（见表6）。在按行业分的固定资产投资所占比重中，可以仔细地观察到交通运输仓储和邮电通信业所占比重明显上升，"七五"、"八五"和"九五"时期所占比重分别为6.6%、7.7%和15.1%，同期社会服务业在投资结构中的比重也有明显的上升，分别为1.7%、2.8%和4.1%。同第三产业投资比重增加适应的是第三产业的快速增长，"七五"、"八五"、"九五"时期第三产业的平均增长速度分别为14.4%、11.4%和8.8%，特别是交通通信建设取得了显著成效，社会服务业获得了较大的发展。

从投资的角度观察，第二产业所占比重下降幅度较大，由"七五"时期的61.0%下降到"九五"时期的43.9%，下降了17.1个百分点，并且在第二产业内部，作为辽宁工业主体的制造业占投资额的比重下降幅度最大，由"七五"时期的33.5%下降到"九五"时期的17.8%，降低了15.7个百分点。从产出的角度观察，机械、纺织等加工行业对经济增长的贡献份额下降，经济增长对以资源加工为基础的传统支柱产业的依赖程度仍然很高。

表6 固定资产投资产业分布

单位：亿元，%

年份	第一产业			第二产业			第三产业		
	投资额	比重	速度	投资额	比重	速度	投资额	比重	速度
"七五"时期	37.8	3.2	31.1	722.3	61.0	27.5	424.3	35.8	13.7
"八五"时期	58.8	1.8	20.7	1731.7	53.3	22.5	1455.5	44.8	35.3
"九五"时期	159.2	2.9	24.0	2375.5	43.9	1.4	2877	53.2	12.2

资料来源：《辽宁统计年鉴2001》。

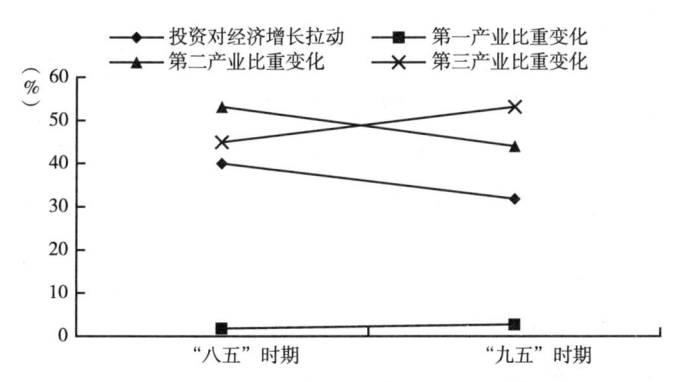

图6 三个产业比重变化与投资拉动作用关系

从图6可以看出，"八五"到"九五"期间，辽宁作为老工业基地，由于赖以依存的第二产业在三次产业中所占比重下降了，这种主导产业的地位下降，导致投资对经济增长的拉动作用降低，但这并不能作为我们大力发展第二产业的依据。在转型时期，产业结构调整是自然发生的，也是固定资产投资结构变化对产业结构产生的重要影响，所有这些变化都是符合经济学规律的，但是鉴于第二产业中的制造业对生产力的巨大促进作用，"十五"期间，辽宁省加大制造业投资力度依然是十分必要的。

"八五"、"九五"期间，全省固定资产投资稳定增长，投资结构也有所改善，这种改善对促进国民经济增长起到积极的推动作用。但"九五"期间，投资总规模仍然比"九五"计划低了2个百分点，投资总量偏小、投资增长速度较慢是"九五"期间全省固定资产投资领域存在的主要问题。"九五"时期未完成预期投资目标的原因既有亚洲金融危机、国内需求不旺、银行惜贷、物价低迷等国内外环境因素影响,也有投资领域内部原因,如投资渠道单一、重大项目储备不足、吸引境内外资金力度不够、私营个体投资比重少、投资环境还有差距、部分重大项目效益不好、投资结构有待进一步改善等,归纳起来,主要有以下几个方面原因。

第一,国有经济所占比重大,投资增长缓慢。

辽宁作为计划经济时代形成的以重工业为主的体系结构,由于受到东南沿海经济省份私营企业冲击,加上大量外资企业涌入沿海地区,辽宁在工业竞争中处于劣势。特别是在全国经济转型结束之后,轻工业、精细化工、高技术产业及其他新兴工业占据市场的主导地位,许多传统工业已经属于夕阳产业,产品缺乏创新,投资回收期加长,该类企业如果不进行技术创新,改变产权结构,调整经营模式,完善企业制度,很难得到投资支持。得不到投资支持,这类企业经济效益就很难得到保障。

投资萎缩是目前全国普遍存在的经济现象。在计划经济体制下,经济周期性波动,投资萎缩是波动的主要特征,这种萎缩是投资膨胀造成的。1993年以后,我国投资开始处于收缩时期,到1997年亚洲金融危机爆发,国家为了促进经济发展采取积极的财政政策逐步加大投资,但对于大多数企业并没有出现"一放就活"的预期效果,投资回升缓慢。

出现这种情况的原因如下:①随着市场经济逐步成熟、健全,体制性短缺基本结束。②国有企业的投资饥渴症受到银行机制变革的有效抑制。③由于国有企业经济效益下滑,银行对国有企业投资的热情急剧降温,大量银行不良贷款存在,也在很大程度上抑制了银行对国有企业的投资。

国有企业投资供给机制发生变化后,国有企业自身积累不足,融资能力下降,必然导致投资规模下降。非国有经济是国有经济的一种重要补充,虽然这些年得到比较充分的发展,但这些企业所占投资总额比例较少,对辽宁经济整体拉动作用不大。

第二,缺乏对科研成果转化为生产力的有效支持机制。

辽宁现有各类科研机构1400多个,国有企业、事业单位的专业技术人员已达155.7万人,居全国第二位。其中有中科院金属所、大连化物所等国家级科研院所39个,研究人员25万人,两院院士38人;有高等院校61所,各类省级以上科学研究"中心"92个;企业开发机构520个,全省大中型企业的技术与开发机构435家。这些年省内出台过一系列优惠政策,对科研成果转化起到一定的支持作用,但是许多政策落实得不彻底,省内每年大量科技成果被束之高阁,而民间风险投资机制尚未形成,大大降低了科研社会经济发展的促进作用。

当然,在科研成果转化方面国内其他省份与辽宁相比并不出色,但是鉴于辽宁可依靠矿产资源减少,社会负担重这一事实,辽宁省在"十五"期间应高度重视科研成果转化问题,通过出台优惠政策,促进科技成果迅速转化为生产力,确保辽宁科技大省的地位。

第三,金融创新和技术创新不足。

金融创新和技术创新是促进辽宁投资率提高的重要因素。在社会总供给小于社会总需求的供给不足时期,投资增长没有制约条件,投资增长的主要限制是资金供给量不足。因此短缺意味着广泛的投资机会和获利机会,只要有资金,一般的技术创新很快能够转化为生产力,并且获得较高的收益。短缺经济结束后,市场上社会总供给日益大于社会总需求,产品大量过剩,市场经济转为买方市场经济,投资因大部分产品饱和而增加了风险。在这一时期只有通过创新才能打破市场上的供需平衡。因此技术升级和产业升级就成为经济增长的内在需求。所谓金融创新不足,是指技术创新没有很好的融资渠道,传统融资方式不能实现资金与高技术、高风险相结合,不能支持高技术向产业化方向发展。所谓技术创新不足,是指企业研发力量不足,即企业研发得不到足够的重视,从而得不到好的项目吸引投资,企业普遍感到投资机会减少。因此说,技术创新不足本质上说是人力资源和研发资本投入不足。

第四,资本配置不合理。

辽宁固定资产投资效率低和缺乏新的增长点,主要是因为大量投资集中在大中型国有企业手中,这些企业由于传统体制的原因,一般都是经济效益低下,而且占用了大量银行贷款及其他政策性资源(如股票上市、发行企业债券),加上许多企业政企不分,政府无形中成了企业的保护伞,致使一些企业该破产的不能破产,新的经济形式又受到歧视性待遇(相对于国有企业),融资不畅,难于发展。这种资本配置不合理正在形成人们的一种文化观,许多人认为私营经济特别是中小型私营企业是不可信赖的经济体。

第五,私营企业缺少有关信用贷款政策支持。

在迅速增长的私营经济中,大部分企业难于在银行等金融机构中获得资金支持,银行缺乏信用贷款机制。国有企业大量不良贷款存在,这种不良的信誉已经通过人们文化观（对企业的不信任）转嫁给了私营企业，企业与银行之间的信任关系降到冰点，正因如此，私企这种活跃的经济形式没有在实质上得到银行信贷政策的扶持。

第六，体制制约。

目前一些地方、部门依然政企不分，政府对企业项目审批过宽、过细，政府对社会投资环境监管、服务不力，投资者负担过多，抑制了企业自主投资的积极性。

第七，重大项目少。

"九五"期间，像沈山高速公路、绥中电厂这样投资在百亿元左右的重大项目少，原计划核电、抽水蓄能电站等重大项目没有上马，使投资减少几百亿元，而其他省市如上海市仅宝钢项目投资就达500亿元。广州、上海、武汉等地的地铁、水电项目也都在百亿元以上。

二 "十五"期间辽宁固定资产投资所面临的形势及问题

"八五"的前三个年头我国依然处于供给短的经济过热时期，随着中央政府宏观调控政策的落实，经济过热很快得到控制，在之后的七年里，国内的经济形势发生了巨大变化，到了1997年后，我国的社会总供给已经开始大于社会总需求，市场以买方为主，特别是经历了亚洲经济危机、网络泡沫破灭后，投资需求膨胀推动经济过热已经彻底结束，尽管国家开始实行积极的财政政策和稳健的货币政策，但是社会总需求不足、出口的增加并未从根本上缓解供需矛盾，目前投资需求不足已成为制约我国经济发展的主要障碍，而且这种障碍可能长期存在。

基于这种情况，"十五"期间辽宁省经济若要得到持续稳定的发展，加快固定资产投资增长速度，保持投资的持续性、稳定性、高效性至关重要。

目前，辽宁省经济与国内经济一样处于过剩经济时期，经济增长的制约条件不只是资金问题，还有如何通过产业升级打破供需矛盾，使投资机会增加的问题。现在普通产品市场已经严重过剩，投资机会大大减少，大量资金很难得到有效的投资项目，因此银行储蓄转化为投资的难度增加，资金供给显得相对充足。基于上述认识，我们认为"十五"期间，加速辽宁省经济社会发展，扩大投资需求应实现投资与新技术、新产业的有效结合，若这种结合进行得好辽宁省经济就能得到迅速发展，圆满完成"十五"计划。

从投资资金供给来源方面来看，国有企业和财政投资增长潜力不大，更多地将依靠外资和民间资本。由于国民收入分配格局和财政体制的变化，辽宁地区财政收入占GDP的比重已由"七五"时期的43.4%下降到"九五"时期的20.1%，预算内投资占固定资产投资比重也由"七五"时期的10%下降到"九五"时期的4.4%，政府在投资中的作用大大弱化，企业逐渐成为市场投资主体。但买方市场形成后，传统行业的工业企业赢利水平大幅下降。辽宁乡及乡以上独立核算工业企业固定资产净值利润率1986年为21.9%，到1995年仅为0.17%，1998年为-0.85%，企业积累能力严重不足，在一定程度上制约了投资的增长。

从总体上看，"十五"期间辽宁投资资金的来源有很大的潜力，只要政策对路，民间资本和外资供给将不会短缺。

1. 民间资本充足，合理引导能够迅速转化为投资

截至2001年末，全省城乡居民的居民储蓄存款已经达4131亿元，如果将这部分资本中一大部分转化为投资，将极大地促进辽宁经济的发展和投资的增长。但是一个不容忽视的问题是，1996年5月后，我国存款利率已经连续下调了3次，但是城乡居民储蓄存款依然快速增长，其中，1997年增长了19%，1998年增长了16.9%，1999年增长了11.2%，2000年增长了6.6%。由这些增长数字我们可以得出如下结论：普通居民对投资（如股市、期货）的兴趣没有预期的大，在供给大于需求的市场环境下，人们普遍存在对投资风险的担心。对于企业来说，大中型国有企业因为市场竞争的加剧，投资带来的收益大幅下降，许多企业对投资开始谨慎，而另一些企业由于商业信誉不好，银行对其所要求的贷款规模加以限制。大量的私营小企业，由于金融机制不健全，一时还不能从银行得到更多的贷款用于投资。

分析数据也表明："七五"时期银行贷款占固定资产投资的比重为21.3%，至"九五"时期，这一比重下降为18.5%，下降了2.8个百分点，其原因一是储蓄转化为投资的渠道不畅通，二是由于投资找不到好的项目，投资收益不高。因此，要促进固定资产投资快速增长，一方面要进行金融创新，有效地将储蓄转化为投资；另一方面要进行技术创新，打破经济平衡，创造新的投资机会。

2. 利用外资潜力巨大，政府需进一步改善投资环境

外资看好中国的原因不外乎廉价的劳动力、丰富的资源、国内市场以及中国作为世界工厂的地位，这种优势我们认为至少可以维持 10~15 年。目前，随着国内南北差距、东西差距的加大，东南沿海的投资成本有所上升，跨国企业在我国投资时会因劳动力成本问题而将企业向内地迁移，这种迁移虽然不会特别迅速，但是跨国企业追求利润最大化的趋势是不可避免的。

据统计，20 年来中国 GDP 年均增长 9.7%，在增长速度中，大约有 2.7 个百分点来自外资的贡献。在辽宁，外资占固定资产投资的比重也是呈现上升趋势，"七五"时期占 6.4%、"八五"时期占 10.9%、"九五"时期占 8.8%。但是与上海、广东等省市相比，辽宁利用外资的规模还比较小，发展潜力巨大，随着辽宁省制度、法制、环境的不断改善，加上固有的重工业优势，外商在一些重大项目上必将青睐辽宁省。

3. 国家对老工业基地投资力度加大

老工业基地改造关系到国家三方面利益，其一，辽宁地区产业工人比例大，阶层矛盾高于东南沿海地区。其二，辽宁省在关系国家安全、国家重大项目建设等方面有着十分重要的意义，许多企业（军工企业、重工企业）目前依然对国家建设起到举足轻重的作用。其三，辽宁省的战略地位十分重要，堪称"东北屏障"。基于上述认识，中央政府在未来数年内将加大对辽宁经济投资和制度变革的力度。

4. 私营企业投资潜力增大

众所周知，辽宁体制变革、市场经济确立的时间晚于东南沿海，本地私营企业的资本积累期较短。在改革开放初期，南方企业占据了天时、地利、人和（北方输送了大批技术人员）优势，资本积累迅速，得到了长足发展。辽宁省私营企业起步较晚，预计"十五"期间，辽宁省的私营企业在多年积累的基础上，为自身发展将加大投资力度，同国内外企业展开全面竞争。

展望未来，随着我国金融体制的完善、金融制度的创新及资本市场的成熟，特别是在进入后世界贸易时期，投资需求方能否吸引来足够的投资，关键在于技术创新和降低总体成本。投资问题说到底是一个投资者问题，这里面既有投资机会、投资风险和投资成本或收益问题，又有投资者结构和投资者能力问题。各级政府在保证固定资产可持续增长方面的任务是要

更好地为投资者服务,以更多优惠政策吸引投资者来投资,因此,应采取各种措施着重清除在投资机会、投资风险、投资成本或收益、投资者结构和投资者能力等方面存在的制约投资增长的障碍。

对"十五"期间辽宁投资所面临的主要问题也不容忽视。

第一,资金制约。

目前辽宁省占国民经济比例较大的国有企业经营整体状况不佳,多数大中型企业三年脱困,但并未脱险,这些企业自我积累能力不够,尤其企业自有资金不足可能造成投资不足。金融机构深化改革后,投资风险意识增强、监管机制逐步健全,一些陷入困境的企业更难得到资金的支持。资本市场发展不完善,融资渠道受到限制,尤其是中小企业融资将更加困难。

第二,投资机会不均衡。

这里所说的机会是指投资于市场某行业并获取利润的机会。在市场经济不健全的阶段,许多行业会存在由于不正当竞争而导致投资机会不均衡,特别是在国家保护行业存在市场准入的歧视现象,以上这两种情况都会抑制经济的发展,导致行业投资不足。在一个地区投资多少,对于投资者来说,首先在于地区投资机会和投资机会的多少,其次才是市场大小、劳动力价值、原材料、运输等方面的问题。因此投资机会的多少是投资增长的前提条件。在正常的市场经济条件下,投资机会是由投资者根据经济运行的规律去挖掘的。

目前,我国最大的一个体制和政策型投资机会源自第三产业。我国制造业因为引进市场机制,率先发展和繁荣起来,并且出现了严重的供给大于需求的局面,商品价格大幅度下降,竞争加剧,企业收益急剧下降,外延发展的投资机会很少。第三产业很多服务供给不足,服务价格居高不下,存在大量潜在的投资机会,但这些机会却因国家严格管制和垄断经营使投资者不能完全进入或无法进入,比如教育、交通、医疗、城建、电信、保险、文化、体育、旅游等。实际上,对第三产业的投资限制还主要是对非国有经济投资者的限制,政府在资金不足的情况下,还靠借款大搞市政、交通建设,不但增加了财政负担,而且抑制了民间投资或外国投资者的热情。

由于辽宁是一个著名的老工业基地,政府与企业关系密切,政府对第三产业的限制比对东南沿海省份更大一些。改革开放以来,随着体制变革、产业结构升级,辽宁经济已经进入工业化中后期,产业结构调整的方向应该是大力发展第三产业,如果只滞留在第二产业,不仅第三产业难于发展,工业也将因为重复投资导致效益下降,所以,对第三产业的体制和政策性投资限制是造成辽宁经济社会发展的一个重大障碍。

另外,虽然制造业在我国已经得到了长足发展,但对辽宁来说还有巨大机遇。由于辽宁省同东南沿海相比较经济落后,劳动力价格和原材料价格低于发达地区,交通便利,因此,跨国企业在投资中国制造业时,将可能考虑在北方投资,改变其在国内的产业结构布局(目前这一趋势已经初露端倪)。辽宁在传统制造业方面有一定的优势,具备吸引跨国投资的潜力。政府也在有关国民待遇、产权保护、信用制度、政府办事程序等方面逐步制度化、正规化,这些努力无疑将加大辽宁省吸引外资的力度。

第三,投资风险加剧。

目前,随着买方市场的不断深化,市场竞争日趋激烈,投资者进行固定资产投资的风险增大,如何降低风险,保证投资安全成了许多投资者进行投资的首要目标,其次才是获得盈利。所以,风险成为制约投资者进行投资的一大障碍。对非公有经济和外资,特别是跨国投资者来说,进行固定资产投资还有一种制度和政策风险,许多外资企业对地方政府的地方保护主义十分担心,跨国企业也会担心自己的权益受到侵犯,名牌产品投资者会担心假冒伪劣产品的冲击,知识产权所有者会担心知识产权得不到有效保护,总之,在投资者眼里,法规、政策、市场秩序的风险远比投资的经营风险大,后者他们有主动权,可以规避,而对前者他们没有主动权,无能为力。在全国还没有统一法规和政策的条件下,地方政府的态度和行为起到至关重要的作用,特别是对现有投资者的政策和管理会产生示范效应。

我们应该看到,辽宁在发展非公有经济和外资经济的地方立法及执法方面,在非公有经济和外资经济企业经营示范效应方面与东南沿海发达地区相比还有不尽如人意的地方,这在很大程度上也增加了投资者的固定资产投资风险。对国家政策、经济发展趋势、市场需求变动把握不准,心里没底也会影响投资者对投资风险的认识,形成不合理预期,影响投资者的投资行为。

第四,投资者主体结构不尽合理。

在辽宁的整个投资结构比例中,国有经济占据了大量的市场份额,非国有经济和外资经济在辽宁经济中所占比重过少,这一点是制约辽宁经济发展和固定资产投产持续快速增长的主要因素。

应该看到,非公有制经济和三资企业是改革开放的产物,是发展市场经济的产物,这些经济类型生命力十分旺盛,投资扩张性强,投资效率高,哪个地区非公有制经济和三资企业比重高,其固定资产投资速度就快。非国有经济特别是非公有经济和外资经济,产权约束强,经济效率高,有资本积累和扩张能力,在20世纪90年代快速发展,成为支撑我国固定资产投资的主要力量。辽宁计划经济基础深厚,国有经济比重高,非国有经济发展相对缓慢,这便从根本上制约了辽宁固定资产投资的增长。因此,若辽宁固定资产投资主体结构不调整,固定资产投资提速是没有保障的。

第五,投资收益率降低。

投资者进行投资的目的是获得盈利,因此投资回收期的长短、投资回报率的高低是决定一个地区固定资产投资的最重要的因素,它是一个地区、一个行业投资环境的综合结果。而赢利方式不外乎降低成本和增加收入两个方面。作为地方政府对投资者进行固定资产投资的成本影响很大,可能提高投资者的投资成本,成为吸引投资的障碍;也可能降低投资成本,提高投资者的收益率,促使投资者加大投资。因此,为了提高投资者的收益,政府应当想尽一切办法改善投资环境,发挥自身优势,降低投资者成本,以此促进辽宁经济快速发展。

三 实现辽宁经济发展目标应采取的投资战略

1. 大力吸引外资,加快转制,恢复辽宁大中型企业生机

外资对辽宁大中型企业转制十分关键,"八五"至"九五"时期已经暴露出国有投资和民间投资无法改变辽宁国有经济这一事实,因此在"十五"期间,辽宁省应当充分学习上海的经验,吸引大型跨国集团来辽宁投资,吸纳以亿元为单位的大的投资进行改制,改制方式要灵活,应当允许外国人控股,什么样的股份比例都可以接受,只要他们在辽宁参股,只要他们把企业建在辽宁,发展辽宁经济,扩大辽宁就业,提高辽宁税收。而且对来辽宁投资的企业要做到真正降低税费,减少投资额外成本。在吸引投资的同时我们也应加大国有资产监管力度,防止国有资产流失。

总之,在"十五"期间,辽宁经济若想得到长足发展,从根本上扭转国有企业对辽宁省经济的制约,就要使目前省内依然存在的2000多家国有企业（对国民经济有重大影响的企业除外）实现合资或出售，而且这种转制越快对辽宁省越有力，力争"十五"时期结束后辽宁经济进入平稳发展期。

2. 发展民营经济，吸纳民间资本

民营经济是国民经济的一个重要组成部分，在我国发达省份，民营经济十分活跃。但一个现实问题是，现行的投资办企业和市场准入制度仍未完全给民间投资者和非公有制经济以国民待遇，存在诸多有形或无形的限制。若要促进民营经济在更多产业领域的发展，就必须建立多层次、多样化的银行信贷体系。目前，国有银行掌握70%以上的金融资源却不能为绝大多数企业提供有效的金融服务，因此，必须打破国有银行垄断金融市场的格局，改革现行金融、财政体制，吸引国内外资金，建立多元化的资本市场，通过市场机制配置资金，提高资金运营效率，实现经济发展和建设资金良性循环。

要允许私营经济和民间资本投资、经营非物质生产的社会事业，凡是有条件的地方，对私营经济和具备条件的个人办非义务教育都应开绿灯，鼓励民间资本办初等、中等、高等教育和职业教育；允许私营经济通过市场公开招标，参与高校后勤社会化的投资与经营管理；积极鼓励和引导有条件的非公有经济投资和经营旅游景点、医疗卫生、文化体育等非物质生产部门。

总之，今后除极少数需要国家独资管理控制的部门外，凡竞争产业和其他适于民间资本投资、参与投资的生产性或非生产性部门都应允许民间资本投资和经营管理。

3. 实施减税政策，提高微观经济主体投资积极性

由于历史和体制的原因，辽宁国有企业背负沉重的经济和社会包袱，虽然近几年国家已经正在采取很多措施力求解决这一问题，如债转股、分离辅助、社会保障等，但无奈国有企业太多，解决这一问题还需时日。

为切实增强微观经济主体活力，国家实行积极财政政策是必要的，除此之外还应积极探索增值税由生产型向消费型转变，允许企业对购进固定资产所纳税款予以抵扣，从而鼓励企业的设备投资，促进资本和技术密集型企业发展；进一步减轻农民的税费负担，改农业税为增值税；为适应加入WTO的需要，应将内外资两套企业所得税体系合并为一套，降低名义税率；还可考虑扩大投资税收减免的范围，允许企业加速折旧，对雇用失业、

下岗职工,利用本国生产的原材料生产或是到不发达地区进行投资的企业给予一定的税收鼓励。

4. 深化金融创新,引导储蓄转化为投资

目前辽宁省出现了"双高一低"现象,即社会总储蓄高、收入净流出率高和投资率低。2000年,辽宁社会总储蓄、收入净流出率和投资率分别为44.6%、13.1%和31.55%,比全国平均水平高出5.9个、8.6个百分点和低4.7个百分点。这说明,辽宁省内资金是充裕的,关键是储蓄向投资转化的渠道不畅通,特别是对高新技术及其产业化和民营经济投资不足。

因此,辽宁在实施高技术产业化、发展民营经济、壮大中小企业等时都面临投资受阻的共同矛盾。要解决这一问题,必须进行金融创新,创造、开辟储蓄向投资转化的条件和渠道。

5. 调整投资结构,提高投资效益

在市场经济条件下,投资结构的变化是由市场规律决定的,但对于辽宁这样的老工业基地来说,若使经济增长由速度增长型变为质量增长型,关键在于转变经济增长方式和提高投资效益,这一"转变"与"提高"有赖于政府利用有限资金,结合相应政策,调整投资结构,带动产业结构和产品结构调整,完成产业升级与优化。政府的示范、带动、扶持可以加速投资结构调整,提高投资效益。

6. 调整投资主体结构,做到各投资主体间的合理分工,共同发展

在市场经济条件中,政府应作为社会基础设施的政策性投资主体,企业作为各类产业的经济性投资主体,使分工协作关系发挥应有作用。

推进国民经济发展与产业结构优化需要调整产业投资结构,而调整产业投资结构就必须调整全社会多元投资主体的投资方向与范围,对国有企业与非国有企业的投资活动进行战略性重组,形成更为合理的投资分工与合作的产业政策体系。在关系国民经济命脉的重要行业和关键领域,如大型社会基础设施、大型资源开发项目、金融保险等服务领域,国有经济投资必须占支配地位。而在一些非战略性的、过于广泛的竞争性产业领域,国有经济投资主体可以逐渐退出,鼓励非国有经济投资主体拓宽投资领域,把非战略性投资领域对非国有制经济全面开放,使它们可以在非常广泛的产业空间内与国有制经济共同发展,使它们可以在非常广泛的产业空间内形成与国有制经济的投资分工与协作关系。对于战略竞争性行业,可制定产业发展基金等金融措施,一方面扩大融资渠道,另一方面扩大投资主体群,化解投资风险,争取形成民间投资、个人得利、政府收税的良好局面。

7. 转变政府投资管理职能,完善投资环境

首先,建立和完善与社会主义市场经济体制相适应的政府制度和行为规则。政府从主管国有固定资产投资转到调控管理全社会投资,对国有投资、集体投资、私人投资、外商投资一视同仁,平等对待;其次,建立和完善市场法制环境,从主管投资项目的审批、重点项目建设及其竣工验收等微观活动,变为调节全社会投资增长、结构变化和提高宏观效益等宏观经济活动;从主要靠行政手段转变为主要靠经济手段、法律手段,辅以必要的行政手段;建立和完善全社会投资宏观管理体制和调节机制。具体的方法是,政府投资应尽快退出营利性的固定资产投资领域,保证积累能使经济长期持续增长的"社会资本",包括基础设施和某些社会公益事业的建设,重点扶持新产业和主导产业。

8. 增加技术和项目储备

在买方市场条件下,新技术、新产品对企业维持和提高竞争力至关重要,没有这两者的企业就缺少投资动力。由于目前辽宁省企业普遍缺少核心技术与自主技术研究开发能力,这在一定程度上制约着企业投资。在这种情况下政府可以,也应该发挥组织和协调作用,促进技术开发和项目储备。

在做好上面工作的同时,还应当做到对项目投资的控制从以往概、估、决算管理和静态管理转向全过程动态跟踪控制管理。制定相应的办法措施,减少并杜绝项目建设中资金浪费和流失现象。

9. 转变固定资产投资的方式

为了提高资源利用效率,治理环境污染,实现国民经济的可持续发展,必须改变过去的固定资产投资方式。以提高经济增长质量为目的,以市场导向为原则,固定资产投资的重点应从过去的以基本建设为主,变为以技术改造为核心。加大技术改造投资的力度,提高技术改造的投资比重,并从制度、政策、技术等方面提供可靠保证,争取在"十五"期间将技术改造的投资额进一步提高。

10. 重视公共产品的投资

在总体上出现总量供给过剩和结构性供给过剩的格局下,能源、交通运输和通信等基础产业的投资不足,成为经济的发展障碍。例如,我国发电装机量人均0.2千瓦,远低于发达国家的平均水平;在121万公里的公路

总里程中，国道主干线仅 10 万公里，高速公路不足 5000 公里；农业机械、农田水利等农业基础设施的投资严重不足；目前供求基本平衡和供大于求的商品中没有一种是公共产品。因此，目前企业的投资重点应转向在短期内可增加需求，长期内有利于产业结构升级的基础工业、基础设施领域。

11. 降低投资风险，加大高新技术产业的投资力度

建立高新技术产业化投资风险规避制度，主要包括下面两方面内容：首先，建立投资风险规避机制。主要指认真做好高新技术产业投资前期工作，规避投资风险。其次，建立高新技术产业风险投资保障基金。风险规避基金来源，主要由政府每年从财政预算中拿出一点，高新技术企业每年按产值分担一点等。

一旦建立高新技术产业化投资风险规避制度，就能大大地降低和消除投资者发展高新技术产业的风险心理，增强投资信心，更好地调动社会各类资本参与发展辽宁省高新技术产业。

12. 加强文教等产业性投资

从投入来看，1997 年全国受教育人口 28316 万人，占全国总人口的 22.9%，占世界受教育人口总数的 1/4，但中国用于教育的公共开支不到世界总量的 3%。在劳动力市场上，有知识、有文化的青年技工短缺。目前，因国内教育供给机制不健全，我国教育市场每年约有数百亿元的巨资外流。在信息知识经济社会，以知识、文化为背景的产业结构已被视为 21 世纪的"朝阳工业"，是未来世界经济新的增长点。企业应抓住扩大文教服务业投资的有利时机。另外，政府应加快教育体制的改革，鼓励私人和社会的教育投资，特别是在成人高等教育方面的投资。

13. 重新认识投资机会

如果注意辽宁省整个工业都面临全面升级和技术改造的要求，就可以得到如下结论：未来几年时间，所有工业领域都面临着必须尽快完成产品结构调整和产业重组的艰巨任务，产品系列的扩展和延伸、原有产品的升级换代、新产品的开发（特别是适应不同收入水平消费者需要的、性能价格比适当的新产品开发）等，成为工业结构调整的重点。这不仅使企业在技术改造、开发上可以大有作为，而且在企业进行产业结构和产品结构的调整，乃至对新产业的进入方面，都存在众多投资机会。

14. 投资决策的重点是产品定位和技术选择

过剩经济条件下，原有的以"短缺"、"填补市场空缺"为主的投资决策原则及分析方法，不再有效。因为如果按照传统的思路，不仅在加工工业，甚至在基础产业，企业也难以找到理想的投资项目。在这种情况下，任何投资活动都必须深入产业整体发展和技术演变的层次，寻找突破和机会，进行具体投资定位。决定一项投资活动的合理性，其产品定位和技术的选择，以及具体运作的策划，比产业的定位更重要，也更困难。

四 必要的工作措施与对策

1. 切实加大吸引外资力度，出台相关政策

目前是一个全国大招商的时期，许多省份和地方政府出台了大量优惠政策，这些政策使我国每年直接利用的外资额已经超过美国成为世界第一。大量国际资本流入中国有其自然规律，但主要原因是我国政府灵活的经济政策及国内廉价的劳动力和原材料供应。目前，韩国、日本针对外资大量流入中国这一状况，也模仿中国建立特区等方式，出台了一些吸引外资的优惠政策，试图扼制国际资本流入中国。在这样一种宏观经济环境下，辽宁用什么方法吸引外资，并使外资有效投入经济建设中是关系到辽宁国有企业体制变革成败的关键。下面列出一些吸引外资的具体措施。

（1）减少税费，降低投资者额外成本。

（2）加强环境建设，提供配套设施，保障投资者成功。

（3）对要求合资的企业应予以大力支持，允许他们参股、控股或者购买国有企业，同时加强国有企业有形资产和无形资产审计工作。

（4）对由国家垄断的行业，能放开的就要放开，尽早实现民营化。

2. 大力发展私营、个体经济，促进民间资本转化为生产力

尽快消除民间资本在投资领域的制度约束和政策限制，除极少数需要国家控制的行业外，凡是竞争性产业和其他适于民间资本投资和参与投资的生产性或非生产性部门都应允许民间资本进入。

积极鼓励民间资本以 BOT 方式参与基础设施建设。BOT 是基础设施投资、建设和经营的一种方式。无论在发达国家还是在发展中国家都反映出良好的绩效，受到世界各国普遍欢迎和广泛采用。长期以来，辽宁省同全国一样基础设施投资建设基本上为"官办"，政府主要依靠财政投资、银行信贷和部分境外贷款投资建设，政府具有完全支配权和经营管理权。在市场经济条件下，这种官办投资建设和经营管理不可避免地产生了种种问题

和缺陷，诸如产权不明、权力与责任失衡、经营与管理责任难到位、投资与建设成本普遍较高、经营效果普遍不佳等，而且是产业腐败的重要根源。为了最大限度地消除政府"一家办"基础设施的问题，分担和弱化政府投资风险，应尽快引导民间投资。

私营经济应尽快参与公共服务产品的投资与经营，对辽宁省来说，环卫、供电、供水、供气、供暖等事业一直为官办，投资效益不佳，百姓意见很大，一些部门依靠政府补贴过日子，服务质量一般较低，无法适应新时期社会主义现代化建设需要。而民间资本进入这些领域，不仅能够使民间资本找到出路与增值的机会，而且有利于改变城市公共服务投资不足的状态。

鼓励个体私营单位参与投资高新技术产业，特别是高新技术产业化的项目。投资高科技项目能够使私营资本得到较快的增值，由于私营经济的自身的特点，也适合于发展讲求创新的高技术产业。

3. 发展投资服务中介机构，提高服务水平

目前辽宁省市场上已经存在许多投资服务机构。这些服务机构的主要业务是：投资咨询、评估、会计、审计、招标代理和法律服务。客观地说这几年，这些机构在辽宁省经济建设中发挥了一定的作用，但与发达国家相比，这些机构发挥作用的程度还远远不够，这些机构在成立之初多为政府机关和行政执法部门的附属机构，具有半官方性质，甚至有少数行政管理部门有不成文的规定，只有在指定中介服务机构的评估和认定的结论有效。

为促进辽宁省经济发展，使企业更好地适应市场，投资中介服务机构要进行必要的调整和改革，充分发挥这些机构的作用。首先，中介服务机构要同政府和有关执法部门彻底脱离，成为自主经营和自负盈亏的法人实体。其次，加强中介服务机构专业化、法制化、市场化的力度。这里所说的专业化是指投资服务中介机构的人员构成问题，这些专业人员必须通过国家认同的统一考试，成绩合格，持证上岗；所谓法制化是指中介服务机构要经政府机构或行政执法部门审批，要有服务许可证。

投资中介服务机构正规化后，中介服务机构对投资者及企业的评估和认定要有权威性，政府机关和行政执法部门及社会要予以承认；服务内容及收费标准要制度化、规范化和标准化。

4. 抓好重点项目建设，提高投资拉动作用

"十五"期间，辽宁省将进行一系列重点项目建设，这些大项目将对辽宁经济产生很强的拉动力，这些项目主要集中在水利、交通通信、市政、生态、环保等方面，在开发这些项目时，量力而行、注重效益、按市场经济规律办事十分重要。在项目建设上要突出重点，尤其注重抓好水利、交通通信和基础设施建设，加强水资源的开发利用，增强交通综合能力和提高城镇化水平。

重大项目建设往往是一些基础工作，搞好基础工作对辽宁未来的发展十分有益，因此对有些项目要加快落实工作，争取早日开工建设，使全社会早日受益。当然在实施重大项目的同时，应加强和完善重大项目的储备工作，保持重大项目投资的连续性。

5. 建立信用制度

信用是市场经济公平竞争和有序运转必不可少的一项制度和准则，没有信用的企业难以生存发展，没有信用公平有序的市场竞争环境难以形成。信用制度目前在辽宁省尚为空白，其负面影响正逐步显露。关于如何建立信用制度，我们认为，以企业及其业主为中心，以省辖市为基础，成立信用评估办公室，信用评估办公室由工商管理部门牵头，由银行、税务、经济管理部门及有关专家组成。对辖区内所有注册登记企业事业单位及其法人进行信用评估，其信用评估内容主要包括投入与产出状况、产品及服务市场占有状况、执行合同情况、社会承诺与售后服务状况、产品与服务公众反映状况、法人资信等。

信用等级可分为五级，即好、较好、一般、较差、无信用，评估结果可以在企业工商执照年审上以不同颜色显示出来，红色代表无信用、黄色为较差、紫色为一般、蓝色为较好、绿色为好。

各市辖区的企事业单位信用状况及等级评估全省要联网，任何人都可以在国际互联网上查询到与自己打交道的企业的信用情况。一旦这种信用制度建立，信用等级就成了投融资的通行证，银行和民间资本可以比较放心地给企业信贷和投资。

6. 拓展投融资渠道，加大多元化融资工作力度

"十五"期间为保证投资量充足，必须全面开拓投资渠道，在实现投资主体多元化方面下工夫。

(1) 根据辽宁省情，联系实际，盘活存量资产，吸引增量。通过国有经济战略重组，转让国有产权，将资金集中用于重大建设和改造项目，保障承担重大建设和改造项目的企业顺利完成项目，同时通过上市筹集资金、

拓宽融资渠道。积极探索建立产业发展基金和高新技术投资风险基金。

（2）利用 WTO 的有利政策，积极有效地吸引外资。

（3）采取积极的投融资政策。

7. 改革审批制度，提高服务效率

（1）简化审批内容。投资审批应主要审批是否符合国家产业政策和国家鼓励、限制、禁止的产品目录；是否危害安全和地域生态环境；是否符合城镇规划布局和土地使用计划。

（2）减少政府投资审批部门。变目前的多头审批为以经济综合部门或市场主管部门审批为主，相关部门登记注册。

（3）审批时间限定。省属规模以上项目审批时限一般不超过 50 天，省以下规模项目核发营业执照不得超过 20 天。

（4）审批收费。除交纳审批或登记注册过程中必要的测试工本费外，取消一切不合理收费。

8. 加强政府宏观调控和指导功能，加快经济发展

政府要加强政策和信息引导，鼓励个体、私营经济进行投资与结构调整，使个体、私营经济发展与小城镇发展有机结合，在土地使用、税收政策、信贷政策、融资条件等方面平等对待个体、私营投资企业，营造一个良好的、有利于公平竞争的市场环境。可在适当时间成立专门机构（如中小企业局）来服务于中小企业、个体和私营企业。

9. 稳步发展房地产业，确保经济持续发展

随着我国土地和住房制度改革不断深化，国家明确提出要把住宅建设培育成国民经济新的增长点，房地产业又进入了一个新的发展时期。房地产业关联度高，涉及建筑、建材、冶金、化工、轻工、机械等 50 多个部门，可以带动旅游、商业、金融等第三产业的发展。

同时我们也应看到，房地产业对经济的拉动作用虽然十分明显（庞大的消费开支），但是发展房地产业不能操之过急，以消费为主导的产业一般存在后续发展不足的问题，特别是房地产业，投资巨大，容易形成泡沫，使民间资本迅速枯竭。

从 2003 年央行出台的对房地产开发企业的新的借贷规定中不难看出，国家已经认识到房地产过热的危害，并从政策上开始控制房地产过热。对辽宁省来说，当房地产商出现资金紧缩时，政府应当帮助这些企业，使他们度过危险期，使该行业稳步发展。

10. 提倡差异化的产品或服务，提高市场竞争力

短缺经济时代各产业都孕育着丰厚的利润，众多企业纷纷进入这些产业的盈利空间，致使我国的企业组织结构、产业结构、产品结构等普遍出现同构现象。这种因盲目重复建设造成市场上大量同类商品堆积所形成的供给过剩，从根本上讲，是同质商品的过剩，或者说是无差异商品的竞争所造成的供给过剩。因此，未来工业领域的投资应该着力于产品的差异化和服务的差异化。通过新的更高层次产品和服务减少对原有产品和服务的冲击，形成高水平建设项目的生产能力对低水平供给的淘汰。

特别是后 WTO 时期，辽宁省企业直接参与国际竞争，这种竞争就要求辽宁省企业提高产品的技术含量，采用最先进的国际标准，提供与国际跨国企业不同的产品或服务，创立自己的品牌，这样辽宁省大型企业才可能在国际竞争中占据一席之地。

综上所述，我们认为，在"十五"期间，为确保辽宁省经济稳步发展，完成"十五"既定的经济发展目标，提高辽宁省投资增长率，特别是固定资产投资增长率十分必要，而在固定资产投资中，应把利用外资进行国有企业转制放在首位；同时也要积极扩大民间投资，加强发展中小企业力度，为中小企业提供更多的融资渠道，解决辽宁就业率不足问题；与此同时，政府应当完善经济环境，出台优惠的政策，鼓励与扶持各种不同经济类型的发展，使辽宁经济在"十五"时期结束后，进入快速发展阶段。

辽宁西部地区经济振兴战略研究*

一 导言

(一) 课题研究对象

在辽宁省区域经济划分中,辽宁西部地区包括锦州、盘锦、葫芦岛、阜新、朝阳五市,史称"辽西地区"。改革开放30年来,经过学术界及其他社会各界的讨论和区域经济社会发展实践,目前,辽宁区域经济划分,已经基本确立了以沈阳为中心的辽宁中部城市群经济区、以大连为中心的辽东半岛经济区和以锦州为中心的辽西经济区"三大板块"的区域经济发展格局。为研究对象的精确和讨论问题的方便,结合辽宁区域经济划分的实际,本研究报告将辽宁西部地区一般表述为"辽西地区"或"辽西经济区"。

辽西地区行政区划几经演变,是新中国成立以来省内行政区划变动最大的一个地区。锦州市原属热河省热东专署管辖,1949年1月成立辽西省,省政府驻锦州,1954年8月辽东(省会今丹东)、辽西省合并为辽宁省,锦州市为省辖市,以后两次成立锦州专区,1968年专区撤销后实行市管县体制至今。朝阳市原是一个县级市,目前朝阳市所辖行政区域的党务和政务分别由中共朝阳地委和朝阳地区专员公署管理。为了推广市管县的经验,也为了在辽宁省境内全部实现市管县,1981年将原来的县级市朝阳市升格为地级市,将原来朝阳县的部分地区划入朝阳市区,成立了双塔区和龙城区,并依然保留朝阳县的建制。盘锦市成立于1984年,为了变成一个地级市(设区的市),将盘山县所辖的盘山镇和城郊乡从盘山县划出来成立了双

---

* 本文为国家振兴东北办、辽宁省老工业基地振兴办采用。合作者:李劲为、赵玉红、张艳明、张春昕、温晓丽。

台子区，将辽河油田所在地兴隆台地区、新兴农场等地从大洼县划出来成立了兴隆台区。葫芦岛市从锦州市中分立出来，1990年建市，将原来归锦州市管辖的锦西县（现改为连山区）、兴城市、绥中县、南票区、葫芦岛区以及原朝阳市管辖的建昌县划归葫芦岛市管辖。由此形成了目前的辽西5市格局（见图1）。

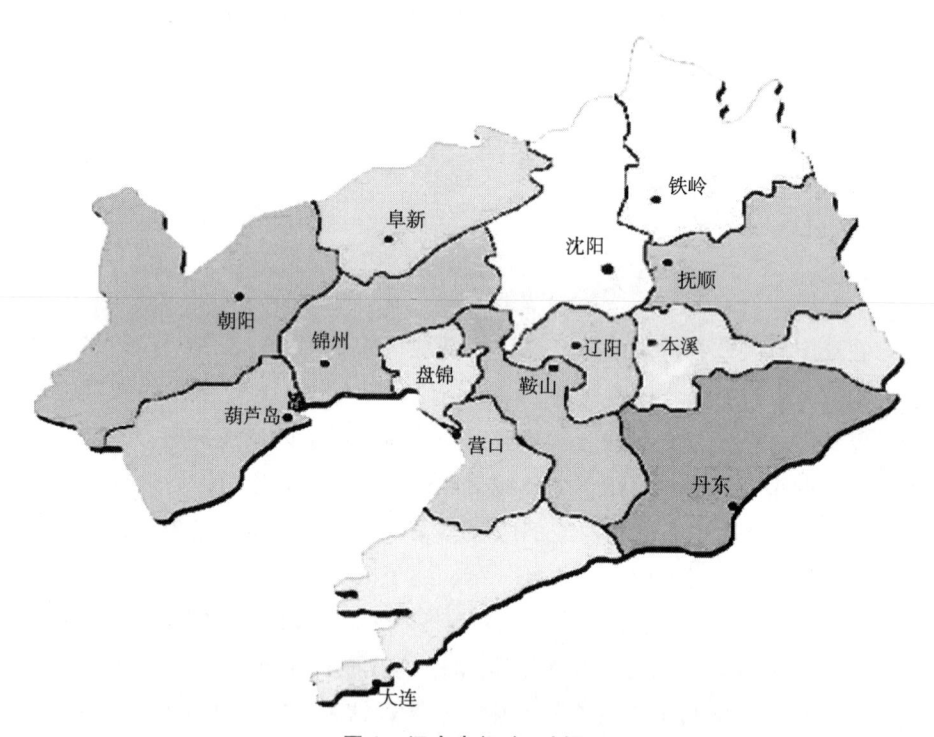

图1　辽宁省行政区划图

按照目前的行政区划，锦州市现下辖古塔区、凌河区、太和区、凌海市（县级市）、北镇市（县级市）、黑山县和义县；盘锦市下辖兴隆台区、双台子区、盘山县、大洼县；葫芦岛市下辖连山区、龙港区、南票区、兴城市（县级市）、绥中县、建昌县；朝阳市下辖龙城区、双塔区、凌源市（县级市）、北票市（县级市）、朝阳县、建平县、喀拉沁左翼蒙古族自治县；阜新市下辖海洲区、太平区、新邱区、清河门区、细河区、彰武县、阜新蒙古族自治县。总计15个区、16个县（其中5个县级市）。

（二）课题研究意义、目的及基本思路

由于历史与现实、地理与人文、经济与社会的多重联系，辽西地区逐渐形成了融自然地理与经济功能为一体的、相对独立的区域经济单元，构造了辽西经济区这一个经济地理区划概念。作为全省三大板块之一的辽西经济区，其经济发展水平如何，直接影响到辽宁老工业基地振兴目标的实现。同时，加快辽西经济区的发展，不仅是振兴辽宁老工业基地的重要组成部分，而且还是勃兴环渤海经济圈的重要环节。"辽西走廊"，这一客观区域地理位置，使辽西经济区已经成为京津冀经济区和东北经济区的连接点，是东北和华北之间的交通要冲和物资集散地，也是东北三省西部与内蒙古自治区东部广大内陆地区通向海洋、走向世界的重要门户，在整个环渤海经济圈乃至东北亚经济圈中占据着极其重要的战略地位。因此，研究辽西经济区振兴战略，无论是对振兴辽宁老工业基地，还是对环渤海经济圈及东北西部地区的发展，实现沿海经济和腹地经济相互呼应、互为支撑，都具有十分重要的意义。

本课题研究对象处于省市之间承上启下的位置，属于东北—辽宁—辽西经济区老工业基地振兴的第三层级。与以市为单位的振兴战略研究的最大区别在于，本课题研究属于"经济区"范畴而跳出了行政区的藩篱。因而，可以为市场在资源配置中发挥基础性作用创造更大的空间。同时，也可以为地方政府职能转换和体制机制创新提供一些新的思路。因此，本课题研究成果，预期将为国家、辽宁省指导东北—辽宁老工业基地振兴提供一个第三层面的决策咨询参考意见，以促进整体功能大于局部功能之和的"合力效应"的发挥。同时，为辽西5市提供一个综合性的、经济区划范畴的发展战略思想或思路——这就是本课题研究的基本目的。

本课题研究基本思路是，以中央、国务院关于加快东北地区等老工业基地振兴的意见为指导，根据国家和省确定的老工业基地振兴目标、基本任务、振兴途径和政策措施要求，结合辽西经济区的实际情况，把研究重点放在辽西经济区的实施环境的改造、区位条件的优势发挥和振兴战略的确定，以及政策和对策的选择等若干方面，特别是对其比较重要的难点和共性问题展开深入研究，使本课题的研究成果既在东北老工业基地振兴问题上具有一定的普遍性意义，又更加具有强烈的针对性和具体的可操作性。

（三）辽宁区域经济划分的演变过程

改革开放以来，在对省情和改革开放认识不断深化的基础上，辽宁在不同的时期、不同的阶段，都曾提出过相关的区域经济发展框架划分与区域经济发展的战略思路，对推进全省经济社会协调发展起到了积极的作用。

1. 改革开放初期的辽中南经济区

1984年初，中共辽宁省委提出要发挥以大连为中心的沿海港口城市对外窗口优势，和以沈阳为中心的工业城市群优势改造和振兴辽宁老工业基地的战略设想。1986年，《全国国土总体规划纲要》确定辽中南地区为全国19个重点建设的地区之一。当时的辽中南地区包括了除朝阳市、阜新市区及阜新县以外的辽宁其他所有省域，面积11.85万平方公里，人口约3500万人。

2. 辽东半岛经济开放区

1984年，国务院批准大连市享受经济特区的部分优惠政策和建立省内第一个国家级经济技术开发区。为加快辽东半岛对外开放，1988年1月中共辽宁省委做出《关于加速辽东半岛外向型经济建设的决定》，提出要逐步使辽东半岛发展成为外向型、多功能、结构合理、技术先进的现代化经济区和改革开放的先行区。同年3月国务院正式批准辽宁中部和沿海8个城市（锦州、盘锦、营口、大连、丹东、鞍山、辽阳、沈阳）及所辖沿海的17个县（区）建立辽东半岛经济开放区，1989年中共辽宁省委、辽宁省人民政府将规划调整为10市（增加了本溪和抚顺两市），共计22个县。

3. 以外向型经济建设为主线的"三点一面"布局

1995年8月，中共辽宁省委八次党代会提出，要发挥大连市在全省对外开放中的龙头作用，抓好以沈阳为中心的中部城市群和以锦州为中心的辽西地区外向型经济建设，在省内形成"三点一面"对外开放新格局。同年12月，《省委关于制定辽宁省国民经济和社会发展第九个五年计划和2010年远景目标的建议》提出，要合理安排产业布局，促进地区经济协调发展，认真搞好辽中经济区（包括沈阳、鞍山、抚顺、本溪、辽阳、铁岭6市）、辽南经济区（包括营口、大连、丹东3市）、辽西经济区（包括锦州、阜新、朝阳、盘锦和葫芦岛5市）的区域合作。以沈阳为中心的辽中经济区重点抓好产业结构和城市功能调整、中部城市群工业基地改造、北部地区（铁岭）市场化大农业与能源基地建设；以大连为中心的辽南经济区重点发展出口加工业和创汇农业，逐步建成高起点、高技术、高创汇、现代化、外向型的以机电、石化、轻工和果渔蚕为特色的综合经济区；以锦州为中心的辽西经济区重点发展石油化工业，以及现代化的原材料工业、机械工业、轻工业和"两高一优"农业。同时，提出要注意发挥辽中南地区对辽西北地区的辐射作用，促进辽西北地区的开放和开发，努力缩小发展差距。统筹考虑陆域布局和"海上辽宁"建设，充分利用辽宁省沿海资源优势，创造陆海一体的新辽宁。

为贯彻中共辽宁省委八次党代会精神，省委、省政府组织成立了中部城市群和辽西地区开发开放协调领导小组，出台了发挥大连窗口龙头作用、加快辽西地区和中部城市群开放开发与发展的若干意见，明确了以扩大对外开放推进区域经济发展的指导思想和三个地区开放发展的基本思路、基本原则与工作重点，确定了以沈阳为中心的中部城市群在全省开放与发展中的主体地位，并制定了规划、相关政策和措施。辽宁西部地区，作为一个相对独立的区域经济板块，以"辽西经济区"的形式，开始出现在社会视野。辽宁区域经济发展的三大板块格局和边际，基本得到确立。

4. 以全面振兴为取向的区域经济发展新格局

20世纪末和21世纪初，随着世界经济全球化和区域经济一体化的发展，有关都市圈——城市群区域经济发展理论引起了国内外学术界与政界的高度关注。2003年8月，以城市群区域经济发展理论为指导，中共辽宁省委再次明确提出辽宁区域经济的三大板块：①以沈阳为中心的中部城市群经济区，由沈阳、鞍山、抚顺、本溪、辽阳和铁岭6个城市组成；②以大连为龙头，丹东和营口为两翼的辽南沿海经济带；③以锦州为中心，阜新、朝阳、盘锦、葫芦岛为腹地的辽西经济区。同年9月，中共辽宁省委九届六次全会提出，在中部城市群、辽南沿海经济带和辽西经济区三大经济板块基础上，进一步整合资源，加快构筑沈阳经济区和大连经济区相连而成的沈大经济带，并将其纳入《辽宁老工业基地振兴规划》中。在新的辽宁区域经济板块格局中，由于独特的区位环境与条件，进一步确立了辽西地区相对独立的区域经济板块地位。

二 辽西地区经济发展现状分析与发展环境评价

截至2005年底，辽西地区区域总面积达5.50万平方公里，约占辽宁省总面积的37.16%；总人口1238.30万人，约占辽宁省总人口的29.56%。"十五"期间，辽西5市GDP（地区生产总值）合计6420.64亿元，年均增长12.80%，高于全省平均水平1.40个百分点。2005年GDP实现1477.51亿元，约占辽宁省总值的18.45%。

(一)"十五"期间经济发展现状分析

1. 经济发展呈稳定上升趋势,但总体上仍处于落后状态

"十五"时期是辽宁省乃至全国各地区经济加速发展的时期。这一时期,辽西地区经济增长速度不断加快,整体经济实力有所增强,辽西5市五年累计GDP总和6420.6亿元,年均增长12.80%,年均增长率高于全省平均水平1.40个百分点。2005年实现GDP1477.50亿元,占辽宁全省的18.50%,其中,工业增加值实现575.80亿元,占辽宁省的18.50%,比2001年提高了1.30个百分点。五年间辽西5市GDP占辽宁全省比重基本呈稳定上升态势,分别为17.2%、17.2%、17.9%、18.7%、18.5%,预示辽西地区经济发展有可能进入了一个上升通道(见表1)。

表1 2001~2005年辽西地区及辽宁全省地区生产总值变动情况

单位:亿元,%

项目	2001年		2002年		2003年		2004年		2005年	
	绝对值	增速	绝对值	增速	绝对值	增速	绝对值	增速	绝对值	增速
锦州	216.5	10.5	242.9	12.2	281.7	15.9	316.0	7.7	381.9	20.8
阜新	70.0	7.7	83.9	19.9	100.9	20.2	122.6	21.5	142.6	16.3
盘锦	300.9	0.6	302.0	3.7	330.8	9.5	369.4	13.8	441.3	19.5
朝阳	103.0	13.8	114.9	11.6	136.4	18.7	176.0	29.0	212.1	20.5
葫芦岛	178.5	12.6	197.8	10.8	225.5	14.0	262.0	7.4	299.5	14.3
辽西地区	868.9	7.4	941.5	8.3	1075	14.0	1246	15.8	1477	18.6
辽宁全省	5033	7.8	5458	8.4	6003	9.9	6672	11.1	8009	20.0
辽西占全省比重	17.2	—	17.2	—	17.9	—	18.7	—	18.5	—

数据来源:根据2002~2006年《辽宁统计年鉴》数据整理。

但是,与辽宁省的平均发展水平相比,辽西地区仍然存在很大差距,处于相对落后状态。2005年,辽西地区人均GDP11922.13元,辽宁全省人均GDP18983元,辽西地区比全省平均水平低37.20%,并且从2005年的情况看,这个差距似乎还有进一步扩大的趋势(见图2)。

辽西5市区域面积占辽宁省1/3多,人口接近1/3,而两个主要经济指标——地区生产总值和地区工业增加值只占到全省的18.5%,因此,辽西

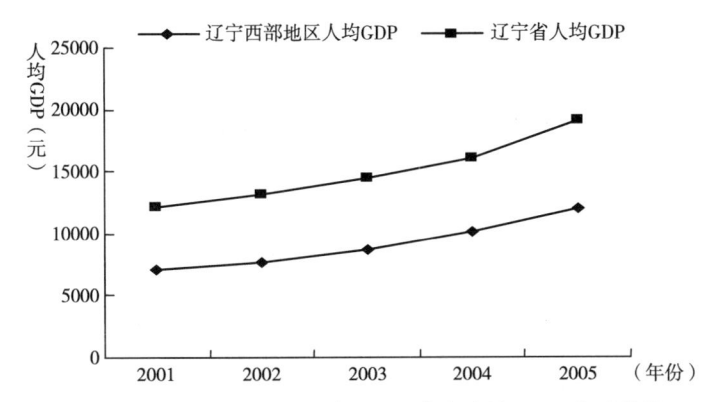

图2 "十五"期间辽西地区及辽宁省人均 GDP 变动趋势

数据来源：根据 2002~2006 年《辽宁统计年鉴》数据整理。

地区在辽宁的三大区域经济板块格局中，仍然是"最短的那块木板"。2005 年辽西地区人均 GDP 按现期汇率折合 1455.39 美元，从经济学家钱纳里等对经济发展阶段与人均 GDP 对应关系看，辽西地区尚处于工业化的初期阶段。这其中有区位因素以及长期积累的历史原因，更有辽西地区落后、经济结构低效的更深层次的原因。进一步分析其地区经济增长的内涵，值得注意的是辽西地区生产总值大体呈上升趋势的同时，工业增加值的比重逐年下降。它表明，"十五"期间辽西地区的工业经济在辽宁省的地位仍在下降，经济结构性矛盾仍较突出（见图3）。

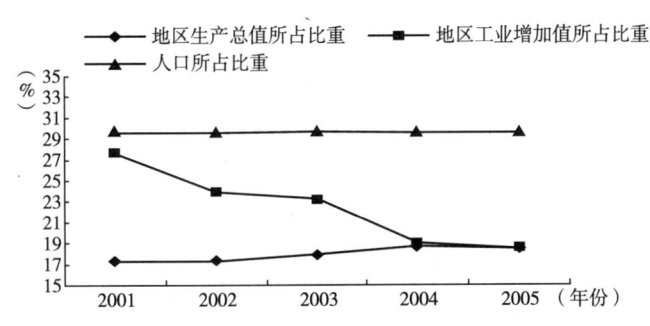

图3 "十五"期间辽西地区主要指标占全省总额比重

数据来源：根据 2002~2006 年《辽宁统计年鉴》数据整理。

辽西地区不仅总体发展水平落后，区域内经济发展也很不平衡，5 市之间经济发展水平相差很大，在全省各地区中既有排在前列的，也有排在末位的。2005 年盘锦市地区生产总值 441.3 亿元，在全省 14 个市中排名第 4 位，人均生产总值为 34641 元排名第 2 位，属于前列。而朝阳和阜新地区 GDP 分别为

212.1亿元和142.6亿元，位居第13位和第14位；人均GDP分别为6280元和7398元，位居第14位和第13位，是辽宁省最落后的两个地区。

2. 产业结构处于一种"超稳定"状态，结构转换步伐缓慢

"十五"期间，辽西地区三次产业结构、三次产业增加值比重变化不大，五年间三次产业比重均在18∶50∶32之间。第一产业增加值基本维持在18%左右，所占比重高于辽宁省整体水平7个多百分点；第二产业增加值比重在50%左右，略高于辽宁省第二产业比重；第三产业占32%左右，比辽宁省整体水平低7~8个百分点（见图4）。

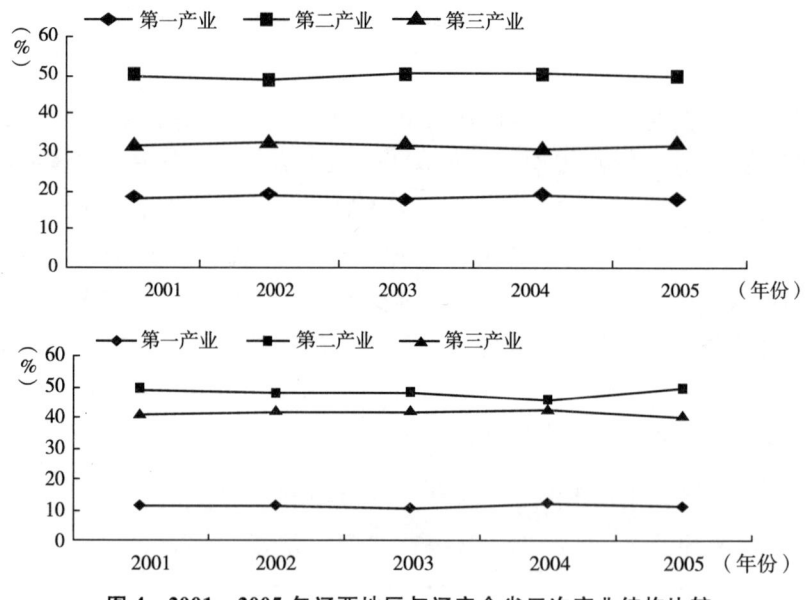

图4　2001~2005年辽西地区与辽宁全省三次产业结构比较

数据来源：根据2002~2006年《辽宁统计年鉴》数据整理。

从2005年辽西地区三次产业在地区生产总值中所占比重与全省水平比较的饼状图中可更直观看出，相对全省而言，辽西地区第一产业比重过高，第三产业发展滞后，第二产业所占比重大体一致（见图5）。

值得注意的一个特征是，辽西各市产业结构差别很大，发展很不平衡。其中，盘锦是典型的工业城市，2005年，其第一产业占10.6%，与辽宁省的平均水平基本持平，第三产业发展滞后，第二产业占地区生产总值的72.2%（主要来自辽河油田工业产值），第二产业增加值占整个辽西地区第二产业增加值的44%，对辽宁西部地区三次产业比重影响很大，可能使

第三产业
32%

第一产业
18%

第二产业
50%

第一产业
11%

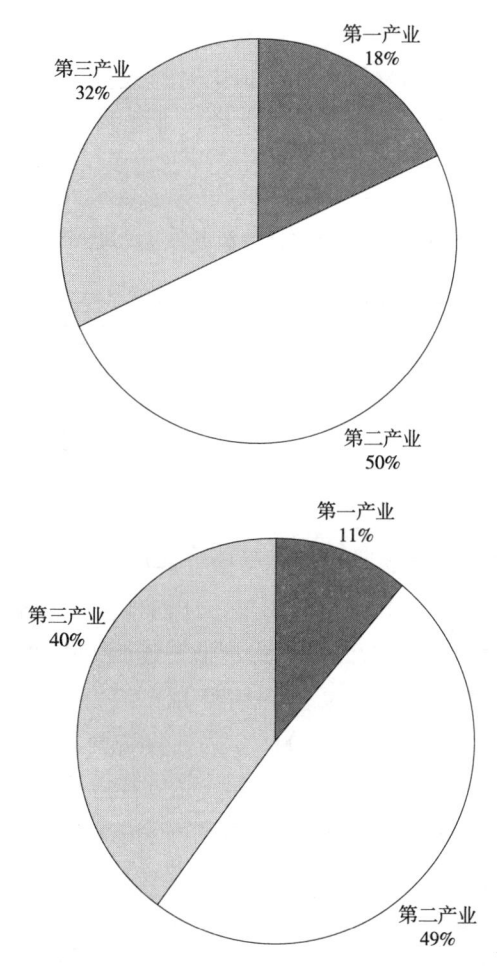

第三产业
40%

第二产业
49%

图 5　2005 年辽西地区三次与辽宁全省三次产业比较

数据来源：根据 2006 年《辽宁统计年鉴》数据整理。

对辽宁西部地区整体产业结构的分析偏离实际情况（见表 2）。

表 2　2005 年辽西各市三次产业在地区生产总值中所占比重

单位：%

项　目	盘　锦	葫芦岛	锦　州	阜　新	朝　阳	5 市均值
第一产业	10.6	14.9	23.1	24.9	26.3	18.3
第二产业	72.2	47.6	36.7	34.3	38.7	49.6
第三产业	17.1	37.6	40.3	40.8	34.9	32.1

数据来源：根据 2006 年《辽宁统计年鉴》数据整理。

如果不包括盘锦这个特殊的工业城市，则辽西地区的第一产业比重将提高到22%左右，因此，整体上辽西地区是对农业依赖度很高的地区。并且观察其"十五"时期的发展过程，这种产业结构基本保持在一种"超稳定"状态，结构转换在区域经济发展中的推动作用还十分弱小（见表3）。

表3 2001~2005年辽西4市①三次产业增加值各自占辽宁西部地区生产总值比重

单位：%

项 目	2001年	2002年	2003年	2004年	2005年	5年均值
第一产业	21.6	21.9	21.5	21.6	21.6	22
第二产业	38.6	39.1	41.0	42.8	39.9	40
第三产业	39.0	38.6	37.5	35.6	38.5	38

数据来源：根据2002~2006年《辽宁统计年鉴》数据整理。

3. 对外开放程度较低，外向型经济的发展局面尚未形成

对外开放程度较低。2001~2005年，辽西地区实际利用外商直接投资11.08亿美元，占辽宁省的5.13%，远远低于辽西人口和地区生产总值在辽宁省的占比。投资增速，辽西实际利用外商直接投资增速变化波动很大，五年间有三年呈负增长，尤其是2004年外商投资严重萎缩。虽然，从辽宁省的增速曲线上看，也有两年外商直接投资呈负增长，但平均来看，在大部分时间内辽西外商直接投资额的增速要慢于全省的平均水平（见图6）。

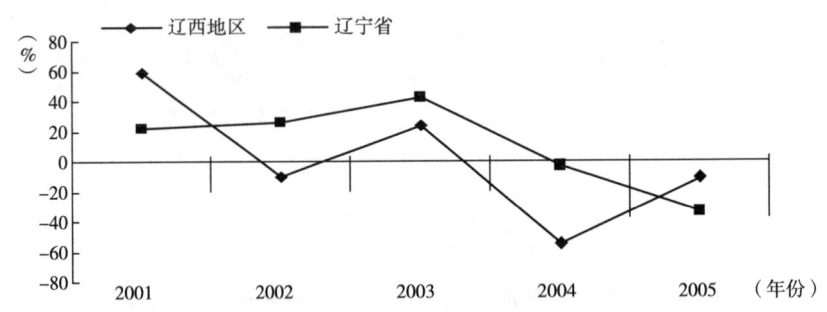

图6 2001~2005年辽西地区及全省实际利用外商投资增长速度比较

数据来源：根据2002~2006年《辽宁统计年鉴》数据整理。

另外，2001~2004年，辽西实际直接利用外商投资在辽宁省的比重呈下降趋势，到了2005年有所好转，所占比重稍有回升。说明辽西吸引外商

---

① 指除盘锦外的辽西地区其他4市，包括锦州、阜新、朝阳、葫芦岛。

投资的环境有所改善（见图7）。

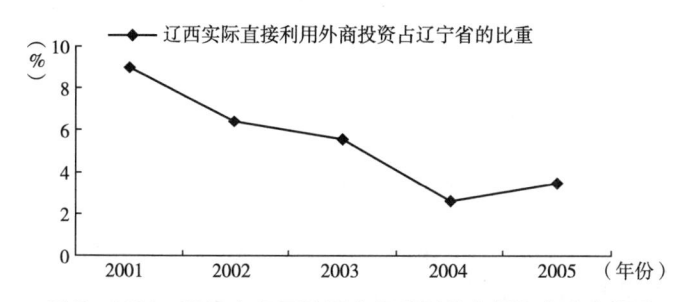

图7　2001~2005年辽西地区实际利用外商投资占全省比重

数据来源：根据2002~2006年《辽宁统计年鉴》数据整理。

再者，从外向型经济发展程度看，2005年辽西地区外资依存度（实际利用外资与全社会固定资产投资之比）仅为1.93%，低于辽宁省6.95%的平均水平，也低于全国6.69%的平均水平。由此可看出，辽西地区外资对资本的形成作用很低，应加大引资力度，促进地区经济发展。2005年辽西地区平均出口依存度为11.21%，除葫芦岛外均大幅低于辽宁省平均23.97%的水平，更低于全国平均34.23%的水平。相对于全国水平而言，无论是辽西地区还是整个辽宁省，出口依存度偏低，这直接反映出，辽西乃至辽宁省地区产品以内销为主，国际市场竞争能力不强，出口对区域经济的拉动作用微弱，外向型经济大发展局面还远未形成（见表4）。

表4　2005年辽宁各地区外资依存度和出口依存度比较

项目	实际利用外资（亿美元）	全社会固定资产投资（亿元）	外资依存度（%）	出口（亿美元）	GDP或GRP（亿元）	出口依存度（%）
锦　　州	0.66	93.31	5.79	5.39	381.94	11.56
阜　　新	0.13	73.18	1.46	0.35	142.59	2.01
盘　　锦	0.15	172.18	0.71	1.35	441.32	2.51
朝　　阳	0.06	85.96	0.57	2.21	212.14	8.53
葫芦岛	0.24	102.42	1.92	10.92	299.52	29.87
辽宁西部	1.24	527.05	1.93	20.22	1477.51	11.21
辽宁省	35.90	4234.06	6.95	234.40	8009.01	23.97
全　　国	724.06	88604.30	6.69	7619.50	182320.6	34.23

数据来源：根据2006年《辽宁统计年鉴》数据整理。2005年美元对人民币的平均汇率为1:8.1917。

4. 区域资金赋存条件较差，投资波动剧烈，使用效率有待于提高

区域资金赋存分析一般从资金存量和资金形成能力两个方面展开（资金存量等于固定资产净值加流动资金年均余额）。2005年辽西地区全部国有及规模以上非国有工业企业的资金总额为1786.90亿元（固定资产净值994.60亿元，流动资金年均余额792.30亿元），占辽宁省资金总额9894.30亿元的18.06%。在辽宁省14市的资金存量排序中，辽西5市盘锦排第5位，葫芦岛第6位，锦州第10位，朝阳第13位，阜新第14位。由此可看出，辽西5市资金存量在辽宁省各市中排序大部分处于后半列。

资金形成能力包括潜在形成能力（包括城乡居民储蓄率、国民收入积累额、人均积累额等）和资金现实供应能力（包括银行贷款、财政拨款、人均利用外资额等）。2005年，辽西地区金融机构存贷款人均量远低于全省人均水平，存款余额、贷款余额约占全省人均量的1/2左右（见表5）。利用外资方面，2005年辽西地区人均利用外资额为81.96元，全省人均利用外资额为702元，辽西人均利用外资额是辽宁省平均水平的11.68%，相对辽宁省整体水平而言，辽西利用外资方面的能力更低。

表5　辽宁省及辽西地区2005年金融机构存贷款余额比较

地　　区	存款余额	贷款余额
辽西地区（万元）	18184094	10226444
辽宁省（万元）	119669518	79580512
辽西人均量（元）	14672	8251
辽宁省人均量（元）	28566	18997
辽西占辽宁省比重（%）	15	13
辽西人均与辽宁省人均差额（元）	13894	10746

数据来源：根据2006年《辽宁统计年鉴》数据整理。

固定资产投资波动幅度较大。2001~2002年辽西地区增长速度较快，2003~2004年增速锐减，2005年增长投资速度回升，当年5市固定资产投资527.1亿元，占全省固定资产投资总额的12.5%。同期辽宁省固定资产投资增速大致呈稳定上升趋势（见图8）。

资金使用效率有待于进一步提高。我们使用"投入产出配比价值系数"对辽西地区资金的使用效率进行定量分析。计算公式为：$r = F/C$，其中：r 为某地区（辽西）投入产出配比价值系数；F 为该区域（辽西）在一定时

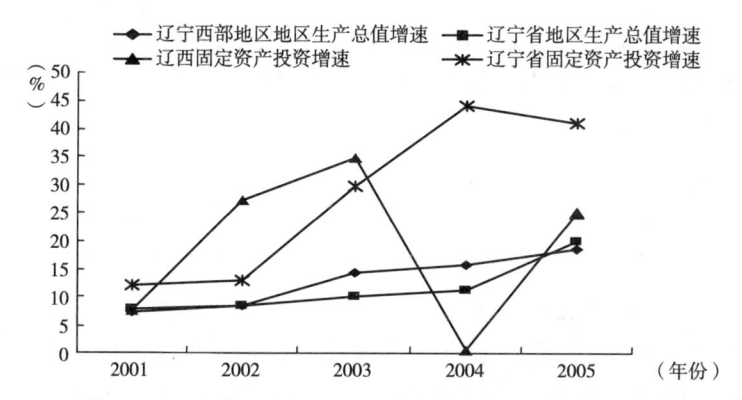

图8　2001~2005年辽西及辽宁省固定资产投资增速比较

资料来源：根据2002~2006年《辽宁统计年鉴》数据整理。

期内GDP占总体（辽宁省）的比重；C为该区域（辽西）在相应时期内全社会固定资产投资占总体（辽宁省）的比重。根据公式计算结果见表6。

表6　辽宁西部地区2001~2005年投入产出配比价值系数

	2001年	2002年	2003年	2004年	2005年
锦　　州	1.39	1.16	1.31	1.97	2.16
阜　　新	0.74	0.60	0.34	0.97	1.03
盘　　锦	0.91	0.79	0.89	1.11	1.36
朝　　阳	0.86	0.87	0.98	1.23	1.30
葫芦岛	1.10	1.02	1.23	1.53	1.55
辽西合计	1.01	0.89	0.89	1.33	1.48

数据来源：根据2002~2006年《辽宁统计年鉴》数据整理。

从表中我们可以看出，锦州、葫芦岛两市五年的r值都大于1，说明该地区以较少的投入获得了较多的产出，投资效果较好。盘锦和朝阳2004年、2005年两年的r值大于1，说明"十五"时期最后两年两市的投资效果有所好转。而阜新五年中只有2005年r值略大于1，甚至在2003年只有0.34，说明该市投资效果很不理想，明显差于辽西其他城市。从辽西5市整体来看，"十五"期间，2002年、2003年r<1，表明辽西地区在这两年地区生产总值占辽宁省的比重小于其社会固定投资占辽宁省的比重，投资较高，产出较低，投资效果不够理想，资金使用效率不高；而2001年、2004年、2005年3年r>1，表明用较少的投资取得了较高的产出，投入产出效果较好。因此，从大的趋势来看，辽西各市的投入产出效果正在得到逐步改善和提高。

5. 地区财政入不敷出，城市居民收入水平相对较低

财政收入水平较低。2005年，辽西5市财政收入总额仅相当于全省财政收入的11.29%，财政支出相当于全省的15.07%；人均财政收入仅相当于全省人均财政收入的38.15%；人均财政支出相当于全省人均财政支出的50.95%。财政收入能力相对弱小，而财政支出刚性较强，导致辽西地区财政支出大于财政收入比率大大高于全省平均水平。而辽宁省的平均水平也大大高于全国平均水平支出远远大于收入，说明辽西地区自我发展能力十分弱小，同时，财政赤字也必将对该区域经济发展产生极大的负面影响（见表7）。

表7 2005年辽西地区、辽宁、全国财政收入支出情况

地 区	财政收入（亿元）	财政支出（亿元）	人均财政收入（元）	人均财政支出（元）	财政支出与财政收入比率（%）
锦 州	17.26	42.74	559.84	1386.31	2.48
阜 新	7.43	34.17	385.57	1773.22	4.60
盘 锦	12.79	35.33	1015.89	2806.20	2.76
朝 阳	21.54	32.71	635.96	965.75	1.52
葫芦岛	17.19	36.59	628.06	1336.87	2.13
辽西地区	76.21	181.54	614.94	1464.86	2.38
辽宁全省	675.30	1204.40	1612.00	2875.01	1.78

数据来源：根据2006年《辽宁统计年鉴》数据整理。

与全省和全国情况不同的是，辽西地区城市居民收入水平较低。2001~2005年，辽西地区城镇居民人均收入由2001年5650元，增加到2005年8309元，增长47.06%，年均递增10.12%；农村居民家庭人均收入由2001年2172元，增加到2005年3422元，增长57.55%，年均递增12.04%。同期辽宁省城镇居民人均收入增长57.12%，年均递增11.96%；农村居民家庭人均收入增长44.25%，年均递增9.59%。辽西地区城镇居民人均收入增长速度低于全省平均水平1.84个百分点；农村居民家庭人均收入增长速度比全省平均水平高2.45个百分点，说明辽西地区农业生产资源的比较优势开始得到发挥。但城镇居民人均收入与全省平均水平的差距，有进一步扩大的趋向。2001年城镇居民人均收入差距仅为147元，2005年扩大到799

元（见表8），这说明辽西地区城市经济相对落后。

表8 辽西各市城镇居民与农村居民人均收入情况

单位：元

项 目	城镇居民人均可支配收入					农村居民家庭人均收入				
	2001年	2002年	2003年	2004年	2005年	2001年	2002年	2003年	2004年	2005年
锦 州	6139	6547	7174	7986	8862	2553	2822	3020	3400	3730
阜 新	4327	4673	5143	5623	6656	1122	1592	2008	2609	3090
盘 锦	7209	7816	8384	9509	11025	3506	3779	4044	4630	5067
朝 阳	4313	4624	5149	5683	6599	1401	1644	1843	2415	3002
葫芦岛	6263	6735	7062	7771	8579	2277	2416	2572	3052	3428
辽西市均	5650	6079	6582	7230	8309	2172	2451	2697	3000	3422
辽宁全省	5797	6525	7241	8008	9108	2558	2751	2934	3307	3690

数据来源：根据2002～2006年《辽宁统计年鉴》数据整理。

由于城市居民家庭人均收入相对较低和农村居民家庭人均收入相对较高的逆向作用，辽西地区城乡收入差距相对较小。2005年，辽西地区城镇居民家庭人均可支配收入是农村居民家庭人均纯收入的2.43倍，全省城镇居民人均可支配收入是农村居民家庭人均收入的2.47倍，辽西地区城乡差距略小于全省。但是，辽西地区城乡差距较小，本质上属于辽西地区城市化、工业化发展水平落后的一种表现。

6. 科技教育发展水平落后，人力资源素质需要进一步提高

在辽西5市中，锦州市是全省科技资源相对密集的地区之一，现有各类科研机构57个，专业科技人才13万多人，2001～2005年，锦州市科技进步对经济增长贡献率达到51%，全市共实施高新技术项目393项（其中市本级计划242项，省计划108项，国家计划43项），累计投入科技经费入6829万元，完成专利申请2160件。除锦州外，其他各市科技力量相对落后，科技投入水平相对较低。2005年，辽西5市科技投入合计只占沈阳市的30%左右。2004年全省各市科技投入占地方财政支出比重，锦州排第4位，盘锦排第7位，朝阳、阜新、葫芦岛3市位列全省后3位，科技拨款占财政支出比重不到1%（见表9）。科技是影响经济发展的一个重要因素，无论是科技发展的基础设施，还是对科技的投入，辽西地区都有待进一步提高。

表9　2004年辽宁省地方财政市本级科技投入情况

单位：万元，%

排　序	地　区	科技拨款合计	其　中		占地方财政支出比重
			科学事业费	科技三项费	
1	鞍　山	11076	1312	9764	3.11
2	大　连	23735	3699	19736	3.00
3	沈　阳	33677	8257	25420	2.64
4	锦　州	2131	1225	906	2.66
5	丹　东	2675	1901	771	2.08
6	本　溪	4091	877	1614	1.99
7	盘　锦	4855	430	2800	1.98
8	铁　岭	1857	1407	450	1.73
9	辽　阳	1707	807	900	1.37
10	营　口	1293	713	580	1.16
11	抚　顺	2374	1334	1040	1.05
12	朝　阳	1115	325	785	0.88
13	阜　新	1022	420	594	0.71
14	葫芦岛	874	374	500	0.74
	辽　西	9997	2774	5585	

资料来源：辽宁科技统计信息网《2004年辽宁省地方财政科技拨款主要统计结果》。

劳动力资源总量充裕，但高素质劳动力匮乏。辽西地区农村人口占总人口的63.40%，因此，农村劳动力资源丰富，劳动力价格相对较低。但劳动力资源质量较低，高等教育落后。辽西普通高等学校数量占辽宁省的14.67%，仅相当于沈阳市的37.93%；中等职业学校数量占辽宁省17.27%，仅相当于沈阳市的54.62%。教育水平与辽宁省的发达地区相差很大（见表10）。

表10　2005年辽西普通高校数、中等职业学校数与全省及沈阳市比较

单位：所

地　区	普通高等学校	中等职业学校
辽西地区	11	71
辽宁全省	75	411
沈阳市	29	130

资料来源：根据2006年《辽宁统计年鉴》数据整理。

高素质劳动力资源自身供给能力较弱。与全省平均水平比较，幼儿园、小学、初中阶段每 10 万人口辽西地区平均在校生数高于辽宁省的平均水平，而高中阶段和高等学校平均在校生数则低于全省的平均水平，尤其是高等学校在校生数远低于辽宁省的平均水平。这将在一定程度上影响辽西地区高素质的劳动力资源供给状况。特别是高级中学每 10 万人口在校生比全省平均水平低约 400 人，这不能不对辽西的发展产生一定的影响（见表 11）。

表 11　2005 年辽宁省及辽西地区每 10 万人口各级学校平均在校生比较

单位：人

地　　区	幼儿园	小　学	初级中学	高级中学	高等学校
辽西地区	1654.00	6998.50	4090.80	2414.50	747.30
辽宁全省	1639.80	6376.80	3755.70	2812.70	1577.00

资料来源：根据 2006 年《辽宁统计年鉴》数据整理。

7. 公铁路交通网络比较密集，机场和港口建设需要进一步完善

公路交通基础设施，京沈高速公路贯通全境，域内锦阜、锦朝高速公路已经开通，沈阳—彰武、铁岭—朝阳高速公路已经开工建设。同时有京哈（102 国道）、锦朝、锦阜、鞍羊、疏港公路等多条主干道，公路总里程已达 3622 公里，5 年累计完成公路建设投资 12.5 亿元，累计投入公路场站建设资金 9.0 亿元；铁路建设，辽西现有沈山、大郑、沟海、锦承、锦赤等十多条干支线铁路，通车里程达 1696.7 公里。京哈铁路、秦沈高速铁路横贯辽西，锦州—通辽铁路贯穿南北，铁路交通十分方便。

航空机场，锦州机场于 1994 年 9 月通航，但现仅开通北京、上海、深圳等城市十余条航线；港口建设，辽西境内有锦州港、葫芦岛港和盘锦港 3 个港口。锦州港已经发展成为具备原油接卸、成品油输出、化工液态材料接输、杂货装卸和集装箱运输等多种功能的大中型综合性港口。葫芦岛港也是天然深水不冻良港，目前正在着手建设深水大港。盘锦港位于辽河口内，现拥有 3000 吨级油品和杂品码头各 1 座，2000 吨级浮趸油码头 2 座，形成以油品为主的小型综合性地方港口，年通过能力 65 万吨。为突破内河港口的局限性，计划建设盘锦海上油码头。综合考察，辽西地区立体交通网初步形成，内外交通联系比较方便，公铁交通网络比较密集，设施基本完善，对促进辽西地区经济发展具有比较坚实的支撑作用。但与省内大连和国内主要沿海城市相比，辽西港口建设总体上还仅处于起步阶段，而航

空机场建设亟待提上日程。

8. 农业资源具有一定的比较优势，农业产业化组织发展势头较好

截至 2005 年末，辽西地区拥有耕地总资源约 152.61 万公顷，其中耕地面积约 139.97 万公顷，分别占辽宁省总量的 39.57% 和 38.29%，农业人口人均拥有耕地资源 0.19 公顷，是辽宁省人均水平的 1.09 倍。相对于辽宁省平均水平而言，辽西的耕地资源具有一定优势。

农产品资源相对丰富。葫芦岛水果总株数居全省第一位，盛产苹果、白梨、李子、葡萄等；朝阳的棉花和杂粮产量居全省第一位，还是重要的油料、干果、杏仁等生产区；盘锦的湿地资源丰富，是芦苇、水稻和水产养殖业的主要生产基地；辽西小麦人均产量是辽宁省人均产量的 1.79 倍，油料人均产量是辽宁人均水平的 1.52 倍，粮食人均产量和人均粮食拥有量，是辽宁省人均产量和拥有量的 1.25 倍。

农业产业化组织和农产品加工业发展势头较好。传统农业正在向现代农业转变，保护地、畜牧业、林果业等产业发展较快，农业科技园区建设发展势头良好，农业产业化发展有了很大进步。阜新引进国内农产品加工投资亿元以上规模的企业就有 15 个，如河南双汇、内蒙古伊利、上海大江、沈阳辉山等一批有品牌、有实力、有市场的大型龙头企业已经落户阜新。盘锦的水稻和林苇业种植面积不断扩大，生猪、乳制品、肉禽等生产基地保持快速发展，河蟹养殖面积扩大，产供销的产业链日趋完善。辽西地区农业资源的优势已经得到了初步的发挥。

（二）对辽西地区经济发展环境的基本评价

1. 辽西地区是自然生态环境较差的地区

水资源匮乏。除盘锦市以外，辽西其他各市均属干旱和半干旱地区，且有不断恶化的趋势。降雨量已从新中国成立初期的 600 毫米左右，下降到目前的 400 毫米左右，人均水资源占有量仅相当于全省平均水平的 2/3。朝阳、阜新是典型的"十年九旱"地区，一旦连续的春旱、夏旱和秋旱发生，大面积的耕地将颗粒无收。水资源匮乏不仅直接影响到农业生产，而且对城市生产、生活和工业经济的发展也带来了极大的负面影响。自然灾害频发。在各种自然灾害中，旱灾的发生概率最高，农业生产极易受到旱灾的侵袭，极大地限制了辽西农业生产资源要素比较优势的发挥。

土地荒漠化严重。朝阳和阜新地区尤甚。朝阳市地处冀、蒙、辽三省区交界处,科尔沁沙漠南缘,属低山丘陵山区;阜新市北与科尔沁沙漠相接。由于沙漠化的侵袭,主要是科尔沁沙地南侵,导致辽西地区的建平、凌源、彰武、阜新蒙古族自治县等地土壤沙化日益严重,水土流失、土壤贫瘠程度加重。因此,辽西地区虽然总土地面积较大,耕地面积较多,但土质瘠薄,有机质含量低,粮食及其他农作物单产水平较低。

生态环境遭到一定程度的破坏。主要是由于煤炭、原油的开采和石化工业加工冶炼,造成污水、粉尘、煤矸石、二氧化硫污染和海岸滩涂及近海资源的污染,以及采煤区塌陷对自然环境的破坏。地下水严重超采,沿海地区已经形成海水倒灌,盘锦湿地也面临着一定的威胁。森林资源、草场资源等也遭到一定程度的破坏,森林覆盖率低,修复环境还需相当的时日。虽然,辽西地区自然生态环境局部得到改善,但总体恶化局面尚未得到有效遏制。

2. 辽西地区是资源型城市和资源型经济相对集中地区

辽西地区是一个资源型城市相对集中的地区。辽宁全省现有的"五大"(鞍山、抚顺、本溪、盘锦、阜新)、"四小"(北票市、南票区、大石桥市、调兵山市)以资源开采为主的城市中,辽西占了"二大"(阜新市、盘锦市)和"二小"(北票市、南票区),约占全省的45%。问题的严重性在于,辽西的资源型城市基本属于"单一资源立市",资源又普遍处于储量衰减甚至枯竭的状态。盘锦市是一个因油而生的城市,但辽河油田的油气产量已经呈递减趋势,现有资源储量仅可维持10年左右的开采时间,而目前尚未发现大规模具有工业开采意义的接续储量。阜新市是典型的因煤而生的城市,但煤炭储量逐年减少,主体矿井大多报废,海州露天矿也已关闭,被国务院列为资源型城市经济转型试点城市。朝阳的北票市和葫芦岛的南票区都是以煤炭开采为主的地区,煤炭资源也近枯竭,北票矿务局已整体破产,南票矿务局也已进入破产程序,都面临着经济转型和发展接续产业的问题。葫芦岛市的杨杖子矿务局也因钼矿资源枯竭而破产。除了这些资源已经面临枯竭的地区外,凌源、喀左、建昌等目前经济发展主要以铁矿石开采业为支柱的县,也面临着如何发展接续产业的问题。辽西地区的许多市、县是依靠不可再生自然资源而发展起来的地区,经济转型和发展接续产业已经成为这些地区迫在眉睫的紧迫任务。阜新、北票和南票都是因为资源型产业衰退而导致经济发展速度放慢或衰落的地区。盘锦市这一问题也将逐步显现。

另外,辽西地区的工业主导产业——石油化学工业,与本地区资源开发具有强烈的相关性,在锦州、葫芦岛、盘锦3市经济中居于重要地位。地区经济增长高度依赖本地资源的开发,资源枯竭极易导致区域内产业链条断裂,进而导致区域经济衰退。

3. 辽西地区属于城市化和工业化发展水平落后,中心城市首位度低的地区

城市化水平低。截至2005年底,辽西地区城市人口比重仅占总人口的36.6%,比全省平均水平低近12个百分点;农业人口占63.4%,比全省平均水平高11.9个百分点。如果仅从城乡人口分布结构看,辽西地区还带有着十分浓厚的农业社会的痕迹。各市之间城乡人口差别也很大。盘锦市由于是辽河油田所在地,非农业人口比重高达61.9%,而朝阳市是传统的农业地区,农业人口比重占到总人口的73.1%(见表12)。

表12 2005年辽西5市城乡人口构成与全省情况比较

单位:万人,%

项目	总人口	非农业人口	比重	农业人口	比重
锦州市	308.3	116.7	37.9	191.7	62.2
阜新市	192.7	86.1	44.7	106.6	55.3
盘锦市	125.9	77.9	61.9	48.1	38.2
朝阳市	338.7	91.2	26.9	247.5	73.1
葫芦岛	273.7	82.3	30.1	191.4	69.9
5市合计	1239.3	454.1	36.6	785.2	63.4
辽宁省	4189.2	2029.7	48.5	2159.5	51.5

资料来源:辽宁省人口和计划生育委员会网站,表中数据为公安户籍统计数。

工业化发展水平落后。2005年,全省第一、二、三产业比重为10.7:48.8:40.5;辽西5市均值为18.3:49.6:32.1。与全省平均水平相比,辽西第一产业比重高出7.6个百分点,第三产业低8.4个百分点。辽西地区第二产业比全省平均水平高出0.8个百分点,第二产业比重似乎并不低。其原因主要是由于盘锦市产业结构畸形和原油价格变动的影响。如果排除这一因素,其他四市三次产业结构比重则为22.3:39.3:38.4,第二产业比重比全省平均水平低了9.5个百分点,第一产业高了11.6个百分点,辽西地区工业化发展水平明显落后于全省平均水平(见表13)。

表13 2005年辽西各市三次产业在地区生产总值中所占比重

单位：%

项 目	盘 锦	葫芦岛	锦 州	阜 新	朝 阳	5市均值	辽宁全省
第一产业	10.6	14.9	23.1	24.9	26.3	18.3	10.7
第二产业	72.2	47.6	36.7	34.3	38.7	49.6	48.8
第三产业	17.1	37.6	40.3	40.8	34.9	32.1	40.5

数据来源：根据《辽宁统计年鉴》2006年统计数据整理。

中心城市首位度低。在辽宁三大经济板块中，沈阳、大连作为辽宁中部城市群经济区和辽南沿海经济带中心城市，在区域经济发展中已经发挥出巨大的要素集聚与辐射的功能。而辽西尚缺乏类似沈阳、大连这样的中心城市。锦州作为辽西区域性中心城市首位度低。人口总规模小，2005年锦州市总人口308.30万人，仅相当于沈阳的44.00%。大连的53.00%；城市人口比重低，锦州市农业人口占总人口比重高达62.20%，大大高于沈阳35.50%、大连43.90%的农业人口比值。工业经济整体发展水平落后，科技、教育资源不足等，是锦州作为区域性中心城市首位度不高的基础性原因。培养辽西区域性中心城市，是振兴辽西经济必须解决的一个问题。

4. 辽西地区是行政成本高昂的地区

辽宁西部地区的行政区划几经变化，导致这个地区的行政成本居高不下。我们这里所说的行政成本居高不下并不是单指各级政府的行政支出不断攀高，主要是指由于行政区划不合理而造成的行政成本过高。如盘锦市目前有人口126万，仅相当于平原地区两个县的人口，其人口总规模也不过相当于一个百万人口城市的规模，1984年没有成立盘锦市之前，仅有盘山县和大洼县两个县级行政区划，建市后多出了两个区——双台子区和兴隆台区，同时增加了市级机构。新增加的市级机构和两个区级政权的机构（包括党委机构、政府机构、人大机构、政协机构），都需要一定的费用来维持其正常运转，而且一经设立就成为政府财政刚性支出；阜新市一些区的人口规模仅相当于，甚至尚不如一个镇的人口规模，但财政供养的人口却远远大于一个乡镇的财政供养人口；葫芦岛市目前下辖三个区，其中的龙港区是原来的葫芦岛区，南票区在归锦州市管辖时就存在，连山区是原来的锦西县，由于设立葫芦岛市，增添了一个完整的市级政权架构及其直属机构。

5. 辽西地区属于贫困落后地区

由于辽西地区自然环境相对较差，资源型城市较多且资源已大多进入衰退枯竭期，城市化和工业化发展水平相对落后，区域经济发展实力较弱，辽西地区还处于相对贫困的落后状态，属辽宁经济欠发达地区。2005年，辽西地区人均拥有工业固定资产原值15049.46元，为全省平均水平的76.86%；经济密度2686382元/平方公里，远远低于全省5411493元/平方公里的平均水平；人均国民生产总值11918元，仅为全省的62.34%的平均水平；城镇居民人均可支配收入比全省平均水平低799元，农村人均纯收入比全省平均水平低268元；人均财政收入仅相当于全省平均水平的38.1%，地方财力弱小，是全省的贫困县集中区。朝阳市所辖的5个县（市）中有3个国家级贫困县，2个省级贫困县。阜新市所辖的2个县，葫芦岛市的建昌县也都是贫困县。辽西地区欠发达特征十分鲜明（见表14）。

表14　2005年辽西地区若干指标与全省平均水平的比较

单位：元

项　目	人均地区生产总值	城镇居民人均可支配收入	农村人均纯收入	人均财政收入
锦州市	12387	8862	3730	559.84
阜新市	7400	6656	3090	385.57
盘锦市	44130	11025	5067	1015.89
朝阳市	6262	6599	3002	635.96
葫芦岛市	10943	8579	3428	628.06
辽西市均	11918	8309	3422	614.94
辽宁省	19118	9108	3690	1612.00

数据来源：根据《辽宁统计年鉴》2006年数据整理。

三　辽西地区功能定位、经济振兴战略选择及主要任务

在世界经济全球化、区域经济一体化和中国近30年来改革开放不断深化的大背景下，我国的区域经济发展模式已经发生了深刻变化。其中，一个最显著的特征就是，珠江三角洲、长江三角洲和环渤海地区，已经成为带动中国经济增长的主要三极。辽西作为环渤海地区的一个组成部分，需要依据已经变化并且还在不断发生变化的客观外部环境，重新审视和确定自身的功能、地位与作用，抓住机遇，发展自己。

(一) 辽西地区的功能、地位与作用

1. 辽西经济区是一个沿海地区

由于悠久的陆地经济发展传统和自我封闭意识的影响，过去多年来，辽西地区在区域经济和社会观念形态认识中一直是一个内陆地区的概念。但实质上，辽西地区是辽宁乃至东北沿海经济带的重要组成部分。全区海岸线长473.7公里，占辽宁海岸线2292公里的20.67%。在约100公里的沿海交通圈内，拥有锦州、盘锦、葫芦岛三个地级市和凌海、兴城两个县级市，构成了辽西沿海城市带，其城市密度甚至大于辽中南丹东—大连—营口之间的城市密度。随着锦州—阜新、锦州—朝阳高速公路的开通，阜新、朝阳也进入了辽西沿海城市带的1小时经济圈。现代交通通信条件的巨大进步，使阜新和朝阳也从传统的内陆地区演变为近海城市。所以，辽宁西部地区，从史称的"辽西地区"演变为区域规划范畴内的"辽西经济区"后，还将进一步演变为"辽西沿海经济区"。这一转变的重大现实意义在于，彻底消除内陆意识，与当代全球经济沿海发展趋势保持同步，突出沿海经济发展理念，发挥沿海城市带或城市群优势，塑造辽西沿海区域品牌，构建振兴辽西经济的新平台。

2. 辽西地区是京津冀经济区和东北经济区的连接点

辽西地区在地理上素有"辽西走廊"之称。辽西走廊，亦称"榆（渝）关走廊"、"山海关走廊"，位于锦州市与河北省山海关之间，东临辽东湾，西依松岭山，西南—东北走向，长约185公里，宽8～15公里。锦州、锦西、兴城、绥中、山海关等城镇是扼守走廊的交通要地。走廊背山面海，丘陵起伏，形势险要，是沟通山海关内外的重要通道，历史上中国东北地区和黄河中下游地区的联系主要是依靠这里。辽西走廊似一条超越时空的彩练，把中原汉民族文化与辽西北民族文化连在一起。当代，辽西走廊是连接华北—京津冀与东北—辽吉黑两大经济区的重要纽带。

京津冀经济区，主要包括由北京、天津、唐山、保定、廊坊等城市所统辖的京津唐和京津保两个三角形地区，以及周边的承德、秦皇岛、张家口、沧州和石家庄等城市部分地区、中心面积近7万平方公里，人口约4500万，其目标是要打造以北京、天津为双核的世界级城市。京津冀都市经济圈的政治文化角色作用是其他经济圈所不可替代的。长江三角洲都市经济圈的加工制造能力是其传统的长项；珠江三角洲都市经济圈的对外开放前沿地位乃是其制度创新的源泉；而京津冀地区，北京的政治资源优势，获得了全国其他任何城市所不能获得的大量经济资源。集聚于北京的"总部经济"，往往又具有调动全国经济资源的各种能力，使京津冀地区聚集全国经济资源的力量又将进一步增强。2006 年《城市竞争力蓝皮书：中国城市竞争力报告 NO.4》通过对 15 个内地城市群①的 9 个指标体系、35 个排名指标进行计算排名，京津冀城市群内地竞争力排第三位。辽宁省辽中南城市群排第五位。

东北经济区包括辽宁、吉林、黑龙江三省和内蒙古自治区的呼伦贝尔市、兴安盟、通辽市、赤峰市和锡林郭勒盟。土地面积 145.2 万平方公里，占全国的 15.1%；2004 年总人口 11983.13 万人，占全国的 9.2%；GDP16195 亿元，占全国的 10.1%。东北经济区形成历史相对较短。主要是清末以来，伴随移民和土地、矿产资源开发，东北区域经济得以迅速发展，尤其是商品粮基地的形成，近现代工业的产生与发展，区域商贸金融业的繁荣，使区域内外经济联系日益加强，东北经济区作为一个具有现代意义的经济区域单元的形成，在中国近现代工业史上留下了辉煌的一页。东北经济区是中国现代工业的发祥地之一，曾对我国社会主义建设起到了重要带头作用。改革开放以来，东北经济区为当代中国实现渐进性改革目标做出了顾全大局的贡献。但与此同时，从 20 世纪 80 年代后期开始，东北的发展出现了经济增长相对缓慢和失业率上升等诸多问题，东北地区的经济发展遇到了前所未有的困难。因此，21 世纪初，国家制定了振兴东北等老工业基地的重大战略举措，东北老工业基地正在逐渐走出困境。

辽西地区位于京津冀经济区和东北经济区结合部，交通基础设施相对完善。区内的锦州港是中国沿海最北部的一类开放商港，东北第三大港口，已同 80 多个国家和地区建立了通航关系，2005 年吞吐量突破 3000 万吨，已跻身中国港口 20 强。秦沈铁路客运专线、京哈铁路和京沈、锦朝、锦阜高速公路在锦州交会，已形成集铁路、公路、航空、海港、管道等运输方式为一体的立体交通网络。锦州机场是辽西唯一一座达国际 4C 级标准的民航机场，锦朝、锦阜、盘海高速公路与京沈、沈丹高速公路实现了对接。

---

① 包括长三角城市群、珠三角城市群、京津冀城市群、山东半岛城市群、辽中南城市群、海峡西岸城市群、中原城市群、徐州城市群、武汉城市群、成渝城市群、长株潭城市群、哈尔滨城市群、关中城市群、长春城市群、合肥城市群。

作为两大经济区的连接点，辽西地区既具有接受双向辐射与拉动的区位优势，又在两大经济区域的联系与互动中担负着重要沟通与衔接的功能。

3. 辽西地区是环渤海经济圈的重要节点

改革开放 30 年来，中国东部沿海地区的增长已为中国经济的发展奠定了坚实基础。继长江三角洲、珠江三角洲经济圈大展活力之后，环渤海经济圈正加速崛起。环渤海经济圈于 20 世纪 80 年代提出，其划分目的是作为国家的七大综合区域之一，期望依托其发展带动整个北方经济的发展。环渤海经济圈狭义上指中国辽东半岛、山东半岛、京津冀为主的环渤海滨海经济带；广义上延伸辐射到山西、辽宁、山东及内蒙古中、东部盟市，广义范围占据了中国国土的 12% 和人口的 20%。从更广阔的东北亚范围看，环渤海经济圈还包括朝鲜和韩国的西海岸地区、日本的北九州及西南地区。1994 年 7 月中、日、韩三国学者在天津市召开了"东亚经济发展与环黄渤海区域经济合作国际研讨会"，对中国京津冀联合、日本九州东亚化及韩国西海岸开发 3 大课题进行了专题研讨。2003 年 3 月 21 日在北京召开了中国环黄海地区与韩国西海岸地区开发战略研讨会。从亚太地区产业结构调整和发展趋势以及中国产业结构升级的需要来看，环黄渤海地区将是产业结构国际传递和国内调整的结合部。日本和韩国对于环黄渤海地区合作热情很高。韩国制订了庞大的西海岸开发计划，其主要目的之一就是与中国山东、辽宁两个半岛进行广泛合作。日本的北九州复兴计划就是要建成面向亚洲的科技文化、经济交流中心。

环渤海经济圈核心由三块相对独立的经济区域构成。首先是京津冀地区，正面临起飞契机，特别是京津两大直辖市的合作大大增强了环渤海地区的向心力和辐射力；其次是辽东半岛的辽东南经济区，其腹地是东北地区；再次是山东半岛经济区。因此，有专家建议渤海湾经济圈的发展在战略上可以分为三个部分，即在现在的"环渤海经济圈"基础上，划分出以辽东半岛为核心的"北渤海湾经济区"，南部以山东半岛济南、青岛、烟台为主要区域的"南渤海湾经济区"和京津冀为主要范围的"西渤海湾经济区"。

环渤海地区拥有得天独厚的经济发展优势。从国际上来看，该地区属于中国北方三大结合部，改革开放以来，环渤海已经形成了发达便捷的交通优势、雄厚的工业基础和科技教育优势、丰富的自然资源优势、密集的骨干城市群五大优势。这些在东北亚地区国际开发合作中已经形成了独特的优势，环渤海地区已经处于日渐活跃的东北亚经济圈中心地带，不但在我国沿海经济发展的格局中起着举足轻重的作用，在东北亚乃至亚太地区国际分工协作中也具有重要的地位。从区域投资情况看，资本逐步向我国北部地区转移。从潜在竞争力比较看，随着振兴东北老工业基地战略的实施，环渤海地区将会有更明显的区位优势和更广阔的发展空间。环渤海区域基础设施的互联互通，已从软硬件方面加速展开。2003年10月，北京与天津港口岸开始直通，两市实现了港口功能一体化；首都国际机场和天津滨海国际机场联合，率先实现了中国民航跨区域的机场整合；北起山海关、南至山东烟台的环渤海经济圈铁路大动脉，目前已经完成约2/3的建设任务。辽宁西起山海关、东至丹东的滨海公路也正在建设之中。辽西地区本身既是环渤海经济圈的一个重要节点，同时又是"西渤海湾经济区"和"北渤海湾经济区"的联系与纽带，在环渤海经济圈中占据着极其重要的地位。

4. 辽西地区是东北西部及内蒙古东部内陆地区通向海洋的重要门户

在我国众多的沿海港口中，锦州港作为我国渤海西北部400公里海岸线唯一全面对外开放的国际商港，虽起步较晚，但后发优势正逐步显现。自20世纪80年代末期从零开始，发展到2005年吞吐量3003万吨，年复合增长率达到64.51%，集装箱达到了20万标箱；自2000年突破1000万吨吞吐量后，尽管基数越来越大，但2005年仍然保持了年均27%的复合增长率。行业地位不断提升，在全国200多家港口中，目前已跃居到全国第21位。2006年，锦州港已经拥有18座生产性泊位，完成吞吐量3156万吨，25万吨油泊位工程投入试运营。"十一五"期间，锦州港规划投资54亿元，新建万吨级以上泊位14座，吞吐能力达到6645万吨，并使港口满足10万吨级船舶进出，使该港成为一个集大型油品化工港、综合性集装箱港、区域性散杂货港为一体的现代化国际港口。锦州港与大连港资源整合全面推进，双方签订了《战略合作框架协议》，并已在集装箱行业方面进行了资本合作，还将在资本市场、矿石和油品业务、锦州港西部海域开发建设等方面拓宽合作领域，建立全面的战略合作关系。

在锦州港货物输出总量中，锦州市仅占10%左右，而周边城市和腹地所占份额则超过80%。因此，锦州港已经成为东北地区重要的油品、粮食、散矿、煤炭装卸基地，在我国南北货物周转中起着非常重要的作用。锦州港的快速发展已经引起国际社会的关注。2006年12月，蒙古国东方省省长兼国家东部区区长策詹拉布、蒙古国驻中国大使馆商务参赞乌兰巴雅尔等一行5人，应锦州市政府邀请，就"锦州港作为蒙古国出海口"项目赴锦州进行了考察访问并签署了合作备忘录。蒙古国为加快对外开放的步伐，将修建蒙古国乔巴山—珠恩嘎达布其口岸，锦州港铁路建设和铺设天然气管道工程，试图将锦州港成为蒙古国对外贸易出口的新海港。新通道北起蒙古国的乔巴山，经珠恩嘎达布其口岸入境，经白音华、大板、赤峰、叶百寿直达锦州港，在我国北部路网结构中非常重要，是东欧及蒙古国通向港口的捷径。蒙古国境内与锡林郭勒盟接壤的几个省份矿产资源富集，主要为石油、煤炭、有色金属、木材、宝石等。此外，乔巴山铁路已与俄罗斯的赤塔市相连，还可以形成中、蒙、俄三国铁路的循环体系，将对辽西地区、全省，乃至东北亚地区的长远发展具有十分重要的战略意义。因此，辽西地区依托港口建设，将成为东北西部及内蒙古东部内陆地区，甚至成为蒙古国通向海洋的重要门户。

（二）辽西地区经济振兴的基本思路及战略选择

1. 基本思路

以进一步深化改革扩大开放为动力，以体制和机制创新为基础，以科学发展观为统领，以构建和谐社会为目标，以振兴辽西经济为目的，抓住振兴东北老工业基地和环渤海经济圈大发展的双重机遇，充分发挥辽西区位优势，全力实施地区经济工业化、农村人口城市化、区域经济一体化、农业经济产业化"四化"发展战略，以加快锦州湾港口建设、打造区域性中心城市增长极、培育工业产业集群、发展现代商贸物流、规划人文与自然景观旅游、发展农业产业化组织和建设新农村为重点，以大力发展临港经济为产业布局的基本原则，促进辽西地区经济的发展，实现辽西地区经济的全面振兴。

2. 发展战略原则

（1）对外开放与体制机制创新并重原则。

对外开放相对落后与体制机制创新相对滞后是阻碍辽西地区经济振兴的一个痼疾。因此，振兴辽西经济应该以开放的思维指导本地区进一步扩大对外开放；以创新的思维指导本地区体制机制的全面创新。坚持对外开放与体制机制创新并重，全面改善辽西经济发展环境。

（2）环境保护与经济发展并重原则。

贯彻和落实科学发展观，统筹人与自然和谐发展，在发展中保护环境，以优良的环境促进发展，逐渐消除经济增长对资源和环境的压力，保持环境与资源对经济发展的持续支撑，合理利用自然资源和环境容量，大力发展循环经济。

（3）地区经济工业化与农村人口城市化发展并重原则。

把握工业化与城市化的互动关系，促进地区经济工业化与农村人口城市化同步进行。目前特别是要尽力打造辽西中心城市，加快城市化步伐，修复工业化与城市化的裂痕，克服和避免城乡二元结构陷阱。树立解决"三农"问题根本出路在于"变农民为市民"的思维理念，大力支持农村人口向城市转移。加快区内城市建设步伐，增加本地城市吸纳农村人口的能力和吸引力。

（4）利用本地资源与引进外部资源发展地方经济并重原则。

在利用本地资源大力发展地方经济的同时，还要创造区域内软硬环境"洼地效应"，引进外部资源发展地方经济。进一步扩大开放，引进外来农业产业化龙头企业和工业加工制造企业，突破本地资源约束瓶颈，扩大农业产业化发展规模和工业发展领域。

（5）合作与协调并重原则。

推进辽西区域经济一体化，要坚持合作与协调并重的原则。合作是一体化得以实施和实现的前提与基础。在和谐的基础上实行全方位的合作与融合，实现优势互补、互利双赢。一体化是各方要建立多层次和多形式的交流平台，推进体制创新，形成统筹、合作、互利、共赢的优势。通过地区的分工协作、有序竞争，优化产业布局，培育优势产业，形成产业集群，提升辽西区域经济综合竞争力。

3. 实施"四化"发展战略

（1）地区经济工业化。

工业化是振兴辽西经济的中心环节。鉴于辽西地区的工业化水平与层次较低、资源要素赋存条件相对较差的现实，根据辽西沿海地区优势，以及现代产业结构演变的一般趋势或规律，我们认为，地区经济工业化应当成为辽宁西部地区经济振兴过程中的一项核心的发展战略。尤其是对辽西而言，实施工业化战略本身既是一个追赶全省、全国经济发展步伐，改变落后地区面貌的过程，也是一个经济结构调整和产业结构升级的过程。区域经济结构调整和产业结构升级的战略目标：一是促进农村人口向城市集中，实现第一产业比重下降与农业剩余劳动力减少的同方向变化；二是提高工业对经济增长和创造就业机会的贡献率，抚平城乡二元结构裂痕；三是通过工业主导或支柱产业的引领作用，提高区域经济综合竞争力。在发展工业化过程中，需要注意的是，应当结合本地的自然资源与人力资源的特点与优势，根据科学发展观和建设节约型社会的要求，注意保护环境，以信息化带动工业化，走新型工业化发展道路。

(2) 农村人口城市化。

关于现代农业经济的一般理论研究表明，现阶段农村人口数量下降到总人口的25%以下，农村土地的价值才能达到集约化、规模化、专业化生产要求的成本阈值。但是，截至2005年，辽西地区农业人口占总人口的比重为63.4%，因此，如果辽西农村人口总量不变，农业即使达到现代化水平，行政区域内的山林土地及其特产资源也不足以支撑农村全面进入小康社会；也不足以使辽西彻底摆脱相对落后贫苦的面貌。因此，需要树立建设新农村和解决"三农"问题根本出路在于"变农民为市民"的思维理念，大力鼓励和支持农村人口向城市转移。加快区内城市建设步伐，增加本地城市吸纳农村人口的能力和吸引力；促进人口跨地域转移，把促进人口异地转移与提高区内城市人口水平，减少农村人口，作为全区经济社会发展长期战略问题予以高度重视。辽西地区城乡人口结构变化对辽西地区未来发展具有决定性意义，是辽西真正进入工业社会、全面实现小康社会发展目标的必要条件。

(3) 农业经济产业化。

农业产业化是以市场为导向，以提高经济效益为中心，围绕农业主导产业和产品，实行区域化布局、专业化生产、一体化经营、社会化服务、企业化管理，把产供销、贸工农、经科教紧密结合起来而形成的一条龙的生产经营体系。实施农业产业化是对农业生产经营方式和组织制度的创新和改造，它与传统农业生产经营方式相比，可在更大范围和更高层次上实现农业资源的优化配置和生产要素的重新组合。其重要意义在于，农业产业化可以在一定程度上改变农业的弱质地位，提高农业规模化效应和农业的竞争质量，进而提高农民的收入水平。辽西地区农业生产资源环境具有较强的同一性，具备发展农业产业化生产经营的客观条件。阜新市在地区经济转型过程中，引进了许多国内农产品加工龙头企业落户阜新。这说明辽西发展农业产业化具有比较深厚的潜力，应该成为振兴辽西经济和建设新农村的重要发展战略。

(4) 区域经济一体化。

进入 21 世纪以来,在经济全球化的大背景下,区域经济一体化已经成为世界各个国家和地区高度关注的、一种可以增进参与各方福利的区域经济发展组织形式;中国逐步深化的市场经济体制改革,不断突破行政区划的界限,实现生产要素最佳配置和要素生产率的最大化,区域经济呈现崭新的发展态势。改革开放以来国民经济的增长基本上是"点状"拉动,进入 21 世纪以来,国民经济的增长将是主要依托一体化的城市群经济推动。一体化的区域经济由于地理上接近、文化上相似、市场结构上互补,可以有效地降低交易成本和违约风险。辽西 5 市经济一体化既是区域经济合作发展趋势的必然结果,又是市场经济取向的经济体制改革和加快政府管理体制改革的本质要求,也是最终克服由于行政区经济的束缚,解决 5 市之间在资源配置、产业整合、城市基础设施建设以及环境资源保护过程中出现的矛盾和摩擦的根本途径。在振兴东北老工业基地的过程中,建设辽西一体化经济,也是一项具有创造性意义的中型区域经济发展组织形式上的突破。"十一五"期间,要实现辽西 5 市经济一体化发展的良好起步,在目前各市经济社会发展规划基础上,需根据经济一体化发展的内在规律与原则,规划辽西 5 市经济一体化发展方向和目标,推进经济一体化实质性发展,避免区域内恶性竞争,导致资源要素不合理配置和效率的损失。

(三) 主要任务

1. 转换经济发展模式:经济增长从主要依靠自然资源、农业资源增长要素向主要依靠技术和人力资源增长要素转变

辽西现存的经济结构,支撑经济增长的主要因素是农业自然资源和不可再生的矿产资源。农业资源虽然具有其他自然资源要素所不具备的、深厚的可持续发展潜力,但并不能改变农业"弱质产业"的本质,更无法克服资源的有限性与实现城乡统筹发展的目标要求,以及农民不断增长的致富要求;煤炭资源储量已经处于衰减状态;油田及其依托油气资源发展起来的石油化工产业,也不足以完全改变辽西的相对落后面貌,并且本地油气资源产量已经进入递减状态。因此,需要转变传统的发展模式,在开发本地农业资源、自然资源的同时,优先开发人才、技术、信息、市场等各类要素资源。通过转变经济发展模式,使经济增长或发展建立在技术和人力资源基础之上。技术和人力资源的投入可以创造较高的附加值,并且可以不断更新、不可穷尽，是经济可持续增长的不竭源泉。

2. 转换传统经济结构：实现从传统种植、养殖业和矿产品等初级产品加工生产为主体的经济结构向现代农业及其产品加工和工业制造业为主体的产业结构转变

单纯以传统的种植、养殖业和矿产品采掘等初级产品加工生产为主体的经济结构，既不足以支撑本地经济的可持续发展，也难以实现小康社会的建设目标，因此需要尽快调整经济结构，通过第一、二、三产业结构的转换和创新，打造新的经济增长点。产业结构转换核心是调整第一、二、三产业比例关系，加大第二产业发展力度，在继续发展石化工业的同时，大力发展电子及通信设备、交通运输设备制造业、金属非金属制品业、农副产品精深加工食品业、轻纺工业、机械及配套等产业，加速工业化进程。特别是要大力引进外来工业加工制造产业，突破本地资源和产业领域狭窄的瓶颈约束，扩大工业发展领域。第一产业重点是调整产业内部比例关系。农业要由以粮食种植业为主的传统农业转向以高效农业为主的现代化农业，发展科技农业、生态农业、规模农业和产业化农业；第三产业要由以居民服务业为主转向为生产和生活，区内和区外全方位服务以及新兴业态的方面转变。

3. 改变辽西地区缺乏中心城市的局面，实现"锦葫城市一体化"

经济全球化和区域经济一体化的快速发展进程，改变了当今世界经济竞争的方式，中心城市及其与周边城市形成的城市群，已经成为竞争的一个基本单位。因为，中心城市和城市群能够有效地从更广的范围配置资源、安排市场、产业布局，形成优势互补和资源共享的格局，并以此为基本单位展开对外部的经济往来与合作。中心城市和城市群的形成与发展，是现代交通、通信条件下人口、资金、物资、技术、信息高度集聚的必然结果，也是经济全球化和区域经济一体化背景下城市化发展的大趋势。区域一体化已经成为地理上相邻的城市谋求共同发展、参与广域竞争的普遍选择。从辽西走廊、沿海区位、腹地空间距离等方面分析，辽西地区具备发展成为一个次级城市群的优越条件。目前的关键问题是，辽西地区中心城市首位度不高、形象模糊，生产要素集聚功能弱小，溢出效应低下。因此，中心城市的建设与发展应该作为振兴辽西的一个重要的战略任务。我们认为，辽西走廊上的锦州、葫芦岛、兴城和凌海四城市间的社会、经济、交通等联系密切，具有发育成"走廊型"城市共同体的天然条件。以锦州和葫芦岛两个地级市为"双核"，以兴城和凌海为两翼，以"两港两区"为纽带，

实施一体化发展战略,增强经济极化作用,通过促进生产力要素的定向聚集,联手打造辽西中心城市。

4. 转变以行政区划为主各自发展为以经济区划为主共同发展,实现区域经济一体化

在市场经济条件下,经济发展的内在张力要求淡化行政区划而强化经济区划。形成经济区划的关键因素在于产业同构,只有具有比较接近的产业结构,才能具有形成统一经济区划的可能。同时,在产业同构的情况下,只有形成统一的经济区划,才能避免产业同构带来的恶性竞争,实现多赢共赢。辽西锦州、盘锦、阜新、朝阳、葫芦岛5个城市山水相连,文化资源趋同、产业结构相似。锦州、葫芦岛和盘锦3市都以工业经济为主导产业;在工业经济中,又都以石油化工为主。阜新、朝阳在农业与矿产资源的开发利用上也具有极大的共同性,具有经济一体化发展的区位环境、资源基础与产业结构方面的优越条件;交通设施完备,具有铁路、高速铁路及一般公路、港口、机场、管道等多种现代交通设施,特别是滨海城市都拥有自己的港口,其中锦州港是我国沿海最北部的一类对外开放口岸及东北地区的第三大港口,也是辽西地区唯一的具有装卸散杂货、油品和集装箱的多功能港口,在区域经济一体化,联合开发锦州湾方面可以大有作为。

辽西5市要打破行政区划的限制,团结一致、交通共建、市场同体、产业同布、科教同兴,实现资源整合与优势互补,这样才能减少技术创新成本、增强创新能力,才能拉动腹地经济增长,激发辽西自主振兴的信心。开发锦州湾,重中之重是"以港兴湾",首要的问题是整合港口资源,特别是锦州港和葫芦岛港的建设,要加快港口的一体化建设,联合开发建设锦州湾,建设辽西融入全国和世界经济的平台。

四 辽西地区经济振兴战略发展重点

(一)以港口建设为龙头,联合开发锦州湾,实现海路陆经济一体化

1. 以港口建设为龙头,联合开发锦州湾

构造辽西振兴的系列联动效应或机制:振兴辽西要以开发锦州湾为突破口;开发锦州湾要以港口建设为龙头;港口建设要以合理整合港口资源

为切入点。

辽西沿海地区在东北—辽宁老工业基地振兴过程中担负着重要的责任，开发锦州湾是辽宁"五点一线"沿海开放战略的重要环节，在整个辽西地区的开放、开发中担负着先行和带动作用。开发锦州湾，港口建设是核心环节，也是彻底改变辽西面貌、振兴辽西经济的最基础的战略平台。目前，在锦州湾内存在锦州港、葫芦岛两个港，行政上分别隶属锦州、葫芦岛两市，两港海上直线距离八海里左右，基本处于同一地理位置，功能也基本一致，但目前处于分别建设状态，既不利于港口发展，也不利于锦州湾整体开发。因此，开发锦州湾的首要问题就是要统筹港口资源，制定锦州湾港口资源整合和发展建设规划，科学界定港口功能，合理配置港口资源，完善交通网络，规划并建设锦州湾滨海公路，加快疏港铁路体系建设，消除港口集疏运"瓶颈"制约，一体化建设，一体化发展。避免现实和潜在的资源浪费，使锦州湾港口群在辽西沿海产业带、城市群发展过程中发挥出突破口作用。

锦州港在辽西港口群建设过程中，无疑将发挥出区域性主导作用。2005年锦州港达到3000万吨的吞吐量，已经初步成为具有装卸散杂货、油品和集装箱的多功能港口。目前，锦州港作为中国沿海最北部的一类开放商港，已跻身于中国港口20强，一个崭新的北方港口形象已具雏形。我们要采取有力措施，实现锦州港和葫芦岛港两港共建，尽快建设成为亿吨大港，使之成为锦州湾区域经济的凝聚点和中心点，承接辽宁中部城市群和京津冀都市圈的双重辐射，吸引资金、技术和人才等生产要素，发展临港工业和外向型经济，围绕沿海港区建设具有辽西特色和优势的新型产业群，成为辽宁新的区域经济增长极。整体开发锦州湾既是规划统筹、资源整合、设施共享、合作共赢的过程，也是整体提高辽西地区竞争力、实现辽西崛起的过程。目前，环渤海地区正在成为中国最具成长性的区域，锦州湾是环渤海经济圈的重要组成部分，战略地位突出，优势明显。开发锦州湾，正是抓住了环渤海崛起的机遇，融入环渤海大开放、大发展的大势之中。锦州湾的整体开发必将掀起新一轮对外开放的热潮，成为东北及辽宁对外开放的重要支点。

2. 发挥频海优势，发展海洋经济，实现海路经济一体化

随着陆地经济的长期发展，人口、资源、环境与发展之间的矛盾日益突出，海洋经济发展的巨大潜力已逐渐为人们所认识。专家预言，"蓝色经济"将是未来几十年国际竞争的主要领域。科技兴海,已经成为世界各国通用的竞争策略。美国视海洋为"地球上最后的开辟疆域",声称未来50年开发重心要从外层空间转向海洋;加拿大把发展海洋产业作为扩大就业、占领国际市场的砝码;日本借助科技优势加速海洋开发,提高国际竞争能力……国际间的海洋竞争已然白热化,抓住了"蓝色经济",就抓住了未来的战略中枢,忽视"蓝色经济"则可能会付出代价。目前,世界上有100多个沿海国家都把开发海洋作为基本国策,海洋产业发展保持了较高的增长速度,全球海洋经济占世界国民经济总量已经约达5%,成为世界经济增长中最具活力、最有前途的领域之一。海洋经济的发展对生产力布局和推动生产力发展的影响,将会逐渐超过航运和贸易而发挥着重要作用。

我国也十分重视发展海洋经济,已经出台了一系列政策,为海洋经济发展提供了良好的外部环境。海洋经济也基本完成了经济学意义上的数量积累、范围扩展和规模扩大的成长初期,海陆经济一体化趋势日渐强化,2004年全国海洋经济总产值已达12841亿元,主要海洋产业增加值占全国GDP的比重由2000年的2.60%上升到2004年的4.00%。近20年来,沿海省、市都把开发海洋资源,发展海洋经济作为推动本地区发展的重要领域,提出各具特色的发展战略,制定了发展规划和重大举措,使海洋产业得到较快发展。辽宁省自提出建设"海上辽宁"以来,海洋经济也得到快速发展,海洋经济综合实力进一步增强,2004年海洋经济总产值突破1000亿元,但和沿海先进省份相比,还存在一定的差距。中央提出实施东北老工业基地振兴和扩大对外开放战略,中共辽宁省委、辽宁省政府提出推进环渤海"五点一线"开发建设,构建沿海经济带,将为辽宁省海洋经济加快发展带来新的机遇。辽西依托其得天独厚的地理区位条件,在当代世界海陆经济一体化趋势过程中,可以发挥重要的作用。目前,辽西地区海洋经济的发展仅仅处于起步阶段,临港产业发展仍然比较粗放与分散,应大力发展仓储、物流、石化、冶金等"两头在外、大进大出"的产业,优化配置海洋资源,调整海洋产业结构,将海洋资源优势转化为经济优势;使区域经济与港口经济相辅相成,配套发展,推动海陆经济一体化。

(二)以锦州、葫芦岛城市一体化建设为基础,培育辽西中心城市增长极

在现行的行政管理体制下,依托"两港""两区""四市",培育以"两

港""两区"为纽带，锦州和葫芦岛两个地级市为"双核"，兴城、凌海两个县级市为两翼的辽西中心城市。

1. "两港""两区"

"两港"——锦州港和葫芦岛港。具备统一规划，合作发展的区位条件。要大力推进港口资源的整合，完善交通网络，加快疏港公路、铁路建设，实现投资主体、经营主体多元化，发挥港口的聚集和扩散功能，拉动辽西地区的外向型经济发展。

"两区"——锦州西海工业区与葫芦岛北港工业区，位于辽宁省沿海经济带"五点一线"的最西端。锦州西海工业区面临锦州港，北距锦州市区30公里，西距葫芦岛市区36公里，总规划建设面积33.76平方公里，目前已基本完成约11平方公里的基础设施配套工程。葫芦岛北港工业区地处葫芦岛港和锦州港之间，沿锦州湾带状分布，与葫芦岛港零距离，北距锦州港4海里，海岸线全长32公里，占整个锦州湾岸线的70%，总规划面积34.94平方公里。锦州西海工业区、葫芦岛北港工业区两区毗邻，与锦州港、葫芦岛港浑然一体。京沈高速公路、国道102线、京哈铁路和秦沈电气化铁路横贯全境，疏港公路与全省滨海大通道在工业区内实现交会。距锦州机场30公里，距山海关机场150公里，依托公铁交通干线，"两港、两区"4小时内可以通达北京、天津、沈阳、大连等城市。"两港、两区"西连京津唐地区，东接辽宁中部城市群，是连接华北—东北的交通咽喉，也是欧亚大陆桥物流链中的重要节点，还是东北西部地区和俄罗斯远东、蒙古国通向亚太地区和走向世界的最便捷的进出海口，已经成为促进辽西区域振兴，与国内外市场联系交流的前沿阵地。依托"两港"、"两区"建设与临港工业密切相关的临港产业基地，主要发展临港工业、港口海运业、海洋渔业、滨海旅游业、物流及其他新兴产业，形成特色鲜明、效益良好和竞争力较强的沿海经济产业群。

联合开发和大力推动"两港、两区"建设，既是辽西迅速融进全球经济的最有利的条件和增强经济综合实力最根本的举措，也是推动"锦葫"城市一体化建设的重要纽带和依托。

2. "4市"：凌海—锦州—葫芦岛—兴城

凌海—锦州—葫芦岛—兴城4市同处于狭义的锦州湾沿海地区，历史文化渊源深厚，经济社会、历史文化联系密切，具有发育成为辽西锦州湾"走廊型"城市共同体的天然条件。以锦州和葫芦岛两个地级市为"双核"，以凌海和兴城为两翼,实施一体化发展战略,建设辽西区域经济增长极,通过促进生产要素的定向聚集,联手打造辽西中心城市。国内外城市群发展建设经验表明,城市群的建设必然会有龙头。从区位、历史、综合功能等全局视野审视,锦州地处锦州湾区位中心,锦阜、锦朝高速公路及102线国道使锦州与周边城市形成了"一小时城市群",锦州机场是辽西地区唯一的一座达国际4C级标准的民航机场,已开通锦州—北京中转联航,可飞往全国各地,教育科技卫生资源居辽西之首,也是省规划的三大物流中心之一,应该实现率先突破,加快发展,与周边城市相互支持,优势互补,发挥出先行作用。

3. 城市建设布局、目标定位及目前建设重点

(1) 城市建设布局。

辽西中心城市建设布局,要按照凌海—锦州—"两港两区"—葫芦岛—兴城"四轴五点"组团式布局展开。目前已经形成的凌海、锦州、葫芦岛、兴城4个城区建设要实现两个战略转移,即城区建设逐步从外延扩展向内涵发展转移;在4个城区内涵发展的同时,城市外延扩张重点向凌海—锦州—"两港两区"—葫芦岛—兴城4条轴线转移,实施"轴向发展"战略。在"点、轴"开发建设过程中,重点建设以"两港两区"为中心的新城区。凌海、锦州、葫芦岛、兴城老城区要提升城区品位,完善城区功能,壮大城区经济,在统一规划、协调功能的基础上,充分发挥各自优势,做大做强。完善社区建设与管理、提高基础设施建设水平和公共产品供给能力,城区产业要集中发展城市型工业、商贸物流和现代服务业。适当扩大建成区规模,集聚城区人口,避免"城中村"现象出现。利用现有交通基础条件和滨海公路的建设,强化凌海—锦州—"两港两区"—葫芦岛—兴城4条轴线连接带的建设,避免各自向郊区扩展的"摊大饼"式的城市开发建设模式。科学规划和开发建设"两港两区",使之成为优良的沿海工业积聚区、旅游休闲和人口居住新区。把"两港两区"建设成为连接4个老城区的枢纽。

(2) 城市建设目标定位。

第一,打造锦州湾沿海港口城市。

联手打造锦州湾港口城市,构筑辽西振兴的基础载体。锦州港与葫芦岛港,是带动中心城市建设与发展的龙头,要充分发挥港口的功能,推进港口资源整合,尽快实现亿吨大港发展目标,发挥港口的聚集和扩散作用,拉动中心城市的一体化建设进程。发挥开发区的先导与示范作用。锦州西海工业区与葫芦岛北港工业区要大幅度提高利用外部资本的规模,积极争取升格为国家级开发区。重点建设保税物流中心、出口加工区,实现港区联动。开发区要逐步实现从带头发展向带动发展转变,从依靠政策优势向依靠综合环境优势转变,从注重规模效益向注重质量效益转变。加强基础设施建设,完善配套服务功能,着力改善投资环境,努力建设成为辽宁新型工业和物流基地。落实朝阳、阜新在锦州、葫芦岛开发区中建立"飞地"的政策,鼓励和支持腹地城市向沿海地区发展。辽西5市都要围绕锦州湾沿海港口城市建设这一平台,按照市场经济原则,互惠互利、优势互补,进行资源整合和区域合作,最终实现以开放促改革、促发展,提升辽西地区对外开放的整体水平和区域经济综合竞争力。

第二,建设辽西经济走廊型城市。

发挥锦州、葫芦岛的港口区位优势和便捷的交通网络条件,进一步加强公铁路交通建设,增强集聚与辐射能力,建设辽西区域性交通枢纽、商贸物流、现代服务业和旅游观光城市,变历史形成的单一交通走廊为经济走廊。优化市场布局,根据社会需求,发展专业化市场,净化市场秩序,完善市场管理,建设诚信市场;进一步完善商贸物流设施建设,集中商贸网点布局,创造集群效应;大力引进新兴的第三产业和现代服务业,发展超市、连锁经营、物流配送、电子商务、金融信息、科技文化等新型产业,培育辽西区域性商贸物流和现代服务业中心。依托本地历史文化、民俗风情、山水环境,按照城市一体化建设的指导思想,统一整合旅游资源,开发自然景观,建设人文景观,增加参与性、娱乐性强的项目。深度开发具有区域特色的历史民俗风情游、休闲度假游、绿色生态游、沿海观光游等项目,打造辽西旅游品牌。

第三,培育辽西中心城市经济增长极。

通过锦葫城市一体化建设,彻底改变辽西地区中心城市缺位状态,完善东北—辽宁沿海经济带乃至环渤海沿海城市布局体系。锦葫一体化建设辽西中心城市的发展前景广阔,未来具有建设成为一个相当于目前大连水平和规模的特大型城市的基础潜力和环境条件。

(3) 目前建设重点。

①实现城市交通通信等基础设施建设一体化。城市交通通信基础设施建设一体化,既是锦州、葫芦岛一体化建设的必然要求,又是一体化发展的重要推动力量。交通基础设施建设一体化。要根据凌海—锦州—"两港两区"—葫芦岛—兴城5个组团式城区布局要求,统一规划建设5点间的4条

轴线，使之成为联结 5 点的重要纽带，交通基础设施建设与城市建设要统一规划、统一实施；通信、信息资源实现共享。锦州、葫芦岛两地要整合通信信息资源，统一电话号码，实现电信、网络硬件设施共建，相互联网运行，实现资源共享。②供排水设施一体化，特别是"两港两区"，基本上是港区一体，要建立统一连接的供排水管网，按照科学发展观和建立节约型社会要求，建设一体化的城市生活污水和工业污水处理设施，奠定生态型城区的发展基础。③房地产开发一体化。"两港两区"的建设过程一个本质侧面，是联手打造辽西中心城市新城区的"造城"过程，顺应中国城市化发展潮流，以城市作为主导产品，新城区的房地产开发要走大规模的统一规划的连片开发道路，创建高知名度、高美誉度的房地产品牌，实现环境效益、经济效益、社会效益三统一，把房地产企业的房地产开发升华到城市运营的高度，实现新城区建设高起点、高起步。

（三）以打造产业集群为先导，全面提升辽西工业化水平

产业集群是经济活动的一种空间集聚现象，或者说是产业发展演化过程中的一种地缘现象。它是指集中于一定区域内特定产业的众多具有分工合作关系的不同规模等级的企业和与其发展有关的各种机构、组织等行为主体，通过纵横交错的网络关系紧密联系在一起的空间集聚体，代表着介于市场和企业等级之间的一种新的空间经济组织形式。作为一种有效的产业组织形式，产业集群能够产生高效的专业化分工协作体系，形成更好的供应、销售市场和渠道，企业更容易获得熟练劳动力、技术人才、设备和原材料。由于学习效应和竞争效应的存在，产业集群能够使原来基于资源禀赋的比较优势发展为基于区域创新能力的竞争优势，可以大大加快企业的创新步伐。产业集群的主要功能在于，构成集群的各企业或机构能够有效规避机会主义行为，开展相互给予价值链的分工与合作。辽西地区产业价值链短，企业间基于价值链的竞争合作关系还远未形成，缺乏能够有效约束区域内行为主体机会主义行为的文化、社会规范等区域文化与非正式制度。大力实施产业集群战略可以较好地解决上述问题。根据辽西资源比较优势与产业基础条件，辽西地区应该大力发展以下 6 大产业集群。

1. 石油化工产业集群

辽西地区既生产原油又有石油化工企业。辽河油田尽管产量开始下降，但每年仍然有 1000 多万吨的产量；盘锦市有以原油为原料的炼油厂、沥青

厂、乙烯厂和以天然气为原料的化肥厂；葫芦岛市有炼油厂、化工厂、乙烯厂；锦州市有炼油厂。整个辽西地区的石油加工能力超过1000万吨。但是，由于隶属关系不同，葫芦岛市两个相邻的企业却无法使用同一个中央直属企业集团下属企业的产品作为企业的原料投入；盘锦市生产石油，但留在本地加工的数量却十分有限；华锦集团生产乙烯，但塑料制品工业却没有发展起来。辽西地区具有发展石油化工产业集群的产业基础条件，应当在目前的发展基础上，向下延伸产业链条，把辽西地区建设成东北地区重要的石化基地和精细化工基地。中央直属企业集团应该放宽石油和化工原料在辽西本地用于发展下游产业的比例，依托盘锦、锦州和葫芦岛3市的石油化工产业基础，大力发展石化产业集群。盘锦、锦州和葫芦岛3市在发展过程中，应当实行错位竞争，避免产业同构。同时，充分利用现有的石油化学工业基础，发展精细化工产业，拓展上下游产业链。

2. 船舶制造产业集群

船舶工业产业关联效应极强。它不仅涉及钢铁工业，而且还涉及电子工业和机械制造工业。同时，船舶制造业的产品多种多样，它不仅包括不同吨位的散杂货轮船和各种集装箱轮船，而且还包括远洋渔轮、游艇等；它不仅包括民用船只，同时还包括各种军用舰船。目前辽西地区已经初步具备了发展船舶产业集群的条件。盘锦市已经在辽河入海口处开始兴建船舶工业园，并且已有多家企业入驻，园区内企业生产的船舶与大连新船重工等企业所生产的船舶形成了一种互补关系；葫芦岛市内有渤海造船厂，该厂虽属军工企业，但早已开始生产民用产，同时，葫芦岛市还有一所船舶技工学校。这两个城市已经具备发展船舶产业集群的基础。在此基础上，继续优化经济发展环境，吸引船用柴油机、电子设备、船用钢板加工等企业进驻，可以在未来一段时间内形成具有一定竞争力的船舶产业集群。

在辽西地区发展船舶制造产业集群，不仅有利于辽西地区的振兴，同时也可以完善辽宁船舶制造业的产品结构。辽宁省的船舶工业原来主要指大连造船厂、新船重工和葫芦岛的渤海造船厂，这些企业主要生产军用舰船和大吨位的船舶，产品结构很不完善。从市场需求角度看，随着经济全球化的不断深入和我国经济的不断发展，无论是大吨位的散杂货船、油轮、大型集装箱运输船，还是在内河内海航行的吨位比较小的船舶，都有大量的需求。同时，随着人们生活水平的提高，各种游艇的需求也将不断增加，国外游艇制造业已有向我国转移的迹象。因此，辽西盘锦、锦州和葫芦岛三市依托临港优势和现有产业基础，具备发展以中小吨位船舶为主导产品，并形成船舶工业集群的可能。

3. 有色、黑色金属及其制品产业集群

有色金属主要依托现有资源和重点骨干企业，全力打造锌、铜、钼、锰等国家重要的有色金属基地，并延长产业链条，发展有色金属加工制品业，其中稀有金属要实现由中间产品向终极产品的提升和转化，做大做强有色金属产业集群。

钢铁制品，辽西建昌、建平、凌源等地有大量的铁矿开采企业，年产量达1000多万吨，凌源钢铁公司属于中型钢铁企业。依赖本地蕴藏量比较丰富的铁矿资源和钢铁生产企业，辽西地区基本具备发展钢铁制品工业的基础，要充分利用辖区内钢铁企业和铁矿石开采企业比较多的优势，适度发展钢铁冶炼企业，大力发展金属制品加工企业，向下延伸产业链，逐步形成有竞争力的产业集群。另外，辽西地区发展钢铁制品工业集群，不仅可以带动当地经济发展，同时，还可以在一定程度上改变辽宁的钢铁企业过度依赖原材料市场需求的局面，把辽宁钢铁工业的持续发展建立在依靠原材料市场和消费品市场两个市场上，可以减小辽宁钢铁工业的周期性波动幅度。

4. 汽车零部件生产及改装车产业集群

辽西地区发展汽车零部件生产及改装车产业集群具有一定的有利条件，不仅有许多汽车零部件生产企业，同时还有朝阳柴油机厂、辽宁轮胎厂、凌源汽车制造厂、锦州重型机器厂（生产汽车起重机）等一批大中型企业，发展汽车改装车产业具备一定的基础。要培育和发展汽车改装车和汽车零部件配套产业，在市场调查的基础上，明确产品的市场定位和发展方向，密切跟踪未来数十年内拉动中国经济增长的汽车产业，发展地方的主导产业。

5. 商贸物流产业集群

辽西地区依托临海优势和港口平台，背靠东北西部、内蒙古东部广阔的原材料产区和重化工业基地，具备发展现代物流产业条件，要进一步加快物流产业的发展。一是积极发展专业物流，大力发展集装箱、原油成品油、化工产品、粮食和果蔬五大物流产业；二是培养和引进物流企业，发挥其示范和引导作用，促进本地物流企业的建设，鼓励本地工商企业将原材料采购、运输、仓储与产成品加工分离开来，重组为物流企业，引进物流的经营模式和理念，实现生产与销售的专业化分工；三是高标准构筑物

流信息平台,实现物流信息收集、储存和处理的数据库化和电子化,加快信息网络建设和国际联网步伐,实现物流信息共享;四是进一步完善和提高锦州恒大物流中心、全国华联商厦(集团)北方商品配送中心、锦州渤海物流园区建设和运营水平,抓紧建设锦州港现代粮食物流项目。

6. 农副产品深加工产业集群

辽西地区在农业生产方面具有一定的比较优势。但是,目前农业产业化龙头企业规模还不十分大,产品深加工程度还较低,因此,应当以提高产品的附加价值为核心,大力发展农产品深加工产业。在于以农业产业化龙头企业为主的食品工业,同时共同发展和壮大以肉类食品、粮食产品、乳制品、饲料加工产品、山货野果等农副产品生产加工为主的产业,并辅之以印刷包装等配套产业的发展,建设辽西食品工业产业集群,使农业生产与食品工业形成一个完整的产业链条,发展成为辽西地区的核心支柱产业。

(四)突破行政区经济束缚,发展经济区经济,实现区域经济一体化

1. 发展思路与发展战略一体化

统筹谋划发展思路与发展战略。辽西5市要从一体化发展大局出发,强化统筹发展新意识,以统筹促合作、求发展;加速行政管理体制改革,消除行政分割对区域经济社会文化发展的掣肘,创造体制领先优势,建设公正、廉洁、高效的服务型政府,发挥行政资源在经济社会发展中的促进作用,创造不同行政区一体化发展的崭新模式;通过一体化发展促进辽西地区和谐社会与节约型社会的建立,持续提高区域经济社会资源环境人口的可持续发展能力,全面实现建设小康社会的发展目标。

2. 联合构筑以新型工业化为主体的地区经济结构基础

"十一五"期间,区域经济发展要坚持"二、三、一"的产业发展方针,构筑以新型工业化为主体的工业基础结构,完成辽西地区工业化的历史性任务。工业化的发展要摈弃传统的工业化老路,走经济效益好、资源消耗低、环境污染少、人力资源优势得到充分发挥的新型工业化道路,大力发展具有比较优势的第二产业。要进一步提高自主创新能力,加快发展高新技术产业,努力改造传统产业,以增强工业经济核心竞争力。

按照生产力合理布局的原则调整工业结构和工业布局。由于现行的政绩考核制度、财政税收制度等体制因素的影响,以及辽西5市工业同属水平分工

缺乏垂直分工的产业基础，在一定程度上使辽西地区形成了竞争大于互补的关系。从区域经济一体化发展角度出发，辽西5市应当制订统一的工业发展规划，按照一个经济区的要求调整现有的工业结构和产业布局，克服恶性竞争现象。工业布局应当按照工业区位理论进行，以便发挥中心城市集聚辐射功能，便于运输和环境治理，根据靠近原材料产地、能源供应地和消费市场等原则调整和规划产业布局。建设统一的大规模的组团式工业园区。要突破行政区界限，统一城市建设用地和工业园区建设布局，避免土地资源浪费和提高园区基础设施使用效率。现有市区内的工业企业也要逐步向园区集中。特别是要切实落实锦州、葫芦岛两个开发区的"飞地"政策，鼓励朝阳、阜新新建项目向沿海地区转移，减轻腹地人口与环境的压力。

3. 合作开发农副产品生产加工基地，实现农业产业化发展一体化

（1）充分发挥辽西地区生态环境多样化，农业资源丰富，农副产品生产历史悠久，周边辽宁中部城市群、京津塘等大中城市市场广阔的优势，以及辽西5市目前已经形成的绿色食品品牌优势和便利的交通运输网络，进一步加强绿色、有机农副产品生产基地的建设，优化品种结构，提高产品档次，提升产业品质，强化现代管理，搞好市场营销，合作开发建设绿色食品、有机食品生产基地。在生产基地建设的基础上，通过引进龙头企业和发展地方加工企业，建设统一协调的区域农副产品生产和绿色有机食品加工基地，密切区域经济工业化与农业产业化的内在联系，以工业化拉动农业产业化，以农业产业化促进工业化。

（2）强化农业生产服务体系的建设，实现农业生产服务体系一体化。辽西5市紧密相连，在农业病虫害防治、动物疫病防治等方面是一个密切的利益共同体，要求5市在农业生产服务体系建设方面实现一体化。在种子培育、选择和推广上，从本地实际情况出发，共同推广；建立统一指挥调度的农作物病虫害和动物疫病防治体系，严防各类农作物病虫害和畜禽恶性传染病从外地传入本地区，防止给本地区农副产品生产和农业产业化龙头企业带来毁灭性打击。

（3）农业基础设施建设、农业政策信息、农产品市场需求信息一体化。辽西5市地域相连，在农业产业化一体化发展过程中，农业基础设施建设也要尽可能实现一体化发展。把为农业生产、畜牧业生产、林业生产和农业产业化发展提供各种政策信息和市场供求信息放在首位，弥补个体农民和企业在收集整理信息方面的不足。扶持建设农副产品生产加工创汇农业、生态农业、观光休闲农业基地。建立立足辽西、面向国内外的农产品交易市场体系。在农业产业化组织形式方面，在巩固公司加农户和公司加基地加农户两种模式的基础上，积极探索公司加基地加农工、农民股份合作等模式。用工业化的理念经营农业，实现规模化和标准化生产，并在此过程中减少农民数量，加快城市化进程。

4. 携手建设以自然生态、人文历史、山水园林为主题的休闲娱乐旅游区

（1）依托辽西地区历史文化、民俗风情、山水环境，滨海资源优势，统一整合旅游资源，开发自然景观，建设人文景观，增加参与性、娱乐性强的项目。加强旅游基础设施建设，完善旅游区的交通通信设施环境。深度开发具有区域特色的民俗风情游、休闲度假游、绿色生态游、历史文化游、滨海旅游等项目。有机整合辽西各类旅游资源，辽西地区自然、历史、人文旅游资源并非具有很大的先天优势，旅游产业的发展及旅游项目和路线的设计更多的是需要后天的打造，要根据市场定位和市场细分的原则，塑造地区特色旅游品牌。

（2）按照不同消费群体的需求，对现有的旅游资源进行整合。把自然风光游同农家绿色食品和有机食品种植业观光游结合起来；把地方民俗风情游与餐饮娱乐文化结合起来；把沿海地区旅游和腹地旅游结合起来，满足游客的各方面需求。重点开发南北两大旅游路线，南线开辟和建设以绥中九门口、兴城古城、菊花岛、锦州笔架山、辽沈战役纪念馆、北镇医巫闾山、盘锦红海滩等为主要景点的沿海旅游路线；北线开辟以阜新藏传佛教到朝阳化石、红山文化为主要景点的旅游路线。对这两条路线的旅游资源和待开发旅游资源要进行统一整合、包装。大力发展山水度假游、会议旅游、农家乐游等多种旅游形式，缩小旅游的淡旺季之分。

（3）创造良好的旅游业发展环境。各市政府应当努力创造良好的社会治安环境，公路交通设施的建设、交通工具要便利和畅通无阻，食品卫生部门应当确保宾馆、饭店、农家游的农户符合饮食卫生条件。开发制作统一的旅游纪念品，特别是要鼓励利用本地资源开发旅游纪念品。

五 实现辽西地区振兴战略需要采取的重大政策与措施建议

（一）创新行政管理模式，建立区域经济一体化发展的实现机制

经济全球化与区域经济一体化是当今世界经济发展的主要潮流。但经济全球化与区域经济一体化具有本质的区别。经济全球化是市场机制起主导作用的过程；区域经济一体化则是参与各国或地区政府起主导作用的进程。在区域经济一体化发展过程中，参与一体化进程的各方都必须让渡一定的政治经济权利，并在不同的发展阶段建立不同的协调机制，统一制订有关的一体化政策、评估一体化进展情况。辽西5市经济一体化，既不同于国家之间的经济一体化，也不同于国内各省级之间的经济一体化，而是属于中小区域经济一体化范畴，相对而言，似乎经济一体化的制度安排更易于实施。但事实上，由于我国特有的"行政区经济"的体制束缚和客观存在的不同利益主体之间的不同利益诉求，仍会阻碍区域经济一体化的进程。因此，转变政府管理职能，创新行政管理体制，是实现区域经济一体化发展目标的首要前提。

1. 建立辽西经济一体化发展协调机制

由辽宁省组织并领导成立"辽西经济一体化协调委员会"，推动经济一体化的发展。针对辽西的发展，过去辽宁省曾经组织过类似的"委员会"，但未能充分发挥出应有的作用，主要问题在于指导的问题过于宏观。因此，建议"辽西经济一体化协调委员会"在发挥宏观指导作用的同时，要具体指导解决实际问题。首先，由省组织、辽西各市参与编制"辽西经济一体化发展规划"，在这一层面发挥宏观指导作用；其次，组织协调、解决处理一体化发展过程中的具体问题，如"两港两区"建设，"两市"一体化发展，锦州、葫芦岛两个开发区"飞地"政策的具体落实，以及统一对外招商政策等问题，并力求实效。

2. 转变政府管理职能，创新行政管理体制

区域经济一体化是政府起主导作用的进程。打破行政区之间的封闭和壁垒，建立一个开放系统，主要还是要靠辽西5市政府来推动。因此，政府行政管理体制要实现从"权力政府"到"责任政府"的转变；发展本地经济的观念要实现从"行政区经济"到"区域经济"的转变。淡化行政色彩，淡化行政区的经济功能，减少因行政区划分割而对辽西经济社会发展可能造成的负面作用。相互之间要有竞争，但不要恶性竞争，关键在于形成整体的区域优势对外竞争。

（二）调整行政区划，降低行政运行成本，促进辽西中心城市的形成

以政府行政管理体制改革，促进区域经济的发展。市场经济的发展要

求突破行政区划的限制，在更大范围内配置资源，提高生产要素的使用效率。但是，目前的行政管理体制已经严重地束缚了跨行政区域的生产要素配置和生产力布局，造成地区产业同构、恶性竞争。同时，行政体制不合理、财政供养人口过多也已成为阻碍经济发展、造成一些地方经济发展环境不理想的原因之一，需要按照社会主义市场经济体制的发展要求，对不利于促进社会生产力发展的行政管理体制进行改革。建议国家将"撤乡并镇"的行政管理体制改革层次，上升到"撤县并市"的层面，从根源上消除区域经济一体化发展的障碍，同时，降低居高不下的行政管理成本。鉴于行政体制改革涉及许多问题，全国各个省区的实际情况又存在比较大的差异，行政体制改革只能走先试点后推广的道路。建议把辽西列为全国行政体制综合改革试验区，具体方向建议如下。

1. 调整行政区划

对阜新市管辖的新邱、细河、清河门和太平4个区进行合并，减少行政架构；将盘锦市的双台子区与盘山县合并组建盘山区，将兴隆台区与大洼县合并组建大洼区（或兴隆台区）；鉴于目前葫芦岛域内的南票矿务局正在申请破产，南票地区煤炭生产企业的主体行将改变，建议撤销南票区，将其管辖的行政区域划入连山区。

2. 凌海、兴城撤市（县级市）设区

凌海市位于锦州市区四周，锦州市处于凌海市包围之中。目前在锦州近80平方公里的市区中常驻人口接近百万，人口密度大，急需拓展城市发展空间，凌海撤市设区后，锦州市区面积将达到300平方公里，对于打造辽西区域性中心城市，促进辽西发展具有重要意义。兴城通过海岸线已与葫芦岛市新区相连，葫芦岛市连山、龙港、兴城"三位一体"沿海带状大城区格局已经基本形成，作为辽西中心城市的组成部分，以撤市设区为宜。

3. 锦州、葫芦岛合并

鉴于目前辽宁西部地区缺乏中心城市、产业拉动作用不强的现实，以及中国农村人口城市化发展远景和环渤海大城市、特大城市合理规划布局，建议锦州、葫芦岛两市重新合并，进而实现"两港""两区"合并。通过行政一体化，实现城市建设、港口与开发区建设、城市建设一体化。这样既可减少行政运行成本，又能有效避免资源配置的浪费，还可保证城市建设的统一规划，建设凌海—锦州—"两港两区"—葫芦岛—兴城"4轴5点"组团式辽西特大城市。锦州湾是一个整体，要想整体开发好，必须打造一

个整体的行政区划，以消除当前锦州湾开发过程中的体制性障碍。

（三）把东北西部和蒙东地区南下大通道建设纳入国家振兴东北规划

1. 在铁路、公路基础设施建设方面，向连接环渤海经济区和东北经济区结合部的辽宁西部地区倾斜

形象观察，东北地区（包括内蒙古自治区的东部五个盟市）的经济是一个以"申"字形铁路沿线经济带构成的地域经济。"三横"中上边的"一横"是由滨洲线和滨绥线组成的经济带，是黑龙江省经济最发达的地区，包括哈尔滨、大庆、齐齐哈尔、牡丹江等主要城市；中间"一横"是由长春东到吉林、西到白城组成的经济带，包括长春市、吉林市等地区；下面的"一横"是延沈山线、沈丹线形成的经济带，由东到西包括辽宁省的丹东市、本溪市、抚顺市、沈阳市、盘锦市、锦州市和葫芦岛市。"三竖"中东部的"一竖"是目前正在建设的东部铁路，沿线有丹东市、通化市、白山市、佳木斯市等；中间的"一竖"是哈尔滨南至大连、北到黑河的铁路沿线组成的经济带，在这条经济带上集中了东北地区的主要大城市（哈尔滨、长春、沈阳、鞍山、营口直至大连等大中城市），这是东北地区经最发达的一条经济带；西部的"一竖"则是由齐齐哈尔到通辽、再经大虎山接入沈山线。从目前的建设情况看，东北地区西部铁路都是单轨，没有高速公路贯穿南北。而东部地区目前在修建铁路的同时，还在建设从鹤岗到大连的高速公路。相比之下，东北地区西部的铁路和公路建设就显得很落后。从需要铁路或高速公路运输的货源上看，东北地区的东部大部分属于天然林保护工程的范围，木材外运量很小；鸡西、鹤岗等煤炭资源型城市已经开采多年，煤炭外运量有限；粮食在近年深加工不断发展的基础上，原粮运输的矛盾也并非十分突出。而东北西部地区，内蒙古的东部5盟市是新发现的大型煤炭生产基地，生产的煤炭除一部分就地转化为电力外，大部分需要外运。因此，无论是从振兴辽西地区经济角度考虑，还是从振兴整个东北地区的经济角度考虑，加快东北西部地区和内蒙古自治区东部地区的出海大通道建设，应当尽快提上议事日程。大通道建设可以考虑以下几个方案：一是建设从齐齐哈尔到锦州的高速公路，中间连接吉林的白城、内蒙古自治区的通辽等城市，同时还可以考虑建设朝阳到赤峰、通辽等地的高速路；二是取直目前齐齐哈尔到锦州的铁路并修建复线；三是建设内蒙古东部煤炭基地到锦州港的高速公路和铁路。目前，中电投集团已投资建设赤—大—白线铁路，并规划双向延伸，其中的一个方向为赤峰—朝阳—锦州线，目前已开始建设，该线建成将打通内蒙古东部地区的下海最便捷通道，推动内蒙古东部地区煤炭资源的开发利用，缓解南方沿海地区电煤紧张，国家应该积极支持该项目建设。

2. 支持建设辽西航空港

辽西地区机场建设还很不完善。从辽西5市人口规模、交通半径，及向北辐射内蒙古东部和东北西部地区角度考虑，具有发展成为一个支线机场的潜在需求。目前，辽西锦州机场已在运营，现已开通锦州至北京、上海、深圳等航线，每周通航14班，年运送旅客1.8万人次，货物约220万吨。但锦州机场是军地两用机场，规格比较低，航线少。而辽西地区距最近的沈阳桃仙机场也有200多公里的距离。中共辽宁省委、省政府早在"九五"时期就开展了辽西中心机场项目的前期工作，规划在辽西地区新建中心机场，同时作为沈阳桃仙机场的备降机场。为此，建议推动辽西中心机场建设进程，或者依托锦州现有机场，扩大规模，开发新航线，增加机型，重点开发锦州至上海，锦州至成都、昆明，锦州至西安、成都，锦州至青岛（济南）、广州航线，建立辽西与华东、华南、西北、西南空中桥梁。或者异地新建，需要国家有关部门予以考虑。

（四）对资源型城市转型继续给予高度关注

辽西5市的阜新、盘锦两座资源型城市，阜新的煤炭资源已近枯竭，盘锦的石油资源处于逐渐递减状态。阜新自被国家列为转型试点城市以来，在棚户区改造和采煤塌陷区治理两个方面，已经取得了重大成效。但在产业转型方面，还需要国家继续给予支持。从目前已探明的石油可采资源储量看，盘锦也面临资源萎缩甚至枯竭的威胁。为避免陷入阜新的困境，盘锦应未雨绸缪，利用有限资源，抓紧地方积累，发展接续产业，做好转型准备，具体建议为以下方面。

1. 支持盘锦和辽河油田设立"经济转型专项资金"，专门用于发展接续产业

目前，油气开采企业的财税政策比较宽松，企业的平均利润率远远高于其他行业的平均利润率，中石油集团积累了大量的留存利润。建议中石油集团支持辽河油田利用积累资金发展接续产业项目，也支持油田所在地区发展接续产业，以解决油田职工在资源递减情况下所面临的就业问题。

2. 支持盘锦整治恢复生态环境

国家应在生态环境整治恢复问题上给予支持。把辽河油田分公司缴纳的矿产资源补偿费国家分成全部或部分返还给盘锦市，专项用于生态恢复和环境治理。目前矿产资源补偿费用的收缴由省国土资源厅负责，中央与省按照5:5分成，省分成部分在平衡地矿队伍经费支出后，再按照4:6的比例省、市分成。由于辽宁省地矿队伍庞大，平衡经费支出以后，用于分成的部分所剩无几，建议将国家分成部分留在盘锦，作为生态恢复和环境治理经费专项使用。

3. 支持中直大企业在盘锦做大原油加工业

石化产业是盘锦的支柱产业，但目前面临着原油供应不足的瓶颈。辽河油田目前年产原油1200多万吨，其中留在本地加工的仅有300万吨左右，其余900万吨分别运往锦州、锦西、辽阳等地。辽河油田的油品特点以稠油、超稠油为主，这样配置资源，不但增加了原油损耗，还大大增加了原油运输成本。建议通过进口原油来解决其他地区原油配置问题，将辽河油田所产原油，特别是稠油、超稠油留在盘锦加工，做大盘锦原油加工业，搞好精深加工。

4. 将葫芦岛市杨家仗子列入国家级有色金属矿山经济转型试点区

与煤炭、石油、钢铁等资源型城市不同的是，杨家杖子属于有色金属资源枯竭型城市或地区经济转型中的一个特例。一是资源开采期所积聚的人口相对较少，未形成一个大的资源型城市；二是有色金属矿区大多处于偏僻的山区，环境相对较差，原地发展接续产业更加艰难。因此，此类地区经济转型需要另辟蹊径，将杨家杖子列入国家级有色金属矿山资源枯竭经济转型试点区，对全国类似地区的转型具有特殊的借鉴意义。

（五）采取优惠政策，扶持辽西经济社会的发展

1. 辽宁省应该继续完善和加大对辽西地区的扶持力度

2003年，为实施开发辽西北发展战略，辽宁省政府先后下发了辽政办发［2003］65号《关于促进辽西北地区省扶贫开发工作重点县和民族自治县经济与社会发展政策意见的通知》、辽政发［2004］17号《辽宁省人民政府关于支持辽西北地区经济与社会发展的若干政策意见》等一系列文件，对辽西北的经济和社会发展起到了很大的作用。尤其是辽政办发［2003］

65号文件，对财政共享收入增量返还政策、转移支付补助政策、新增建设用地土地有偿使用费免缴政策、支持农业产业化和技术改造项目贴息政策、支持教育事业发展政策、支持农村公共卫生事业发展政策、专项资金减免配套政策、实行财政周转金缓还政策等方面做了较详细的规定。辽西北包括辽西地区的阜新和朝阳两市，阜新和朝阳属于辽西落后地区中的落后地区。辽宁省还应继续完善这些政策，扩大辽政办发［2003］65号文件的实施范围，把朝阳和阜新的市区和市本级也纳入政策支持范围，进一步细化政策指标，加大支持力度。

2. 国家、辽宁省重大项目建设在布局上要对辽西地区倾斜

辽西地区落后的主要原因是经济总量小，要改变这一现状，必须有重大项目的支撑来扩大经济总量，同时带动其他配套产业的发展。国家、省重大项目建设在布局上要向辽西地区倾斜，以改变目前辽西地区主要靠政府出让廉价土地和降低税费的政策吸引投资的"一条腿走路"变为两条腿走路，逐步缩小与省内及国内其他地区的差距。

3. 有关国家西部大开发的优惠政策也应适用于辽西5市

鉴于辽宁西部地区与吉林省西部地区、黑龙江省西部地区以及内蒙古自治区东部5个盟市在经济社会方面具有同质性，但它们又分别享受老工业基地振兴和西部大开发的不同政策，因此，这些地区应当同时享受老工业基地振兴政策和西部大开发政策，至于享受这两种政策的地域范围，国家有关部门应当在调查研究后经与有关的省区协商后确定，以进一步加大对这些地区的扶持力度。

4. 为辽西地区创造相对宽松的融资环境

目前，辽西地区融资环境十分紧张。建议国家和辽宁省要采取多种措施，共同解决银行不良资产，解决银行的呆坏账问题，摘掉辽西"金融高风险区"的帽子，为企业发展创造一个良好的间接融资和直接融资环境。特别是要特殊支持辽西地区在资本市场上的直接融资。目前，辽西地区仅有4只上市（锦州港、锌业股份、锦化氯碱和凌钢股份）股票（辽河油田和锦州石化已退市），国家要在新股发行和增发股票等方面对辽西地区给予一定的政策倾斜，如在锦州商业银行上市方面给予支持，促进辽西地区企业直接融资渠道不断拓宽。

5. 赋予对外开放的优惠政策

辽西地区的落后的根源之一是对外开放相对落后。因此，建议国家将"两区"——锦州西海工业区与葫芦岛北港工业区，一并升级为国家级开发区；把大连大窑湾保税港区政策，延伸到锦州与葫芦岛两个工业区；并根据盘锦转型的需要，建议将盘锦经济开发区、盘锦船舶工业基地、辽宁盘锦高新技术产业开发区命名为"全国资源型城市发展接续产业示范区"，给予国家级经济技术开发区或高新技术产业开发区的优惠政策支持。

6. 建议国家责成中石油集团等中直企业与有关的地方政府就发展接续产业、培育产业集群等问题尽早拿出可以操作的方案

自从党中央、国务院实施振兴东北等老工业基地的战略以来，许多中央直属企业集团主动到辽宁来同省政府协商，共谋发展大计，并取得了一些具体的成果。但从辽宁西部的实际情况看，仍然有一些问题还没有得到解决，如中直企业非主业资产存量如何同地方经济融合发展问题。因此，建议国家有关部门责成总部设在北京的中央直属企业，尽快提出非主业资产与地方经济发展相融合的方案，促进地方经济的发展。

第三篇

区域经济社会发展

关于"十五"期间辽宁经济与社会发展若干重大思路与政策的思考[*]

一 制度创新应当成为辽宁"十五"期间最重要的战略举措

长期以来,经济学界比较一致地认为,技术革命是西方经济增长的主要原因。经济学家大多从创新、技术进步、教育和资本积累等诸多方面来阐述经济增长。并且,不仅是经济学家,国际社会和当今中国社会各界,也大多是从上述各方面探求经济增长的原因和途径。这种观点在经济学界被称为"新增长理论"。新增长理论关于知识、技术是现代经济增长的决定性因素的论证,充分说明了知识和技术创新在现代经济发展中至关重要的作用。但是在新增长理论中,制度结构与制度变迁是给定的,他们虽然也认为制度创新可能是重要的,但其关键的基本假定是制度创新与经济增长无关。

新制度经济学对此提出质疑:如果经济增长所需的因素归结为投资、技术、知识和创新,那么,为什么有些社会具备了同样条件却没有得到如意的经济增长结局呢?新制度学派代表人物之一——诺斯,通过对公元900~1700年西方经济史进行详细考察后,解释了为什么条件相同而经济增长结局不同的现象,得出来的结论是:技术、投资、知识和创新等经济增长因素没有一个是经济增长的原因,它们仍是经济增长本身,而制度变迁才是促进经济增长的决定性因素。

新制度经济学的分析方法对研究我国和辽宁省的历史和现实经济问题具有十分重要的意义。过去20多年间,中国改革开放所取得的举世瞩目的

---

[*] 原载《探索与决策》2000年第12期。合作者:罗兵。

成就,从根本上说就是制度创新、制度变迁的结果;辽宁在过去的20多年改革开放中步履蹒跚,位次不断后移,分析其原因,根本的还是"最先进入计划经济,最后退出计划经济"的制度障碍。制度也是一种资源,而且还是一种以公共产品形式存在的最稀缺的资源。政府应该提供这种资源。"十五"乃至21世纪的前十几年,制度创新仍然有着十分广阔的发展空间。辽宁在"十五"期间,应充分利用中国加入WTO全面融入国际社会的契机,把制度创新作为首要的战略举措。辽宁经济只有在制度创新的基础上发展,才能达到复兴的目标。制度创新首先是产权制度的变迁,一种提供适当个人刺激的有效的产权制度是促进经济增长的决定性因素;其次是政府的作用,政府管理经济的规则、制度的改革;最后是发挥意识形态、历史文化积淀对经济增长的正向作用。

二 经济增长方式与结构转变的"结构主义观点"和辽宁的结构调整思路

钱纳里(美国哈佛大学教授、世界银行经济顾问)等著的《工业化和经济增长的比较研究》一书分析认为,关于经济增长方式存在两种不同的观点:新古典的传统观点认为,国民生产总值(GNP)增长是资本积累、劳动力增加和技术变化长期作用的结果,这是在竞争均衡的假设条件下发生的。需求变化和部门间的资源流动则认为是相对不重要的,因为所有部门的劳动和资本都能带来同样的边际收益。钱纳里把这种观点称为"新古典观点"。第二种更为广泛的观点认为,经济增长是生产结构转变的一个方面,生产结构的变化应适应需求的变化,应能更有效地对技术加以利用。在预见力不足和要素流动有限制的既定条件下,结构转变就可能在非均衡的条件下发生,在要素市场尤其如此。因此,劳动和资本从生产率较低的部门向生产率较高的部门转移,能够加速经济增长。钱纳里把这种观点称为"结构主义观点"。钱纳里等人认为,投资、储蓄和劳动力的追加只是经济发展的必要条件,而不是充分条件,就发展而言,重要的是需进行全面的结构转变,经济结构转变与经济增长密切相关。结构转变这一范畴主要包括农业结构、工业结构、进出口贸易结构、人口结构、需求结构、就业结构和城市化等概念。

辽宁省在目前的"十五"规划草案中把结构调整作为整个"十五"期

间的"一条主线",既比较合适,也有其合理性。但应该引起注意的是,过去多年来,我们在讨论结构转变或调整问题时,更多的是倾向于新古典观点,对实际经济运行的实证分析也表明,经济增长还主要依赖投资增加的传统路径,经济增长方式的转变还主要强调的是技术在经济增长中的作用。

结构主义观点关于结构转变或调整的本质内涵是指劳动和资本由生产率较低的部门向生产率较高的部门或产业的转移,主要指的并不是在同部门或产业内部的转移。美国正在由工业经济向知识经济或"新经济"转变,这才是真正的结构转变或调整。北京、上海等地目前已经设定了这样的结构转换目标。辽宁省要实现这样一个结构转变或调整的目标,需要跳出过去的误区,结构调整的根本思路应该设定在由工业经济形态向知识经济形态的转换上。固然,现存的传统的各部门或产业内部的调整,以及产业转移如农业向工业的转移是鉴于二元经济结构的现实,这也是必然的;增加投资,扩大投资规模也是必不可少的;提高技术进步在经济增长中的贡献率也是必要的。但必须在理论和实践上搞清楚,传统产业此增彼减的结构转变或调整并不代表结构调整的全部内涵,更不代表结构转变或调整的本质。

三 把"发展高科技,实现产业化",倾斜发展高新技术产业作为"十五"乃至21世纪发展辽宁经济的基本指导思想

20世纪最后十几年世界主要国家经济发展的实践表明:传统产业虽然仍是国民经济的重要基础,但其带动经济增长的作用已经呈现递减趋势;21世纪全球经济增长主要由新的高新技术产业群来推动,未来的竞争也将主要表现在高新技术产业领域的竞争;体现一个国家或地区综合实力和发展水平的也不再是传统产业,不再是以低质量的传统产业产出为主体所构成的GDP总量,而是高新技术产业的增加值;出口导向正在向高技术层次转移,传统产业低技术产品出口对经济增长的拉动作用趋于弱化,传统的比较优势,诸如成本、价格、自然条件、劳动工资等优势,在高科技优势及由此决定的高技术产品优势面前,正在逐渐缩小;发展高新技术产业是吸纳失业劳动力、实现充分就业的根本途径,以提高技术装备和劳动生产率水平为目标的传统产业的改造,很难避免的一个代价是"机器排斥工人",

失业人口增加,依靠传统产业量的扩张吸纳失业劳动力在今后若干年内都将是很困难的,最终解决城市失业人口和农村剩余劳动力的问题,只能依赖高新技术产业及伴随其兴起的服务业的大力发展,同时,还应注意分析"投资收益递减"规律的作用,即传统产业改造的结果并不一定就必然获得更高的产品附加值;生产过剩主要表现为传统产业初级产品过剩,当代高新技术新兴产业依然呈现强劲发展势头和具有广阔的发展空间;等等。

据此分析,21世纪辽宁必须把发展高新技术产业放在首要的位置。现代高新技术产业一般指光电子、信息通信、新材料、新能源、生物工程、海洋工程、环保产业、机电一体化、航空航天等若干产业或领域,任何一个地区甚至一个国家都很难在各个领域都占据绝对优势,而只能"有所为,有所不为",侧重发展一个或几个方面的高新技术产业。结合目前全球科技发展情况和21世纪经济科技发展趋势以及辽宁的产业基础优势,发展辽宁高新技术产业的主攻方向应重点放在机电一体化(现代化装备制造业的核心)和以黑色金属为载体的新材料两个方面,辅之以电子信息、生物工程、海洋工程和环保产业,建立辽宁的战略产业。

四 加速农村人口城市化进程,进一步提高辽宁城市化水平

工业化和城市化脱节、城乡二元经济结构,是我国也是辽宁省经济与社会发展中的一个深层次矛盾和问题。1998年以来出现的生产过剩、有效需求不足,使这个问题得到了比较充分的暴露。固然,导致生产过剩、有效需求不足的原因较多,但工业化和城市化脱节、城市化水平低是一个重要的因素。"城市短缺"已经成为制约经济增长的一个重要因素。加速农村人口的城市化进程,提高城市化水平,已不仅是对消除城乡二元经济结构具有重大意义,而且是刺激经济增长和消费需求的重要手段。

在很大程度上,农产品,特别是粮食这种土地资源型产品的贸易竞争优势根本上来源于地租,土地面积越大农业的产业化生产就越易于实现,规模效益就越易于获得。实现土地资源的相对规模经营,必须促进农村人口向城市转移;增加农民收入,必须减少农民。辽宁省的城市化水平相对较高,实行大中小城市并举策略,通过制定相应的政策和制度,从根本上改变现行的不合理的城乡分割的户籍制度和其他歧视性政策,促进农村人口向城市转移,应在"十五"期间予以充分重视,应该提到"城市化发展

战略"的高度。

根据城市化发展的一般规律和城市经济规模要求,结合辽宁的实际情况,农村人口城市化进程可以按大中小城市(含县级市)、县城和农村小城镇三个层次展开。分类规划,沈阳、大连重点提高城市品位和城市竞争力;重点扩充其余12个省辖市,只要自然环境允许,人口都要达到100万~200万规模;县级市,人口要向30万以上的规模发展;其他县城人口规模也要适度扩充。城市布局,主要沿沈大高速公路(沈阳—铁岭)、沈山高速公路(沈阳—葫芦岛)的既沿路又大多沿海的区位展开,建设城市化产业带或产业带城市化。城市建设要推向市场,综合利用土地使用价值级差,有偿转让使用权,地价机制与户籍政策并用等政策措施,以及农村土地流转制度和土地经营权转让方式改革,鼓励农民进城,转移农村人口;鼓励乡企进城,吸引乡企进城,达到城市建设与城市扩展的双重目的。农村小城镇建设要切忌遍地开花,以避免未来造成资源配置的浪费。农村小城镇的发展不一定等于农村人口的城市化。缺乏生产要素凝聚力和对周边地区辐射力的城市并非现代经济意义上的城市。

五 争取国家扶持政策,解决资源型城市经济转型和可持续发展问题

辽宁老工业基地主要是在矿产资源开发以及由此形成的原材料工业基础上建立和发展起来的,并由此形成了辽宁的资源型与重化型相互融和或相互交织的"复合型"工业结构特征。因此,辽宁工业结构调整,并非仅是设备和技术落后、企业制度和经济运行机制僵化等各方面的调整或改造,还有因资源枯竭造成工业基地衰退的这样一个不能"改造"只能"转型"的问题,亦即辽宁老工业基地不只是改造问题,辽宁工业结构不只是调整问题,还有老工业基地的矿产资源开发型产业和城市(地区)经济转型的问题,后者甚至比前者难度还大。

目前,辽宁的主要矿产资源经过长时间的高强度开采,已经出现不同程度的萎缩甚至枯竭,进而导致资源开发型城市或地区经济与社会发展也出现了不同程度的衰退,而且还极易诱发并且已经诱发一些社会不稳定因素。因此,规划研究资源开发型地区、资源枯竭型城市的可持续发展问题,不仅对资源开发型地区的区域经济发展具有很大意义,而且还是振兴辽宁

老工业基地必须解决的一个重大现实问题；不仅是一个经济问题，而且还是一个社会问题。

据有关资料统计，全国以采掘和原料工业为主导的资源型城市中，煤炭资源型城市有50多座，总人口近1亿。辽宁就有抚顺、本溪、阜新3个地级市和铁法、北票2个县级市属于煤炭资源型城市。过去十几年来，抚顺、本溪和阜新市一直在艰难地探索着经济转型的途径或道路；近年来，由于矿产资源的枯竭，北票市的问题则突出出来。另外，本溪、鞍山的钢铁，盘锦的石油，迟早也会面临经济转型的问题。未雨绸缪，吸取阜新等资源型城市的教训，也应把经济转型问题及早提上日程。

从国际社会资源开发型地区经济转型的一般规律和我们的调查研究结果看，资源开发型地区无论是克服衰退，还是消除贫困，外部资源的先导性介入都是必不可少的前提，即上级政府的资金和倾斜政策的介入，并通过资金和政策的介入引导区外其他各类生产要素进入该地区，是资源型城市实现经济转型的必要条件。国外比较通行的做法是："工业项目实行以企业投资补贴为主的引导政策"；"教育、卫生、文化、基础设施等人文环境的改善通过政府转移支付加大扶持力度"。"十五"期间，省政府应通过或组建一个专门机构，联络国家和地方各级政府部门，落实资源型城市经济转型和可持续发展的有关扶持政策，并组织实施。

东北地区资源型产业发展现状及对策研究

一 东北地区资源产业发展的主要特点

1. 资源型产业总量大、比重大

东北三省的资源性产业在全国占有极为重要的地位。从资源性产业的产值规模看,东北三省采掘业的重要地位主要体现在石油和天然气开采业、煤炭采选业、木材及竹材采运业三个行业上。2001 年,东北三省石油和天然气开采业实现工业产值 1094.22 亿元,占全国同行业的 39.36%(其中黑龙江、辽宁、吉林的石油和天然气开采业占全国同行业的比重分别为 28.63%、8.69%、2.04%)。煤炭采选业工业产值 172.96 亿元,占全国同行业的 11.3%(其中黑龙江、辽宁、吉林的煤炭采选业占全国同行业的比重分别为 5.02%、4.84%、1.44%)。木材及竹材采选业实现工业产值 77.12 亿元,占全国同行业的 68.78%(其中黑龙江、辽宁、吉林占全国同行业的比重分别为 39.26、29.52%)。

东北三省的资源性产业在各省工业经济发展中也有着重要的地位,在 2001 年黑龙江的工业总产值中,石油和天然气开采业占 33.11%、煤炭采选业占 3.20%、木材及竹材采运业占 1.83%。在 2001 年辽宁的工业总产值中,石油和天然气开采业占 5.39%、煤炭采选业占 1.66%。在 2001 年吉林的工业总产值中,石油和天然气开采业占 3.01%、煤炭采选业占 1.17%、木材及竹材采运业占 1.76%。

2. 资源产业分布广

东北经济区矿产资源丰富而多样,石油、煤炭、铁矿石是东北经济区

---

* 原载《内蒙古社会科学(汉文版)》第 24 卷第 2 期,2003 年 3 月。合作者:李天舒。

经济发展的基础,形成了全国的能源基地和钢铁基地。到 2001 年,东北三省累计探明的煤炭资源保有储量为 277.99 亿吨,占全国的 2.77%;探明的石油资源约为 80 亿吨,吉林已探明母页岩储量占全国探明储量的 1/2 以上。东北地区的铁矿石资源储量为 64.79 亿吨,占全国的 14.18%,其中辽宁的铁矿储量为 55.59 亿吨,占全国的 12.16%。辽宁菱镁矿储量约占全国的 80% 以上。围绕东北地区矿产资源的开发,形成了重要的资源基地和拥有较强生产能力的大型矿产资源产业企业。东北经济区有大庆、辽河、吉林三大油田,在全国占举足轻重的地位。东北经济区的鸡西、鹤岗、双鸭山、阜新、抚顺都是国内特大型煤矿之一。东北经济区蕴藏着丰富的森林资源,位居全国三大林业基地。2001 年东北三省活立木总蓄积量为 25.3 亿立方米,占全国的 20.26%,其中辽宁为 1.7 亿立方米,吉林为 8.6 亿立方米,黑龙江为 15 亿立方米。

3. 资源型产业的发展大大加快了东北经济区的城市进程

东北经济区由于一大批大型矿产地的发现和勘查开发的成功,先后建起一批资源型城市,有煤炭型、石油与天然气型、黑色金属型、有色金属型和非金属及森林型等。如辽宁省现有矿城 9 座(5 座地级市、4 座县级市,简称"五大四小"),GDP 总量约占全省 1/5,市区总人口占全省市区人口的 1/3,占全省总人口的 1/7。

4. 资源开发性产业对地区经济社会发展贡献大

(1) 资源型产业通过矿业开发成为向国家提供矿产品和矿产加工制品的主体。如大庆是我国典型的资源型城市,作为全国最大的石油和石化工基地,开发建设 42 年来,累计生产原油占同期全国陆上石油总产量的 47%,累计出口原油为国家创汇 497 亿美元。

(2) 资源性产业是地区产业链条展开和延伸的源头。东北三省经济建设的发展史表明,采掘工业是东北三省重化工业崛起的基础和前提。由于矿产资源采掘业提供着原材料工业的食粮,因而矿业的巨大后续效应不仅影响到原材料工业的发展,也在很大程度上改善了区域经济格局,在促进区域经济协调发展方面发挥了重要作用。

(3) 资源型产业是支撑地区经济发展的主导力量,为国家财力增强作出重要贡献。如大庆累计上缴利税 3103 亿元,为同期国家投资总额的 46 倍。铁法市 50% 的财政收入来源于铁法煤矿,其有力地促进和支撑了区域经济发展。

二 东北地区资源性产业面临的主要矛盾和问题

1. 资源产业走向衰退期

东北三省从整体上看,资源性产业发展的鼎盛期已经过去,矿产资源产业的整体萎缩已经相当明显。辽宁的资源产业枯竭和衰退主要体现在煤炭有色金属矿山上。辽宁现有的煤炭保有储量70%分布在铁法和沈阳矿区。全省7个矿区除铁法区外都是萎缩矿区,煤炭产量逐年下降,目前已降到全国第7位。10年之内煤炭生产能力将由现在的3681万吨逐步减少到2676万吨,因而辽宁煤炭产业的转型问题已迫在眉睫。黑龙江省也同样面临着资源产业萎缩的问题。大庆油田是世界特大油田之一,已连续24年稳产在5000万吨以上,而今占全国石油年产量50%的大庆油田,可采储量只剩下30%,仅为7.45亿吨,到2020年年产量只能维持在2000万吨左右,开采成本也将在目前已经很高的基础上大大增加。省内4个年产量1000万吨级的特大型煤矿:鹤岗、鸡西、双鸭山、七台河已面临煤炭资源枯竭或大量关井的局面。我国最大的森林工业基地伊春,16个林业局已有12个无木可采,可采的成熟林只剩下1.7%,可采木材不足500万立方米。吉林的煤炭资源开发利用较早,煤炭行业老企业多,已有营城、蛟河煤矿等12个资源枯竭、扭亏无望的煤炭企业实行了矿井关闭和企业破产。由于长期过度消耗森林资源,吉林东部长白山林区可供开发利用的森林资源砍伐殆尽,采运业及林业经济衰退。

由于国内新的资源区产量增加,以及国外进口石油、铁矿石等资源加大,导致国内众多品种的资源性产品由过去的短缺转为过剩,从而进一步加剧了东北老工业基地资源性产业地位的下降,并影响到产业的可持续发展与社会稳定。

2. 资源型城市经济发展滞缓和社会稳定

部分资源型城市主导产业支撑力减弱甚至断层,将引致经济发展缓慢或停滞。在资源型城市产业结构中资源型产业一般占据主导或支柱产业的地位,支柱产业鲜明而单一。如从盘锦市2001年重工业内部结构看,采掘、原材料、加工业三者的比例为8:3:1。东北经济区一些矿业城市所拥有可供开发的后备矿产资源已经不多,由于矿业城市过分依赖采矿业,产业结构递进速度慢,一旦资源枯竭就会对矿业城市发展及社会稳定造成全方位的不利影响。如阜新工业一直以煤电为主，近年来由于占主导地位的煤电产业逐步萎缩，导致经济发展速度比较缓慢，经济总量极小。2000年，阜新地区人口占全省的4.6%，工业总产值仅占全省的1.1%；人均国内生产总值（现价）3386元，仅为全省平均水平的30.1%，全市财政极为困难。尽管阜新注重了接续产业的发展，但目前除煤、电外，最大的电子行业年产值只有4.5亿元，无论从经济规模方面看，还是容纳劳动力等方面看，都无法称得上支柱产业。可见由于矿业城市经济对资源过度依赖和资源减产的不可逆转性，可持续发展问题也越来越突出。

许多资源型城市的劳动力就业主要是围绕着资源型企业而就业的，一旦资源型企业进入转型调整，就业矛盾就会非常尖锐。以阜新为例，2002年6月底，该市就有下岗职工、失业人员15.55万人（其中矿区占45%），占市区总人口的1/5。同时大量矿城或矿业职工处于贫困状态，如鸡西市困难户就达38123户，其中特困户12951户。阜新矿务局10万多名职工，有1/3家庭人均收入低于当地"低保线"156元/月的水平。

三 延续东北地区资源产业发展的对策

1. 制定适合区情省情的资源型产业发展战略

鉴于矿业或能源产业的重要性和复杂性，要按照市场经济规律和WTO规则，研究制定资源产业30年（重点前15年）中长期发展战略的具体目标和要求。提出产业结构、供需平衡、生产布局、技术创新、矿城转型等发展战略，以及宏观调控体系和政策保障，从而有利于把握行业发展和政府宏观经济管理，对于处于不同发展阶段的矿山、矿城要有不同的发展战略。科学制定新兴矿业城市资源可持续利用发展规划；综合规划鼎盛期矿业城市的多元化发展战略；实事求是地制定老年期矿业城市经济型战略。

2. 资源产业的适度开采

矿业城市要注意妥善处理矿业开发强度与矿业经济规模效益两者之间的关系。根据矿山拥有的可采资源量把年度开采量定在一个适当的限度上，在矿山规模效益与企业持续发展之间寻求一个平衡点，进行适度开发。在矿业开发管理中，认真贯彻"十分珍惜、有效保护和合理利用矿产资源"的基本国策，制定切实可行的矿业开发规划。要建立有效的资源产业制度，实行资源的有偿开采和使用制度。要利用国家掌握的经济杠杆，调节资源的利用方向和效率。如开征低效率资源利用税，可制定各种资源利用效率的基本要求，对达不到要求的征收资源利用税，即资源废弃物排放税。同时对资源利用的高效率和循环利用进行鼓励，从而提高资源的利用程度和效率。要杜绝粗放型采掘，科学延缓矿产资源的耗竭速度。要建立和加强资源利用方面的强行设备报废制度和检修制度，同时鼓励对资源产业使用的设备提前进行技术更新。推进科学创新对资源的适度开采具有重要意义，资源产业要通过科技创新提高资源利用率，提高矿产品深加工的科技含量，增加单位矿产加工的附加值。既要加强自主研发和自主创新，又要吸收发达国家的新技术、新设备、新工艺，以有效延长矿山的寿命。

3. **加强矿产资源的回收利用程度和共伴生矿产资源的深度挖掘**

矿山二次资源综合利用是矿业城市向多功能综合性城市转化的初期性产业之一，是开辟矿业城市新的产业的最重要途径。我国现有矿产资源总回收率只有30%~40%，低于国际水平10~20个百分点，这是资源利用率低的重要原因。共伴生矿产储量相对丰富是东北经济区矿产资源的一个重要特点，深度挖掘资源综合利用潜力，对有效保护资源、高效利用资源、节约资源、实现矿产资源价值的最大化都具有十分重大的经济与社会意义。要按产业化形式开展矿山二次资源利用，其投资机制应因地制宜，广开渠道，采取政府扶持、企业出资、公民参与、吸引外资等多种形式解决。要系统地制定二次资源利用的政策法规、技术保障措施等。

4. **实施矿产品的后续加工，以延长产业链**

资源产业依托矿产品的深加工延长产业链，把"原料矿业"转化为"成品矿业"，最大限度地提高资源的附加价值，是资源产业发展的一个重要的发展方向。如油城可以大力发展石油化工及石化产品深加工业，煤城可以实行以煤发电、以电炼铝、煤电铝一条龙等，非金属矿产品深加工也可使产品大幅度增值。林产工业以提高木材综合利用率和产出率为方向，研制、开发多层胶合板、中密度纤维板、各种地板块、高档优质家具和其他资源节约型产品，提高产品加工深度和精度，形成木加工产业链。

5. **实施集团经济战略**

为了合理开发与保护有限的矿产资源，适应加入WTO后更加激烈的国际竞争形势，需要通过改革、改组和改造，组建一批具有国际竞争力的大矿业集团来参与国际竞争。要按照"政策引导、企业自愿、政府推动"的原则，推动跨省区矿业企业集团的建立。政府要采取积极有效的措施，从保证国内、国际市场需求和促进企业发展入手，充分考虑市场、运输条件和生产布局，推动矿区资源储量充足、技术先进、具有较高管理水平和优秀经营业绩的同行业资源型企业联合、重组，建立大型或特大型企业集团，如东北经济区可组建区域性的石油开发集团、森工集团等。政府在资产经营、税收、融资和剥离企业不良资产、移交企业办社会职能等方面予以政策支持。

6. 矿业城市替代产业的选择与培育

在依托矿业而兴起的矿城发展初期，就应及早地注意选择、培育与发展替代产业，实行"矿业与非矿产业并举"的多元发展战略。矿业城市产业结构优化最晚也要在矿业鼎盛期启动，未雨绸缪，及早考虑接续产业发展问题，以争取主动，在矿产资源枯竭之前形成非矿的主导产业，把矿业城市转变成其他类型的城市，实现矿业城市的"再城市化"。如抚顺市工业结构已经初步实现主导产业由煤炭开采向石油加工的战略转移，抚顺矿务局的非煤产业收入已占全局总经营收入的48.4%，形成了煤与非煤并驾齐驱的局面。要以完善城市功能为基础，加快由矿区型城市向综合型现代化城市转变，从而保持矿城兴旺发达，不至于矿竭城衰。

7. 资源的战略储备及其对国外资源的利用

面对东北矿产资源不断递减的整体形势，应尽快实施"走出去、引进来"的矿产资源全球战略，以实现东北地区矿业的可持续发展和矿产资源对国民经济的安全保障。

（1）要积极实施"走出去"战略，扩大矿产资源的国际交流程度和规模，从而保持一定的资源储备，特别是战略资源储备。要广开资源供应渠道，力争在国外建立一批稳定的供矿基地。要根据国际市场资源的供求与价格变化，合理调节进口与国内资源开采的关系，从而保护国内的战略资源。

（2）要大力引进国外的资本和先进技术，走"引进来"勘查开发国内矿产资源之路。目前，中国矿业与其他领域的对外开放和引资额度相比，差距甚大，应尽快制定出具有吸引力的法规和优惠政策，进一步明确外商投资勘查开发的指导目录，鼓励外商投入资本、技术，参与东北经济区矿种的资源勘查开放和共生、伴生矿产资源的综合利用与矿山环境治理，以此推动东北经济区资源开发产业的发展。

8. 资源型城市经济发展与转型的特殊扶持政策

矿业城市的兴衰固然受资源丰度和采掘程度的制约，但与国家宏观指导是否得当和政策支持力度的大小也有关。国家应对矿业城市实行特殊的扶持政策。首先，矿业城市的结构调整、城市转型与可持续发展问题应作为国家21世纪发展战略中的一个特殊问题来加以研究；其次，国家应制定矿业城市经济发展与转型的扶持政策，从宏观上对矿业城市的产业政策、财政政策、投资政策、社保政策和城市政策等多方面给予综合指导和支持，推动矿业城市的结构调整与城市转型。（1）借鉴国外经验，对矿业产业制定合理的税赋政策，切实减轻矿山企业的税赋，在税前为矿山"买保险"。要建立资源型企业的补偿机制，可在矿业销售收入中提取一定比例建立暮年矿山的反哺基金，并在分级财政中增加矿城的留成比例并建立补偿基金，为矿山闭坑转产与人员分流再就业和环境治理与保护提供补助与支持。（2）建立资源型产业发展基金。矿业建设投资多、风险大、建设周期长、回报率低。为了提高国家的宏观调控能力，根据我国实际，可通过政府投入、企业积累和多方筹集、吸引社会资金等渠道组建资源型产业发展基金，主要用于产业结构调整、地质勘探、环境保护、技术创新、城市转型等。（3）要明确产业援助政策，加大国家财政对资源的转移支付力度，对资源枯竭或衰退性产业转产项目及替代产业的培育给予税收、信贷、引资方面的政策支持。最后，实行国家与地区的资源分享政策。目前，为了防止产业替代过晚带来的问题，建议国家在东北资源性地区或产业内实行资源分享政策，并将其作为一项重要的扶持政策，如允许东北的石油大部分留在地方使用。

高等教育发展态势暨辽宁高等教育投入产出研究[*]

——辽宁省省属高等学校资金运行与资产使用情况分析

一 导言

(一) 问题的提出

世纪之交和"十五"时期，是我国高等教育实现历史性突破和取得重大历史性成就的辉煌时期。招生规模实现了跨越式发展，大幅度提高了适龄青年接受高等教育的机会，使中国的高等教育由"精英阶段"一举进入了"大众阶段"，以高等教育在学人数绝对值计算，中国已经成为世界上首屈一指的"教育大国"；改革突破了传统体制的瓶颈约束，国家统办大学的单一模式已经被打破，以政府为主体，中央、省、市三级办学，中央、省两级管理，以省统筹为主，社会各界共同参与的办学体制初步形成；教育投入方面，已经建立起以财政拨款为主，多渠道筹措教育经费的体制；考试和毕业生就业制度的改革，高校内部人事制度、分配制度和后勤社会化等各方面的改革，高校布局与学科结构的调整，也均取得了历史性的进展。同时，"十五"期间，中国高等教育的迅猛发展也为国民经济与社会发展做出了重大贡献；并且对于未来中国全面建设小康社会，构建社会主义和谐社会，进入以知识为主导的社会，其深厚的潜力还将得到充分的释放和发挥。

但是，由于历史与现实的诸多原因，中国的高等教育在取得巨大的历史性进步和成就的同时，也成为一个广受社会瞩目和各界争议的领域。诸

---

[*] 合作者：王超、潘巨春、菜志远、李劲为、张艳明、于斌。

如"教育产业化"之争,"毕业即失业"之论,"教育质量滑坡"之虑,教育收费是"三座大山"之一的新说,高等教育投入不足的争议等,充斥于各类媒体。产生上述疑虑的原因是多方面的。其中,既有体制改革不到位、传统观念束缚和发展不平衡等外部因素,也有高等学校内部管理体制等方面的原因。本项目研究以辽宁省省属30所本科院校2001~2005年财务收入支出、固定资产以及学校基本情况等财务统计数据为依据,主要就高等学校投入产出情况做一些分析,目的在于进一步提高高等教育投资使用效益或投入产出效率。

(二)选题意义

投资与投资效益是发展高等教育的一个极其重要的问题。目前,我国高等教育正处于关键的转轨时期。改革开放以来,我国高等教育发生的一个根本性变化是,高等教育的资金投入已从完全依靠政府拨款转变为以政府财政拨款和宏观调控为主导,以学费收入为主要支撑,以其他多渠道筹措经费为辅助的全方位筹资体系。从1989年开始对高等教育受教育者象征性收费,到1997年全面实行收费制度,到目前为止,高等教育收费已经在高等教育全部投入中占有相当大的比重;随着《高等教育法》的颁布与实施,在法律与政策的层面,高等学校也由传统的政府附属机构变成了由国家立法保障的面向社会、自主办学的法人实体;随着高校法人主体地位的确立和教育经费来源渠道多元化局面的形成,教育投入产出效率问题日益引起社会各界的广泛关注。对高等教育投入产出进行分析,其主要意义在于,拓展高校资金管理和运用的新思维,促进高校资金运用的科学化,提高高校抗风险能力,降低办学成本,提高办学效率,迎接教育国际化的挑战,实现社会效益和经济效益双赢目标,这也是本项目研究的基本目的。

(三)研究方法

根据研究对象的要求,本项目研究主要采用历史、比较、实证和统计分析,以及成本效益分析等研究方法。其中,主要采用历史和统计分析的方法。虽然,30所大学所提供的2001~2005年的财务统计数据似乎时间序列较短,但世纪之交的几年,恰是高等教育投资体制快速转轨的时期,其数据反映出来的信息,或许更带有鲜明的转轨时期的特征。历史是现实的前提。历史的方法其实质也是一种归纳和实证的方法,它要求研究问题不是从既定的理论出发,而是通过客观地解读历史把经验或教训上升为理论与政策,这与本项目研究的目的完全吻合。同时,高等教育投资与投资效益问题或投入产出问题并非是孤立存在的现象,而是与高等教育发展历史、现实和未来发展趋势密切相关,因此,高等教育目前发展现状与未来发展趋势,也在逻辑上构成了本项目的重要研究内容。

二 高等教育发展现状

当今世界,市场竞争是知识的竞争、人才的竞争、教育的竞争。任何国家的发展都离不开高等教育的发展。尤其是发展中国家的发展,更离不开高等教育的发展。20世纪最后1/4世纪以来,世界各发展中国家都在积极发展本国的高等教育事业。1975~1990年,在发展中国家成年人口中,至少接受过某种高等教育的人数增长了约215倍。1995年,发展中国家有4700多万名学生在高等院校学习,而1980年仅为2800万人。我国是世界上最大的发展中国家,高等教育具有特殊重要的地位,一直是教育系统中发展最快的部分。特别是自1999年6月中国改革开放以来第三次全国教育工作会议后,我国高等教育的改革和发展迈上了一个新的台阶。辽宁省的高等教育也得到了蓬勃的发展,无论在数量和规模以及人才培养质量方面都取得了巨大的进步。

(一) 学校数量持续增加、学校结构不断改善

1. 学校数量增加、学校类别齐全

21世纪以来,是中国高等教育发展的最快时期。其最显著的特征之一,就是高等学校的数量快速增长。2005年全国共有普通高等学校1792所,比2000年的1041所增加了751所,增长72.14%。其中本科院校701所,比2000年的599所增加了102所,增长17.03%,占高等学校总数量的比重为39.12%;专科院校1091所,比2000年的442所增加了649所,增长146.83%,占高等学校总数量的比重为60.88%。同期,辽宁省共有普通高等学校75所,比2000年增加17所,增长29.31%。按学校隶属关系划分,有省属院校44所,占58.67%;市属院校16所,占21.33%;民办院校10所,占13%;中央部委属院校5所,占6.67%。按学校层次划分,有本科40所,占53.33%,专科35所,占46.67%。2005年比2000年,辽宁省高

等学校数量增长比例低于全国平均水平，但本科学校比重高于全国平均水平约 14 个百分点，这从一个侧面证明了辽宁教育大省的地位（见表1）。

表1　2000～2005 年辽宁省高等学校数量变化情况

单位：所

项　目	2000 年	2001 年	2002 年	2003 年	2004 年	2005 年
本科院校	36	36	36	38	39	40
专科院校	22	25	30	31	31	35
总　数	58	61	66	69	70	75

资料来源：辽宁教育网、2006 年辽宁省普通高等学校招生计划工作会议。

并且，从过去几年的发展趋势观察，未来一段时间内，辽宁高等学校总量，仍呈持续增加的态势（见图1）。

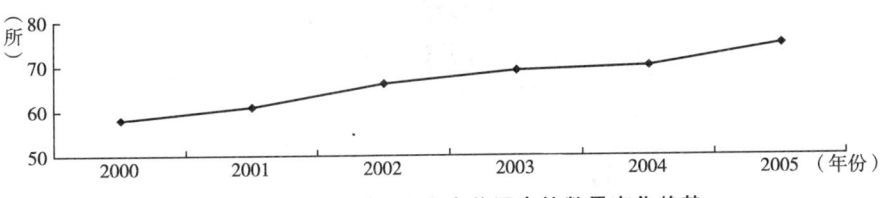

图1　2000～2005 年辽宁省普通高校数量变化趋势

从学校类别看，辽宁普通高校以理工、师范和医药类院、校居多，财经、政法、语言、艺术、民族、体育等学校类别比较齐全，基本形成了多科类、多层次的比较完整的高等教育体系（见表2）。

表2　2005 年辽宁普通高等学校的类别状况

单位：所

总计	综合大学	理工	农业	医药	政法	财经	语言	体育	艺术	师范	民族	高职
75	5	17	2	6	2	4	1	1	2	7	1	27

资料来源：辽宁教育网。

2. 学校结构有所改善，民办教育不断发展

高等学校在数量不断增加的同时，单一的国家所有制的结构也在不断改善，民办高等教育得到了很大发展。所谓民办学校是指国家机构以外的

社会组织或者个人，利用非国家财政性经费，面向社会举办的学校及其他教育机构。改革开放以来，特别是2000年以后，为了满足高等教育快速发展的需要和适应社会主义市场体制改革取向的要求，民办教育得到了很大发展。目前，民办教育已经涉及学前教育、初等教育、中等教育、高等教育、职业教育和成人教育等多个领域。2005年，辽宁75所普通高等学校中，已经有辽宁对外经贸职业学院、大连商务职业学院、大连艺术职业学院、大连东软信息技术职业学院、辽宁广告职业学院、锦州商务职业学院等10所民办高等学校（见图2），约相当于同期全国民办高校总数的1/25。

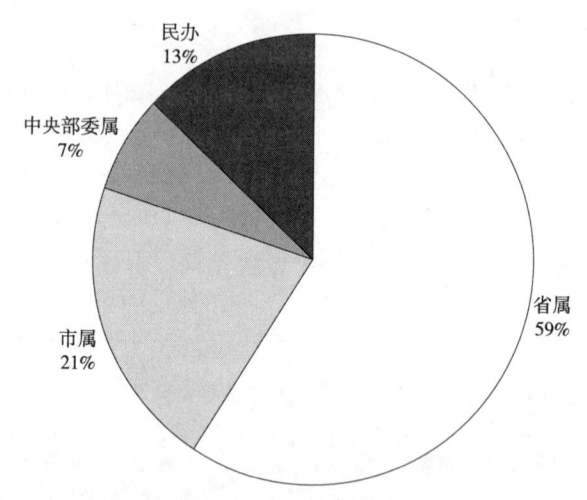

图2 2005年辽宁民办高等学校发展情况

在民办高等学校发展的同时，辽宁还发展起来一批独立学院。所谓独立学院，指依托基础条件较好的本科院校，借助社会资本，向入学者收取高于一般高等学校的学费而兴办起来一些学校。独立学院有独立的校园、独立的教学设施、独立的经费、相对独立的教学管理，独立颁发学历文凭、独立承担民事责任。独立学院以应用型本科人才为培养目标。这类学校发展较快，2005年辽宁已经成立了23所独立学院（同期全国独立学院为295所），如渤海大学文理学院、沈阳大学科技工程学院、辽宁师范大学海华学院、沈阳师范大学渤海学院、中国医科大学临床医药学院、东北财经大学津桥商学院等。

民办教育在打破政府包揽办学传统格局，引入竞争机制，推进辽宁省教育体制改革，扩大教育规模，增强教育供给能力，满足社会多样化教育需求，提高人民群众受教育水平，培养经济建设需要的各种人才，减轻国家财政和社会就业压力等方面做出了重大贡献。民办高等教育已经成为辽宁高等教育事业的重要组成部分。

（二）学生规模急剧增长，学生结构层次提高

1. 学生规模急剧增长

2000~2005年，我国高等教育发展的又一个显著特点是招生和在校生规模持续的大幅增加。始于1999年的高校扩招，成为振兴中国教育事业的重大事件，为新一轮的教育改革与发展注入了强大的动力。2000~2005年，仅仅5年间我国高等教育快速发展，甚至是超常规的成倍数增长（见表3），目前我国已经建立了一个基本适应中国现代化建设需要的世界上最大规模的教育体系。

表3 2000~2005年全国本专科、研究生教育发展情况

单位：万人，%

项目	本专科学生数		研究生数	
	招生数	在校生	招生数	在校生
2000年	220.61	556.00	12.82	30.12
2005年	504.46	1561.78	36.48	97.86
定比增长	128.67	180.90	184.56	224.90
年均递增	17.99	22.94	23.33	26.58

资料来源：根据中国教育和科研计算机网统计数据整理。

与全国形势一致，辽宁省高等教育发展速度也较快。2005年，全省各类高等教育在校生约98.3万人，其中，普通本专科65.9万人，占67.04%；研究生5.2万人，占5.29%；成人本专科19.1万人，占19.43%；其他各类8.1万人，占8.24%。与全国发展情况比较，辽宁省高等教育的发展呈现出的一个重要特点是，本专科招生、在校生增长速度明显低于全国平均水平，2005年与2000年比较，年均递增速度分别低于全国4.81个和6.49个百分点（见表3、表4）。

表4 2000~2005年辽宁本专科、研究生教育发展情况

单位：人，%

项 目	本专科学生数		研究生数	
	招生数	在校生	招生数	在校生
2000年	113319	307931	6204	14591
2005年	210495	659391	19594	51937
定比增长	85.75	114.14	215.83	255.95
年均递增	13.18	16.45	25.86	28.91

资料来源：根据辽宁教育网统计数据整理。

辽宁高等教育与全国发展形势并非一致的这种现象表明：一是由于传统体制以及历史文化等原因，我国普通高等教育总体规模（或称绝对规模，指本专科在校生数）和相对规模（万人口中大学生数）的地区分布极不平衡，许多地区的普通高等教育规模和经济发展存在明显不协调。2001年，湖北经济总量不足山东的一半，普通高等学校的总体规模却超过了山东；辽宁的经济总量仅及广东的一半，普通高等学校的总体规模却与广东相当接近。湖北、辽宁普通高等教育规模远远超前于经济的发展，或者说是其经济的发展远远落后于普通高等教育规模的发展。二是在经济及教育体制改革新形势下，辽宁老工业基地的困境已经直接或间接影响到教育及其他社会事业的发展。如扩招后，我国东部浙江、山东等地区的普通高等教育总体规模和相对规模发展都较快，而辽宁相对较慢。因此，辽宁高等教育事业的发展还有赖于老工业基地的全面振兴。

2. 学生结构层次提高

随着近几年招生规模迅速扩大、大学毕业生分配制度的改革、毕业生择业观念的转变、经济社会对更高一个层次人才的强烈需求以及客观存在的就业不足的压力，使学生结构发生了一个重要的变化，即研究生招生、在校生规模增长速度占全部学生的比例显著增长。并且辽宁的增长速度还略高于全国平均水平，2005年与2000年比较，辽宁研究生招生、在校生年均递增速度，分别比全国平均水平高出2.53个和2.33个百分点（见表3、表4）。

另外，从辽宁的情况看，研究生、本专科生招生和在校生比例，明显

表现出本科生比例下降、专科生略有增加,而研究生比例大幅增长的趋势。2005 年研本比(本科生为 1)达到 0.070∶0.118。表明辽宁高等教育在本专科教育的基础上向更高层次教育发展的趋向(见表 5、表 6)。

表5 2000~2005 年辽宁普通高等教育招生比例

单位:人,%

年 份	合 计	研究生	本 科	专 科	比 例
2000	119523	6204	71095	42224	5.2∶59.5∶35.3
2001	135948	8371	80567	47010	6.2∶59.3∶34.6
2002	154661	10187	87177	57297	6.6∶56.4∶37.0
2003	177684	13882	99543	64259	7.8∶56.0∶36.2
2004	201411	16938	111128	73345	8.4∶55.2∶36.4
2005	230089	19594	125748	84747	8.5∶54.7∶36.8

资料来源:根据辽宁教育网统计数据整理。

表6 2000~2005 年辽宁普通高等教育在校生比例

单位:人,%

年 份	合 计	研究生	本 科	专 科	比 例
2000	322522	14591	209785	98146	4.5∶65.0∶30.4
2001	391952	19616	253461	118875	5.0∶64.7∶30.3
2002	476019	25483	303380	147156	5.4∶63.7∶30.9
2003	547818	33627	344672	169519	6.1∶62.9∶30.9
2004	626179	42714	388589	194876	6.8∶62.1∶31.1
2005	711288	51937	439185	220166	7.3∶61.7∶31.0

资料来源:根据辽宁教育网统计数据整理。

学科专业结构与辽宁老工业基地的传统产业结构也基本相对应。全省 2005 年工学招生比例为 41.7%,管理学为 16.9%,两者合计将近占招生总人数的 60%。而历史学系和哲学系的招生人数最少,所占比例仅分别为 0.1% 和 0.01%(见表 7)。

表7　2005年辽宁省高校本专科分学科招生情况

单位：人，%

学科名称	招生数	所占比例
工　学	87704	41.7
管理学	35653	16.9
文　学	34699	16.5
医　学	12291	5.8
经济学	9417	4.5
理　学	9035	4.3
教育学	8694	4.1
法　学	7096	3.4
农　学	5580	2.7
历史学	298	0.1
哲　学	28	0.01

资料来源：根据辽宁教育网统计数据整理。

2005年全省普通高校在校本科学生人数最多的十个专业分别是计算机科学与技术、英语、临床医学、机械设计制造、自动化、会计学、艺术设计、国际经济与贸易、电子信息工程、土木工程；在校专科学生人数最多的十个专业分别是计算机应用技术、会计电算化、师范教育（小学）、计算机网络技术、商务英语、数控技术、软件技术、旅游管理、护理学、电子商务。反映了辽宁区域经济发展对相关学科的旺盛需求。

（三）办学条件显著改善，校均规模大幅上升

1. 办学条件显著改善

在高等教育持续扩招的宏观政策背景下，全省有35所高校进行了扩容改造。"十五"期间累计投资163.5亿元，其中各级政府投入10亿元，利用资产置换和社会化投资93.4亿元，银行贷款和学校自筹60.1亿元。改造后的高校资产总量成倍增长，新增校舍888万平方米，相当于新建了37所万人大学，为提高高等教育人才培养能力和满足人民群众对高等教育资源的需求提供了重要保障。全省累计新建大学生公寓423万平方米、大学生食堂49万平方米，新建公寓和食堂约为1999年前建设总量的3倍。在新建学生公寓和食堂中，社会投资兴建128万平方米，占总量的27%，高校后勤

社会化改革在增量上有了一定进展。办学条件总体上得到了较大的改善和提高。2000～2005年,从学校占地、专任教师、教学行政用房、仪器设备及图书等办学条件的主要指标来看,学校占地、教学行政用房和仪器设备3项指标高于或略高于在校生人数增长比例;专任教师、图书年均增长率则低于在校生人数增长比例。但以辽宁高等学校生师比在全国排序位次来考察和考虑到信息时代网络电子图书阅览的出现,专任教师和图书增长比例低于在校生人数增长比例则可能是一种正常的调整(见表8、表9)。

表8 2000～2005年辽宁省普通高校总体办学条件变化情况

年 份	在校生人数（人）	学校占地（万亩）	专任教师（万人）	教学行政用房（万平方米）	仪器设备（亿元）	图书（亿册）
2000	322522	3.56	2.75	435.2	17.72	0.30
2001	391952	4.20	3.04	504.4	23.04	0.33
2002	476019	5.05	3.08	649.9	30.38	0.36
2003	547818	6.96	3.81	790.6	40.34	0.46
2004	626179	7.87	4.07	961.0	44.89	0.46
2005	711288	8.08	4.39	1020.3	50.62	0.51
年均增长（%）	17.14	17.8	9.8	18.6	23.4	11.2

资料来源:根据《2005年辽宁省普通高等学校发展概况》(辽宁省教育厅发展规划处,2006年2月)、辽宁教育网有关数据整理;在校生人数包括普通高校本专科学生和研究生。

虽然,"十五"期间,辽宁高等教育总体办学条件有了很大的改善,但由于高校急剧扩招,生均办学条件改善得却不那么明显,甚至有些资源呈相对下降趋势。如表9所示,"十五"期间,生均宿舍、生均教学设备、生均教学用房及生均占地呈增长的趋势,分别为6.78%、5.14%、3.08%、1.62%。而生均图书和生均校舍却呈负增长,分别为-6.78%和-5.24%(见表9)。

表9 2000～2005年辽宁省普通高校生均办学条件变化情况

年 份	生均占地（平方米）	生均校舍（平方米）	生均教学设备（元）	生均图书（册）	生均宿舍（平方米）	生均教学用房（平方米）
2000	63.4	31.7	4725.9	79.7	5.8	11.6
2001	59.6	28.9	4902.1	71.3	7.1	10.7
2002	55.7	22.4	5195.5	62.6	7.0	10.8

续表

年 份	生均占地（平方米）	生均校舍（平方米）	生均教学设备（元）	生均图书（册）	生均宿舍（平方米）	生均教学用房（平方米）
2003	76.3	24.5	6213.3	64.0	8.2	12.9
2004	80.7	26.2	6395.8	65.8	8.4	14.6
2005	68.7	22.3	6072.6	60.9	8.1	13.5
年均递增（%）	1.62	-6.8	5.14	-5.24	6.78	3.08

资料来源：根据《2005年辽宁省普通高等学校发展概况》（辽宁省教育厅发展规划处，2006年2月）、辽宁教育网有关数据整理；在校生人数包括普通高校本专科学生和研究生。

但是，由于一些学校的建设，特别是新校区的建设尚为结束，"十一五"期间，预计高等学校的总体办学条件和生均办学条件还将进一步得到改善（见图3）。

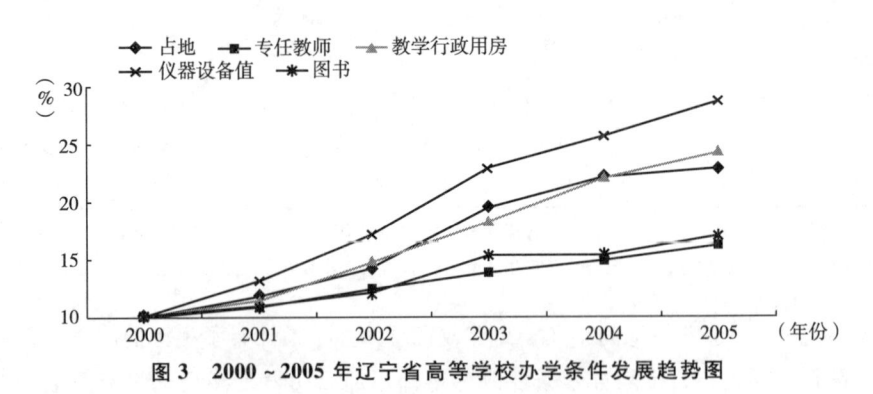

图3 2000~2005年辽宁省高等学校办学条件发展趋势图

除具有研究生学位教师外，辽宁省高等学校办学条件与全国平均水平比较，大体处于中等偏下水平（见表10）。这与改革开放以来辽宁老工业基地陷入困境的历史和目前处于振兴过程中的现状基本吻合。可以预期，随着老工业基地振兴目标的实现，辽宁高等教育事业的发展还将再现辉煌。

表10 2005年辽宁省高等学校办学条件在全国排序

项 目	全 国		辽 宁		辽宁排序
	普通高校	其中本科	普通高校	其中本科	
生师比	16.8:1	17.8:1	16.3:1	17.5:1	16
具有研究生学位教师（%）	40.3	50.1	40.1	48.2	5.0
生均教学行政用房（平方米）	15.2	14.1	13.7	12.6	26

续表

项 目	全 国		辽 宁		
	普通高校	其中本科	普通高校	其中本科	辽宁排序
生均教学仪器设备（元）	6960	7635	5441	5345	19
生均图书（册）	66.8	68.1	62.0	61.3	26

资料来源：《2005年辽宁省普通高等学校发展概括》，辽宁省教育厅发展规划处，2006年2月；辽宁排序指普通高校在全国排序。

2. 校均规模大幅上升

随着办学条件的改善，高校吸纳学生的能力也在不断增强，校均规模大幅上升。校均规模是表示教育"集约化"程度的一个重要指标。国内外大量研究结果表明，高等学校的规模，在一定的范围内，与成本之间存在明显的相关性，即在一定的规模范围内，随着规模的扩大，成本明显降低。如美国绝大多数高等学校的规模都比较大，许多大学的规模都在万人以上，即使是那些以研究为主的所谓研究型大学也不例外。从表11可以看出，2000~2005年，辽宁省高等教育的"集约化"程度普遍高于全国平均水平，这从一个侧面说明了辽宁省高等教育相对发达。特别是本科学校，校均规模已经突破了1万人大关，校均规模从2000年的6697人，增加到2005年的11683人，年均增长11.77%。专科学校的校均规模从2000年的2297人增加到2005年的3052人，增长速度为5.85%。

表11 2000~2005全国—辽宁普通高等学校校均规模[①]

单位：人，所

项目 \ 年份	2000	2001	2002	2003	2004	2005
全国校均规模	5289	5289	6471	7143	7704	7666

---

① 全国数据指普通高等学校全日制本、高职（专科）在校生平均规模，2005年数据不含独立学院和分校点，数据来源根据"中国教育和科研计算机网"整理。为使辽宁数据与全国数据有可比性，根据《2005年辽宁省普通高等学校发展概况》（辽宁省教育厅发展规划处，2006年2月）本专科在校生规模和本专科学校（专科学校包括独立设置高职学校）有关数据计算整理，但与辽宁教育网所载《辽宁教育概况》校均规模数据不一致，2000年和2005年，辽宁教育网所载校均规模分别为5384和8944人，略大于本表数据，因为，辽宁教育网数据包括了在校研究生数。另外，本表中辽宁数据与文字叙述数据不一致，因文字数据中包含了成人及其他类学生数据。

续表

项目	年份	2000	2001	2002	2003	2004	2005
辽宁	在校生规模	307931	372336	450536	514191	583465	659351
	本专科学校	58	61	66	67	70	75
	校均规模	5309	6103	6826	7674	8335	8791

（四）多元筹资渠道基本形成，教育投入平稳增长

1. 总体投入水平——与辽宁经济社会发展水平基本吻合

投资体制，即以政府财政拨款为主导，多渠道筹措教育经费的体制基本形成。2005 年辽宁省全口径（包括义务教育）教育经费投入构成为：财政预算内教育经费 171.06 亿元，占总投入的 58.75%；各级政府征用于教育的税费 17.62 亿元，占 6.05%；校办产业、勤工俭学和社会服务收入用于教育的经费 0.47 亿元，占 0.16%；社会团体和公民个人办学经费 17.03 亿元，占 5.85%；社会募捐集资办学经费 1.03 亿元，占 0.35%；事业收入 75.59 亿元，占 25.97%；其他 6.10 亿元，占 2.09%。

全省总体投入水平增长幅度较大，与全国其他地区比较，排在中等偏上水平。但是，一个需要说明的问题是，分析一个地区的教育经费支出占该地区财政支出的比例或占 GDP 比重，若单纯考察该地区在全国的位次，得出的结论并不一定反映事物的本质。2001～2004 年，辽宁预算内教育经费占财政支出的比例在全国 31 个省、自治区、直辖市（不包括香港、台湾、澳门）的位次分别排第 24、第 26、第 24 和第 23 位。据此分析，必然得出的结论是，辽宁教育经费支出在全国处于下游水平。教育经费占财政支出的比例或占 GDP 的比重，是考察教育投入的重要指标。但就各个国家和每一国家内部的各个地区而言，更具有本质意义的是绝对数值和人均比值。2001～2004 年，辽宁的实际情况是，财政拨款预算内教育经费（全口径）2004 年比 2001 年增长 63.54%，年均增长 17.82%，在全国各地区排序位列第 9，处于中等偏上水平（见表 12）。与辽宁人均 GDP 在全国排位基本一致，与辽宁人均教育经费支出额在全国的位次也完全吻合。

表12 2001～2004年全国各地区预算内教育经费占财政支出比例

单位：亿元，%

地 区	2001年		2002年		2003年		2004年		定比增长	年均增长
	经费	比例	经费	比例	经费	比例	经费	比例		
北 京	103	18.40	118	18.83	138.6	23.50	171	18.86	66.02	18.41
天 津	44	18.53	47	17.85	56	15.59	64	17.86	45.45	13.30
河 北	103	20.10	127	21.99	138	21.39	166	21.14	61.17	17.24
山 西	59	20.52	69	20.73	78	18.83	94	18.07	59.32	16.79
内蒙古	48	15.08	59	15.05	65	14.69	81	14.31	68.75	19.06
辽 宁	96	16.07	111	16.02	126	16.10	157	16.84	63.54	17.82
吉 林	58	17.87	67	18.56	70	17.17	80	15.82	37.93	11.32
黑龙江	73	15.16	86	16.08	94	16.56	105	15.08	43.83	12.88
上 海	124	17.46	144	16.68	160	14.69	199	14.10	60.48	17.02
江 苏	161	22.12	191	22.23	211	20.10	265	20.16	64.60	18.07
浙 江	129	21.55	161	21.51	192	21.36	237	22.27	83.72	22.48
安 徽	78	19.29	97	20.98	104	20.40	124	20.69	58.97	16.71
福 建	90	24.01	102	25.69	115	25.45	129	24.99	43.43	12.75
江 西	54	19.02	65	19.13	71	18.44	81	17.73	50.00	14.47
山 东	156	20.71	185	21.53	205	20.30	232	19.47	48.71	14.14
河 南	117	22.91	150	23.80	155	22.99	191	21.74	63.24	17.75
湖 北	76	15.64	92	18.01	98	18.18	114	17.56	50.00	14.47
湖 南	78	17.96	100	18.76	107	18.64	126	17.52	61.54	17.33
广 东	229	17.32	299	19.66	357	21.06	405	21.84	76.86	20.93
广 西	67	19.51	85	20.18	90	20.34	102	20.10	52.24	15.04
海 南	14	17.95	17	18.28	18	17.47	22	17.17	57.14	16.26
重 庆	45	18.85	55	17.97	60	17.54	71	18.03	57.78	16.42
四 川	107	17.93	130	18.53	138	18.82	158	17.70	47.66	13.87
贵 州	46	16.77	63	19.73	67	19.78	79	18.76	71.73	19.75

续表

地 区	2001 年		2002 年		2003 年		2004 年		定比增长	年均增长
	经费	比例	经费	比例	经费	比例	经费	比例		
云 南	92	18.48	102	19.37	112	19.05	136	20.48	47.82	13.92
西 藏	10	9.17	13	9.73	17	11.92	22	15.65	120.0	30.06
陕 西	59	16.77	68	16.77	73	17.54	85	16.52	69.41	88.54
甘 肃	41	17.59	51	18.57	55	18.42	64	17.80	56.10	16.00
青 海	13	12.90	16	13.23	17	13.54	19	13.68	46.15	13.48
宁 夏	14	14.62	16	13.95	17	16.09	21	16.89	50.00	14.47
新 疆	57	21.55	65	18.06	71	19.25	82	19.44	43.85	12.89
辽 宁 排序	10	24	10	26	10	24	9	23	9	9
总 计	2706	14.31	3255	14.76	3619	14.68	4244	14.90	56.84	16.18

资料来源：根据"中国教育和科研计算机网"有关统计数据计算整理。

并且，进一步分析 2004 年全国各地区教育经费占 GDP 比重，除北京、上海、天津 3 个直辖市外，按东部、中部、西部划分，呈现出越是东部发达地区教育经费支出占 GDP 比重越低，越是西部落后地区比重越高的分布态势（见表 13）。2004 年，辽宁、山东、江苏、浙江、福建、广东东部沿海 6 省，教育经费占 GDP 比重分别为 2.29%、1.50%、1.71%、2.11%、2.13% 和 2.52%，广东最高（2.52%），辽宁排在第 2 位（2.29%）；而西部重庆、四川、贵州、云南、西藏、陕西、甘肃、宁夏、青海和新疆 10 个地区，教育经费占 GDP 比重分别为 2.66%、2.41%、4.96%、4.60%、10.4%、2.95%、4.10%、4.13%、4.51% 和 3.73%，除四川略低于广东外，其他普遍高于甚至成倍高于东部地区（见表 13）。它表明一国内各地区间教育经费投入与 GDP 总量不一定必然具有正相关性，而是取决于地区内的教育资源的供给与需求关系。

如高等教育，目前，我国高等教育实行的是分权管理模式。在分权管理模式下，各地区间高等教育政府拨款不一致是一种世界性现象。美国各州分权而治，各州经济增长、历史文化、贫富差距和差异巨大，因此对高等教育拨款主要立足于本州实际。1999～2000 年，美国各州高等教育拨款达到 1523 亿美元，其中，拨款前 5 名的州拨款总计 521.64 亿美元，占该年度总量的 34.3%；拨款总量最少的 5 个州合计拨款总额只有 15.62 亿美元，只占该年度总量的 1% 左右。各州的高等教育拨款无论在总量上还是在比例上，都没有规律可循，而且拨款差距巨大，突出反映了美国高等教育以州为管理核心所导致的拨款分权化的特征。因此，仅仅以教育经费占财政支出比例或者占 GDP 比重评价教育拨款的多少是不全面的。另外，需要特别指出的是，辽宁省的教育投入，是在老工业基地振兴时期和城市居民人均收入居全国第 16 位水平的基础上实现的，因此，具有更大的现实意义。

表 13　2004 年全国各地区 GDP、人均 GDP、人均收入、教育经费人均支出情况

地区	人口（万人）	GDP（亿元）	人均 GDP（元）	城市人均可支配收入（元）	农村人均收入（元）	政府教育经费		
						支出（亿元）	占 GDP 比重（%）	人均支出（元）
全　国	129988	136515	10502	9422	2936	4244	3.11	326
北　京	1493	4283	44969	17653	7860	171	3.99	1135
天　津	1024	2932	31550	11467	6525	64	2.18	625
河　北	6809	8837	13017	7951	3171	166	1.89	244
山　西	3335	3042	9012	7903	1637	94	3.09	282
内蒙古	2384	2712	11305	8123	2606	81	2.99	340
辽　宁	4217	6872	16297	8008	3307	157	2.29	372
吉　林	2709	2958	10693	7841	3000	80	2.70	295
黑龙江	3689	5303	13897	7471	3010	105	1.98	285
上　海	1352	7450	42525	16683	7337	199	2.67	1472
江　苏	7433	15512	20182	10482	4754	265	1.71	357
浙　江	4720	11243	23942	14546	6096	237	2.11	502
安　徽	6228	4812	7728	7511	2499	124	2.58	199
福　建	3511	6053	17218	11175	4089	129	2.13	367
江　西	4284	3496	8189	7560	2953	81	2.32	189
山　东	9180	15491	16925	9438	3507	232	1.50	253
河　南	9717	8815	9120	7705	2553	191	2.17	196

续表

地区	人口（万人）	GDP（亿元）	人均GDP（元）	城市人均可支配收入（元）	农村人均收入（元）	政府教育经费		
						支出（亿元）	占GDP比重（%）	人均支出（元）
湖 北	6016	5612	9117	8617	2838	114	2.03	189
湖 南	6698	6321	10485	8023	2897	126	1.99	188
广 东	8304	16040	19318	13628	4366	405	2.52	488
广 西	4889	3320	7196	8690	2305	102	3.07	208
海 南	787	790	9712	7736	2818	22	2.79	280
重 庆	3144	2665	9608	9221	2535	71	2.66	226
四 川	8725	6556	7450	7710	2580	158	2.41	181
贵 州	3904	1592	4114	7322	1722	79	4.96	202
云 南	4415	2956	6733	8871	1864	136	4.60	308
西 藏	274	212	7779	8200	1861	22	10.4	802
陕 西	3705	2883	7757	7493	1867	85	2.95	229
甘 肃	2619	1559	5916	7377	1852	64	4.10	244
宁 夏	588	460	7880	7218	2320	19	4.13	323
青 海	539	466	8606	2005	7320	21	4.51	390
新 疆	1963	2200	11199	2245	7503	82	3.73	418
辽宁排序	14	7	9	16	9	10	18	9

资料来源：根据"中国教育和科研计算机网""中国统计信息网"有关数据计算整理。

2. 高等教育投入平稳增长

高校多渠道筹措办学经费既是自身的生存需要，同时也是发展的必然要求。"十五"期间，全省高校经费总投入231.6亿元，其中，各级政府投入95.6亿元，占总投入的41.3%；学校自筹资金，包括事业收入、科研收入、捐赠收入、其他收入等共投入136亿元，占总投入的58.7%。多渠道的经费来源有力地支持了辽宁省高等教育的稳定和健康发展。从2001~2004年全国各地区普通高等学校生均预算内事业费和生均预算内公用经费增长情况看,由于过去几年的大扩招,全国平均水平包括大多数地区,生均预算内经费投入多呈负增长状态,这里固然有政府投入不足的问题,但更主要的是过去几年高等教育投入增长跟不上扩招规模发展的特殊时期的表现。而在这一时期,辽宁高等教育投入基本处于稳定增长态势。2001~2005年,生均预算内事业费辽宁在全国各地区所占位次,由第16位上升到第11位,年均增长水平排第10位;生均预算内公用经费辽宁在全国各地区所占位次,也由第16位上升到第12位,年均增长水平排第11位。辽宁高等教育投入在全国也排在中上等水平(见表14、表15)。

表14 2001~2005年全国各地区普通高等学校生均预算内事业费增长情况

地 区	2001年(元)	2002年(元)	2003年(元)	2004年(元)	2005年(元)	2005年比2001年±%
总 计	6816.23	6177.96	5772.58	5552.50	5375.94	-21.13
北 京	12730.42	15146.05	15806.43	15809.95	17036.50	33.83
天 津	8078.25	8216.75	8457.20	9022.49	9134.45	13.08
河 北	4069.15	3443.30	2920.51	2922.77	2757.33	-32.24
山 西	5179.06	4031.52	4143.16	4363.12	4049.50	-21.28
内蒙古	3470.16	3336.16	3253.28	3639.02	3314.83	-4.48
辽 宁	4656.27	4153.76	4044.05	4645.65	4352.45	-6.53
吉 林	4432.55	4223.75	3516.65	3301.59	3992.94	-9.92
黑龙江	4842.79	4051.37	4412.51	4205.30	3511.08	-27.50
上 海	12455.66	8441.94	8971.22	9116.17	11500.73	-7.67
江 苏	5420.89	4481.34	4237.67	4517.11	4971.73	-8.29
浙 江	7430.12	6651.29	5824.74	6890.47	6417.74	-13.63
安 徽	3709.97	3279.43	3794.14	3730.98	3468.17	-6.52
福 建	4966.96	5147.90	4365.44	5328.56	4914.56	-1.06
江 西	3828.56	3281.37	2679.07	2507.97	2206.03	-42.38
山 东	4919.54	4473.18	3857.63	3371.59	3195.17	-35.05
河 南	3283.87	3901.45	3910.30	3447.71	3727.09	13.52

283

续表

地 区	2001年(元)	2002年(元)	2003年(元)	2004年(元)	2005年(元)	2005年比2001年±%
湖 北	3702.23	3195.03	2827.45	2459.61	2636.97	-28.77
湖 南	3213.57	3007.05	2727.70	2581.67	2685.48	-16.43
广 东	9060.17	11540.31	10235.16	8581.48	7529.40	-16.90
广 西	4538.87	4701.34	4269.11	3844.28	3968.03	-12.58
海 南	8416.59	5482.29	4012.67	3036.82	3968.48	-52.85
重 庆	5219.51	4263.44	3591.92	3675.66	3652.81	-30.02
四 川	3179.71	2306.02	2040.77	1946.30	2076.09	-34.71
贵 州	2124.67	3201.67	3230.42	3288.05	3721.96	75.12
云 南	7508.51	6843.33	6375.39	5279.76	4874.59	-35.08
西 藏	14448.07	16006.62	12810.96	11401.97	11864.34	-17.88
陕 西	4322.62	3745.58	3289.19	3285.14	3283.87	-24.03
甘 肃	4775.23	3808.12	3619.62	4161.01	3979.20	-16.67
青 海	4893.83	4727.40	4893.76	5573.43	5972.89	22.05
宁 夏	7036.23	5649.18	4370.37	5334.74	3157.96	-44.88
新 疆	2162.31	2681.37	2396.79	2067.22	3135.87	45.02
辽宁排序	16	17	15	11	11	10

资料来源：根据"中国教育和科研计算机网"2001～2005年全国教育经费执行情况统计公告有关数据计算整理。

表15 2001～2005年全国各地区普通高等学校生均预算内公用经费增长情况

地 区	2001年(元)	2002年(元)	2003年(元)	2004年(元)	2005年(元)	2004年比2001年±%
总 计	2613.56	2453.47	2352.36	2298.41	2237.57	-14.39
北 京	6221.25	9871.62	9946.66	10216.89	10688.17	71.80
天 津	3244.01	3319.47	3395.27	3886.90	4021.63	23.97
河 北	955.35	873.82	731.51	825.71	635.49	-33.48

续表

地区	2001年（元）	2002年（元）	2003年（元）	2004年（元）	2005年（元）	2004年比2001年±%
山 西	1132.25	850.59	792.67	961.97	1100.27	-2.82
内蒙古	248.42	349.68	969.65	905.57	709.46	185.59
辽 宁	1455.16	1214.48	1104.41	1535.36	1596.77	9.73
吉 林	1327.84	1974.21	1312.79	1436.55	1994.67	50.22
黑龙江	1054.41	958.90	1312.49	1271.99	1131.22	7.29
上 海	6504.37	3362.52	3504.72	4490.53	6865.05	5.55
江 苏	1709.49	1796.47	1610.71	1757.15	2189.23	28.06
浙 江	2538.45	2736.07	2305.66	2540.49	2273.32	-10.45
安 徽	499.33	213.15	747.00	575.48	548.77	9.90
福 建	1655.96	1898.74	1312.53	2317.57	1885.04	13.83
江 西	1029.75	1078.38	602.13	633.29	625.15	-39.29
山 东	1351.76	1210.13	995.55	1052.41	787.01	-41.78
河 南	1021.80	1166.77	1288.50	1237.97	1280.46	25.31
湖 北	1644.63	1442.68	1310.04	841.05	1009.59	-38.61
湖 南	968.72	774.75	924.72	857.04	970.47	-0.18
广 东	3527.85	4687.09	4324.26	3573.49	3399.36	-3.64
广 西	1553.46	1373.15	1183.24	1177.38	1408.09	-9.36
海 南	2361.43	1392.56	759.35	667.61	1011.47	-57.17
重 庆	2375.14	2290.85	1942.22	2084.69	2095.82	-11.76
四 川	1178.64	1038.72	878.73	870.04	940.53	-20.20
贵 州	408.10	726.58	822.66	725.52	939.30	130.16
云 南	3421.01	2875.25	2951.00	2189.71	1873.91	-45.22
西 藏	3483.68	3785.65	3649.38	3746.36	4596.24	-31.94
陕 西	1141.66	902.90	327.27	1130.70	1266.14	-10.90
甘 肃	1008.07	886.26	1116.59	933.60	980.48	-2.74

续表

地区	2001年（元）	2002年（元）	2003年（元）	2004年（元）	2005年（元）	2004年比2001年±%
青海	1614.27	811.22	1072.11	1049.68	2121.61	-31.42
宁夏	1810.00	2532.95	1284.35	1462.61	883.17	-51.21
新疆	346.99	539.24	286.57	338.03	925.64	166.76
辽宁排序	16	16	18	11	12	11

资料来源：根据"中国教育和科研计算机网"2001~2005年全国教育经费执行情况统计公告有关数据计算整理。

3. 财政专项投入有力地支持了高等教育事业的发展

财政专项投入对高等教育的发展也发挥了重要的支持作用。2001~2002年省财政安排了6000万元贷款贴息专项，用于高校购置教学设备仪器；为支持高校扩大办学规模，2001~2004年省财政共安排1.2亿元专项资金，用于省属高校扩招后的公用经费补助；2003~2005年，为解决高校贷款建设新校区的压力，省财政安排资金1.53亿元，用于高校基本建设贷款贴息补助；2003年以来，省财政筹集资金2.3亿元，支持一些大学打造国内一流名牌大学；为支持高校人才培养，"十五"期间省财政共投入专项经费5200万元，用于加强高校国际交流和高层次人才培养工作，为高校发展提供人力支撑；等等。

（五）教育质量水平不断提高，科技创新能力逐步增强

教育质量水平不断提高。过去5年来，全省评定了131个省级重点学科，集中建设了10个国际一流重点学科，强化建设了50个国内一流重点学科，重点建设了100个省内一流重点学科。建设省级精品课程300门，其中国家级精品课程34门。新增国家工程研究中心3个，总数已达14个。全省共有国家重点学科28个，国家重点实验室11个。普通高校共有院士22名，全省高校现有教职工总数82816人，其中专任教师43960人，占53.1%。专任教师中，具有硕士以上学位的19330人，占专任教师总数的44.0%；正、副高职人员19382人，占专任教师总数44.1%。博士后流动站、博士点、硕士点大幅增加（见表16）。

表16　2002~2005年辽宁普通高等学校学科及学位点发展情况

单位：个

年份	博士后流动站	博士点	硕士点
2002	42	181	599
2005	53	320	1291

资料来源：根据辽宁教育网统计数据整理。

科技创新能力不断增强。"十五"期间，全省高等学校累计投入科技经费75亿元，比"九五"时期增长2倍；转让科技成果1700项，增长1倍；获得专利882项，增长1.7倍。承担了全省70%的国家"863"项目和"973"项目、77%的国家自然科学基金项目、84%的国家社会科学基金项目、83%的省自然科学基金项目。大学科技园建设取得了可喜的成绩，目前全省有23个依托高校建设的大学科技园，其中有国家大学科技园2个，省级大学科技园4个。产、学、研相结合的发展道路不断得到开拓，科研教学投身经济建设主战场，一批重大科研成果实现转化和产业化，取得了良好的社会和经济效益。参加科技活动的人员、科技经费、承担的科技课题、获奖科技成果等，均大幅增长（见表17）。

表17　2000~2005年辽宁高校科技情况表

| 项目
年份 | 科技活动人员（人） | 科技经费（千元） | 科技课题（项） | 科技成果 | | | 成果奖 |
				专著（部）	论文（篇）	鉴定成果（项）	成果（项）
2000	36913	759921	5098	347	14043	275	213
2005	45653	2024970	9608	111	21097	316	330

资料来源：根据辽宁教育网统计数据整理。

三　高等教育发展趋势展望

（一）高等教育发展阶段：由精英阶段向中后期大众阶段全面转变

高等教育发展"阶段论"是由美国加利福尼亚州立大学社会学教授马

丁·特罗（Martin Row）于20世纪70年代中期率先提出的。马丁·特罗依据高等教育入学率（也称高等教育毛入学率，即高等学校在校生人数占同龄人口的比重）把高等教育的发展分为精英型、大众型和普及型三个阶段：精英型高等教育的入学率在15%以下，大众型高等教育的入学率为15%～50%，普及型高等教育的入学率则在50%以上。全世界第一个进入大众化高等教育阶段的国家是美国，第二次世界大战前高等教育入学率即达到15%，20世纪80年代超过50%，目前已达80%以上。当前，在全世界有数据可以比较的153个国家中，有52%的国家高等教育仍然处于精英阶段，45%的国家高等教育进入了大众阶段，3%的国家高等教育实现了普及。总的发展趋势是，越来越多国家的高等教育迈向大众化。1980～1990年的10年间，高等教育进入大众发展阶段的国家以15%的速度在增加。

我国高等教育从精英阶段向大众阶段转变的序幕，始于1992～1993年。1992年全国高等学校招生从1991年的62万人增加到了75.4万人，年增长21.6%，1993年又增至92.4万人，增长22.5%。两年招生的绝对增长数为30.4万人。1994～1998年，高等学校招生进入缓慢增长期，1998年招生108万人，5年总计增加15万余人，平均每年仅增加3.1万人。1999年我国高等教育招生规模进入跨越式发展时期，高等教育也开始了从精英阶段向大众阶段的转变过程。1999年高等学校计划扩招50万人，实际增招48万人，相当于1993～1998年5年间平均每年增加数（3.1万人）的15倍以上。2000年全国高校招生又上升到220.61万人，2005年进一步达到504.46万人，比2000年增加283.85万人，约增长1.3倍，年均递增17.99%；本专科在校生2000年为556.00万人，2005年达到1561.78万人，比2000年增加1005.78万人，约增长1.8倍，年均递增22.94%。这一超常规的发展，带动毛入学率直线上升，1998年毛入学率为9.0%，2000年达到了10.5%，2005年，全国各类高等教育总规模超过2300万人，毛入学率急剧跃升到21%（见图4）。2000年，国家制定"十五"计划时，将进入高等教育大众阶段的目标定在2010年，结果提前8年，2002年就达到了这一指标。目前我国高等教育进入了国际公认的大众化发展阶段。

在"十五"期间高等教育持续扩招的宏观政策背景下，目前，我国绝大多数地区的高等教育都已进入大众阶段或正在向大众阶段过渡。辽宁省2000年高等学校的毛入学率为15.1%，比当时的全国平均水平高出4.6个百分点；"十五"期间连续增长，2005年达到了33.0%（略高于英

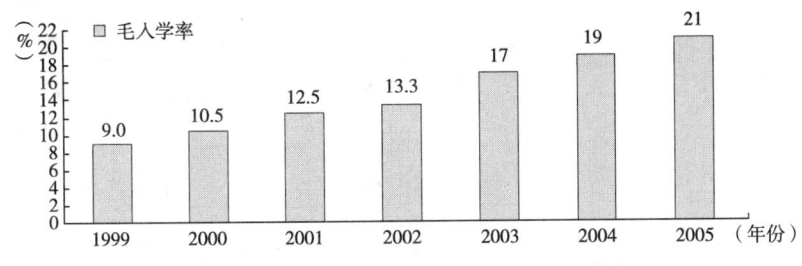

图4　1998~2005年中国高等教育毛入学率

国 1996 年 32.0% 的水平），比全国平均水平高出 12 个百分点。辽宁高等教育已经率先进入了大众化中期发展阶段，并且仍呈持续上升的趋势（见图 5）。

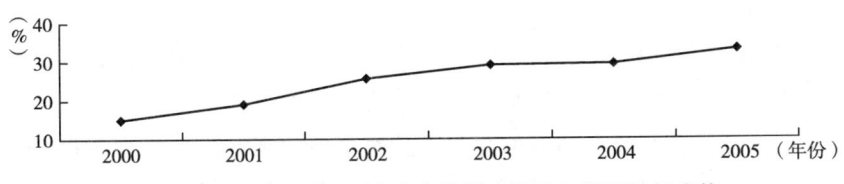

图5　2000~2005年辽宁省高等教育的毛入学率增长趋势

高等教育由精英阶段过渡到大众阶段，彻底颠覆了传统高等教育只能培养少数社会精英的"象牙之塔"，构建起来了崭新的大众教育之厦。其重大的经济社会意义在于，当高等教育还处于精英阶段时，由于高等教育本身的规模所限，包含在高等教育中的生产和消费在社会生产和消费中所占的比重可以忽略不计；但当高等教育跨入大众化阶段时，随着高等教育规模的大幅扩展，这一比重会日益增加而越来越不容忽视。因为高等教育无论在就业人口的安排上，还是在提供的教育服务所反映的经济价值上，都已经日益成为重要的部门，高等教育的消费也日益成为社会的一个重要消费领域，或社会生产和消费循环链上的一个重要环节，其产业性质逐渐凸显出来。

对高等教育而言，高等教育由精英阶段过渡到大众阶段，其根本的意义在于它对高等教育带来了多方面的体制变革。一是高等教育办学体制的变革，冲破了政府或社会垄断高等教育的格局，催生了民办或私立高等学校的发展；二是高等教育投入体制的变化，改变了高等教育过于依赖政府的局面，加大了个人在高等教育成本中的负担比重，形成了政府、社会和个人合理分担高等教育成本的机制;三是高校后勤体制的改革,把高校后勤社会化推上了高等教育改革的前台;四是还将最终推动高校入学制度的改造。高等教育进入大众阶段,对传统的高考入学制度提出了挑战,当高等教育入学率超过一定比例时,传统的国家统一高考入学制度将会日益被多样化、灵活化、开放化的入学制度所取代。

(二) 高等教育管理体制:由相对封闭向更加开放的体制转变

21世纪以来,高等教育管理体制——无论是高等教育办学体制,还是高等教育投入体制——都取得了突破性进展。未来,在高等教育大众化阶段发展过程中,高等教育管理体制还将向更加开放的方向转变。特别是在办学体制上,将彻底突破国家处于垄断地位的局面,民办高等教育还将得到进一步的发展。

虽然,目前我国高等教育已经进入大众化发展阶段,但是,高等教育毛入学率在世界范围内仍处于较低水平,必将继续朝着高水平的大众化方向发展。同时,适龄青年接受高等教育需求持续高涨,现有高校经大幅扩招,绝大多数已达到饱和状态甚至超负荷运转,但鉴于我国人口众多和经济与社会发展相对落后的现实,高等教育供给能力仍显不足,因此,还需要继续增加高等教育资源的供给。扩充高等教育资源,必须增加教育资金总量。高等教育资金总量的增加可以有两条途径,一是依靠国家的财政支持,二是来源于社会资金。而鉴于我国"穷国办大教育"的现实,单纯以政府财政支持高等教育发展的能力有限。因此,不能只依靠国家财政来扩充高等教育资源总量,必须依靠社会资金来支持高等教育的进一步发展。或者说,要进一步发展高等教育,单靠公办高等学校是远远不够的,今后高等教育的增量部分将主要依靠民办高等教育来实现。未来的高等教育管理体制,应由目前的公办为主向公半民半混合型转变。高等教育发展的潜力在民间。

从世界高等教育发展过程看,高等教育进入大众化阶段后,伴随受教育人口大幅增加,民半或私立高等教育大多都得到了飞跃式发展,甚至逐渐占据主导地位。近年来,国际范围内私立高等教育的发展,主要集中在亚洲、原东欧国家和拉丁美洲,绝大多数大学生就读于私立高校。泰国现有大学65所,其中国立大学24所,私立大学41所,后者占大学总数的63%;匈牙利、波兰、保加利亚、罗马尼亚、捷克斯洛伐克也都在发展私立院校。亚洲是目前世界上私立高等教育发展最具活力的地区。日本、韩国、菲律宾、马来西亚和印度尼西亚私立高等教育机构数占全国高等教育机构总数的比例都在70%、80%以上；泰国以及我国台湾地区的比例稍低，但也达到了65%左右。亚洲大部分国家私立高校在校生数占全国高校在校生数的比例都在60%以上，私立高等教育基本都处于本国高等教育体系的主体地位，反映了亚洲国家私立高等教育发展的共同趋势。相比较而言，中国尚属私立高等教育较不发达的国家。民办高校及其在校生数占全国高校及在校生比例远远低于亚洲其他国家。从公平的观点看，公立高等教育系统一般主要进行选拔性招生，而发展私立高校可以使更多的人接受高等教育；限制私立高校发展，在某些情形下还会加剧人才外流。同时，发展民办高校吸纳民间资金，对减轻公立高校的压力，缓解人们日益增长的对高等教育的需求与政府相对下降的财政支持能力之间的矛盾，也具有十分重要的意义。

民办高等教育是发展高等教育一支重要力量，同时，也是高等教育由精英阶段进入大众阶段后的一个普遍的发展趋势，我国过去几年的实践也完全证明了这一点。2000～2005年，全国经批准有学历授予权的民办普通高校数由42所增长到了250所，5年间增长了约5倍；在校生数由6.83万人增加到了209.85万人，增长了约30倍。北京、上海、江苏、浙江等省市，甚至陕西、江西、河南、湖北等省民办高等教育发展较快、规模较大、学校较多。目前已经形成相对集中的四大区域（西安、江西、广东、浙江）是我国万人民办高校最集中的地区（不包括独立学院），民办高校在当地高等教育发展中占有非常重要的地位。辽宁省民办教育始于1988年，民办高校出现在1994年前后，2006年的最新信息统计，辽宁省现有28所民办专修学院和3所民办高等职业学院。共有27个专业面向社会招生，计划招生1.34万人。与辽宁省普通本科招生210495人相比，辽宁省的民办高校发展还有较大的发展空间和潜力。

我国民办高校发展历史悠久。据有关资料统计，新中国成立初期，我国有民办高校227所，占高校总数的89%。20世纪50年代后都变成公办的了。现阶段发展民办高等教育必须深化高等教育管理体制的改革。中国民办高校的发展长期受国家政策的制约。1995年3月18日全国人大八届三次会议通过的《中华人民共和国教育法》第二十五条指出："国家鼓励企业事业组织、社会团体、其他社会组织及公民个人依法举办学校及其他教育机构。任何组织和个人不得以营利为目的举办学校及其他教育机构。"《高等教育法》也相应规定"设立高等学校，……不得以营利为目的"。投资必然要求回报。鼓励办学而"不得以营利为目的"是一种自相矛盾。因此，如何解释和解决"不得以营利为目的"，就成为发展民办高校亟待解决的问题。如果得不到合理合法的解决，则民办高校的合法性都成问题，必然限制民办高等教育的发展。因此，在高等教育管理体制改革上，需要进一步解放思想、转变观念，积极鼓励和支持社会力量以多种形式办学，满足人民群众日益增长的教育需求。还需要进一步说明的是，从世界范围看，民办高等教育或私立大学的发展，是在高等教育多样化和大众化趋势带动下进行的。民办高等教育与国家办高等教育并非矛盾冲突，公立大学和私立大学都是一个社会中高等教育整体的组成部分，所以政策要解决的问题是如何促进两者的和谐发展。同时，无论是公立大学还是私立大学，并非是一成不变的，也都要接受社会或市场的检验，甚至和企业一样，也同样有产生和消亡。美国高等学校数量从1966年的2329所增加到2005年的4000多所，四年制和两年制大学均增加900多所。其间，有583所大学关闭，其中48所为公立大学，其余为私立大学。

（三）高等教育近中期发展目标：由量的扩张向质的提高转变

国际经验表明，高等教育在由精英阶段转向大众阶段的过程中，数量与质量的矛盾容易凸显。因为，高等教育从精英阶段过渡到大众阶段，并非是从15%到50%表面意义上的数字变化，而是从一种状态进入另一种状态的标志，其中包含着量的积累与质的飞跃，高等教育的各个要素也因此陷入功能的不协调，需要再度协调；传统的教育观念、教育内容与形式、教育管理体制等方面都在转变中发生了深刻变化与重大调整，进而，高等教育将进入一个调整时期——由量变到质变的重要转型时期，从追求扩大办学规模向提高办学质量和效益的内涵建设转变。

所谓高等教育质量，是指高等教育机体在运转、发展过程中满足其自身特定的内在规定要求与社会外在需求的一切特性的总和。社会需要及其得到满足的程度是高等教育质量检验的重要标准，适应性是高等教育质量的本质属性。1998年召开的世界高等教育大会提出了高等教育适应性问题，指出"衡量高等教育尺度，应当是介于社会的期望与学校行为之间的适应"，即高等教育的发展要服从或充分考虑到社会期望目标和个人的需求，要适应社会经济和个体发展的需要。具有针对性和适应性的高等教育才能在社会系统中处于中心位置，才能更好地发挥高等教育的功能，更完美地体现其独特价值。因此，世界高等教育问题专家纳伊曼在《世界高等教育的探讨》一文中认为，唯一需要强调的是，当今和未来高等教育能否得到发展，在很大程度上取决于它和周围环境是否成功地取得了联系，即是否与它要为之服务的社会、就业市场和劳动市场成功地取得了联系。只有当高等教育成功地表现出它对社会、地区和国际社会是有用的，能够满足社会需要和个人需要的时候，它才能够得到发展，才能够成为群众性的教育。而在明天，它才能够成为普及的教育。所以，所谓高等教育质量问题，现象上似乎是高校扩招后引起的对教育质量担忧的审视，但其本质应该是对高等教育能否满足经济社会发展对高素质专门人才需要的考虑。

但是，社会的需求是多种多样的。高等教育如何满足经济社会发展的需要，即成功地与社会、就业市场和劳动市场取得联系，要求高等教育适度分级，有所分工，多样化发展。高等教育的多样化，使得高等教育质量标准的多样化成为必然。1998年在巴黎召开的首届世界高等教育会议通过的《21世纪高等教育展望和行动宣言》，提出了高等教育质量是一个多层面的概念，要考虑其多样性和避免用一个统一的尺度来衡量高等教育质量。即针对各种不同类型、不同办学目标的学校，在师资队伍、图书设备、课程教学、管理体制上应代之以多样化的评价标准。多样化成为高等教育质量的自然属性。美国加州大学教授伯顿·克拉克认为，现代高等教育结构多样化的一个十分重要的表现就是，"高等学校存在地位差别"，"某种程度的分级可使各类高等学校按其被观察到的素质获得相应的地位，并鼓励它们在此基础上竞争"。由于高等教育满足的客体需要是不断发展变化的，所以，高等教育质量具有很强的时代特征，是一个历史的、动态的概念。高等教育在适应社会需要的过程中，不可能预设固定的模式和标准，而是用高等教育的多样性满足社会需求的多样性，以高等教育的改革对应社会的改革，以高等教育的发展对应社会的发展。这就要求高等教育系统要迅速而灵活地适应环境的变化，就必须成为一个动态的、开放的系统，能经常调适自身系统的结构。

在我国，过去几年，由于高等教育大扩招，在质量方面确实存在不少问题。如"扩招"造成了教育资源日趋紧张，人均教育资源降低，基础设施、图书、设备跟不上发展的需要，跟不上学生数量的发展；师资队伍数量与质量两方面都存在不足；由于扩招，录取分数线一降再降，不少学生素质不高，学习动力不足，给教学和管理带来了很大困难；一些学校存在急功近利的"规模偏好"倾向，过分注重招生数量，教学质量下功夫不足；等等。但是，这些问题仅仅是高等教育质量问题的表象，而本质的问题是，高等教育观念、人才培养方式、教学内容和方法与社会的发展有所脱节，有什么专业就招什么学生，并不是以社会需求为导向。这一方面造成大学毕业生绝对数量的增长，另一方面，缺乏与社会需求紧密相关的紧缺型人才，从而加大了毕业生的就业压力。这才是提高高等教育质量的核心问题。因此，我国高等教育在连续几年大扩招后，未来一段时间适当控制招生增长幅度只是提高教育质量的一个侧面，而继续深化高等教育体制改革，建立起能够主动适应社会需要，根据市场需求调整培养目标、教学内容的体制和机制，应该是推动高等教育由量变到质变的关键。改革方向一是根据经济社会发展需求，合理确定办学规模，调整学科布局和结构，加快紧缺型人才培养，鼓励各高校办出水平、办出特色；二是以学生为本，以社会需求为导向，以培养高素质人才为目标，深化高校教育教学改革，建立和完善高等教育质量保证体系；三是提高教师队伍的整体素质，注重培养教师的社会责任感、实践能力和创造精神；四是推动高校科技创新与人才培养紧密结合，提高科研和创新能力；五是进一步加强高校内部管理，推进校风、学风和制度建设，确保学生健康成长和校园和谐。同时，继续增加投入，逐步改善办学条件，消除扩招带来的基础设施、图书设备与学生数量之间的差距。

　　需要着重说明的是，高等教育质量，从整体上讲，归根结底要看能否满足社会经济发展的需求。社会对人才的需求是在不断发展变化的，因此质量观也是一个不断发展的概念。随着社会主义市场经济的逐步建立，社会对人才的需求逐渐走向多元化、多样化，因此质量标准也应多元化。从教育发展规律来说，我国的高等教育正在从精英教育向大众化教育过渡，而高等教育大众化的进程必然要打破原来高等教育只是培养英才的狭隘性。如美国康乃尔大学的创办者康乃尔所说，大学只是"能让每个人学他想学的学科专业"的场所，这当然不可避免地要降低原来高等教育的"门槛"，但这种"门槛"的降低，只是反映了高等教育社会功能的扩展，而绝不应该简单地视作高等教育办学质量的下降。这也正如一位学者评价美国社区学院的成功之处时所提到的："关键的问题不是选拔优秀，而是要从普通人中创造优秀。""高门槛"的高等教育所起到的常常只是选拔优秀的作用，而"低门槛"的高等教育倒恰恰才能真正起到从普通人中创造出优秀者的作用。高等教育的大扩招，本质上反映了我国高等教育发展模式的转变——从以满足国家对人才的需求为出发点的"人力需求主导型"，转向以更多地满足社会大众对高等教育入学需求为出发点的"社会需求主导型"，而这也正是全面建设小康社会和构建社会主义和谐社会的本质要求。

（四）高等教育发展趋势：由本土化向本土化与国际化相融合的方向转变

所谓高等教育国际化，是指各国高等教育在面向国内的基础上面向世界的一种发展趋势；也可指跨国界、跨民族、跨文化的高等教育交流与合作，即一个国家面向世界发展本国高等教育的思想理论、国际化活动以及与他国开展的相互交流与合作；联合国教科文组织大学联合会，将其定义为"高等教育国际化是把跨国界和跨文化的观点和氛围与大学的教学工作、科研工作和社会服务等主要功能相结合的过程，而且是一个包罗万象的变化过程，既有学校内部的变化，又有学校外部的变化，既有自下而上的，又有自上而下的，还有学校自身的政策导向"。

我们认为，高等教育国际化是立足本国，面向世界，把本国高等教育放在跨国界、跨民族、跨文化的国际大背景之下不断追求卓越的发展进程。高等教育国际化是世界经济全球化、区域经济一体化的产物，是现代信息社会发展的趋势，是解决人类社会目前面临的资源、环境、人口、种族、贫困等若干世界性难题的需要，也是各国高等教育和科学技术自身发展、自我完善的需要，还是各国教育资源在国际层面的竞争整合、优化配置的需要。高等教育国际化不是目的，而是各国培养具有世界眼光，在素质、知识和能力诸方面具有国际竞争力的优秀人才的必要手段。

与"高等教育国际化"相对应的概念是"高等教育本土化"。高等教育国际化与高等教育本土化具有内在的一致性。国际化强调国家与国家之间的相互交流与合作的活动与过程，在承认各国差异的基础上展开，从本国自身的条件和特点出发。所以，它与教育本土化并不是对立的，而是统一的，是在教育本土化基础上的国际化。本土化强调民族、国家的自身特点。虽然在一定程度上，本土化"情结"是能有效保持民族教育特色和民族自尊心的情感动力，但是理智的本土化是一种兼收并蓄"外来文化"与"自身文化"的"创新"，是一种"文化选择"。同时，它也是外来文化与本民族传统文化相互沟通、融合的过程，是外来文化及传统文化改变自己初始形态以适应新文化发展要求的过程。这样看，国际化与本土化就不是两个截然不同指涉意义的词汇，而是具有互相交叠语境的词汇，是在两种不同文化发生碰撞中必然要出现的一个共生阶段。

高等教育国际化是 21 世纪的大趋势。高等教育国际化要求加强和深化各国高等教育的交流与合作；在管理体制、教学内容、教学方法、教学手段等方面与国际先进水平接轨；开放各国教育市场，并按国际惯例招收学生，教师和学生双向交流，教学科研合作和课程国际化。根据联合国教科文组织有关资料统计，1995 年全世界有 8200 万学生在接受高等教育，其中有 160 多万外国学生到 50 个主要的东道国求学。其中，约有 2/3 的外国留学生曾在 6 个国家上学：美国（28.3%）、英国（12.3%）、德国（10.0%）、法国（8.2%）、俄罗斯（4.2%）、日本（3.4%）。美国是世界上最大的高等教育输出国，根据美国国际教育者协会的报告，美国 1997~1998 年接纳近 50 万外国留学生，其学费、生活费用达 80 亿美元，留学生教育成为美国"第五大服务产业"。综观世界，高等教育国际化已经成为美国等一些发达国家的基本国策，并设立专门基金资助国际教育。我国随着改革开放的不断深入，出国留学人数也在不断增加，1978~1998 年 20 年间，出国留学人数约达 32 万人，其中国家公派 5.1 万人，单位公派 10 万人，自费留学 16.4 万人。回国总数达 11 万人，其中国家公派 4 万人，单位公派 5.2 万人，自费留学 1.5 万人；同期，来华留学生也逐年增长，1979~1998 年全国累计接收 30.1 万留学生。1978~2003 年，中国各类出国留学人员总数已达 70.02 万人，留学回国人员总数达 17.28 万人。可以预期，未来随着信息技术的发展，高等教育国际化将通过互联网触及世界各地，网上虚拟大学、虚拟教室、授予虚拟学位，跨越时空限制，为求学者进一步提供极大方便和终身学习的机会，同时也将进一步拓展教育市场，加剧教育资源的竞争。

高等教育国际化将把国内高校推向广阔的国际空间，其中有机遇，也有挑战。一是学生来源国际化。招生市场竞争更趋激烈，毕业生就业渠道也随之国际化。二是师资来源国际化。大学追求卓越，必然要求世界一流的师资，高校之间对师资的竞聘将越来越激烈。三是教学内容和方法现代化。为实现一流的教学质量，教学计划安排应符合教育学规律，课程设置和组织应符合不同学生的需要，现代教育技术得到广泛应用。四是教学科研合作国际化。教师和学生跨国界的学术交流与合作更加普遍，多种形式跨国界的学生联合培养计划、双边和多边的教师和学生交流项目、跨国界的学生实习计划将大规模应运而生。五是大学校园虚拟化。为适应全世界各种学生的不同需要，校园各种信息设施更加网络化，依赖网络进行远程学习的学生人数大大超过直接面授的学生，校园网的信息服务更加完善。

高等教育国际化使各国高等教育都将面临一定的挑战。特别是对类似我国这样的发展中国家，挑战更为严峻。尤其是我国高等教育由精英阶段进入大众阶段后，国内高校招生将逐渐由卖方市场变成买方市场，国内各大学将面临生源和名教授争夺战，教育质量和效益竞争，学生对教学内容、方法要求更高；国内大学的师资和管理队伍将面临严峻挑战；校园将充斥着世界性的宗教、种族和其他政治问题，校园管理复杂化；各种信仰的价值观、人生观会在高等教育国际化的同时自由传播，民族文化的传承、学生的思想教育将面临新问题，学生素质教育将面临新形势；发展中国家智力外流、新的文化殖民主义等现象将进一步加剧。从这个意义上说，高等教育国际化也是一把双刃剑，它既有促进教育改革、提高教育质量、尽快赶上世界先进水平等有利的一面，又有智力外流、文化殖民主义、各类价值观相互渗透等效应。因此要求我国高等教育要继续深化高校管理体制改革，比较各国的教育制度和特色，洋为中用，取长补短，开创一条有中国特色的高等教育国际化发展道路；办学思想、办学策略要面向世界，面向未来，走国际化道路，把本土高等教育的环境界面拓展到世界范围；我国的高等教育和高等院校再也不能生存在一个相对封闭的环境中了，必须加快高等教育和高等学校全球化竞争的步伐，实施高等教育国际化战略，谋求更大的教育资源和市场空间。特别是要充分认识到，今天的高等教育国际化已突破传统的文化交流的单一目标而具有多重目标，经济因素特别是追求商业利润或经济利益在影响和推动高等教育国际化发展的过程中起到举足轻重的作用。

（五）高等教育发展模式：由传统的公益事业向准公益事业和市场化管理模式转变

关于高等教育产业或产业化，是近年来讨论较多的一个话题。讨论的焦点集中在高等教育——毫无疑问，属于准公共产品范畴——是否具有产业的属性上。公共财政理论认为，从消费角度划分，社会产品可以分为公共产品、准公共产品和私人产品三个部分。私人产品具有两个特征：一是在所有权上的排他性，即能够在产权上明确该物品只属于自己而不属于他人；二是在消费上的竞争性，即该物品不能被公共消费。公共产品的特征则与私人产品相反，即具有所有权上的非排他性与消费上的非竞争性。因此，公共产品是公众收益的物品，是政府向公众提供各种服务的总称，而私人产品是个人或单位受益的物品，是一般生产要素提供者通过市场提供的产品或劳务。介于公共产品和私人产品之间的是准公共产品。这类产品既具备公共产品的非排他性和非竞争性特征，但又有消费上明显的个人性质，故称之为准公共产品。高等教育属于准公共产品，它具有公共产品的属性，如高等教育能提高国民素质，提高全社会科技文化水平，有促进社会进步和经济发展的功能，因此，提供教育服务是政府的基本责任；同时，高等教育又具有明显的私人产品的属性，受教育者学到知识后，提高了劳动技能，增强了获取收入和物质与精神享受的能力，因而具有明显的所有权上的排他性和消费上的竞争性。高等教育服务的这些特征，决定了其配置方式不可能是单一的，既不能全靠政府财政机制，采取全部足额的拨款方式，这可能出现因政府财力限制导致教育资源供给不足，或可能出现因无偿提供公共产品产生教育资源浪费导致社会效率低下；也不能全靠市场机制，采取按培养成本的全部向受教育者收费的方式，这可能出现因市场的自发供给而导致教育质量的下降，也可能出现因剥夺纳税人享有公共产品的权益而导致社会意义上的不公平。因此，只有采取政府财政拨款和向受教育者收费相结合的方式，才能体现社会公平与效率。特别是在高等教育由精英阶段过渡到大众阶段后，由于高等教育规模的扩张，包含在高等教育中的生产和消费在社会生产和消费中所占的比重也迅速扩大，无论是高等教育服务还是高等教育消费所反映的经济价值，都已经成为国民经济的重要组成部分，因此，高等教育已经成为重要的产业领域或服务部门。

　　高等教育的产业化，或者商业化，或者市场化是一个世界性的发展趋势。高等教育是非义务教育也是国际上通行的看法。1995年1月1日世界贸易组织成立以来，作为其最重要法律框架的《服务贸易总协定》（GATS），对其成员做出的市场准入的12个基本服务部门中，就包括了教育服务（Educational Services）部门。这12个基本的服务部门分别是：商务服务，通信服务，建筑和相关工程服务，分销服务，教育服务，环境服务，金融服务，与健康相关的服务和社会服务，旅游和与旅行相关的服务，娱乐、文化和体育服务，运输服务，其他未包括的服务。这说明，教育已经从传统的公共产品领域进入了一个新的领域——教育服务的商业领域。1994年世界银行发表了有关《高等教育：不同经验的参考》（*Higher Education：The Lessons of Experience*）一书，倡导高等教育发展可转向多样化（diversification）及国家（政府）不应对高等教育专利化。积极鼓励私人及非官方的办学模式及方法,甚至主张采取多渠道集资及多元化办学等措施。1998 年,经济合作与发展组织(OECD)发表了《重整高等教育》(*Redefining Tertiary Education*)的报告,给高等教育市场化下了这样一个定义:"把市场机制引入高等教育中,使高等教育营运至少具有如下一个显著的市场特征:竞争、选择、价格、分散决策、金钱刺激等;它排除绝对的传统公有化和绝对的私有化。"《美国远程教育杂志》主编穆尔,在 2005 年第 4 期的社论中对教育商业化的现象进行了剖析,他指出,教育在社会中扮演的角色正在受一些教育者无法控制的影响而发生变化,《服务贸易总协定》(GATS)就是典型的例子。GATS 正促使教育从一种致力于国家社会和文化目标实现的公共事业转变为供应者和消费者都不断增加的可以购买和出售的商品。我国则早在 1992 年国务院颁发的《关于加快发展第三产业的决定》中,就把教育列为第三产业,而且是"对国民经济发展具有全局性、先导性影响的基础产业"。所以,所谓的教育产业化、商业化或市场化之争,如果包括了中小学义务教育,则似乎是有欠严密;但高等教育,具有产业属性和市场化的特征,对此则不应该产生更多的歧义。因此,根据产业经济学的原理,国家在高等教育产业资源的配置问题上,既要采用政府的方式,也要采用市场的方式。过去,我国的高等教育完全由政府包办,教育资源完全通过计划的方式进行配置,在教育资源严重短缺的情况下,它平衡了社会需求,曾经起到一定的积极作用。但随着市场经济的建立和逐步完善,仍然由政府包办高等教育,仍然采用计划的方式来配置教育资源,可能会导致高等教育学科布局的不合理、规模的不合理,以及质量、效率、效益不高等问题,造成教育资源的浪费。因此,高等教育必须同时发挥政府和市场的双重调节功能,在充分发挥政府功能的基础上,还要发掘教育的商品性、市场性和产业性的一面,使市场机制在教育资源的配置上能够发挥作用。

  教育作为产业发展已呈现全球化趋势。加拿大联邦国际贸易部长明确表示,"加拿大教育体系在经济方面也是一种宝贵的资源,是一种出口商品。我们必须以此种观点来认识教育";澳大利亚的口号是,"要把外国留学教育当作澳大利亚国际贸易一样来对待";美国教育经济学家科恩说,"在美国,教育是一个庞大的产业部门,即使不是最大,也肯定是极大的产业部门之一"。从 20 世纪 70 年代中期开始,美国服务业连年保持顺差,其中,教育出口占有着重要的地位,在十大出口服务业中,名列第四,仅次于旅游、运输和金融。自 20 世纪 90 年代以来,在美国已出现不少专门从事

"赢利教育产业"的投资公司，比较知名的有梅里尔·林奇公司、教育风险投资公司和知识宇宙公司等。林奇公司在1999年4月出版的《教育之书》中称，美国赢利教育产业在1998年已掌握了约700亿美元的教育经费，占全国7000亿美元教育总经费的10%。目前，从美国、日本等发达国家到巴西、印度等发展中国家，从俄罗斯到北欧诸福利国家，一场把教育按产业运作的改革已经或正在悄然兴起。

但是，对任何国家来说，高等教育模式性质的转变都是一个崭新的课题。对正处于经济社会转型时期的我国更是如此。可以肯定的一点是，由于市场经济体制的确立，高校价值的确认越来越偏重于社会的认可，高校的毕业生要接受社会的严格选择，高校的科研成果同样要接受市场的严格选择，高校正从"象牙塔"走向社会，并最终将完全融入国民经济的主战场。特别是在教育国际化的大背景下，每一个高校都将面临不同程度的国际和国内高等教育市场份额的激烈竞争，如果缺乏高等教育的产业运作模式和商业市场化的思维理念，则难以获得相应的市场份额。因此，比高等教育产业化、市场化争论更有实质意义的是，如何将高等教育当成一种在全球范围内进行自由交流的商品，将学生看成一个可以在全球范围内自由选择教育的消费者，改变在全球化的教育商业活动中我们更多的是充当购买者，而不是销售者的局面。固然，根据国际高等教育发展的实践看，需要进一步明确的是，在我国，高等教育产业化、商业化或市场化运作，必须以不伤害高等教育准公共产品这一主体性特征为前提；高等教育准公共产品的性质，也不应该成为高等教育完全依赖政府的口实；发达国家和一些发展中国家教育投入占GDP比重高于我国，并不能说明高等教育不具备产业的属性；我国教育投入占GDP比重较低，与其说是产业化的结果，不如说是"穷国办大教育"的现实之下的暂时性现象，同时，也不应该成为国家教育投资不足的托词。另外，我国高等教育既有投入短缺的一面，也存在使用效率不高、效益较差的问题。如何进一步提高教育经费的使用效益，合理利用有限的公共财政资源和已经不菲的备受争议的学生缴纳的学费，发挥资金最大的使用效益，也是一个不容忽视的问题。

四 辽宁省高等教育投入产出分析

2005年，辽宁总计有高等学校75所，约占全国高等学校总数的

4.19%；其中，本科院校40所，约占全国本科院校总数的5.71%。本节以40所本科院校中的30所学校为样本，对辽宁省高等教育投入产出效率做一简要分析。这30所高等院校共设哲学、经济学、法学、教育学、文学、历史学、理学、工学、农学、医学、管理学等十一大学科，1000多个本专科专业，基本代表了辽宁高等教育发展水平；30所院校的投入产出情况，也基本可以代表现阶段辽宁高等教育投入产出水平。

（一）基本情况

1. 教职员工结构改善，学生规模大幅增加

与全国及辽宁全省高等教育发展形势基本一致，2001~2005年，30所高校的教职员工和在校学生情况均发生了较大变化。2005年与2001年相比，在职教职工总人数增加了20.33%，其中在职教师增加了36.28%，增长速度明显快于教职工总人数的增长速度，教师所占比重也由2001年的40.33%，上升到2005年的43.21%，教职员工结构得到一定程度的改善；在校生人数大幅增长，留学生增长2.77倍，博士生增长近1倍，硕士生增长近2倍，大专生增长1倍多，本科生增长71.69%。2005年，30所高校在校生（包括中专生、大专生、本科生和研究生，不含函授、电大、夜大及其他学生）合计达413874人，占同期全省75所普通高校在校生711288人（不含成人本专科学生数）的58.19%。在校生人数增长速度比在职教师增长速度快1倍以上，大大改善了生师比结构。30所高校在辽宁高等教育中发挥着主力军的作用（见表18）。

表18　2001~2005年30所高校的教职员工及在校生基本情况

单位：人，%

项目	教职工总人数		专任教师比重	在校学生人数							
	合计	其中专任教师		合计	中专生	大专生	本科生	硕士生	博士生	留学生	函授、电大、夜大及其他
2001年	51049	20586	40.33	311611	7346	34448	181294	6616	1406	823	79678
2002年	53910	22222	41.22	385274	5895	47067	215399	8730	1669	1239	105275
2003年	56631	23771	41.98	450950	5520	56007	260551	12119	2035	1286	113432
2004年	60836	25769	42.36	490282	6007	66683	293008	15633	2670	2021	104206

续表

项目	教职工总人数		专任教师比重	在校学生人数							
	合计	其中专任教师		合计	中专生	大专生	本科生	硕士生	博士生	留学生	函授、电大、夜大及其他
2005年	62913	27187	43.21	546714	8310	71690	311265	19824	2787	3091	129747
定比增长	23.24	32.07	—	75.45	13.12	108.11	71.69	199.64	98.22	277.7	62.84
年均增长	5.63	7.20		15.09	3.13	20.11	14.47	31.57	18.66	39.21	12.96

资料来源：根据30所高校数据整理。教师比重是指在职教师占在职教职工总数的比重；硕士生、博士生均由国家任务生和自筹经费生两部分组成。

2. 固定资产投资快速增长，办学条件得到改善

固定资产投资大幅增长。2005年与2001年相比，年末固定资产余额增长约1.2倍，年均递增21.7%。与高校规模扩张和新校区建设相吻合，固定资产余额增长较快的是房屋及建筑物，2005年比2001年增长近1.2倍，与此相关联的是土地资产，增长约1.7倍（见表19）。

与固定资产投资大幅增长相对应的是，固定资产实物量快速增加。学校占地面积普遍扩大，教学与行政办公等用房大幅增加，教学与科研仪器设备、图书等大幅增长，大学校园普遍得到改善。

表19 2001～2005年30所高校年末固定资产价值量增长情况①

单位：万元，%

项目	固定资产金额合计	其中						
		房屋及建筑物	专用设备	一般设备	土地	图书	文物等	其他资产
2001年	513260	304717	108639	55687	23763	14477	89	8926
2002年	599090	339427	134779	66410	30575	16711	93	17766
2003年	741456	424373	158682	83512	30665	20312	93	24021

---

① 本表固定资产金额合计、房屋及建筑物数据，根据30所高校财务统计数据经技术处理后计算整理，故与实际情况有一定的误差，另表中房屋及建筑物等7项指标余额与金额合计有误差，但不影响问题分析。

续表

项目	固定资产金额合计	其中						
		房屋及建筑物	专用设备	一般设备	土地	图书	文物等	其他资产
2004年	878557	486301	191381	98915	51673	25902	153	17405
2005年	1126115	663173	231860	105622	64118	33582	165	15127
定比增长	119.3	117.6	113.4	89.7	169.8	132.0	85.4	69.5
年均增长	21.7	21.5	20.9	17.4	28.3	23.4	16.7	14.1

3. 经费收入迅速增加，来源结构变化较大

经费收入总规模迅速扩大。2001～2005年，经费收入翻了一番以上，年均增长19.74%。其中，财政拨款2005年比2001年增长62.75%，年均增长12.95%。财政拨款中，基本建设经费增长幅度较大，5年累计投入6.15亿元，年均增长38.25%。财政基本建设投资对支持高校基础设施建设、改善和提高办学条件、适应招生规模扩大的形势要求，发挥了重要的支撑作用。非税收入快速增长，2005年比2001年增长了157.21%，年均增长26.64%。其他收入也都有大幅增加（见表20）。

表20　2001～2005年30所高校经费收入规模

单位：万元，%

项目	经费收入总计	财政拨款			非税收入				上级补助附属单位上缴及其他收入
		合计	其中		合计	其中			
			教育事业费	基本建设经费		学费	住宿费	夜大、函大、电大及其他非税收入	
2001年	287719	139402	123464	8079	121280	92295	10661	15456	27044
2002年	343973	136544	125695	5523	163703	124371	11907	22884	63728
2003年	421082	156413	140618	7649	214007	170735	14649	21665	50661
2004年	484692	186229	151783	10711	260134	195941	16687	39134	38238
2005年	591538	226882	175515	29516	311947	236395	22418	43033	52708

续表

项目	经费收入总计	财政拨款			非税收入				上级补助附属单位上缴及其他收入
		合计	其中		合计	其中			
			教育事业费	基本建设经费		学费	住宿费	夜大、函大、电大及其他非税收入	
定比增长	105.60	62.75	42.16	265.34	157.21	156.13	110.28	178.42	94.90
年均增长	19.74	12.95	9.19	38.25	26.64	26.51	20.42	29.17	18.15

资料来源：根据30所高校财务统计数据整理。

资金来源结构变化较大。单纯依靠国家举办高等教育的传统体制已被打破，政府财政投入在教育事业支出中占主导位置的局面已逐步弱化。财政拨款比重由2001年的48.45%下降到2005年的39.35%，财政投入率虽呈下降趋势，但年均增长速度仍达到12.95%，高于"十五"期间辽宁省GDP11.2%年均增长水平1.75个百分点。5年投资总额84.55亿元，平均投入率为39.71%，大体稳定在40%的水平。多元化筹资的局面基本形成。在全部收入中，非税收入比重由2001年的42.15%上升到2005年的52.73%，大体稳定在50%的水平，其中，学费约占40%。上级补助、附属单位上缴及其他收入约占10%（见表21）。高校自筹经费能力增强，既是高校自身生存的需要，也是高校自身发展的要求，同时，也是高等教育准公共事业与产业性质双重性的体现。

表21 2001～2005年30所高校经费来源结构及占总收入比重

单位：万元，%

项目年份	经费收入总计	财政拨款比重	其中		非税收入比重	其中			上级补助附属单位上缴及其他收入比重
			事业费比重	基建费比重		学费比重	住宿费比重	夜大、函大、电大及其他收入比重	
2001	287719	48.45	42.91	2.81	42.15	32.08	3.71	5.37	9.40
2002	343973	39.69	36.54	1.61	47.59	36.12	3.46	6.65	18.53
2003	421082	37.15	33.40	1.82	50.82	40.55	3.48	5.15	12.03

续表

项目年份	经费收入总计	财政拨款比重	其中		非税收入比重	其中			上级补助附属单位上缴及其他收入比重
			事业费比重	基建费比重		学费比重	住宿费比重	夜大、函大、电大及其他收入比重	
2004	484692	38.42	31.32	2.21	53.67	40.42	3.44	8.07	7.89
2005	591538	39.35	29.68	4.99	52.73	39.96	3.79	7.27	8.91

资料来源：根据30所高校财务统计数据整理。

4. 支出规模不断扩大，支出结构基本稳定

按照现行高等教育管理体制和高校财务管理制度规定要求，高校经费支出按用途分为六大类，即人员经费支出、对个人和家庭的补助支出、项目支出、科研经费支出、基本建设支出、公用经费支出。2001～2005年，30所高校财务支出规模急剧扩大。2005年与2001年相比，支出规模增长125.67%，年均增长22.57%。其中，按各项目所占比重排名，首先，人员经费、对个人和家庭补助以及公用经费等经常性支出占重要比重，5年平均3项合计占经费支出的76.64%。在人员经费、对个人和家庭的补助与公用经费3项经常性支出项目中，公用经费支出所占比重最大；其次是人员经费支出，过去5年，2项支出合计占经费支出总额的63.08%；再次为基本建设支出，5年平均占总支出的19.53%；最后为项目支出和科研经费支出，分别占到0.95%、2.88%（见表22）。

经费支出结构总体变化不大。人员经费支出、对个人和家庭的补助支出、科研经费支出和公用经费支出比例变化较小，与新校区建设有关的项目支出、基本建设支出变化较大。

表22　2001～2005年30所高校经费支出规模与结构

单位：万元，%

年份项目	2001	2002	2003	2004	2005	总计	定比增长	年均增长
经费支出总计	290748	415524	435204	516572	656126	2314173	125.67	22.57
人员经费支出	74694	91934	109507	128020	157145	561300	110.39	20.44

续表

项目\年份	2001	2002	2003	2004	2005	总计	定比增长	年均增长
比重	25.69	22.12	25.16	24.78	23.95	38.82	63.08	—
对个人和家庭的补助支出	43386	55646	59759	66514	88524	313829	104.04	19.52
比重	14.92	13.39	13.73	12.88	13.49	24.06	37.82	—
项目支出	2114	3195	876	2278	13409	21872	534.30	58.70
比重	0.70	0.76	0.20	0.44	2.00	0.95	—	—
科研经费支出	8238	11336	11878	13596	21519	66567	161.22	27.13
比重	2.83	2.70	2.72	2.63	3.28	2.88	—	—
基本建设支出	39711	114335	72064	86028	139939	452077	252.39	37.01
比重	13.66	27.52	16.56	16.65	21.33	19.53	—	—
公用经费支出	122605	139079	181120	220135	235590	898529	92.15	17.74
比重	42.17	33.47	41.62	42.61	35.91	31.82	76.64	—

资料来源：根据30所高校财务统计数据计算整理。

（二）高校资金运行存在的问题及原因分析

1. 存在问题

（1）经费紧张，总体上处于负债运行状态。

2001～2005年，30所高校资金运行总体上处于负债运行状态。2002年负债水平最高，达到当年经费总收入的20.80%，5年平均负债水平为8.70%。过去5年间，30所高校在收入与支出的差额上，表现为累计负债18.52亿元（见表23）。但根据30所高校财务统计实证分析情况看，实际负债可能还要高于这个数据。2001～2005年，30所高校累计基本建设投资支出45.21亿元，其中财政资金投入为5.52亿元，其余39.69亿元的资金绝大部分都要来自银行贷款。

表 23　2001~2005 年 30 所高校负债运行状况

单位：万元，%

项目 年份	经费收入总计	经费支出总计	支出大于收入	
			绝对值	占总收入比重
2001	287719	290748	3029	1.05
2002	343973	415524	71551	20.80
2003	421082	435204	14122	3.35
2004	484692	516572	31880	6.58
2005	591538	656126	64588	10.92
合计	2129004	2314174	185170	8.70

资料来源：根据30所高校财务统计数据计算整理。

但是，过去几年高校办学经费紧张，处于负债运行状态，并非完全是由于投入不足所致。因为，从30所高校实际收入情况看，经费收入增长幅度快于在校生规模扩张速度。2001~2005年，经费收入增长幅度分别比在校生增长幅度高出30.15个和4.65个百分点（见表24）。所以，我们认为近几年高校经费紧张，处于负债运行状态，主要是由于近年来扩招导致的基本建设规模暂时性过大和新校区高标准建设的过渡时期现象，是发展中的问题。同时，也有因在校生的增加使必要的教学仪器、科研设备、图书等购置费用支出而导致的经费紧张的原因，以及固定资产闲置、使用效率不高等方面的问题。

表 24　2001~2005 年 30 所高校经费收入与在校生情况比较

项　目	经费收入总计 （万元）	在校生人数 （人）	经费收入增长幅度与在校生增长幅度差额（%）
2001 年	287719	311611	—
2002 年	343973	385274	
2003 年	421082	450950	
2004 年	484692	490282	
2005 年	591538	546714	

续表

项　目	经费收入总计（万元）	在校生人数（人）	经费收入增长幅度与在校生增长幅度差额（％）
定比增长（％）	105.60	75.45	30.15
年均增长（％）	22.57	15.09	4.65

资料来源：根据30所高校财务统计数据计算整理。

高校贷款过高是全国性的普遍现象。高校贷款不堪重负也是一个全国性的现象。国家教育部直属72所高校，目前贷款余额已达200亿元；江苏省高校银行贷款约120亿元，最多的高校贷款近10亿元；截至2005年7月，山东省教育厅直属23所高校贷款余额75.4亿元，是2004年总收入的1.57倍，每年仅利息就高达4.3亿元。随着还贷高峰期的到来，部分高校资金运转已出现困难。许多大学处于无力偿还贷款本金，勉强偿还利息的状态，支付利息的资金来源主要靠学费收入，陷入了"扩招—贷款建校—再扩招还贷"的怪圈。高校不仅要承受巨大的利息支出，而且还要承担很大的信用风险。目前商业银行已控制高校的银行贷款。国外大学在财务方面一般采取稳健保守的做法，如果遇到财务收支方面的问题，往往采取压缩收支，甚至不惜采取裁并系科的极端手段，类似我国这样大规模举债的做法是前所未有的。高校银行贷款规模过大的问题已经引起全社会的关注。对辽宁省高校贷款规模过大的问题也不可掉以轻心。

（2）固定资产使用效率有待进一步提高。

高校固定资产是发展高等教育的最基本的物质基础，也是衡量高校办学规模的重要标志。在高校固定资产中，房屋及建筑物是其核心组成部分，30所高校统计数据显示这部分固定资产约占学校全部固定资产的1/2以上。因此，这部分固定资产的组成及使用效率如何，将直接影响到高等教育的投入产出效率。

2001~2005年，30所高校的房屋及建筑物固定资产无论数量还是质量都有了大幅度的增长和提高。2005年与2001年相比，房屋及建筑物固定资产增长了117.64％，年均递增21.46％。其中，教学用房及教学附属用房都增长了80％以上，均高于同期在校生75.45％的增长速度，各类建筑物的质量也有了巨大的改善，这对改善高校办学条件和形象无疑具有巨大的带动作用。但应该看到，固定资产投资存在一定的闲置现象，如高校的核心建筑物应该是教学用房、教学附属用房和行政办公用房。但2005年，其他用房及建筑激增，其他用房及建筑金额占房屋及建筑物总金额的比重达到了32.88%（见表25）。其主要原因是，土地征用面积过多造成了资产闲置浪费。尤其是近年新建的大学校园，校园面积成倍甚至数倍增长，相当部分学校都存在土地资产闲置问题，这也是构成大学负债过大的一个重要因素。因为，在现代市场经济条件下，学校要获得土地的使用权必须支付相应的费用。2001～2005年，30所高校累计支付土地购置费已达4.8亿元。

表25　2001～2005年30所高校房屋及建筑物固定资产构成情况①

单位：万元，%

项目	固定资产金额合计	其中：房屋及建筑物								
		金额小计	比重	教学用房及建筑		教学附属用房及建筑		行政办公及生活用房		其他用房及建筑	
				金额	比重	金额	比重	金额	比重	金额	比重
2001年	513260	304717	52.91	103062	33.82	29949	9.83	82821	27.18	55366	18.17
2002年	599090	339427	53.00	110138	32.45	44109	13.00	87017	25.64	59708	17.59
2003年	741456	424373	53.56	142246	33.52	53877	12.70	104579	24.64	67179	15.83
2004年	878557	486301	53.08	168441	34.64	54560	11.22	119933	24.66	86854	17.86
2005年	1126115	663173	52.56	186101	28.06	57717	8.70	136683	20.61	218015	32.88
定比增长	119.40	117.64	—	80.57	—	92.72	—	65.03	—	293.77	—
年均增长	21.66	21.46	—	15.92	—	17.82	—	13.34	—	40.84	—

资料来源：对30所高校报表数据经修正和技术处理后整理得出，故与实际情况有一定的误差，但不影响问题分析。

高校存在的另一个问题是重复建设。2000年以来，伴随扩招在中国历史上掀起的一轮规模最大的新建大学校园、大学城"热"。这无疑是推动高等教育事业发展的一个重大契机。但由于传统体制的积淀，大多新建的大

---

① 表中"金额"是指年末固定资产余额；房屋及建筑物金额小计所占比重，是指占固定资产金额合计的比重；教学用房及建筑、教学附属用房及建筑、行政办公及生活用房、其他用房及建筑所占比重，是指其占房屋及建筑物金额小计的比重。

学校园基本上又是一个传统的"小社会"的翻版,"楼堂馆所"一应俱全,封闭建设,教学、图书、体育设施等资源不能共享。传统的资源配置方式与现代市场经济条件下的大学运行模式的冲突,无疑将加大教育成本,进而影响到教育的投入产出效益,降低固定资产的利用率。2001~2005年,30所高校的固定资产利用率基本维持在0.5%的水平(见表26)。固定资产的周转率比较低,说明固定资产的使用效率不高,效率发挥得并非十分充分。

表26 2001~2005年30所高校固定资产周转率[①]

单位:万元,%

项目 年份	主营业务收入			平均固定资产			固定资产 周转率
	财政拨款	非税收入	主营业务 收入合计	年初固定 资产余额	年末固定 资产余额	平均固定 资产余额	
2001	139402	121280	260682	434944	513260	474282	0.550
2002	136544	163703	300247	513206	599090	556148	0.540
2003	156413	214007	370420	599090	741456	670273	0.553
2004	186229	260134	446363	741456	878557	810007	0.551
2005	226882	311947	538829	878557	1126115	1002336	0.538

资料来源:对30所高校报表数据经修正和技术处理后整理得出,故与实际情况有一定的误差,但不影响问题分析。

(3)经常性项目支出规模与结构需要进一步规范。

在高校人员经费支出、对个人和家庭补助支出、项目支出、科研经费支出、基本建设支出、公用经费支出6大类支出项目中,人员经费支出、对个人和家庭补助支出和公用经费支出,属于高等学校最基本的经常性支出项目,所占支出比重也最大。而项目和科研经费支出随机性较强,且所占比重较低。近年基本建设支出虽占较大比重,但仍属于近年扩招后新校区

[①] 固定资产周转率即固定资产利用率,其计算公式为固定资产周转率=主营业务收入净额/平均固定资产总额。由于高校的主营收入主要来自两个渠道,一是财政投入,二是非税收入,在此采用了财政拨款和非税收入作为其主营业务收入;平均固定资产总额采用年初固定资产余额加年末固定资产余额。固定资产周转率主要用于分析固定资产的利用效率,比率越高,说明利用率越高,反之,则表明固定资产利用效率不高。

基本建设的短期行为。因此，调整经常性项目支出结构，是规范支出结构的核心内容。

①人员经费支出快速增长。

人员经费支出是高校经费支出的基本组成部分。从过去的5年情况看，人员经费支出一直占经费总支出的25%左右。但构成人员经费支出的各组成部分逐渐发生着变化，反映出以下几个特点：一是工资比重逐渐下降，由2001年的39.0%下降到2005年32.6%；二是津贴比重逐渐上升，由2001年的30.7%上升到2005年的35.8%，两者支出绝对值已经基本持平，工资性收入在全部人员经费支出中仅占1/3，工资外的津贴、奖金及其他收入约占2/3；三是2005年与2001年相比，工资定比增长和年均增长幅度与在校生增长幅度（在校生定比和年均增长幅度分别为75.45%和15.09%）基本持平，而津贴和表现为其他项目的人员经费支出定比增长幅度分别比在校生增长幅度高出70.25个和47.95个百分点，比年均增长幅度分别高出10.11和7.21个百分点（见表27）。

表27 2001~2005年30所高校人员经费支出结构①

单位：万元，%

项目	总支出	人员经费支出									
		小计	比重	工资	比重	津贴	比重	奖金	比重	社保	比重	其他	比重
2001年	290748	74694	25.7	29153	39.0	22905	30.7	3530	4.7	4759	6.4	14346	19.2
2002年	415524	91934	22.1	38087	41.4	28354	30.8	9934	1.1	2627	2.9	12931	14.1
2003年	435204	109507	25.2	39006	35.6	38751	35.4	5123	4.7	5352	4.9	21274	19.4
2004年	516572	128020	24.8	48826	38.1	45658	35.7	9555	7.5	6013	4.7	17968	14.0
2005年	656126	157145	23.9	51288	32.6	56278	35.8	9882	6.3	7652	4.9	32045	20.1
合计	2314173	561299	24.3	206361	36.8	191947	34.2	38024	6.8	26403	4.7	98565	17.5
定比增长	125.7	110.4	—	76.0	—	145.7	—	179.94	—	60.8	—	123.4	—
年均增长	22.6	20.4	—	15.2	—	25.2	—	180.0	—	12.6	—	22.3	—

资料来源：根据30所高校财务统计数据整理。

① 人员经费支出小计比重是指占总支出的比重；工资、津贴、奖金、社保、其他比重是指占人员经费支出小计的比重。

数据表明，30所高校的教职员工收入得到了很大程度的提高。总体分析，包括社会保障部分2005年人员经费比2001年增长了1.1倍。2005年在校学生规模比2001年在校学生规模增长了0.75倍，人员经费的增长速度超过在校学生的增长速度35个百分点。以人员经费总额比教职员工总数计算，2001年30所高校教职员工人均年收入23130.65元，2005年上升到39049.02元，分别比同期全省城镇居民人均年收入高17298.09元和29211.81元。高等学校"脑体倒挂"的局面已经改善。但需要注意的是平衡全社会的收入分配关系。

②高校冗员问题尚未解决。

高校人员经费支出所占比重过大，致使投入产出效率较低，一个重要的原因是，高校冗员问题比较严重。有关教育专家估计，在短时间内，国内高校专任教师与职工比例能够达到1∶1都很困难。这种情况与辽宁省高校的情况也基本吻合。高校冗员主要表现为行政、后勤、政工、学工和教辅机构臃肿、人浮于事，而专任教师则相对不足。与全省平均水平比较，这30所高校的情况可能更为突出。2001~2005年，全省本专科在校生人数增长速度略高于30所高校，但同期全省高等学校的专任教师增长比例却大大高于这30所高校的水平。2005年与2001年相比，全省专任教师增长了44.41%，30所高校仅增长了32.04%，全省生师比的平均水平也高于30所高校的水平。同期，30所高校专任教师占全部教职工的比例虽缓慢上升，但距1∶1的水平仍有很大差距（见表28）。

表28　2001~2005年30所高校的教职员工情况①

项目	在校生数（人）		专任教师（万人）		生师比（％）		30所高校教职工总人数（人）	30所高校教师所占比例（％）
	全省总计	30所高校	全省总计	30所高校	全省总计	30所高校		
2001年	391952	231933	3.04	2.06	12.89	11.26	51049	40.33
2002年	476019	279999	3.08	2.22	15.46	12.61	53910	41.22
2003年	547818	337518	3.81	2.38	14.39	14.18	56631	41.98

① 辽宁教育网有关数据整理。全省总计数系全省普通高校合计数；为与全省指标有可比性，30所高校在校生人数不包括留学生和函授、电大、夜大及其他学生；本表生师比只为分析问题需要，不代表全省实际情况。

续表

项目	在校生数（人）		专任教师（万人）		生师比（%）		30所高校教职工总人数（人）	30所高校教师所占比例（%）
	全省总计	30所高校	全省总计	30所高校	全省总计	30所高校		
2004年	626179	386022	4.07	2.58	15.38	14.96	60836	42.36
2005年	711288	416967	4.39	2.72	16.20	15.33	62913	43.21
定比增长	81.47	79.78	44.41	32.04	—	—	—	—
年均增长	16.07	15.79	9.62	7.20	—	—	—	—

资料来源：根据30所高校数据、《2005年辽宁省普通高等学校发展概况》（辽宁省教育厅发展规划处2006年2月）整理。

这种现象说明了两个方面的问题：一是其他学校在招生规模扩大的同时，以更大的幅度扩大着专任教师队伍，改变着生师比和教职员工结构不合理状态；二是这30所高校在辽宁高等教育发展史上历史相对较长，传统体制遗留问题较多，教职员工结构不合理状态的改变尚需时日。但是，非专任教师比重过大、专任教师不足，必然影响教学质量，制约以教育为核心的高校建设，削弱办学经费的投入产出效益。

③公用经费支出需要进一步规范。

公用经费是高校最大的开支项目，也是最为庞杂的支出项目，从30所高校财务统计报表看，有21个科目之多。2001~2005年，30所高校公用经费支出总规模达到89.85亿元，平均占同期经费支出总规模的38.83%，占同期经费收入总规模（212.90亿元）的42.20%。2005年比2001年增长92.15%，年均增长17.74%，分别比在校生定比和年均增长幅度高出16.7个和2.65个百分点。在校生规模扩大，但办学规模效益表现得却不明显，边际成本递增，边际效益递减。

在具体的21个支出科目中，办公费、交通费、取暖费、招待费、专用材料、专用设备和图书资料购置费以及其他等7个科目费用支出增长超过1倍以上，2005年比2001年分别增长255.70%、144.63%、134.33%、326.8%、150.22%、100.73%、299.68%和103.73%（见表29）。其中，有正常因素，如取暖费增长主要是由于高校扩招后建设新校区，建筑面积增加以及单位采暖面积费用上涨等原因造成的。并且,由于新校区大多在市郊,无形中增大了交通费用。但办公费、招待费和图书资料购置费支出以2.5~3倍以上的速度增长,需要进一步规范。另外,由于目前高校财务核算体系是按照政府与事业单位的会计核算体系核算其资金运行过程,贷款产生的财务费用核算列支在其他项目中,所以表现为公用经费支出中的其他科目支出数额较大,反映了高校财务制度没有体现出高校资金运行的全过程,进而影响了高校资金运行的透明度。

表29 2001~2005年30所高校公用经费支出规模与结构

单位:万元,%

项目	经费支出总计	公用经费支出	公用经费支出项目								
			比重	办公费	印刷费	水电费	邮电费	取暖费	交通费	差旅费	会议费
2001	290748	122605	42.17	1289	1001	10699	1331	10327	1694	1801	234
2002	415524	139079	33.47	1726	905	12237	1941	11185	2017	2625	411
2003	435204	181120	41.62	2285	1334	14818	1683	15338	3021	2715	395
2004	516572	220135	42.61	4174	1659	15823	1909	18231	3446	3909	496
2005	656126	235590	35.91	4585	1425	17435	2086	24199	4144	4701	520
合计	2314173	898530	38.82	14060	6324	71013	8951	79281	14323	15751	2056
定比增长	125.67	92.15	—	255.70	42.36	62.96	56.72	134.33	144.63	161.02	122.2
年均增长	22.57	17.74	—	37.33	9.23	12.99	11.9	23.73	25.06	27.11	6.06

项目	公用经费支出项目										
	培训费	招待费	福利费	劳务费	就业补助	租赁费	维修费	专用材料	办公设备	专用设备	交通工具	图书资料	其他
2001	483	660	1857	2203	17	676	17483	3949	4799	16819	407	1896	42978
2002	896	1504	1290	2418	16	606	12472	5139	3971	21921	573	2222	53007
2003	1101	1189	1778	2983	101	1168	18293	9796	9481	21980	867	3939	66857
2004	1260	1999	1937	3521	97	1389	23627	13560	7317	26210	660	5410	83500
2005	1625	2817	2302	3333	130	2007	17145	9881	7799	33759	561	7578	87559

续表

公用经费支出项目											
项目	培训费	招待费	福利费	劳务费	就业补助	租赁费	维修费	专用材料	办公设备	专用设备	交通工具	图书资料	其他
合计	5365	8169	9163	14458	361	5845	89019	42325	33367	120689	3068	21044	333901
定比增长	236.44	326.8	23.96	51.29	664.71	196.89	—	150.22	62.51	100.72	37.84	299.68	103.73
年均增长	3.54	43.73	5.52	10.91	66.3	31.3	—	25.77	12.90	19.03	8.35	41.39	19.47

资料来源：根据30所高校财务统计数据计算整理。

④离退休人员负担沉重。

对个人和家庭补助支出占总支出的比例一直保持比较稳定的状态。2001～2005年，平均保持在13.56%的水平，但支出总规模也增长了1倍以上（见表30）。在对个人和家庭补助支出中，离退休人员费用支出占主要部分，2001～2005年，离退休人员合计为87115人，占全部教职职工人数（285339人）的30.53%，5年累计支出离退休费165874万元，占对个人和家庭补助支出费用的比重为52.86%。由于覆盖全社会的社会保障体系尚未建立起来，事业单位人事制度改革还不到位，高等学校还必须承担着社会保障的职能，这变相削弱了教育资金的使用效果。

表30　2001～2005年30所高校对个人和家庭补助支出的规模与结构

单位：万元，%

项目	经费支出总计	对个人和家庭补助支出								
		支出合计	比重	离退休费	退职费	抚恤生活补助	医疗费	住房补贴	其中：住房公积金	奖助学金
2001年	290748	43386	14.92	23749	5	316	3893	2606	2309	12816
2002年	415524	55646	13.39	29109	144	452	5292	6316	2629	14334
2003年	435204	59759	13.73	31100	299	530	6119	5859	2461	15853
2004年	516572	66514	12.88	36196	163	584	6111	7099	3536	16361
2005年	656126	88524	13.49	45720	166	1024	6280	14450	5928	20882
合计	2314174	313829	13.56	165874	777	2905	27695	36330	16863	80246

续表

项目	经费支出总计	对个人和家庭补助支出								
		支出合计	比重	离退休费	退职费	抚恤生活补助	医疗费	住房补贴	其中：住房公积金	奖助学金
定比增长	125.67	104.04	—	92.51	—	224.05	61.32	454.49	156.73	62.94
年均增长	22.57	19.52	—	17.79	—	34.17	12.70	53.45	265.8	12.98

资料来源：根据30所高校财务统计数据计算整理。

2. 原因分析

上述问题的产生，既有宏观原因，也有微观原因；既有外部原因，也有内部原因。其核心是体制与机制问题。

（1）经济社会管理体制改革不配套。

高等教育管理体制改革与经济社会发展各个方面的改革是相互联系的有机整体，需要通过各方面的综合配套改革，才能推进高等教育管理体制的改革。目前，由于高校仍然是作为政府的事业单位体制存在，其管理体制仍然沿用了政府的行政化或准行政化的管理模式，致使机构膨胀，大量人员跻身于行政和后勤系统。这些大量与教学、科研相关不甚紧密的人员在工资、住房、医疗等方面，大量占用或分享了高等教育资源，直接影响了高等教育投入产出效率。所以，要进一步加快推进全社会事业单位人事制度改革，以此推动高等教育管理体制和高校内部管理体制的改革。

当前的实际情况是，事业单位的人事管理制度改革进展还相对缓慢，即使进行了一些改革，但也还没有触动传统体制的基础。高校教职员工除特殊情况被开除、辞退外，对因精简机构、压缩编制分流出来的人员还没有相应的管理办法。高校人员能进能出的渠道还没有疏通，主要是"出"路不畅；另外，高校自身分流安置富余人员的能力很弱，在国家对高校下岗人员的生活、养老保障还没有出台相应政策的情况下，高校也很难精简机构、裁减冗员。不仅如此，由于上述原因，高校在当今就业形势非常严峻的情况下，甚至已经成为人员流进的热点单位之一。骨干人才留不住，富余人员送不走，导致高校队伍整体素质提高得很慢，办学质量与效益也随之滑坡。

因此,应进一步加快全社会的事业单位人事制度改革进程,尽快制定深化事业单位人事制度改革的有关政策,建立覆盖全社会的社会保障体系,为高校内部改革创造良好的外部环境;促进和推动高校人事管理制度改革,引入竞争机制,使高校的用人制度同市场经济接轨;全面推行聘任制,建立起人员能上能下、能进能出的用人机制;剥离学校的社会职能,支持高校后勤服务企业化、社会化改革,逐步把社会服务职能从高校中分离出来,推向社会,以减轻高校的负担,提高教育投入产出效益。通过各方面的综合配套改革,逐步建立和完善政府统筹规划和宏观管理、学校面向社会依法自主办学的新体制。

(2) 高等教育管理体制改革不到位。

高等教育管理体制仍然具有比较浓厚的传统体制色彩。我国高等教育体制改革的目标是逐步建立政府宏观管理、学校面向社会自主办学的体制。经过过去几年的发展,新体制建设虽然取得了一定成就,但还远未建立起来。高等教育体制改革的进程仍然滞后于经济体制改革和社会发展的进程,与社会主义市场经济体制建立的要求不相适应。高等学校的举办者、管理者、办学者之间的责、权、利划分得不够明确和规范,高等学校还没有真正改变其主管部门附属机构的地位,面向社会自主办学的权力很有限。如国家教育主管部门规定监测普通高校办学条件合格指标的要求,教学设备总值超过1亿元的高校,当年新增教学仪器超过1000万元,该项指标即为合格;凡折合在校学生超过3万人的学校,当年进书量超过9万册,该项指标即为合格等。这些规定表明教育主管部门仍然是集举办权、管理权、办学权于一身,是政府及其管理部门在行政配置资源功能经改革弱化后,又以宏观管理的面貌、检查监督的形式重新复制的传统体制。如果高校现有的教学仪器设备满足了在校学生的需要,但不增加新设备就不能够达标,按要求还必须添置仪器设备,这只能造成资金的浪费和资产的闲置。

长期以来,高等学校的组织机构设置一直沿用党政机关的管理模式,确定一定的行政级别,并按相应级别党政机关的规格设置一整套内部机构,设置党务和行政两大系统及其子系统。许多机构的职能很相近,如组织和人事、纪检和监察、财务和审计、武装和保卫,等等。这种不顾高校的性质和任务,照搬党政机关的模式设置内部机构的做法,造成机构臃肿、职能交叉、责任不清、工作重复、效率低下、资源浪费,严重阻碍了高校管理向精干、高效的目标发展。高校的内部组织机构应当根据自身的性质和任务来设计，按工作性质的科学归类来划分职能块并构建机构框架，按任务的大小来确定机构规模。在科学设置机构的基础上，还要严格按照工作量的临界值来确定岗位和人员编制，要因事设岗，不要因人设岗。因人设岗的陋习不改，机构改革只能流于形式，不会带来任何实际效果。

（3）高校内部管理体制和自我约束机制不健全。

随着高等教育管理体制的深刻变革，特别是宏观经济社会管理体制改革的不断深化，高校内部管理体制改革问题愈来愈受到关注。高校内部管理体制是指学校的管理制度、机构设置、管理权限以及相互关系的根本性组织制度。这种制度的最优状态是：符合教育规律，能够主动适应和促进经济、社会发展；能够充分调动师生员工的积极性；能够进一步解放和发展大学生产力，合理、有效地配置人、财、物、信息等各种要素资源，"把有限的资源分配给难以满足的目的"。内部体制改革是高校工作的难点和重点，由于涉及个人利益、团体利益、部门利益，改革阻力较大，矛盾较大，但是为了增强学校的实力与活力，鼓励竞争，提高办学效益，内部体制改革势在必行。

21 世纪以来，许多高校都进行了不同程度的内部管理体制改革，但由于受多方面因素的制约和阻碍，内部管理体制仍比较僵化，在管理观念和方法上旧体制的色彩还比较浓厚，教职工普遍缺乏竞争意识，没有危机感和紧迫感，"等、靠、要"的思想仍然束缚着他们的手脚；管理机构政府化倾向严重，人事管理还没有真正建立起鼓励与竞争机制；分配上平均主义，吃"大锅饭"的现象还比较突出；学校办社会，大量应当由社会负担的工作没有从学校分离出去，过多地占用了学校的编制和经费，一些后勤社会化改革缺乏监督与约束机制，甚至造成整体利益向局部利益的隐性流失。特别是随着社会主义市场体制的逐步确立，高等学校内部管理体制与市场化社会环境的矛盾越来越明显。主要表现在两个方面：一是既要分享高等教育卖方市场的垄断收益，又极力规避市场风险，摒弃现代高等教育准公共产品内涵的产业特性，排斥高等教育的市场化特征，以国家事实上存在的教育投入相对不足为口实，索取传统体制的"剩余价值"。二是缺乏"经营大学"的理念，习惯于传统的计划办学管理方式，教育投入产出和成本效益意识淡薄。如在高校内部预算分配上，预算分配的过程表现为部门与领导间的利益与权利的博弈过程，而事业的发展则成了利益与权利平衡的结果，公正性、透明度都有待于进一步提高；在财务管理上，财会仍以旧体制下的"核算型报账制"为主，财务管理还停留在一般意义上的资金的收取、分配和使用上，财务在学校经营管理上的作用发挥得还很不充分；在资产管理上，重货币形态资产管理，轻其他实物形态的资产管理，缺少行之有效的约束机制，忽视对已购资产的管理和充分利用。一个学校内部系与系之间、教研室与教研室之间、学科之间能够共同使用的仪器设备重复购置，互不开放。对经营性资产有偿使用观念淡薄，造成固定资产的浪费、减值和低效率使用。长期的政府投入使得高校对固定资产"重投入、轻管理"，无偿占用资产的意识根深蒂固，忽视资产的成本和效益的核算问题。显然，在市场经济大环境中，高等学校内部的这种管理模式需要改变。

随着高等教育政府宏观管理、高校自主办学体制的逐步确立和完善，以及高等教育由精英阶段到大众阶段的转变，今后高校面临的核心问题之一是高校之间的相互竞争，甚至是国际社会高等教育市场的竞争。这种竞争体现在诸多方面，如生源的质量与数量、毕业生就业质量、教学质量与师资力量、学校的社会声誉等。高校要在竞争中有所发展，要在这些方面形成优势和特色，主要需要通过内部管理去实现。这就要求高校要进一步加强内部管理，建立完善的内部管理制度体系，特别要注意树立教育质量和成本意识，重视高等教育"投入与产出"的关系，以最少的投入获取最大的收益，在高等教育竞争市场上确立自己的地位。

五 对策与建议

（一）建立现代大学制度，完善高等学校的法人治理结构

在高等教育市场化趋势的大背景下，相对于现存的大学制度而言，现代大学制度是一种适应市场经济体制的新型大学制度。它是以政府、社会和学校三者责任、权力和利益明确定位为前提，以高等学校的法人制度和法人治理结构为核心的整体设计与系统安排的学校制度。其核心在于建立和完善学校的法人制度和法人治理结构，以便为学校落实并有效使用办学自主权和民主管理提供制度上的支持。

现存大学制度存在的主要问题，一是政府在高等教育管理中的职能与边界模糊，大学实质上还是作为政府的一个附属部门而存在，学校缺乏办

学自主权；二是高等学校领导体制政治框架与法律框架不协调，校长作为法律框架内的学校法定代表人，实质上处于政治框架领导下的从属地位，有悖于建立高等学校法人制度和法人治理结构的法理要求，同时两者不协调有可能形成在各自占有资源基础上的矛盾；三是缺乏社会各界参与和监督办学的制度安排；四是大学自身也缺乏制度创新意识，改革动力不足。

建立现代大学制度，完善高等学校的法人制度和法人治理结构，首先，要转变政府的教育管理职能，建立高等教育公共治理结构和社会参与的间接影响机制。主要包括三个方面：第一，在《行政许可法》范围内逐步下放一些学校可以自主决定的项目权，逐步转移一些社会可以承担的职能；第二，政府着力建立和健全为社会和学校提供有关信息服务的公共平台，努力做到信息的公开性、透明性和及时性；第三，按照《依法行政纲要》的要求规范各级政府在教育管理过程中的行政行为，并使这些行为受到社会的监督。同时，要创造环境和条件，鼓励社会中介机构广泛参与诸如高等教育评价等活动，发挥社会对高等教育和高校管理的间接影响作用。

其次，要理顺高等学校领导体制关系，实现政治框架领导与法律框架法人代表两者之间的统一，形成符合法人治理要求的高校领导体制。建议高校建立学校董事会或理事会形式的法人治理结构，实行校董会或理事会领导下的校长负责制。将目前学校党委在学校管理方面的决策职权移交董事会或理事会。董事（理事）会组成除校内人员外，按法人治理结构要求，应设立一部分由教师代表以及校外人士担任的董事，为社会参与监督办学做出制度安排。董事（理事）会主席既可由书记出任，也可由校长出任，但力求实现一元化领导，把高校现行的党委领导下的校长负责制以更为适当的形式固定下来。

再次，引进中介机构，将政府实施的一部分职能转变为由社会中介机构负责。如教育咨询机构，经费拨款审议机构，学校设置审议机构，毕业生就业指导机构，考试服务机构，办学评估机构，金融代理机构，律师事务所和会计师事务所，等等。这些机构具有独立法人资格，可以接受政府管理部门的委托，独立地行使职能，提供相关服务，或者协助调节社会和市场主体的各种关系，同时也便于提高高校的透明度和社会公众的参与度。

最后，加强对高校内部管理规律研究。高校的大量工作都有很强的学术性。学术管理要考虑学科、专业的不同特点，具有多样性。学术问题只能用学术标准来评价，对学术事务的决策和管理要靠教授专家，实行民主管理。但现实的情况是，高校的学术管理与行政管理始终交织在一起。更由于大学事实上只是作为政府的一个下属部门而存在，因此只能依附于政府，导致行政权力和官本位意识泛化和不断得到强化，学校内部学术权力缺失，学术权力与行政权力失衡，其主要原因在于对高校内部管理规律研究不足，对高校内部管理活动特殊性认识不足。因此，应该进一步加强对高校内部管理规律的研究。

（二）运用市场经济的原则，引入市场化机制，提高高等教育资源使用效率

目前，在经济全球化浪潮推动下，高等教育市场化趋势日益明显，高等教育市场化特征亦越发突出。但是，需要说明的是，高等教育市场化并非一般意义上的泛市场化。所谓的高等教育市场化，其本质是一个在高等教育领域引入市场机制的过程，其目的是使高等教育机构，主要是高等学校，更具竞争性、自主性和广泛适应性。另外，通过更进一步的讨论，我们可以发现，所谓的高等教育市场化，与其说是高等教育——这个传统的所谓"圣洁之地"、"象牙之塔"——内在的基因突变，不如说是由于市场经济的深入与经济全球化的双重作用，以及高等教育由精英阶段进入大众阶段后，受教育者对高等教育的需求具有了更大的选择自由，高等教育的卖方市场身份逐渐变化，使高等教育本身也逐渐受市场供给与需求关系作用的结果。因此，高等教育市场化也是高等教育自身的改革与发展，环境与形势的变化要求大学走向市场。

从目前的情况看，已经可以清楚地看到，高等学校面临着三个方面的市场供需关系制约：一是学生与学校间的供需关系，即学生报考时选择学校与高校招生时选择生源的问题，也就是招生市场，高等学校要在招生市场中招入优秀的学生，学生也要选择理想的学校；二是学校与社会的供需关系，即学生的就业与社会需求是否适应的问题，也就是就业市场，高等学校毕业的学生能否经历就业市场的考验，在就业市场上争得一席之地；三是社会服务市场，即随着教育体制的改革，高等学校教育经费的来源将趋于多渠道、多样化，其中关键的一个方面就是为社会服务而获得教育经费支持。在上述三个市场中，招生市场和就业市场是高等学校必须面临的两个市场环节，这两个环节甚至将决定高等学校的生死存亡。

高等学校要适应高等教育市场化的发展趋势，需要树立两个观念，建

设一个体系，确定一个目标。

(1) 树立两个观念。

第一，抛弃传统体制的教育模式，树立市场化观念，强化服务意识，培养出符合市场需求的高等人才。在市场化条件下，高校与学生的关系日益成为"服务提供者与消费者"的关系，高等学校的资源和未来发展越来越依赖学生，即取决于生源对学校是否认可，取决于市场对其毕业生是否有所需求，就业市场的认可将会影响生源对高校的认可，进而决定着一个学校的未来发展方向和发展规模。强化服务意识，就是要树立以学生"为本"的思想，彻底摒弃过去那种以书本为中心的教育思想。因为，可以预期，今后高校能否生存，主要取决于服务质量和市场选择，而非上级的决定。因此，在市场化进程中，高等学校必须勇于面对市场，接受市场的挑战，根据市场需求进行自身定位，依据社会的客观要求、学校的客观基础、办学的客观条件和教育的客观规律在市场中找准自己的位置。第二，革除那些与市场化要求不相适应的陈旧观念和教学方法，树立起符合教育规律的、科学的成才观念和教育观念。培养目标，要在着重提高学生的全面素质、培养学生的创新能力和实践能力方面开拓新的道路；培养方向，要在充分的市场调查和市场分析的基础上，针对社会需求调整学科设置。同时，还要积极开展现代教学方法的研究和实践，随时采纳现代教学技术手段和教学方法。

(2) 建设一个体系。

在高校内部管理上，引入市场化机制，建设与市场化要求相适应的高校内部管理体系。教育竞争，既是不以人的意志为转移的客观存在，也是高校改革和发展的内在要求。高校引入竞争机制，主要是在人事和分配制度上，建立竞争上岗、择优聘任、多劳多得、优质优酬的激励与约束机制，其核心是对人力资源这一高增值性资源的充分利用与开发，为实现高校发展提供最为基础性的人力资源保障，并做出具体的制度化设计。制度设计主要应该包括以下几个方面的内容：一是竞争机制与绩效评价体系设计，要根据教学、科研等各类工作的特点，建立多样化的高校教师评价体系和聘任制度，以保证高校教学、科研整体功能的发挥，在全员聘任基础上，建立起与绩效挂钩的分配制度；二是竞争与合作，在构建竞争机制的同时，应制定相应政策保证教师间能加强联系与合作，产生最佳合作效能；三是竞争与公平，人们能否得到激励，不仅是由他们得到什么报酬而定，更重要的是由他们看到别人所得到的报酬与自己所得报酬是否公平而定;四是竞争机制与高等教育的规律、特点,即竞争机制的设计必须尊重高校教学与科研特点;五是竞争机制与激励方式,即准确把握精神激励与物质激励的关系;等等。

(3) 确定一个目标。

确定大学的特色目标。在市场化的环境下,大学不能单纯追求大而没有特色,要形成自己的特色目标。世界著名的大学也不是其学校的所有学科都是闻名的。如哈佛大学以培养政治家而闻名;麻省理工学院以培养工程师而闻名;牛津大学以数学闻名;剑桥大学以物理学闻名;耶鲁大学因教授治校、思想开放、人文一流、培养总统而引以为傲;普林斯顿大学以重质量、重研究、重理论并培养出38位诺贝尔奖获得者而享誉世界;斯坦福大学以强烈的进取精神、"学术顶尖、科研开发"的构想建设大学,成为"硅谷"的强大后盾。后起之秀的香港科技大学1986年筹建,1991年开始招生,其商学院被英国《金融时报》评为世界50佳,亚洲仅此一家入选,其MBA被评为最具有国际视野的专业,美国将其会计研究排为第一名。辽宁省的大学也应该选择适合自己学校特色的学科进行重点建设,形成自己的学科优势。

(三) 进一步深化高等教育体制改革,实现办学主体、投资主体多元化

高等教育体制是关于高等教育事业的机构设置、隶属关系、职责和权益划分的体系和制度。它包括高等教育办学体制、投资体制、管理体制、高校内部管理体制以及招生和毕业生就业体制等几个方面。其中,高等教育办学体制是高等教育体制中的核心组成部分,是高等教育办学活动的组织结构形态和有关制度规范的总和。改革开放前,我国高等教育实行的是一元化的办学体制,其办学主体是国家各级政府或部门。改革开放以来,高等教育办学主体受到政治、经济体制多种因素的影响正由一元向多元转变,目前,多元化发展局面已经基本形成。办学主体主要有国家和政府、个人和集体、外国和地区等几种形式。具体的办学模式,又可细分为共建模式、划转模式、合并模式、协作模式、私立模式、股份制模式、国有民办二级学院模式、公立大学转制模式、中外合资合作办学及外方独资办学模式等。

在办学体制上深化高等教育体制改革,首先要进一步放松国家对高等

教育的政策垄断，鉴于目前面临的高等教育规模急剧扩大与政府财政投入能力相对弱小的现实，适当缩小高等教育国有比例，继续扩大民办高等教育的比重；其次，进一步优化民办高等教育发展的外部环境，加强制度创新，完善民办高等教育的运行机制，包括分类机制、法律机制、市场准入和退出机制、公平竞争机制、政府扶持机制、产权机制、利益回报机制、宏观管理与调控机制等；再次，加强民办高等教育的评估，严格审查办学资格条件，以高起点、高标准、高质量为原则，严格执行有固定校舍、固定师资和固定办学资金的办学标准，按照教育结构调整要求，有侧重、有计划地发展民办高等教育，保证高等教育多元办学健康发展；最后，在维护我国高等教育主权和国家教育安全的同时，还要积极联合或合作，共同开发国际高等教育市场。

2001~2005年，辽宁省民办高等教育发展水平在全国处于中下游水平。未来，应该继续采取有力措施，大力鼓励民办高等学校的发展。在鼓励发展民办高等学校的同时，建议对辽宁省高等教育存量资产进行调整。辽宁的高等教育发展规模较大，国有高等教育资产存量也相对较大，除师范和特殊院校外，可以鼓励具备条件的部分高等学校实行股份制改造甚至整体出让，将国有股份全部或部分出让给社会资金经营，所获资金仍投入由政府投资管理的学校，这样既盘活了一部分高校资产，又能使政府集中有限的财力发展高教事业。选择的标准可以根据高校的经费自给率（总收入与非财政拨款收入的比值）和高校的主要教学方向来确定。如大连外国语学院、沈阳音乐学院、鲁迅美术学院，经费自给率分别达到82.79%、66.32%、71.90%，排在全省30所大学的第一、第二、第四名，分别高于30所高校平均50%的经费自给率水平。经费自给率较高，不一定就是非税收入中学费占的比例高。大连外国语学院和鲁迅美术学院就属于这种情况。尤其是这类高校招生市场和就业市场都相对较好，应该支持和鼓励这类高校进行改制，在政府宏观调控下进入市场竞争。这样，既能减轻政府财政负担，又能给这类高校更大的发展空间。

进一步开辟投资主体多元化渠道，多方筹集教育资金。一是政府要继续加大教育投入规模；二是要继续坚持和完善高校收费制度。鉴于目前高校收费水平与城乡居民收入水平相比已经处于较高水平，"十一五"期间不宜再继续提高学费标准，预计经过"十一五"期间人均GDP和城乡居民收入的增长，目前高等教育收费相对较高、"民怨沸腾"的状况将会得到一定程度的缓解；三是制定税收优惠政策，鼓励个人或团体向高校捐赠，建议尽快制定捐赠法；四是支持高校兴办科研产业，加强产学结合，增强高校"自我造血"功能；五是深化后勤社会化改革，减轻高校办社会的负担和高校冗员对教育资源的无效占用；六是鼓励校企合作，加强学校与企业、科研单位的联系，吸引其参与学校的管理，促进教育、科研、生产三结合，增强学校的办学活力和提高教育质量；七是树立经营意识，加强高校财务管理，对各项支出的合理性进行认真分析研究，剔除不合理因素，降低培养成本，提高资金使用效益。

另外，为多方筹集教育资金，高校还可选择招生市场、就业市场和学生毕业后预期收入前景好的专业，模拟 BOT（"Build – Operate – Transfer"，意为"建设—经营—移交"）融资模式，合作办学。南开大学与深圳富弘实业有限公司以模拟 BOT 模式合作建设南开大学深圳金融工程学院，深圳市政府、南开大学和富弘公司共同组成理事会对学院进行经营管理的合作办学方式，值得借鉴。

（四）加强高校的财务管理，提高高校资源要素产出水平

财务管理是高校内部管理体系的重要组成部分，也是加强高校内部管理的重要基础。因此，高校财务管理水平的高低将直接影响到整个高校的管理水平和教育事业的发展。尤其是在市场化的大环境下，财务管理不仅直接影响到高校的投入与产出、成本与效益水平，还将间接影响到学校在国内外高等教育市场上的综合竞争力。面对高等教育已经变化了的外部环境，高等学校必须把财务管理放到更加重要的位置，改革传统的财务管理制度，建立新型的财务管理体制，提高高校各类资源要素的产出水平。

1. 处理好三个关系

一是处理好多元筹资与依法办学的关系。学校的各项收入都要在国家法律、法规和政策允许的范围内收取，来源要合理，取之要有度，用之要得当，并依法保护自身权益不受侵犯。

二是处理好融资与风险的关系。近年，高校基建贷款金额庞大、管理不规范、还款期限较长，而且九成以上是信用贷款和质押贷款，其潜藏的金融风险巨大。建议有关部门组织有关专家、学者，制定包括全部显性和隐性债务在内的完整的高校债务统计指标体系，并结合高校收入、支出、资产等相关指标，建立高校债务风险预警机制，对可能出现的债务风险及

早预警，并予以通报。对贷款余额超过警戒线的高校，要制订具体还款方案并停止贷款，否则可通过扣减专项奖金拨款、暂停专项资金申请资格等方式予以处罚。同时，要进一步强化高校贷款法定还贷责任，将贷款管理作为高校领导干部经济责任审计的重要内容，引导高校正确认知风险，完善决策程序。

三是处理好积累与消费的关系。对依靠国家要素配置和高等教育资源短缺条件下所取得的收入，要处理好国家、学校和个人三者利益关系，当前与长远的关系，局部与全局的关系，克服短期行为，保持学校可持续发展的能力。

2. 建立新型的财务管理体制

一是高校内部要建立完善有效的财务管理体系。按照国家有关财经法规、政策和制度，建立和健全一套适合学校具体情况的预算分级管理办法、成本核算办法、体系及定额标准，特别是对人员经费支出、公用经费支出等经常性支出项目制定出单项或综合定额，并制定出相应的管理办法；建立健全校院长（总会计师）财务管理责任制、日常预算收支责任制、经济政策和财经制度与调整的经济责任制、财经管理体制确立与改变的经济责任制、财经主管人员任用与变动的经济责任制、国有资产完整和保值增值的经济责任制、重大支出项目安排和投资的经济责任制等各级经济责任制；建立校内财务检查与监督机制。设立校内财务检查与审计委员会，参加人员以工会、职代会、教师和学生代表为主，对校内各项业务收支活动进行周期性检查、监督和审计，强化对财务管理制度实施情况的检查与考核。

二是建立高校外部财务控制制度。省财政厅作为代表省政府拨付高等教育资金的领导部门，要会同有关部门积极研究制定符合高等教育发展规律的高校财务管理、收费政策管理、会计核算、基建管理、资产管理、后勤及校办产业管理、审计等检查监督制度和办法，组成由审计、监察、有关中介机构和社会公众参与的高校财务检察监督委员会，对高校财务管理工作进行定期检查和监督，推进高校财务管理更加规范和科学，保证高等教育资金使用的公开性、透明性和合理性，提高高等教育资源的使用效率。

三是建立科学规范的高校财务分析评价指标体系。在高校办学规模不断扩大、投资来源多元化、利益分配复杂化、支出项目多样化的情况下，建立科学的高校财务分析评价指标体系是改善和提高资金使用效益，保障高校财务收支合理的必要条件。其指标主要应由反映学校财务收支管理的基本指标，如经费自给率、负债水平与资产负债率、预算收支完成率、经常性支出占总支出或总收入的比例、固定资产使用率及其完好率、现金流量等构成，并且一些指标还要进一步细化，以真实地反映出财务收支状况和财务管理水平，促进高校提高办学效益和管理水平。

六 建立高等教育投入绩效考核指标体系和以"公式拨款模式"为主，"绩效拨款模式"为辅的高等教育政府拨款模式

为合理利用有限的公共财政资金，发挥资金使用的最大效益，提高高等教育投入产出效率，进而提高高校的核心竞争力，建议建立和制定"辽宁省高等教育投入绩效评价与监测体系和制度"，构建政府高等教育投资激励、约束与政府宏观调节相结合的新机制。其主要内容应该包括教育投入努力程度的评价与监测、教育投入进步程度的评价与监测、教育资源配置合理性的评价与监测、教育投入使用效率和效益的评价与监测等。

改革高等教育政府拨款模式，建立以"公式拨款模式"为主，"绩效拨款模式"为辅的高等教育拨款模式。目前，国外高等教育拨款模式主要有公式拨款法、增量拨款法、合同拨款法、招标拨款法、基数加发展法、专项拨款法等模式。主要发达国家如美国、英国、日本、澳大利亚等国，基本上都采用公式拨款法作为高校教育拨款的基本模式，同时辅之以专项或项目拨款等。所谓的"公式拨款模式"，基本上是按生均培养成本计算拨款，其公式按专业领域、项目和学校类型等分配权重。各国包括一国内的各个地区，如美国各州拨款公式中权重因素都各有特点，公式复杂程度也不一样。其优点主要有：一是可以减少政府和高校在拨款上的分歧，根据公式计算出的资金相对客观；二是减少了预算过程中的不确定性，拨款部门可以事先根据公式预测下一年度高校的大致需求量，同时也简化了决策程序；三是公式拨款法中公式设计本身考虑到大学的系、科等规模要素，因此对政府调控高校的办学规模也有积极作用。其主要缺点是没有考虑到拨款的边际问题。另外，上述四国近年来对高等教育拨款开始采用一些效益指标，例如美国肯塔基州用25个绩效指标来衡量政府的财政拨款。不过，目前绩效拨款模式只是作为公式拨款法等模式的辅助方法，因为该种模式对相关绩效指标定性标准不易把握，也难以量化，从而限制了它的应用范围和程度。不过，绩效拨款模式将会越来越多地被采用。

目前，我国及各地区对高等教育的拨款模式大多采用生均拨款模式，这种拨款模式在严格意义上并未包含成本的概念，大体相当于增量拨款法或基数加发展拨款法。这种拨款方法在鼓励高校扩大招生规模方面具有比较强烈的激励作用。但在招生规模大幅度扩大后，尤其是在高等教育由精英阶段进入大众阶段后，有必要适时改变拨款模式。因此，建议政府财政主管部门研究改变高等教育政府拨款模式，建立以"公式拨款模式"为主，"绩效拨款模式"为辅的高等教育拨款模式。

这里需要说明的一点是，目前辽宁省生均财政拨款与学生缴费合计约在1万元，而生均成本则约在1.2万元。若按生均成本拨款似乎会继续增加财政负担。但实际并不会发生这样的情况。因为生均成本测算包含了固定资产折旧支出，但实际上政府原始投入的固定资产并没有发生折旧，因此也不会产生新增支出。

辽宁城镇化发展道路研究：判断、路径与政策[*]

城镇化是指随着工业化水平的不断提高和第三产业的不断发展，人力资源由第一产业向第二、第三产业配置，从而导致人口逐渐向城镇集中，以及受此影响，农村生活方式也逐渐城市化的过程。衡量城镇化水平高低的主要标志，是人口城镇化率（城镇人口占总人口的比重），第二、第三产业生产总值占全部生产总值的比重，以及第二、第三产业从业人员占全部从业人员的比重；衡量城镇化速度的主要标志，是城镇人口比重上升的速度，以及第二、第三产业经济总量比重和从业人员比重上升的速度。辽宁省作为老工业基地，第二产业发展较早，工业化水平在全国一直排在前列。因此，辽宁的城镇化水平在国内各省、市、自治区中一直名列前茅，并大大高于全国平均水平。但是辽宁省在城镇化发展过程中表现出后劲不足和区域间非均衡发展的特征，选择什么样的发展路径以及如何在政策上提供保证，就成为了辽宁省城镇化发展过程中的一个亟待解决的问题。

一 辽宁省城镇化发展现状

（一）辽宁人口城镇化发展水平总体判断：辽宁人口城镇化发展水平已进入中后期发展阶段，但各地区发展水平差异较大

目前，国际上通行的是用城镇人口比重这一指标来衡量各国家或地区的城镇化率，欠发达国家或地区的城镇化率在40%以下，发达国家或地区的城镇化率在70%以上。根据2008年的统计数据，以城镇常住人口为标

---

[*] 原载《社会科学辑刊》2010年第6期。合作者：李劲为、田华。

准，我国人口城镇化率是46%，辽宁人口城镇化率已达到60%，高出全国14个百分点，低于发达国家10个百分点。根据诺瑟姆的城镇化发展S型曲线理论，辽宁已经进入了城镇化发展的中后期阶段①，城镇化进程将逐步放缓。

根据2007年末的统计数据，全省14个地区中，按照公安户籍统计，非农业人口占总人口的比重高于和接近60%的有本溪、抚顺、盘锦、沈阳和大连5个地区；低于40%的有锦州、铁岭、葫芦岛、朝阳4个地区。如果按照推算值计算，人口城镇化率超过60%的有本溪、抚顺、盘锦、沈阳、大连和鞍山6个地区，其中本溪最高，达77%，远远高出省内平均水平（59%），更是远远高于全国的平均水平（45%）；人口城镇化率低于全国的平均水平，仅达到40%左右的有铁岭、葫芦岛和朝阳3个地区（见表1）。可以看出辽宁省内各地区的城镇化水平不够均衡，相差悬殊。

表1 2007年辽宁省内各地区人口城镇化率②

单位:%

地 区	非农业人口占总人口的比重	实际人口城镇化率推算值
本 溪	67	77
抚 顺	66	76
盘 锦	65	75
沈 阳	64	74
大 连	58	68
鞍 山	51	61
营 口	46	56
阜 新	45	55

① 初期阶段城镇化率为30%以下，中期为30%~70%，后期为70%以上。
② 辽宁省统计年鉴中的非农业人口数量是按照公安户籍统计的，而中国统计年鉴的城镇人口数是按照城镇常住人口数统计的，由于统计口径的不同，造成约10%的差额。因此，"实际人口城镇化率推算值"是按照"非农业人口占总人口的比重"加上10%推算来的。另外，中心城市和大城市的外来常住人口要比偏远城市和中小城市的数量要多，因此沈阳、大连的"实际人口城镇化率"比推算值还应该高一些。但是，由于没有经验值和计算公式，在能够说明问题的前提下，只能按平均差值来推算"实际人口城镇化率"。

续表

地 区	非农业人口占总人口的比重	实际人口城镇化率推算值
辽 阳	44	54
丹 东	42	52
锦 州	39	49
铁 岭	32	42
葫芦岛	30	40
朝 阳	27	37
全 省	49	59

数据来源：2008年辽宁省统计年鉴。

（二）辽宁已经基本进入城市群、都市圈或城市带发展阶段

区域空间结构发展演变过程一般分为独立城镇膨胀阶段、城镇空间定向蔓生阶段、城镇间向心发展阶段与城镇连绵带形成阶段共四个发展阶段，只有当城镇沿交通轴线定向空间扩展到一定程度时，其边缘受到其他城镇的吸引，从而形成多个城镇之间向心发展的机制时，即区域空间发展进入城镇间向心发展阶段，城市群、都市圈才开始出现雏形，该区域才进入城市群、都市圈发展阶段。因此，只有当区域经济进入较高水平发展阶段、城市化水平较高、区域空间结构进入城镇向心发展阶段时，该区域才有可能出现城市群、都市圈或城市带。从辽宁的经济、城市化发展水平判断，可以认为辽宁已经基本进入城市群、都市圈或城市带发展阶段。

二 辽宁省城镇化发展进程中存在的主要问题

辽宁省的城镇化发展水平在全国处于领先行列。但是，在城镇化发展后劲、区域发展的均衡性、城镇化质量等方面还存在一些问题和不足。

（一）城镇化发展后劲略显不足

城镇化发展的主要动力来自第二、第三产业的不断发展壮大和占经济比重的不断上升，从而导致第二、第三产业从业人员不断增加，使农村人

口逐渐摆脱土地的束缚到城镇中去工作和生活。辽宁第二、第三产业发展基本处于均衡状态，产业结构相对趋于稳定；第二、第三产业吸纳从业人员的能力已经没有太大的增长潜力。

第二、第三产业发展基本处于均衡状态。1990年，辽宁省第二、第三产业增加值占省内生产总值的比重为84.13%，2007年提高到了89.72%，17年间仅提高了5.59个百分点；全国第二、第三产业增加值占国内生产总值的比重，从1990年的72.88%，提高到了2009年的88.74%，提高了15.86个百分点。辽宁的第二、第三产业增加值占生产总值比重的增长速度明显低于全国平均水平（见图1）。

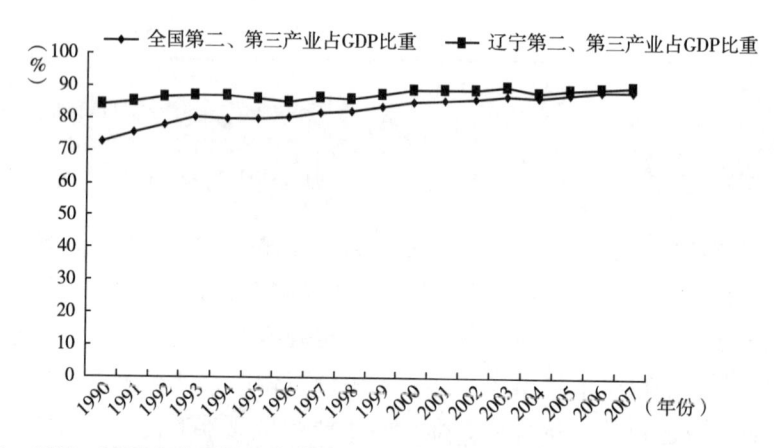

图1 1990~2007年全国及辽宁省第二、第三产业增加值占生产总值比重增长情况

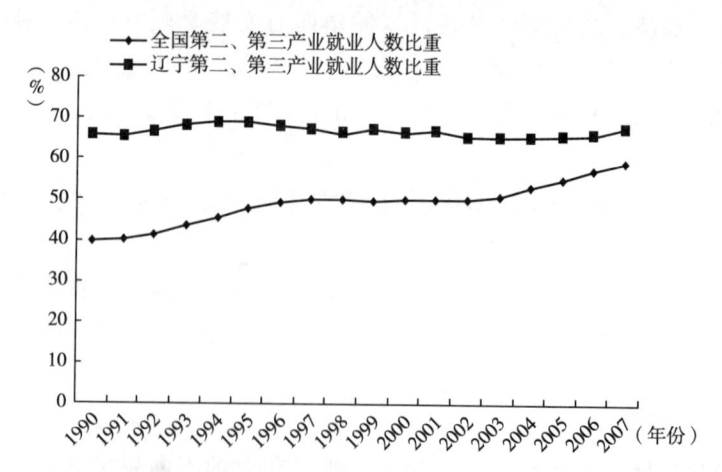

图2 1990~2007年全国及辽宁省第二、第三产业从业人员占全部从业人员的比重增长情况

第二、第三产业吸纳从业人员的能力需要深度挖掘。1990年，辽宁省第二、第三产业从业人员占全部从业人员的比重为65.95%，2007年提高到了67.64%，17年间仅提高了1.69个百分点；全国第二、第三产业从业人员占全部从业人员的比重，从1990年的39.9%，提高到了2009年的59.16%，提高了19.26个百分点。辽宁第二、第三产业从业人员占全部从业人员比重的增长速度大大低于全国平均水平，并且17年间基本处于水平波动状态（见图2）。因此，辽宁的城镇化发展因缺乏产业发展动力而显得后劲不足。

（二）地区间城镇化发展不够均衡

辽宁在城镇化进程中存在发展不均衡的问题，主要表现在区域发展不均衡、城市布局不合理、城市体系不完善、不同地区之间差距较大。辽宁是全国城镇化程度比较高的省份，同时也是省内各地区之间城镇化发展差距较大的省份。在14个市中，本溪、抚顺、盘锦、沈阳、大连5市，按照公安户籍统计，2007年的人口城镇化率就已超过或接近了60%，进入了城镇化的中后期，如果按照城镇常住人口估算值计算，这些地区的人口城镇化率大约要超过或接近70%，已经进入城镇化后期，达到发达国家的城镇化水平；而铁岭、葫芦岛、朝阳3市，即使按照城镇常住人口估算值计算，城镇化率也只在40%左右，刚刚进入城市化初期。14个市中，鞍山、沈阳、本溪、辽阳、抚顺、大连、营口7个地区的第一产业增加值占生产总值比重已低于10%；而阜新、铁岭、朝阳3个地区的第一产业增加值占生产总值比重高于20%。不仅如此，在省内各地区衡量城镇化发展潜力和城镇化质量的众多指标排序中，包括锦州、葫芦岛、阜新、朝阳、铁岭在内的辽宁西部和北部地区，其大部分指标都排在最后几位，并且与排在前几位的地区差距很大。表明辽宁省城镇化发展极不平衡，辽西北地区相对落后，城镇化严重不足，与省内较发达地区差距很大。

三 辽宁城镇化发展路径选择与政策措施

（一）辽宁城镇化发展路径选择

1. 发展目标

"十二五"期间，辽宁人口城镇化按户籍计算达到55%左右，按常住人口计算达到 65% 左右；2020 年按户籍计算达到 60% 左右，按常住人口计算达到 70% 左右。平均每年约增长一个百分点。

2. 主要任务：基本完善辽宁城镇化体系格局

（1）辽宁在中国城镇化总体格局中的位置。

环渤海都市圈核心组成部分是三大城市圈：津、京、唐；山东半岛都市圈，包括济南、青岛、淄博、东营、烟台、潍坊、威海、日照 8 市；以沈阳和大连为核心的辽宁沈大城市圈。因此，辽宁在中国都市圈城镇化总体格局中，位于环渤海都市圈的北翼。

（2）辽宁城镇化总体布局。

根据辽宁在中国城镇化总体格局中的位置，以及辽宁当前的城市发展基础，辽宁城镇化总体布局可以基本围绕"一群、一带、三点、两线、六组团"展开。一群，即辽宁中部城市群；一带，即辽宁沿海城镇带；三点，即沈阳、大连、锦州三大区域性中心城市；两线，即辽宁东西两条线状生态保护城镇；六组团，即沈抚一体化、鞍辽一体化、锦葫一体化、营盘一体化、大连城乡一体化、丹东东北亚国际化六组团城市。

3. 辽宁城镇化发展与建设重点

（1）辽宁中部城市群：以沈（沈阳）抚（抚顺）、鞍（鞍山）辽（辽阳）一体化为主体，推进辽宁中部城市群发展与建设的一体化进程。

近年来，辽宁中部城市群在经济一体化方面已经取得了很大进展。实践上，"沈阳、铁岭工业走廊"已投入建设；沈抚一体化已正式获得国家批准建设；沈阳、本溪两市已签署了《沈本一体化建设合作框架协议》；等等。但在城市化或城镇化发展方面，从本质意义上讨论，辽宁中部城市群难包括营口，更难以包括阜新。因为，无论是从空间距离还是地理位置，在城镇化发展与建设方面，营口和阜新都难以被纳入辽宁中部城市群的范畴。辽宁中部城市群的发展与建设，要以沈（沈阳）抚（抚顺）、鞍（鞍山）辽（辽阳）一体化（同城化）为主体，推进辽宁中部城市群发展与建设的一体化进程。

沈阳、抚顺是全国距离最近的两个特大型城市，空间上已经相连，历史、文化、习俗基本一致，两市市民之间的交往也十分频繁，"同城化"发展建设的要素齐全。2007 年 9 月沈阳市人民政府和抚顺市人民政府签订了《加快推进沈抚同城化协议》。之后，两市在交通、通信、沈抚新城[①]等城市

---

① 沈阳、抚顺两市共同管理建设，共 400 多平方公里

基础设施和新城区建设方面已经迈出了实质性的步伐。沈阳约有780万人口，抚顺220多万人，通过沈抚同城化，将真正建成户籍人口超千万的大型城市联合体，沈（沈阳）抚（抚顺）一体化前景光明。

鞍山、辽阳两市中心距离仅25公里，交通与城市建设已经"无缝对接"，鞍山达道湾工业园区与辽阳刘二堡经济开发区隔路相望，鞍钢张岭铁矿在辽阳，辽阳钢铁工业许多为鞍钢配套。在辽宁中部城市群一体化发展建设中，鞍山、辽阳两市是继沈阳、抚顺一体化后，最具备一体化发展建设条件的城市。在辽宁省发改委编制的《辽宁中部城市群总体发展规划纲要》中，提出了"大鞍山都市区"的概念，通过辽阳区域南扩、海城北靠，推进鞍辽一体化发展，构筑大鞍山都市区，指明了鞍山、辽阳一体化发展建设的方向和道路。鞍山现有人口约480万人，辽阳约180万人，"大鞍山都市区"的形成，将极大地优化辽宁城镇化布局，提升鞍山与辽阳的城市功能，达到1+1大于2的效果。

（2）完善辽宁沿海经济带的城镇体系。

辽宁沿海经济带的城镇体系由6个市（含21个市辖区）、17个县（含10个县级市）和255个镇组成，大中小城镇层级自上而下依次增多，城镇分布较为密集。按照人口规模等级来看，2007年辽宁沿海经济带城市人口在100万人以上的特大城市仅有大连市，50万~100万人的大城市有葫芦岛市、锦州市、营口市、丹东市和盘锦市，20万~50万人的中等城市只有瓦房店市，20万人以下的小城市有普兰店市、庄河市、东港市、凤城市、凌海市、北镇市、盖州市、大石桥市、兴城市和绥中县城，余下大多是人口不足1万的小城镇。特大城市、大城市、中等城市、小城市和小城镇的数量比例为1:5:1:10:255。较之于金字塔形城镇规模等级分布模型，该地区城镇体系结构比较完整，存在的问题是，特大城市仅大连一座，大城市不大——葫芦岛市、锦州市、营口市、丹东市和盘锦市差不多"一般高"，中等城市短缺，小城市太小。

因此，辽宁沿海经济带的城镇化发展与建设路径，应主要围绕"小升中""大更大"的方向展开。"小升中"，即资源、环境和产业发展基础条件都具备的20万人口以下的小城市都要逐步发展成为中等规模的城市。"大更大"，即锦（锦州）葫（葫芦岛）一体化、营（营口）盘（盘锦）一体化、大连全域城市化（城乡一体化）、丹东"国际化"。

锦（锦州）葫（葫芦岛）一体化，即以锦州、葫芦岛城市一体化建设为基础，培育辽西中心城市。在现行的行政管理体制下，依托"两港"（锦州港和葫芦岛港）、"两区"（锦州西海工业区与葫芦岛北港工业区）、"四市"（凌海—锦州—葫芦岛—兴城），培育以"两港""两区"为纽带，锦州和葫芦岛两个地级市为"双核"，兴城、凌海两个县级市为两翼的辽西中心城市。其建设布局，要按照凌海—锦州—"两港两区"—葫芦岛—兴城"四轴五点"组团式布局展开。目前已经形成的凌海、锦州、葫芦岛、兴城4个城区建设要实现两个战略转移，即城区建设逐步从外延扩展向内涵发展转移；在4个城区内涵发展的同时，城市外延扩张重点向凌海—锦州—"两港两区"—葫芦岛—兴城四条轴线转移，实施"轴向发展"战略。在"点、轴"开发建设过程中，重点建设以"两港两区"为依托的新城区。强化凌海—锦州—"两港两区"—葫芦岛—兴城四条轴线连接带的建设，避免各自向郊区扩展的"摊大饼"式的城市开发建设模式。科学规划和开发建设"两港两区"，使之成为优良的沿海工业积聚区、旅游休闲和人口居住新区。把"两港两区"建设成为连接4个老城区的枢纽。联手打造锦州湾港口城市，培育辽西中心城市经济增长极。通过锦葫城市一体化建设，彻底改变辽西地区中心城市缺位状态，完善辽宁沿海经济带乃至环渤海沿海城市布局体系。锦葫一体化建设辽西中心城市的发展前景广阔，未来具有建设成为一个相当于目前大连水平和规模的特大型城市的基础潜力和环境条件。

营（营口）盘（盘锦）一体化，即建设以营口市区为中心，盘锦市区和鲅鱼圈为副中心，盘山、大洼、大石桥、盖州为重要支点的组团式的营盘沿海城市带。营口、盘锦同是海滨城市，距离最近，语言文化相同，具备一体化发展基础。

大连全域城市化（城乡一体化）。大连全域城市化的本质，就是城乡一体化。大连在全省各市中，率先实现城乡一体化的条件最充分。2009年7月1日，国务院原则通过的《辽宁沿海经济带发展规划》要求大连增强综合实力，完善服务功能，提升核心地位和龙头作用，带动区域加快发展，服务东北老工业基地振兴。该规划布局的29个重点发展和支持区域中，大连拥有14个，占辽宁沿海经济带的48%，规划面积占辽宁沿海经济带的54%。同时，规划又赋予了大连建设东北亚国际航运中心、东北亚国际物流中心、区域性金融中心和现代产业聚集区的重要功能定位，并明确要求大连发挥北方地区对外开放的重要门户作用。这不仅对大连核心城市功能的提升意义重大，而且有助于提高辽宁沿海经济带乃至全省的城镇化水平。大连全域城市化的基本框架，应该按照现代城市发展比较成功的"组团式"模式设定。建设主城区、新市区、渤海区域城市、黄海区域城市"四大组团"。主城区——大连现市区；新市区——普兰店撤市（县级市）设区；渤海区域城市——瓦房店市与长兴岛区域整合建设新城市；黄海区域城市——庄河与花园口区域整合建设新城市。在此基础上，合理布局小城镇，实现全域城市化。

丹东"国际化"，即依托毗邻朝鲜半岛的区位条件，建设具有"国际化"色彩的东北亚国际都市。丹东是中国最大的边境城市，具有沿江、沿海的独特优势，是中国大陆海岸线最北端的起点，也是连接朝鲜半岛与中国及欧洲的主要陆路通道，是中国对朝经贸的一线地区。近年来，随着东北老工业基地振兴战略的实施和辽宁"五点一线"建设步伐的加快，丹东城市空间狭小与经济发展不相适应的矛盾愈加突出。充分发挥丹东临江临港优势，战略谋划城市发展空间布局，已成为解决这一矛盾的当务之急。丹东城市建设应该主要按照沿江沿海布局，重点建设新区、前阳、东港、大孤山"四大组团"城区，形成沿江沿海现代化城市发展框架，拓展城市发展空间。

（二）辽宁城镇化发展政策措施

由于中国农业社会的传统根深蒂固，更由于新中国成立、甚至改革开放30年来我们长期一直固守着城乡二元体制，以及工业化与城市化长期脱节遗留下来的重重困难，因此，欲加快推动中国的城市化进程，须采取超常规的发展政策。

1. 以行政区划调整，推动辽宁城镇化健康发展

以行政区划调整，推动辽宁城市化进程；或者说以城市化发展为契机，调整辽宁行政区划，是辽宁城市化实现健康发展的重要条件。

本文前面的研究，已经给出了辽宁城镇化发展布局的总体思路。构成这个总体思路的核心是"三中心、六组团"，即以沈阳、大连、锦州三大区域性为中心城市；以沈阳抚顺一体化、鞍山辽阳一体化、锦州葫芦岛一体化、营口盘锦一体化、大连城乡一体化、丹东东北亚国际化六组团为城市格局，并以此构筑辽宁全省城市化的基本架构。在六组团城市格局发展形成过程中，都将不同程度、不同层次地遇到行政区划障碍。因此，我们建议根据城市化发展要求，调整行政区划，将"撤乡并镇"的行政管理体制改革层次，上升到"撤县并市"的层面，从根源上消除城市一体化建设发展的障碍，同时，还可以降低居高不下的行政管理成本。

2. 彻底消除不利于农村人口城市化的政策制度壁垒和观念障碍

所谓的城市化是农村人口的城市化。或者说，没有农村人口的城市化，城市化则无从谈起。因此，中国也包括辽宁的城市化发展道路，首要的就是要彻底消除不利于农村人口城市化的政策制度壁垒和观念障碍。

第一，打破长期实行的城乡分离的二元管理体制。第二，城市化要让农民真正进城，即为促进农民转为市民，政府应在就业、工资、教育、医疗、养老、住房等社会福利方面同步跟进，发挥城市的集聚效应。第三，改革现行的土地产权制度。现行的土地产权制度产生的问题：一是土地浪费。中国一方面土地资源极为稀缺；另一方面，土地使用却存在严重的粗放利用和浪费现象。二是把农民拴在了土地上。城市化的基本过程就是使越来越多的人离开农村的土地，变成可以自由发展的独立的人。但是，如果农民被土地所限制，土地不能自由转让，极易把农民滞留在土地上。另外，由于土地不具有商品的性质，因此，价格被严重扭曲，农民离开土地的价值补偿还有许多不合理的成分。因此，关键是要建立包括农民在内的全社会的保障体系。第四，在农村剩余劳动力向城市转移过程中，要加紧对其进行初级劳动技能培训，使他们踏进城市生活后有一项生存技能，这也是政府应该做的。

3. 以"共同但有区别"为原则，建设县域中心城镇

辽宁省有县城44个。相对于中国中西部而言，辽宁县域中心城镇发展基础相对较好，应该采取有力措施，进一步推动县域中心城镇的建设与发展。第一，切实提升县城的区域中心地位。不断加大县城公共基础设施建设，搞好学校、医院和文化设施的建设，创建文明社区等，吸引更多农村富余劳动力向县城转移。第二，鼓励第二产业和第三产业向县城集聚。从区位优势、能源优势、资源优势出发，找准切入点和结合点，确立主导产业。第三，坚持因地制宜促进县城成长，使其与区域的经济发展水平相适应，与区域的人口资源环境条件相协调；继续发挥市场在推进县城成长中的基础性作用，加强县级政府对城乡空间的规划管理能力，把资源节约和环境保护放在县城发展的重要战略地位，促进县城的可持续发展。第四，在县城建设中应同时兼顾城市化问题，在基础设施投入或建设中，要考虑长远发展中的水、电、气使用和容量，道路等级和网络，城镇排水设施，环境质量和绿化水平，建筑格局与现代化程度等。

4. 小城镇建设必须坚持"产业化带动、生态化保障"的原则

首先，实现产业化带动：一是继续实行农民培训计划；二是继续推进辽宁省长期坚持的"一村一业、一乡一业、一县一业"的现代农业产业园区和经济区发展模式；三是对本地特色农业，当地政府应高度重视，制定适宜的优惠政策，加大技术扶助力度，搭建科技研发平台，延展农业产业链条，鼓励农业生产实现企业化运营模式，促进农业生产方式和增长方式的转变。

其次，着力推进生态型城镇建设。农村人口在从本地向城镇人口转化过程中，由农业系统中的物质流、能量流、人口流高度密集所导致的环境污染和生态危机问题已经显现。因此，农村要着力推进生态型城镇建设：第一，各级政府应通过行政手段、经济手段和法律手段相结合的形式强化农村小城镇的环境管理；第二，大力推广和发展农村的生态农业；第三，强化生态城镇意识，各农村城镇应结合乡镇工业进行小区建设，抓好城镇工业污染源治理。

5. 提高辽宁省城镇化规划水平

做好规划是辽宁省城镇化持续良性发展的基本条件。过去几年，《辽宁省城镇体系规划（2002~2020年）》中提到的一些内容已经得到落实。但是，目前实际情况已经发生了较大的变化，如沈阳经济区和辽宁沿海经济带的建设都上升为国家战略。应根据实际情况的变化，以辽宁省"十二五"规划编制工作为契机，进一步补充完善辽宁省城镇体系，重新编制辽宁省城镇体系建设规划。在规划制定过程中，应综合评价辽宁省城镇发展条件，制订辽宁省城镇化发展战略，预测区域人口增长和城市化水平，拟定各相关城镇的发展方向与规模，协调城镇发展与产业配置的时空关系，统筹安排区域基础设施和社会设施，引导和控制区域城镇的合理发展与布局，提高辽宁省城镇化规划水平，使辽宁省城镇化健康发展。

中国城镇化发展的现状、主要问题与发展趋势[*]

改革开放以来，随着农村改革和城市改革的推进，我国关于城镇化的研究也大量开展起来，特别是党的十五届五中全会把积极稳妥地推进城镇化列为"十五"期间必须着重研究解决的战略问题后，我国的城镇化进入了一个新的发展阶段，对城镇化问题的研究也掀起了一个新的高潮。

一 中国城镇化发展现状

（一）中国城镇化发展处于加速发展阶段

经过新中国成立60年来的发展，目前，我国已经初步形成由28个不同规模、不同等级和不同发育程度的城市群，50个特大城市，81个大城市，233个中等城市，297个小城市和1.92万个城镇组成的全国城镇体系规模结构格局；形成了由珠三角大都市连绵区、长三角大都市连绵区、京津冀（环渤海）大都市连绵区和沿海城镇发展带等组成的全国城镇体系空间结构格局。一个全国范围内的、以都市圈—城市群作为推进城市化进程的主体形态，大中小城市和小城镇协调发展、布局合理、分工有序的健康城镇体系正在逐步形成。

2007年，我国共有人口132129万人，其中，城镇人口59379万人，城镇化率为44.94%。改革开放以来不到30年的时间内，我国城镇化水平由1978年的17.92%提高到2007年的44.94%，提高了27.02个百分点。根据诺瑟姆曲线，目前我国城镇化发展正处于人口向城市迅速聚集的中期，即

---

[*] 原载《中国经贸导刊》2010年第18期。合作者：李劲为、田华。

加速发展阶段。

（二）城镇化发展滞后于工业化，但差距正在缩小

改革开放以后，随着城乡市场化改革的不断深化，农业劳动生产力的提高，农村富余劳动力向城镇转移速度加快，推动了农业劳动力就业的非农化和生活方式的市民化，尤其是加入WTO后，市场化发展速度进一步加快，户籍制度等城乡分割的制度性壁垒被逐渐打破，进一步加快了农村人口向城镇转移，促使人口城镇化率迅速提高。1990年，我国人口城镇化率仅为26.4%，到2007年人口城镇化率已上升到44.94%。同时要看到，我国人口城镇化率虽然提高得比较快，但在一定程度上还是落后于工业化发展水平。总体而言，我国的城镇化率与工业化率间的差距正在缩小，已从1990年相差14.9个百分点，降至2007年相差3.7个百分点，差距明显缩小。

（三）区域发展不平衡，并且差距在逐步扩大

改革开放以来，我国在重视东部地区城镇化发展的同时，加快了中、西部地区城镇化发展步伐，尤其是20世纪90年代中期，国家实施西部大开发战略，从政策上扶持西部地区产业聚集发展和基础设施建设，推动了西部地区城镇经济的发展和城乡经济社会结构的融合转型，加快了西部地区城镇化发展。但由于西部地区经济基础薄弱，自然环境恶劣，生产生活条件差，城镇化水平发展缓慢。目前，我国的城镇化整体水平仍呈东高西低态势，东部沿海发达地区的城镇化水平远远高于中西部地区。从城市化发展水平看，2007年，东部地区为52.8%，西部为32.3%，东西部地区相差20.5个百分点。具体到省及自治区，除四大直辖市外，我国城市化水平最高的广东省已经达到63.14%，而城市化水平最低的西藏只有28.17%，两者相差近35个百分点。

而且，区域经济社会发展水平的差异，使得东部聚集效应大于扩散效应，东西部地区城镇化发展的差异扩大趋势不但未有改变，而且还有逐步扩大的趋势。城镇人口占总人口比例的区域差异在逐渐扩大，东西部的这一比例由1990年的1.53∶1上升到2007年的1.63∶1。如果考虑到东部区域流动人口非农就业比例高的现状，东部与中西部区域城镇化差异扩大趋势更加明显。

二 中国城镇化发展存在的主要问题

我国城镇化发展进程在取得巨大成绩的同时,也存在一些需要引起注意的问题。

(一) 将城镇化片面地理解为人口城镇化或城镇建设

一是将城镇化片面地理解为人口城镇化。目前衡量地区城镇化水平常采用城镇人口占总人口的比重指标。因此,一些地方片面地认为只要城镇人口增加,城镇化水平就提高了。事实上,人口聚集仅是城镇化的一个重要表现形式,城镇化的特征除了表现在农业人口迅速转化为城镇人口外,还表现在城市群和城市系统形成、城镇经济运行高效化、区域经济快速发展等方面。城镇化是经济社会活动方式的根本变化,是农业社会向工业社会、信息社会的转变过程。它包含着农民经济活动由农业活动向非农产业活动的转变,生活方式由农村单一性向城市生活的复杂性和多样性的转变,以及文化活动方式、思维方式、各种价值观念的转变等。单纯、机械地把城镇化理解成农村户口变成城镇户口,是十分片面的,是一种认识误区。二是将城镇化片面地理解为城镇建设。近年来,许多地方政府在城镇化政策调控过程中,往往把政策的重点放在城镇建设上,将城镇建设放在城镇化的中心地位,甚至用城镇建设代替城镇化,从而使得基础设施建设盲目向高标准看齐,城镇建设超越现有的发展阶段和经济支撑能力。

(二) 滞缓城镇化发展进程的制度性障碍仍有待于进一步消除

改革开放以来,为了推进城镇化,我国在户籍制度、劳动就业制度、社会保障制度、教育制度等方面,进行了一系列变革,但阻碍城镇化发展的城乡分割政策壁垒还没有被完全打破。

1. 城乡分割的户籍制度

我国长期人为地将全体公民划分为农村户口和城市户口,形成了我国特有的城乡分割二元体制,严重阻碍了城镇化的发展。我们要加快推进城镇化,必须从根本上改变这个沿用了半个世纪的户籍管理制度,实行国际上通行的户籍登记制度,使全体公民在户籍身份上完全平等。

2. 城乡差异明显的土地使用制度

我国在城市和农村实行不同的土地政策。农村实行家庭联产承包责任制，土地归集体所有，农民具有本地户籍时才有使用权，如果进城从事他业，所拥有的土地将被收回，并且，农户不能将土地自由转让。而城市土地流转按市场机制运行，使用者在规定期限内具有使用权、转让权和收益权。因为农民进城务工要面临一定的风险，为有稳定的保障不会完全放弃土地，只能采取季节性、兼业式流动而不能在城市定居，所以其社会属性不会得到根本转变，城市化进程被人为中断，城市化水平的提高和速度的加快受到牵制。

3. 城乡不平等的社会保障福利制度

在社会保障政策方面，我国城乡差别非常突出，我国社会保障覆盖面非常小，大部分地区主要是针对城镇居民而言的，农村居民的养老、医疗、失业等保障体系尚未完全建立起来，最低生活保障政策也不完善，社会救济标准也比较低。在就业政策上，城乡统一的劳动力就业市场还没有建立，对农民工在城镇就业的歧视性政策没有根本消除，同工不同酬、农民工正当权益没有得到有效保护等问题还相当突出。

（三）缺乏区域城镇化的协调发展政策

近几年来，我国在城镇化政策调控方面，一个主要问题是城镇化发展进程的行政化和地方分割化。一是在推进城镇化建设的行为主体结构中，政府往往替代市场机制的作用处于主导地位，企业和城乡居民主动参与不足，尤其是农村居民还没有真正成为城镇化主体。二是各区域间城镇化发展缺乏协调机制。在现行行政体制和财政体制下，许多区域城镇化过程，实际上是不同规模、不同层次的城镇之间以地方政府为主体分散进行城镇建设的过程。因此，在较大区域范围内，各区域城镇化政策的制定都是从本区域自身利益最大化出发的，区域间的城镇化政策缺乏协调性，使得区域城镇体系中城镇定位不清、功能雷同，不同类型的城镇之间难以形成有效的分工协作关系，难以提高区域城镇体系的综合效益，阻碍了大都市圈的形成和发展。

三 中国城镇化发展趋势

城市化进程不仅是城市数量和城市人口数量与比例不断增长的过程，

更是通过提高城市管理水平不断改善城市质量,优化城市空间组织,不断完善城市功能的过程。因此,我国未来城镇化发展将变革现有的重视量的扩张发展模式,更加注重城镇化在质上的进一步提升,同时,将结合各地区实际,更加趋向实现多元化发展模式。

(一) 发展模式将更加趋向多元化

1. 大中小城市将实现协调发展

国际经验表明,大城市在各个方面都占优势,综合效益最好。从大工业和经济全球化的发展趋势看,大城市的发展壮大在经济发展中扮演着最为重要的角色,因此,我们城市化的重点应是发展大城市。同时,由于我国地域宽广,各地发展水平参差不齐,单一地以大城市发展来促进城市化是行不通的。因此未来一段时期内,我国将加快城市化进程,走大中小城市和小城镇协调发展的道路,同时,各地区将立足于本地实际,形成多元化的,具有各地区特色的,大中小城市和小城镇合理分工、互相配合的城镇体系。

2. 东部、中部、西部地区将各有侧重

我国地域辽阔,东西部地区生产力水平差距悬殊,城镇密度不一,这就决定了东西部地区在城市化发展模式选择上应各有侧重。其中,东部沿海地区城镇发展重点应放在提升大城市为国际性都市上,并侧重于对小城镇进行改造、整顿;西部地区城镇发展的重点应为有计划地发展大中城市,尤其在省会、交通枢纽等地区,更应该注意大、中城市的建设,同时,注意以集中性的方式发展小城镇;中部地区在兼顾发展一些特大城市和小城镇的同时,应将城市发展重点放在中等城市。

(二) 制度上将更加有利于城乡一体化

1. 将逐步建立城乡居民自由迁移的人口管理制度

未来一段时期内,我国将逐步废除现行户籍管理制度,建立城乡居民自由迁移的人口管理制度。取消农业户口与非农业户口的划分,取消各地城市居民户口等,建立城乡统一、城乡居民可以自由选择居住地的人口登记制度,不再按人口登记地制定就业、社会保障、住房、教育、医疗等方面的差别化政策。

2. 将逐步实现农村集体土地流转制度改革

未来一段时期，我国将进一步完善农村集体土地承包经营制度，保障承包方不仅拥有土地承包经营权，而且拥有承包期间内对土地承包经营权进行处置和得到收益的权利；逐步建立土地承包经营权流转制度，承包方可以自行决定转让对象，包括转让给所在集体经济组织以外的任何组织或个人，在建立规范的土地用途规划管制基础上，允许城市的组织或个人购买或租赁农村集体土地，为农民进城开辟创业资本和社会保障资金的渠道。

3. 将逐步建立全国统一的社会保障体系

我国将通过完善社会保障制度，逐步建立全国统一、覆盖城乡的社会保障体系。逐步将现行城镇居民享受的社会保障扩大覆盖到进城务工的农村人口；对在城市有稳定职业并自愿迁入城市定居的农村人口，各级政府将为其建立社会保障账户；用人单位使用农村劳动力，必须依法按规定为其缴纳社会保障金；按先城市、后农村的原则，开征社会保障税，并最终建立全国统一、覆盖城乡的社会保障体系。

辽宁工业化与城市化协调发展实证研究（1978~2009）[*]

一 引言

工业化与城市化是社会发展的必然过程，两者之间存在相互促进的关系。国外学者关于工业化与城市化之间协调方面的研究已经大量展开（钱纳里，1989；库兹涅茨，1989；刘易斯，1989等），并取得了丰富的成果。国内学者对中国的工业化与城市化方面的研究（王小鲁、樊刚，2000；黄群慧，2006等）以及对区域工业化与城市化方面的研究（孙新雷等，2003；王晓玲，2010；赵喜仓等，2008；汪长柳，2008等）也逐渐成熟化，但是关于辽宁的工业化与城市化方面的研究还比较少见。近几年，辽宁在国家大力发展老工业基地的过程中迅速重新崛起，而沈阳经济区和辽宁沿海经济带这"一群一带"两个国家战略，又为辽宁的发展提供了新的契机。这两个国家战略在发展过程中的工业化与城市化是相伴相生而发展的，既是实现工业化的过程，也是实现城市化的过程。借鉴汪长柳（2008）关于工业化与城市化协调发展的分析方法，本文探讨了辽宁工业化与城市化的协调发展问题。这一问题的展开，对辽宁经济的发展有重大的指导意义。

二 辽宁工业化与城市化发展的演进轨迹

衡量工业化率和城市化率的指标有很多，我们选取非农产业就业比重来表示工业化率，非农产业产值比重指标作为参考，市镇人口占总人口的

---

[*] 原载《特区经济》2011年第11期。合作者：李劲为、田华。

辽宁工业化与城市化协调发展实证研究（1978~2009）

比重来表示城市化率。辽宁工业化与城市化的偏差表现在两方面：一方面是工业化与城市化的偏差，即非农就业比重与城市化率的偏差；另一方面是工业化内部的偏差，即非农就业比重与非农产值比重的偏差。表1反映了辽宁1978~2009年的城市化率、非农产业就业比重即工业化率、第二产业就业比重、第三产业就业比重、非农产值比重、第二产业产值比重和第三产业产值比重等指标的变动情况。

表1 1978~2009年辽宁工业化率与城市化率变动情况表

单位：%

年份	城市化率	非农就业比重	非农产值比重	第二产业就业比重	第三产业就业比重	第二产业产值比重	第三产业产值比重	工业化与城市化偏差	非农产值与就业偏差
1978	31.74	52.6	85.9	34.6	18	71.1	14.8	20.86	33.3
1980	35.47	58.6	83.6	39.2	19.4	68.4	15.2	23.13	25
1985	40.76	64.1	85.6	41	23.1	63.3	22.3	23.34	21.5
1990	41.99	66	84.1	41	25	50.9	33.2	24.01	18.1
增长	10.25	13.4	-1.8	6.4	7	-20.2	18.4	3.15	-15.2
1991	42.29	65.6	84.9	40.7	24.9	49.2	35.7	23.31	19.3
1992	42.79	66.7	86.8	40.7	26	50.4	36.4	23.91	20.1
1993	43.58	68.1	87	41.3	26.8	51.7	35.3	24.52	18.9
1994	44.16	68.8	87	38.5	30.3	51.1	35.9	24.64	18.2
1995	44.51	68.8	86	38.8	30	49.8	36.2	24.29	17.2
增长	2.22	3.2	1.1	-1.9	5.1	0.6	0.5	0.98	-2.1
1996	44.87	68.3	85	37	31.3	48.7	36.3	23.43	16.7
1997	45.24	67.5	86.8	36.4	31.1	48.7	38.1	22.26	19.3
1998	45.55	66.4	86.3	35	31.4	47.8	38.5	20.85	19.9
1999	45.74	67.3	87.5	33	34.3	48	39.5	21.56	20.2
2000	46	66.6	89.2	31.7	34.9	50.2	39	20.6	22.6
增长	1.13	-1.7	4.2	-5.3	3.6	1.5	2.7	-2.83	5.9

续表

年份	城市化率	非农就业比重	非农产值比重	第二产业就业比重	第三产业就业比重	第二产业产值比重	第三产业产值比重	工业化与城市化偏差	非农产值与就业偏差
2001	46.25	66.8	89.2	30.2	36.6	48.5	40.7	20.55	22.4
2002	46.78	65.6	89.2	28.7	36.9	47.8	41.4	18.82	23.6
2003	47.2	65.3	89.7	28.2	37.1	48.3	41.4	18.1	24.4
2004	47.85	65.6	88	28	37.6	45.9	42.1	17.75	22.4
2005	48.45	65.9	89.1	28.1	37.8	48.1	41	17.45	23.2
增长	2.2	-0.9	-0.1	-2.1	1.2	-0.4	0.3	-3.1	0.8
2006	48.85	66.3	89.9	27.7	38.6	49.1	40.8	17.45	23.6
2007	49.06	67.7	89.9	27.6	40.1	49.7	40.2	18.64	22.2
2008	49.92	68.1	90.5	27.5	40.6	52.4	38.1	18.18	22.4
2009	50.38	69.4	90.7	27.2	42.2	52	38.7	19.02	21.3
增长	1.53	3.1	0.8	-0.5	3.6	2.9	-2.1	1.57	-2.3

数据来源：1979年城市化率数据来源于《辽宁统计年鉴1993》，第50页；1979年、1981年、1982年、1983年、1984年非农就业比重数据来源于《辽宁统计年鉴1993》，第56页；其他年份数据来源于《辽宁统计年鉴2010》，第41、第53页。

从表1可以看出，辽宁省工业化率与城市化率随发展阶段不同而有所偏差。1978~1990年，辽宁城市化率和非农就业比重分别上升了10.25%和13.4%。工业化仍快于城市化的发展，工业化与城市化的偏差为3.15个百分点。这段时期是辽宁城市化率和非农就业比重增速最快的时期。说明这时期城市化率的提高主要与非农产业就业比重提升有关。非农产值比重与非农就业比重偏差即工业化内部偏差为15.2%，非农就业比重大幅度提升，但非农产值比重却下降了1.8个百分点，这主要是由于第二产业产值比重20.2%的大幅下降，高于第三产业产值比重18.4%的上升幅度。

"八五"时期（1991~1995年），辽宁城市化率、非农就业比重以及非农产值比重分别提高了2.22%、3.2%和1.1%。结合上一个阶段的相关数据，我们发现辽宁在"八五"时期的工业化发展速度要快于城市化发展速度，但工业化率与城市化率偏差却有所降低，为0.98%。非农就业比重与非农产值比重之间的偏差大幅缩小到2.1%。

"九五"时期（1996~2000年），工业化和城市化表现出非同步性的特点。非农就业比重、第二产业就业比重等指标分别下降了 1.7 个百分点和 5.3 个百分点,而城市化率和非农产值比重分别提高 1.13 个百分点和 4.2 个百分点。工业化率与城市化率之间的偏差逐步扩大到 2.83 个百分点,非农产值比重与非农就业比重偏差逐步扩大到 5.9 个百分点。

"十五"时期(2001~2005 年),辽宁非农就业比重受第二产业就业比重的影响,不升反降了 0.9 个百分点,非农产值比重同样受第二产业产值影响下降了 0.1 个百分点,而城市化率却上升了 2.2 个百分点。说明城市化率的上升与非农产业就业无关。城市化率与非农就业比重的偏差上升到 3.1 个百分点,但非农产值与非农就业之间的偏差明显缩小到 0.8 个百分点。国家振兴东北老工业基地的政策已经开始实施了,但辽宁的成效还未显现。

2006~2009 年,辽宁城市化率上升了 1.53 个百分点,非农就业比重上升了 3.1 个百分点,非农产值比重上升了 0.8 个百分点。城市化率与非农就业比重偏差有所下降,非农产值比重与非农就业比重偏差有逐渐扩大的趋势。振兴东北的绩效开始显现,这一时期的第二产业产值终于有了正的增长,但第三产业没有因为第二产业的发展而更快发展,第三产业产值反而下降了 2.1 个百分点。

三 辽宁工业化与城市化的相关分析

下面,结合汪长柳(2008)等关于工业化与城市化关系的实证分析方法,对辽宁工业化与城市化的关系进行分析。运用 SPSS17.0 对表 1 的数据进行相关分析,采用 pearson 相关系数,通常用 R 表示,$0<R<1$,表示变量之间正相关;$-1<R<0$,表示变量之间负相关;R 的绝对值越接近于 1,说明变量之间的线性关系越显著;$R=0$,表示变量之间完全不相关;$R=1$,表示变量之间完全线性相关。根据上文的分析,将辽宁工业化与城市化发展大致分为三个阶段(见表 2):第一阶段为 1978~1996 年,这时期辽宁非农就业比重与非农产值比重之间的偏差不断缩小,而工业化率与城市化率之间的偏差保持在比较高的水平,且有持续上升的趋势。第二阶段为 1997~2003 年,这时期辽宁非农就业比重与非农产值比重之间的偏差缓缓上升,2003 年上升到 1978 年以来的最高点 24.4%,而工业化率与城市化率之间的偏差不断缩小。第三阶段为 2004~2009 年,辽宁非农就业比重与非农产值比重之间的偏差从 2004 年开始逐渐下降,

到 2009 年两者偏差回落到 21.3%，但仍在较高的水平上，而工业化率与城市化率之间的偏差有缓慢上升的趋势。

表2 1978~2009年辽宁工业化与城市化相关指标的相关系数

指标	时间段（年）	城市化率	非农就业比重	非农产值比重	第二产业就业比重	第三产业就业比重	第二产业产值比重	第三产业产值比重
城市化率	1978~1996	1	0.988	——	——	0.936	-0.939	0.930
	1997~2003	1	-0.882	——	-0.965	0.903	—	0.941
	2004~2009	1	0.955	0.944	-0.929	0.957	0.973	-0.955
非农就业比重	1978~1996	0.988	1	——	0.625	0.911	-0.914	0.921
	1997~2003	-0.882	1	——	——	——	—	——
	2004~2009	0.955	1	——	-0.952	0.998	——	——
非农产值比重	1978~1996	——	——	1	——	——	——	0.617
	1997~2003	——	——	1	-0.924	0.941	—	——
	2004~2009	0.944	——	1	——	——	0.966	——
第二产业就业比重	1978~1996	——	0.625	——	1	——	——	——
	1997~2003	-0.965	——	-0.924	1	-0.979	—	-0.957
	2004~2009	0.929	-0.952	——	1	-0.968	——	——
第三产业就业比重	1978~1996	0.936	0.911	——	——	1	-0.902	0.914
	1997~2003	0.903	——	0.941	-0.979	1	—	0.938
	2004~2009	0.957	0.998	——	-0.968	1	——	——
第二产业产值比重	1978~1996	-0.939	-0.914	——	——	-0.902	1	-0.980
	1997~2003	—	—	—	—	—	1	—
	2004~2009	0.973	——	0.966	——	——	1	-0.985
第三产业产值比重	1978~1996	0.930	0.921	0.617	——	0.914	-0.980	1
	1997~2003	0.941	——	——	-0.957	0.938	—	1
	2004~2009	0.955	——	——	——	——	-0.985	1

注："——"和"—"分别表示 pearson 相关系数在 0.05 和 0.01 显著性水平上在统计上是不显著的，可以认为两者不存在线性相关关系。

四　辽宁工业化与城市化实证分析结论

如表 2 所示,1978~1996 年,辽宁城市化率与非农就业比重相关系数为 0.988,与第二产业就业不相关,与第三产业就业比重相关系数为 0.936,都是高度相关。这时期辽宁城市化主要靠第三产业来带动。城市化率与非农产值不相关,与第二产业产值相关系数为 -0.939,高度负相关;与第三产业产值相关系数为 0.930,高度相关。1978~1996 年,辽宁非农就业与非农产值不相关,却与第二产业产值高度负相关,与第三产业产值高度正相关。非农就业与第二产业就业相关系数为 0.625,与第三产业就业比重相关系数为 0.911,说明第二产业和第三产业都对非农就业有重要的拉动作用,第第三产业的拉动作用更明显。1978~1996 年,辽宁非农产值比重与第三产业产值比重相关系数为 0.617,与第二产业产值不相关,说明这时期非农产值主要靠第三产业产值拉动。第二产业就业比重与第二产业产值比重不相关,第三产业就业比重与第三产业产值高度相关。第二产业产值与第三产业产值呈高度负相关关系,相关系数为 -0.980,这时期第二产业产值下降,而第三产业产值不断上升。

1997~2003 年辽宁城市化率与非农就业比重高度负相关,相关系数为 -0.882;与第二产业就业比重高度负相关,相关系数为 -0.965;与第三产业就业比重高度相关,相关系数为 0.903。这时期辽宁城市化与工业化高度负相关,发展极不协调,表现为工业化不能带动城市化的发展,城市化的发展主要靠第三产业就业和第三产业产值来带动。1997~2003 年辽宁非农产值比重与第二产业就业比重高度负相关,与第三产业就业比重高度相关。第二产业就业比重与第二产业产值比重不相关,第三产业就业比重与第三产业产值比重高度正相关。说明这时期第三产业发展良好,而这时期的第二产业,尤其是工业发展由于体制性和结构性矛盾日益激化,企业设备和技术老化,竞争力下降,就业矛盾突出,工业发展陷入困境。

2004~2009 年辽宁城市化率与非农就业比重相关系数为 0.955,与非农产值相关系数为 0.944,也就是这时期辽宁城市化与工业化发展高度相关,高度协调发展。城市化率与第二产业就业比重相关系数为 -0.929,两者高度负相关,这时期第二产业就业比重下降,而城市化率稳步上升。城市化率与第三产业就业比重相关系数为 0.957,说明这时期城市化主要靠第三产业拉动。城市化率与第二产业产值相关系数为 0.973，与第三产业产值相关系数为 -0.955，高度负相关。2004~2009 年辽宁非农就业比重与第二产业就业比重相关系数为 -0.952，高度负相关；与第三产业就业比重相关系数为 0.998，高度相关，说明非农就业主要由第三产业拉动。非农产值比重主要与第二产业产值相关，相关系数为 0.966，高度相关，而与第三产业产值不相关，说明第二产业产值对非农产值有重要的拉动作用。第二产业就业与产值不相关，第三产业就业与第三产业产值也不相关，说明第二产业生产率很高，但没能吸收更多的剩余劳动力。第三产业在吸收劳动力方面优势明显，但发展质量不高，生产率不如第二产业。这是因为 2003 年 10 月国家实行振兴东北战略以来，辽宁工业发展焕发了新的风采。2009 年 9 月 9 日《国务院关于进一步实施东北地区等老工业基地振兴战略的若干意见》进一步指明了辽宁工业发展的方向。辽宁沿海经济带和沈阳经济区都上升为国家战略，为辽宁的发展带来新的契机。

辽宁工业化与城市化协调发展问题分析[*]

从经济演进轨迹来看,工业化和城市化之间的关系密切。工业化为城市化的发展提供根本动力,同时工业化导致了城市化的出现,两者协调发展是经济社会发展的内在要求。工业化带动城市化,城市化反过来又促进工业化的发展。

一 辽宁工业化与城市化现状分析

(一) 辽宁工业化现状

城市化率、三次产业产值比重、三次产业就业比重、人均 GDP 等都可以作为衡量工业化水平的指标,本文采用人均 GDP 指标来衡量辽宁工业化水平。2009 年辽宁省实现生产总值 15212.5 亿元,人均 GDP 达到 35239 元,按 2009 年人民币对美元汇率 6.82 元折算为 5154 美元。按照钱纳里的标准,人均 GDP 达到 4800 美元以上的城市(大连、沈阳、盘锦、鞍山、本溪、营口和辽阳)处于工业化高级阶段;抚顺、丹东、锦州和铁岭处于工业化的中级阶段;葫芦岛、朝阳和阜新处于工业化的初级阶段。因此,辽宁的工业化发展水平差距很大。

(二) 辽宁城市化现状

根据诺瑟姆的城镇化发展 S 型曲线理论,辽宁已经进入了城镇化发展的中后期阶段,城镇化进程将逐步放缓。盘锦、本溪、抚顺、沈阳和大连 5 个地区进入城镇化发展的后期阶段,其余 9 个城市均处于城镇化发展的中期阶

---

[*] 原载《中国经贸导刊》2011 年第 17 期总第 660 期。合作者:李劲为、田华。

段。从省内情况看,根据2009年末的统计数据,全省14个地区中,按照公安户籍统计,非农业人口占总人口的比重高于和接近60%的有盘锦、本溪、抚顺、沈阳和大连5个地区;低于40%的有铁岭、葫芦岛、朝阳3个地区。如果按照推算值计算,人口城镇化率超过60%的城市有盘锦、本溪、抚顺、沈阳、大连和鞍山6个地区,其中盘锦最高,城镇化率达92%,远远高出省内60%的平均水平,更是远远高于全国46.59%的平均水平;人口城镇化率低于全国的平均水平,仅达到40%左右的有铁岭、葫芦岛和朝阳3个地区。其中,朝阳的城镇化率仅达到39%,远远低于省内和全国的平均水平。可以看出辽宁省内各地区的城镇化水平不够均衡,相差悬殊。

二 辽宁工业化与城市化协调发展过程中存在的问题

根据上述分析可见,辽宁的工业化水平和城市化水平都处于中后期阶段,在全国也处于前列,但为什么工业化水平和城市化水平都很高的辽宁,经济发展在全国却不是处于前列呢?在辽宁工业化与城市化协调发展的过程中,笔者认为主要存在以下几个问题。

(一) 第三产业的发展滞后,影响工业化与城市化进程

从总体来看,辽宁省的经济总量一直保持较快的增长势头。2009年GDP达到15212.5亿元。作为衡量经济发展程度的第三产业,总量一直保持快速增长,但是从三次产业的比例上来看,呈现逐年下降的趋势。2004~2009年,第三产业所占比例分别是42.15%、40.95%、40.82%、40.19%、38.1%和38.73%。结合第二产业生产总值的存量和增量来看,辽宁发展重点仍是工业,服务业(生产性服务业)发展速度和规模有待提高和优化。长期以来产业结构没有得到优化,第三产业比例偏低,而且还有继续下滑的趋势(见表1)。

表1 2004~2009年辽宁GDP及三次产业结构数据表

单位:亿元,%

年 份	生产总值	第一产业	第二产业	第三产业	第一产业比重	第二产业比重	第三产业比重
2004	6672	798.4	3061.6	2812	11.97	45.89	42.15
2005	8047	882.4	3869.4	3295.5	10.97	48.09	40.95

续表

年 份	生产总值	第一产业	第二产业	第三产业	第一产业比重	第二产业比重	第三产业比重
2006	9304.5	939.4	4566.8	3798.3	10.1	49.08	40.82
2007	11164.3	1133.4	5544.2	4486.7	10.15	49.66	40.19
2008	13668.6	1302	7158.8	5207.7	9.53	52.37	38.1
2009	15212.5	1414.9	7906.3	5891.3	9.3	51.97	38.73

数据来源：《辽宁统计年鉴2010》，经笔者整理得到2005～2008年数据，并已根据2008年第二次经济普查数据进行了修订。

（二）缺乏工业化与城市化互动发展的协调机制

辽宁受计划经济等历史因素制约，辽宁的工业化和城市化进程都受到政府指令性的影响。政出多门的现状，使工业化与城市化的可持续发展、协调发展受限。目前，沈阳经济区和辽宁沿海经济带都急需探索出一条区域内的协调机制，而两个国家战略区域之间的协调也需要建立一种机制，才能够实现区域内协调发展，以及区域间协调发展。

（三）区域经济发展不平衡导致工业化和城市化发展不协调

辽宁省内区域经济发展极不平衡，根据2009年末的统计数据，2009年全省人均生产总值大连最高，达到70781元，而阜新最低，仅为14967元。大连人均生产总值是阜新的五倍左右。经济发展的不平衡直接影响城市化的发展水平，大连的城市化水平高出阜新16个百分点。全省14个地区中，按照公安户籍统计，非农业人口占总人口的比重盘锦最高（82%），朝阳最低（29%），盘锦城市化水平约为朝阳的3倍。由此可见，全省城市化发展差距很大。经济发展的不平衡直接反映在全省的工业化水平参差不齐，按照钱纳里的标准，工业化水平最高的大连已经进入发达经济的前期阶段，而葫芦岛、朝阳和阜新则处于工业化初期水平。

三 辽宁工业化与城市化协调发展的对策

（一）工业布局与城市规划的协调

基于需求，具有竞争优势的工业布局是产业发展、产业结构优化的实现途径。而城市规划作为工业布局的空间载体，通过对区域经济空间布局、城市空间资源合理利用等方面的调控，实现工业布局与城市发展的协调，逐步形成产业的聚集，实现工业化与城市化协调发展。

辽宁沿海经济带和沈阳经济区被确定为国家战略后，通过空间优化，形成"一群"、"一带"、"一突破"、"两心"的空间经济格局。强化以大连和沈阳为中心的城市群建设，通过空间整合促进城市群的升级创新，促进工业化的快速发展。

（二）加快发展第三产业，带动辽宁工业化与城市化协调发展

第三产业，特别是生产性服务业的发展滞后已成为制约辽宁工业化和城市化协调发展的因素，进一步制约了辽宁工业化和城市化的进程。因此，加快第三产业的发展，是辽宁工业化和城市化协调发展的重要层面。既要重视第三产业中一些传统部门如零售业、餐饮业、交通运输业和服务业等的发展，更要加快金融、管理咨询、法律、物流配送等生产性服务业的发展。

（三）推进区域一体化，实现资源要素共享

在推进沿海经济带滨海公路和沈阳经济区城际大环线建设的同时，加快沿海港口与内陆城市之间的海陆通道建设，形成纵横交错、四通八达的网状格局。打破区域内部壁垒，加快形成全省区域共同市场。以建设沈阳和大连为重点，统筹规划全省物流资源和物流节点布局，形成区域现代物流服务环境。

（四）建立协调管理机制

建立协调中心，进行协调规划，解决好深层次的障碍问题，减少地方利益阻力问题。协调有关各方的基础设施、环保及产业结构等各种问题，特别是各大城市之间的竞争关系。

辽宁省"十二五"固定资产投资思路研究[*]

"十一五"以来，辽宁省固定资产投资呈现出稳定、快速增长的局面，有力地促进了全省经济和社会的发展，保证了"十一五"计划的实施，并为"十二五"建设与发展奠定了坚实的基础。"十二五"是辽宁省全面建设小康社会的重要时期，也是辽宁省站在新起点，谋求新发展，振兴老工业基地的关键时期。虽然，当前及"十二五"期间，我国面临或者还将面临许多不确定因素，但是，固定资产投资仍将在国民经济与社会发展中发挥重要的支撑与拉动作用。特别是新中国成立至1978年主要实施以"赶超战略"为基本特征的经济发展政策；改革开放以来主要实施以"重商主义"为特征的出口导向战略。由于传统的路径依赖作用，在我国投资和出口对经济增长的拉动作用大于消费的现状，不可能在短期内克服，即使在整个"十二五"期间，也很难发生根本性的改变。因此，研究辽宁省"十二五"固定资产投资思路，仍然具有十分重要的意义。

本研究报告作为"十二五"规划前期研究课题，第一部分分析了辽宁省"十一五"前三年固定资产投资发展变化情况，与"十五"期间的固定资产投资进行了比较，并对"十一五"辽宁固定资产投资总体规模做出了基本判断；第二部分对"十二五"面临的形势与环境做了一些分析；第三部分根据"十一五"辽宁固定资产投资形势及将要面对的国内外形势与环境，提出了"十二五"期间辽宁省固定资产投资的基本原则、发展目标、投资方向和战略重点；第四部分提出了若干对策建议或政策措施。

---

[*] 本文被辽宁省"十二五"规划采用。合作者：李劲为、温晓丽、王敏洁、于斌、张艳明、田华。

一 "十一五"辽宁省固定资产投资发展态势

到目前为止,"十一五"过去已近四年。由于公开统计资料的限制,本研究报告引用的数据最新的也只能到2008年年底。但是,自2008年下半年发生国际金融危机以来,我国的宏观经济政策发生了重大转变,开始实施宽松的货币政策和积极的财政政策,以期实现"保增长、保稳定、保民生"的目标,由此导致2008年下半年至2009年上半年固定资产投资出现了前所未有的快速增长局面。因此,如果主要从投资规模或总量判断,预期辽宁"十一五"固定资产投资发展态势良好。

(一)总量规模评价:总量规模急剧扩张增长高于全国平均水平,地区比较进入全国前五名,基本扭转了占全国投资比重不断下滑的局面

总量规模急剧扩张增长高于全国平均水平。"十一五"前三年,辽宁全社会固定资产投资总量增幅较大,投资平均增长速度高于全国同期平均水平。2006~2008年,辽宁全社会固定资产投资23141.20亿元,年均增长33.25%,比辽宁"十五"期间27.30%的年均增长速度高出约6个百分点,比全国同期水平高出约10个百分点,比辽宁"十一五"规划确定的年均增长20%的目标高出13个百分点以上,总量规模急剧扩张。

地区比较进入全国前五名。尤其值得关注的是,2008年,辽宁省全社会固定资产投资首次突破万亿大关(见表1),达到10016.3亿元,在全国列第5位,超过浙江,排在山东、江苏、广东、河南之后。

表1 2005~2008年辽宁省固定资产投资总规模

单位:亿元,%

年 份	固定资产投资总额	环比增长速度
2005	4234.06	41.13
2006	5689.64	34.80
2007	7435.24	30.70
2008	10016.30	34.70

资料来源:2005~2007年数据摘自《2008年辽宁省统计年鉴》,2008年数据摘自《2008年辽宁省国民经济和社会发展统计公报》。

基本扭转了固定资产投资总额占全国固定资产投资比重不断下滑的态势。1978年之前的大约30年间,除三年调整时期外,辽宁省固定资产投资一直居全国各省市之首。但自1981年开始的"六五"计划以来一路下滑。到"九五"时期,辽宁在全国各省市所占位次降到第11位,占全国固定资产投资比重下降到3.78%,"十五"前三年继续下滑到3.76%。2003年国家提出振兴东北老工业基地战略后,才开始改变这种局面。2005年辽宁固定资产投资占全国比重上升到4.73%。"十一五"前三年,投资增速继续保持强劲势头,从2005年的4.73%提高到2008年的5.81%,"十一五"前三年固定资产投资平均增速达到了33.25%,这一速度不仅高于辽宁省以往固定资产投资的增速,同时也远远高于同期全国固定资产投资的增长速度,高出近10个百分点(见表2)。进入2009年后,在"保增长、保稳定、保民生"的方针指引下,辽宁的固定资产投资增速不减。特别是地处辽宁沿海经济带"五点一线"的六市,固定资产投资增速达到了历史新水平,如盘锦市2009年上半年完成全社会固定资产投资223亿元,同比增长70%;到2009年5月末,长兴岛临港工业区完成全社会固定资产投资47.7亿元,同比增长70%。这表明振兴老工业基地的政策效应在不断显现,辽宁已经成为域外资本投资的热土,沿海经济带即将成为带动辽宁区域经济发展的新的经济增长点。

表2 2006~2008年辽宁省固定资产投资在全国的地位

单位:亿元,%

年份 项目	2005	2006	2007	2008
全国总计	88773.60	109998.20	137323.90	172291.10
比上年增长	—	23.90	24.84	25.46
辽宁省	4200.40	5689.60	7435.20	10016.30
比上年增长	—	35.45	30.68	34.71
占全国	4.73	5.17	5.41	5.81

资料来源:国家统计局编《2009中国统计摘要》,中国统计出版社,2009,第56页。

(二)资金来源构成:自筹投资和其他投资——基本确立了在固定资产投资总额中的主体地位,国内贷款所占比例也有所上升,国家投资依然占据一定地位

作为拉动经济增长的引擎,固定资产投资对经济增长的拉动作用不仅

取决于投资总规模,还取决于投资来源。因为,投资来源构成直接关系到固定资产投资的资金供给,如果某些来源不可持续,则最终必将影响到投资规模的可持续性。

根据现行的统计划分,固定资产投资来源主要分为国家投资、国内贷款、利用外资、自筹投资和其他投资五个部分。由于《2008 年辽宁省国民经济和社会发展统计公报》中没有披露资金来源,年度《统计年鉴》尚未出版,因此,目前我们还无法引用 2008 年的数据与 2005 年进行对比。但从"十一五"前两年情况看,辽宁省固定资产投资主要来自自筹投资和其他投资,两者合计约占投资总额的 80.00%。自筹投资和其他投资占固定资产投资总额的比重由"七五"时期的平均 62.30%、"八五"时期的 64.30%、"九五"时期的 68.30%,陡升到 2003 年的 75.00%,2005 年又进一步上升至 80.80%。2006~2007 年总体保持在 80.00% 的水平。因此,可以认为,自筹投资和其他投资——基本确立了在固定资产投资总额中的主体地位。

国内贷款所占比例也有所上升,从 2005 年的 12.21% 上升到 2007 年的 13.00%。从绝对额来看,2005 年国内贷款投资为 516.84 亿元,2007 年达到 967.00 亿元,比 2005 年净增 450.16 亿元,增长了近 90.00%。这应当引起有关部门的密切关注。贷款是要还本付息的,目前的过度借贷,必然会影响到一些地方政府的融资能力,甚至会影响到今后的财政支出结构。如根据我们对省内部分市的调查,沿海经济带各园区基础设施建设所需的资金、沈阳经济区内各工业园区基础设施建设所需的资金和突破辽西北所涉及的三个市工业园区基础设施建设所需的资金几乎 100% 来自银行贷款。有的园区甚至已经开始使用城市商业银行和农村信用合作社的贷款。

国家投资依然占据一定地位。2007 年的国家投资总额比 2005 年翻了一番还多,所占比重从 2005 年的 4.10% 上升至 2007 年的 4.88%。利用外资绝对额微幅上升,但 2006 年和 2007 年所占比重较 2005 年稍有下降(见表 3)。

表 3 2005~2007 年辽宁省固定资产投资的资金来源构成

单位:亿元,%

年份 项目	2005	2006	2007
投资总额	4234.06	5689.64	7435.22
国家预算内资金	173.74	258.78	363.10

续表

年份 项目	2005	2006	2007
占投资总额的	4.10	4.54	4.88
国内贷款	516.84	640.95	967.00
占投资总额的	12.21	11.27	13.00
利用外资	124.49	132.44	203.91
占投资总额的	2.94	2.33	2.74
自筹投资	2935.79	4034.07	5169.70
占投资总额的	69.34	70.90	69.53
其他投资	483.20	623.40	731.51
占投资总额的	11.41	10.96	9.84

资料来源：《2008年辽宁省统计年鉴》中国统计出版社，2008，第115页。

总体观察，无论是哪种来源的资金，随着"十一五"前两年投资的快速增长，投资绝对额都有大幅度增加，但是，在固定资产投资总额中所占的比重却有增有减。从占固定资产投资总额的比重上看，2007年同2005年相比，国家预算内资金所占比重提高了0.78个百分点，国内贷款所占比重提高了0.79个百分点，利用外资所占比重下降了0.2个百分点，自筹投资所占比重提高了0.19个百分点，其他投资所占比重下降了1.57个百分点。这种有升有降的经济含义在于，国家预算内资金占比增加，说明了政府对社会基础设施投资的增加，这种增加在不断改善投资硬环境的同时，也为未来辽宁的经济发展预留了可利用的空间；国内贷款占比增加，另一方面反映了各地政府急于改善投资环境，努力把地方经济搞上去的良好愿望，另一方面也反映出一些地方政府仍以追求GDP的增长速度为目标，对贷款的还本付息问题考虑不足；等等。

（三）投资主体情况：国有投资下降、集体投资萎缩、私营投资骤增、其他投资稳定

按经济类型划分固定资产投资结构，一般分为国有投资、集体投资、私营投资、其他投资四个部分。

从"十一五"前三年情况看，国有投资绝对额增长较快，"十五"末期投资额为1245.53亿元，2008年增至2522.70亿元，增长102.53%。但从增长速度来看，2005年环比增长速度为34.20%，到2008年降至23.00%，增速大幅下降。国有投资占固定资产总投资比重持续下降，1990年为82.90%，1995年为66.00%，2000年为51.20%，2003年快速下降到34.20%，2005年进一步下降到29.42%，到2008年降至25.19%。国有投资占固定资产总投资比重继续呈下滑态势。国有投资地区分布比重最高的是鞍山、本溪、营口3市，2007年国有投资所占比重均超过40%。与2005年相比，鞍山、本溪两市国有经济比重略有下降，而营口则呈逐年上升态势。2006~2007年，中央项目则主要集中在沈阳、大连、鞍山、盘锦4市，其中，鞍山近1/3的投资属中央项目，盘锦的中央项目更是占半数以上。

集体投资萎缩。自"十一五"计划始，集体投资呈大幅萎缩状态。2006年，集体投资比2005年减少了64.78%，绝对额从526.28亿元减少到2006年的185.30亿元。由于2006年基数低，2007年、2008年环比增速虽均大于50%，但因2006年大幅度萎缩，2008年集体经济投资绝对额仅为445亿元，尚未达到2005年的水平，所占比例也由2005年的12.43%下降到4.44%。

私营投资骤增。私营个体经济投资额由2005年的819.75亿元增至2008年的3015.80亿元；环比增速较高，2006年以来，每年的环比增速均大于40%；占当年投资的比重逐年攀升，2008年更是以30.11%的比重首次高出国有经济投资5个百分点。

其他经济投资稳定增长。2006~2008年，其占当年投资比重基本稳定在40%的水平（见表4）。

表4 按经济类型分辽宁省固定资产投资

年 份	总 计	国有经济	集体经济	私营个体	其他经济
投资额（亿元）					
2005	4234.06	1245.53	526.28	819.75	1642.50
2006	5689.64	1700.33	185.30	1486.56	2317.45
2007	7435.23	2051.43	278.71	2091.58	3013.50
2008	10016.30	2522.70	445.00	3015.80	4032.80

续表

年份	总计	国有经济	集体经济	私营个体	其他经济
比上年增长速度（%）					
2005	41.10	34.20	54.20	39.00	44.00
2006	34.40	36.50	-64.78	81.30	41.10
2007	30.70	20.60	50.40	40.70	30.00
2008	34.70	23.00	59.60	44.20	33.80
占当年比重（%）					
2005	100	29.42	12.43	19.36	38.79
2006	100	29.88	3.26	26.13	40.73
2007	100	27.59	3.75	28.13	40.53
2008	100	25.19	4.44	30.11	40.26

资料来源：2005~2007年数据摘自《2008年辽宁省统计年鉴》，2008年数据摘自《2008年辽宁省国民经济和社会发展统计公报》。

（四）区域投资分布：沈阳、大连"两强"格局稳固，铁岭、朝阳成为"突破辽西北"的新亮点，传统的"辽西五市"投资比重增长缓慢，"五大资源型城市"投资减少，沿海"五点一线""东强西弱"，"中部隆起"尚待时日

沈阳、大连"两强"格局不变。进入"十一五"以来，辽宁省固定资产投资的地区格局不仅没有发生大的变化，而且固有格局似乎仍在不断被强化。固定资产投资主要集中在沈阳和大连两市，2006~2007年，两市的固定资产投资合计占全省固定资产投资总额分别为57.30%和57.74%，没有明显变动。

铁岭、朝阳成为"突破辽西北"的新亮点。"突破辽西北"包括铁岭、阜新、朝阳3市。其中铁岭、朝阳投资占全省比重明显上升。2005~2007年，铁岭固定资产投资占全省固定资产投资比重分别为2.53%、3.56%和4.16%；朝阳分别为2.03%、2.46%和3.09%。投资绝对额铁岭增长了189.04%，朝阳增长了167.58%，其增速甚至远远超过了沈阳和大连的增长水平。说明铁岭、朝阳两市的后发优势开始显现。

传统的"辽西五市"投资比重增长缓慢。"辽西五市"包括锦州、葫芦岛、盘锦、阜新和朝阳5市。与2005年"十五"末期相比,除朝阳外,2007年锦州固定资产投资占全省比重仅略增0.05%,葫芦岛下降0.31%,阜新下降0.33%,盘锦下降0.44%。说明"辽西地区"投资环境应该进一步改善,特别是沿海锦州、葫芦岛、盘锦三市,其发展潜力仍有待深度挖掘。

"五大资源型城市"投资大多减少。除抚顺外,鞍山、抚顺、本溪、阜新、盘锦五大资源型城市固定资产投资占全省比重,其余皆呈递减状态。2005~2007年,鞍山由7.43%递减到6.42%,本溪由3.36%递减到2.22%,盘锦由4.07%递减到3.63%,阜新由1.73%递减到1.40%。特别值得关注的是,阜新作为国家资源枯竭城市经济转型的试点城市,近年来在全省固定资产投资总额中所占比重也在下降。表明资源型城市产业相对单一的瓶颈约束仍有待进一步突破,投资环境仍有待进一步改善。

沿海"五点一线""东强西弱"。辽宁沿海经济带"五点一线"包括丹东、大连、营口、盘锦、锦州、葫芦岛6市。东部丹东、大连、营口3市固定资产投资占全省比重仍保持着强劲发展势头。2005~2007年,丹东由2.91%增加到3.14%,营口由5.22%增加到5.62%。特别是营口发展势头迅猛,其固定资产投资占全省比重有可能在"十二五"末期或"十三五"前半期,超过鞍山进入省内前3名。

"中部隆起"尚待时日。如果从辽宁行政版图直观观察,鞍山、辽阳大体处于辽宁中部地带。近年鞍山提出"中部隆起"的概念。但从固定资产投资情况看,"中部隆起"还尚需时日。鞍山固定资产投资占全省比重呈递减状态;2005~2007年,辽阳固定资产投资占全省的比重分别为2.52%、2.49%、2.43%,也呈小幅递减状态。"中部隆起"可能需要另辟蹊径(见表5)。

表5 辽宁省各地区固定资产投资

单位:亿元,%

年份	2005		2006		2007	
地区	总额	比例	总额	比例	总额	比例
全省	4234.06	—	5689.64	—	7435.23	—
沈阳	1363.22	32.20	1790.35	31.47	2361.87	31.77

续表

年份	2005		2006		2007	
地区	总额	比例	总额	比例	总额	比例
大 连	1110.49	26.23	1469.49	25.83	1930.76	25.97
鞍 山	314.53	7.43	378.43	6.65	477.12	6.42
抚 顺	151.11	3.57	200.80	3.53	281.49	3.79
本 溪	142.20	3.36	150.64	2.65	165.30	2.22
丹 东	123.12	2.91	160.72	2.82	233.66	3.14
锦 州	93.31	2.20	121.69	2.14	167.58	2.25
营 口	221.20	5.22	290.26	5.10	417.82	5.62
阜 新	73.18	1.73	101.49	1.78	104.09	1.40
辽 阳	106.77	2.52	141.67	2.49	180.49	2.43
盘 锦	172.18	4.07	201.21	3.54	270.21	3.63
铁 岭	106.98	2.53	202.76	3.56	309.21	4.16
朝 阳	85.96	2.03	139.69	2.46	230.01	3.09
葫芦岛	102.42	2.42	122.88	2.16	156.74	2.11

资料来源：摘自2005年、2006年、2007年《辽宁统计年鉴》。

（五）产业投资结构：三次产业内部结构有所调整，行业投资仍以制造业和房地产业为主，城乡投资城市快于乡村

三次产业内部结构有所调整。"十一五"前三年，三次产业投资内部结构有所调整。总体观察，投资于第一产业的资金不仅数额少，占比也非常低。投资仍然主要集中在第二、第三产业，特别是更加倾向于第二产业。2006~2008年，第二产业投资与第三产业投资差距不断缩小。"十五"时期，辽宁全社会固定资产三次产业结构为3.67:42.87:53.46，到2008年已经调整为3.25:48.24:48.51，第二产业比重提高，结构变化明显（见表6）。

表6 2005～2008年辽宁省固定资产投资三次产业分布

单位：亿元，%

年份 项目	2005	2006	2007	2008
投资总额	4234.06	5689.64	7435.22	10016.30
第一产业	143.83	155.55	197.99	325.10
占比	3.40	2.73	2.66	3.25
第二产业	2012.76	2644.40	3573.04	4832.20
占比	47.54	46.48	48.06	48.24
第三产业	2077.48	2889.69	3664.20	4859.00
占比	49.07	50.79	49.28	48.51

资料来源：2005～2007年的数据均摘自《2008年辽宁省统计年鉴》，中国统计出版社，2008，第115页。2008年的统计数据摘自《2008年辽宁省国民经济和社会发展统计公报》，中国网，2009年3月1日。

行业投资仍以制造业和房地产业为主。仅从2007年辽宁省固定资产投资行业分布情况看，制造业投资所占比重最大，投资额为2450.52亿元，占全省固定资产投资额的37.26%。其次为房地产业，投资额为1593.83亿元，占24.24%，两者合计占固定资产投资总额的61.50%。其他几大行业分别为交通运输、仓储和邮政业，占8.33%；水利、环境和公共设施管理业，占7.59%；电力、燃气及水的生产和供应业，占5.11%；采矿业，占4.28%（见表7）。

表7 2007年辽宁省各行业城镇固定资产投资额

单位：亿元，%

行　业	投资额	比　例
全省合计	6576.05	
农、林、牧、渔业	54.83	0.83
采矿业	281.52	4.28
制造业	2450.52	37.26
电力、燃气及水的生产和供应业	336.35	5.11
建筑业	38.63	0.59
交通运输、仓储和邮政业	547.80	8.33

续表

行　业	投资额	比　例
信息传输、计算机服务和软件业	65.75	1.00
批发和零售业	187.60	2.85
住宿和餐饮业	85.03	1.29
金融业	20.80	0.32
房地产业	1593.83	24.24
租赁和商务服务业	86.14	1.31
科学研究、技术服务和地质勘查业	45.88	0.70
水利、环境和公共设施管理业	499.23	7.59
居民服务和其他服务业	35.45	0.54
教育	96.46	1.47
卫生、社会保障和社会福利业	39.04	0.59
文化、体育和娱乐业	53.65	0.82
公共管理和社会组织	57.53	0.87

资料来源：摘自《2008年辽宁统计年鉴》。

城乡投资城市快于乡村。分城乡看，城镇全社会固定资产投资增速高于农村，且差距呈扩大趋势。2007年辽宁城乡全社会固定资产投资额分别为6576.1亿元和859.2亿元，投资比例由2005年的86.80∶13.20变为2007年的88.40∶11.60。2006~2007年，城镇全社会固定资产投资平均增速为33.8%，高出"十五"时期6个百分点；农村全社会固定资产投资平均增速为23.7%，仅高出"十五"时期1个百分点。

（六）重大项目建设：老工业基地振兴以来重大项目投资成效显著，重大项目建设主要集中于城乡基层设施、能源和交通领域，重大项目投资平稳增长

老工业基地振兴政策极大地推动了重大项目建设。自2003年国家制定振兴东北等老工业基地政策以来，到2007年，辽宁省基础设施建设成效显著，城乡面貌发生了重大变化，着眼于通达关内外、连接沿海与腹地的重大基础设施建设，实现新跨越。沈大高速公路改扩建，丹东至庄河、沈阳至彰武高速公路竣工通车，大连港30万吨级原油码头、营口港20万吨级矿石码头等重点工程交付使用，大伙房水库输水一期隧道掘进完成工程量的

92%,沈阳地铁一、二号线全面开工建设,辽宁红沿河核电站、哈大铁路客运专线和巴新铁路等工程进展顺利。五年新增高速公路338公里、港口吞吐能力1.8亿吨、发电装机容量600万千瓦。烟大火车轮渡、昌图风电厂等项目建成投产或基本达到投产条件。

重大项目建设主要集中于城乡基层设施、能源和交通领域。2008年,全省开工亿元以上的建设项目达到1676个。基础设施项目主要有大伙房输水一、二、三期工程和沈阳一、二号线地铁工程等。沈阳地铁一号线、二号线分别完成总投资的55%、15%。城乡基层设施全年完成投资额2326.3亿元,比上年增长30%,全省重点推进了100个基础设施项目;能源领域,国电康平电厂、阜新风电一期等项目竣工投产,新增电力装机容量123万千瓦,绥中电厂二期、阜新风电二期等工程开工建设,辽河油田油气田开发工程和辽宁红沿河核电一期工程快速推进;交通运输领域,铁岭至朝阳、本溪至辽中等高速公路竣工通车,新增高速公路里程790公里。大连港、营口港、锦州港等港口24个泊位竣工投产。沈抚轻轨、沈抚公路等一批重大项目也进展良好。城乡基础设施、能源和交通领域的重大项目建设为辽宁未来经济社会发展奠定了一定的基础。此外,自2008年10月全球经济陷入衰退以来,辽宁利用第一批中央拉动内需投资的550个项目建设已全面展开,利用第二批中央拉动内需投资的近400个项目也已开始或即将开始进行。重大项目的建设对促进投资增长、优化投资结构起着重要的支撑作用,同时也为辽宁经济社会快速健康发展奠定了坚实的基础。

重大项目投资平稳增长。2006~2008年,重大项目投资呈快速增长态势,项目数量逐年增加,完成投资额快速增长,2008年比2005年翻了一番,年均增长30.00%以上(见表8)。

表8 2006~2008年辽宁省重点工程建设项目情况

单位:亿元,%

年份 指标	2006	2007	2008
投资亿元以上建设项目数量(个)	907	1663	1676
重点项目完成投资额	2102.50	2394.60	4249.60
完成投资比上年增长	29.30	33.60	32.90
占全部50万元以上项目完成投资比	55.60	63.00	54.80

资料来源:摘自2005~2008年《辽宁省国民经济和社会发展统计公报》。

（七）投资效益指标：固定资产投资效果系数略低于全国平均水平，劳动者报酬系数递减，就业系数总体下降，企业收入系数边际递减，政府收入系数有所下降

固定资产投资效益评价指标众多，各有侧重点。根据辽宁实际，遵循数据可得性原则，本研究选择投资 GDP 系数、投资劳动者报酬系数、投资就业系数、投资企业收入系数、投资政府收入系数五项指标，分析固定资产投资效益状况。

1. 固定资产投资 GDP 系数

固定资产投资 GDP 系数，也称投资效果系数，是反映一定时期内单位固定资产投资所增加的 GDP 的指标，等于 GDP 增加额/当年固定资产投资额。需说明的是，国内生产总值的增加，不仅仅依靠固定资产投资，也依靠其他要素的投入、劳动生产率和管理水平的提高，以及原有生产设备的充分利用等，因而固定资产投资效果系数只是从总体上近似地说明固定资产投资效果情况。

表9　2001~2008年辽宁省及全国固定资产投资效果系数比较

单位：亿元

年　份	GDP	GDP 增加额	固定资产投资额	辽宁固定资产投资效果系数	全国固定资产投资效果系数
2001	5033.10	364.00	1420.96	0.256	0.281
2002	5458.20	425.10	1605.55	0.265	0.245
2003	6002.50	544.30	2082.70	0.261	0.279
2004	6672.00	669.50	3000.11	0.223	0.341
2005	8009.00	1337.00	4234.06	0.316	0.263
2006	9251.20	1242.20	5689.64	0.218	0.261
2007	11022.00	1770.80	7435.22	0.238	0.274
2008	13461.60	2439.60	10016.30	0.244	0.297

资料来源：2008年辽宁省数据摘自《2008年辽宁省国民经济和社会发展统计公报》，其他数据摘自2006年、2007年《辽宁统计年鉴》和《2008年中国统计年鉴》。

表9数据表明，"十五"以来一直到2008年，辽宁省的固定资产投资

效果系数基本维持在0.25左右，相对稳定。与全国比较，除2002年、2005年外，每年都略低于全国平均水平，这与辽宁偏重于重工业及能源、交通等基础性产业投资方向有关。但从长期观察，辽宁固定资产投资效益呈持续下降态势。固定资产投资GDP系数，"八五"时期为0.53，"九五"时期为0.36，"十五"时期降至0.27，而"十一五"前三年进一步下降势头仍未有扭转迹象。

2. 固定资产投资劳动者报酬系数

固定资产投资劳动者报酬系数是反映一定时期内单位固定资产投资所产生的劳动者报酬的指标，等于劳动者报酬增加额/当年固定资产投资额，用于反映投资对劳动者报酬的影响程度。实际使用时可采用职工工资总额或平均工资总额。本研究选取在岗职工平均工资作为劳动者报酬的度量指标，与之对应的是城镇固定资产投资。

自2001年以来，辽宁固定资产投资劳动者报酬系数总体上呈递减趋势。但在2006年达到最低点后略有回升。2006年每亿元城镇固定资产投资增加0.46元职工平均工资；2007年增加0.54元职工平均工资；2008年增加0.51元职工平均工资。说明"十一五"期间，城镇固定资产投资对劳动者报酬的影响程度有所增强，但与"十五"时期相比，仍呈下降态势。与全国相比，辽宁省固定资产投资劳动者报酬系数远高于全国平均水平，其原因在于此处使用的指标为在岗职工平均工资增加额。同时，辽宁省职工平均工资过去多年来一直低于全国平均水平，按照国家统计局公布的数据，截至2008年，全国职工平均年工资是29229元，辽宁省职工平均年工资是27729元，比全国平均水平还低1500元，历史欠账需要继续弥补（见表10）。

表10 2001~2008年辽宁省固定资产投资劳动者报酬系数

年 份	在岗职工平均年工资（元）	在岗职工平均年工资增加额（元）	城镇固定资产投资（亿元）	辽宁固定资产投资工资系数	全国固定资产投资工资系数
2001	10145	1334	1203.74	1.11	0.050
2002	11659	1514	1364.04	1.11	0.044
2003	13008	1349	1777.57	0.76	0.035
2004	14922	1914	2600.80	0.74	0.034
2005	17331	2409	3672.87	0.66	0.031

续表

年 份	在岗职工平均年工资（元）	在岗职工平均年工资增加额（元）	城镇固定资产投资（亿元）	辽宁固定资产投资工资系数	全国固定资产投资工资系数
2006	19624	2293	4977.84	0.46	0.028
2007	23202	3578	6576.05	0.54	0.033
2008	27729	4527	8879.20	0.51	—

资料来源：2008年辽宁省数据摘自辽宁省人力资源和社会保障厅官方公布数据，其他数据来自《2008年辽宁统计年鉴》和《2008年中国统计年鉴》。

3. 固定资产投资就业系数

固定资产投资就业系数是反映一定时期内单位固定资产投资所带来的就业人数增加的指标，等于就业人数增加额／当年固定资产投资额。本研究用此作为反映投资对劳动者就业影响程度的指标。

2001年以来，固定资产投资对社会就业情况的影响变化较大，总体呈下降态势，辽宁也略低于全国平均水平。2006～2008年，辽宁每投入1亿元固定资产投资会分别增加10万人、70万人和20万人就业；全国分别增加50万人、40万人和30万人就业。这说明辽宁资本密集型产业投资比值略高，基础设施、能源产业和重化工业吸纳劳动力能力稍低的现实（见表11）。

表11　2001～2008年辽宁及全国固定资产投资就业系数

单位：万人，亿元

年 份	就业人数	新增人数	固定资产投资额	辽宁固定资产投资就业系数	全国固定资产投资就业系数
2001	2069.30	17.30	1420.96	0.012	0.025
2002	2025.30	-44.00	1605.55	-0.027	0.016
2003	2018.90	-6.40	2082.70	-0.003	0.012
2004	2097.30	78.40	3000.11	0.026	0.011
2005	2120.30	23.00	4234.06	0.005	0.007
2006	2128.10	7.80	5689.64	0.001	0.005
2007	2180.70	52.60	7435.22	0.007	0.004
2008	2198.20	17.50	10016.30	0.002	0.003

资料来源：2008年辽宁省数据摘自《2008年辽宁省劳动和社会保障事业发展统计公报》，其他数据来自《2008年辽宁统计年鉴》和《2008年中国统计年鉴》。

4. 固定资产投资企业收入系数

固定资产投资企业收入系数是反映一定时期内单位固定资产投资所增加的企业收入指标,等于企业收入增加额/当年固定资产投资额。本文选取规模以上工业企业利润总额作为企业收入的度量指标,相应选取了城镇固定资产投资总额指标。

从全国和辽宁的情况看,固定资产投资企业收入系数年度变化幅度较大,规律性不明显,但总体呈边际递减趋势。2006年辽宁省固定资产投资企业收入系数为0.008,即1亿元固定资产投资会带来规模以上工业企业增加利润80万元;2007年企业收入系数为0.036,即1亿元增加利润360万元;2008年企业收入系数为-0.006,这是因为虽然2008年辽宁省固定资产投资相对2007年有所增长,但规模以上工业企业利润却减少了57.48亿元,从而使得固定资产投资企业收入系数为负。这一点在全国平均水平上也有所体现,2006年全国固定资产投资企业收入系数为0.05,2007年为0.065,而在2008年则突降至0.009(见表12)。

表12 2001~2008年辽宁及全国固定资产投资企业收入系数

单位:亿元

年 份	工业企业利润总额	工业企业利润增加额	城镇固定资产投资额	辽宁固定资产投资企业收入系数	全国固定资产投资企业收入系数
2001	118.89	-23.65	1203.74	-0.020	0.011
2002	121.10	2.21	1364.04	0.002	0.030
2003	194.97	73.87	1777.57	0.042	0.056
2004	367.20	172.23	2600.80	0.066	0.061
2005	268.27	-98.93	3672.87	-0.027	0.038
2006	307.39	39.12	4977.84	0.008	0.050
2007	547.28	239.89	6576.05	0.036	0.065
2008	489.80	-57.48	8879.20	-0.006	0.009

资料来源:2008年辽宁省数据摘自《2008年辽宁省国民经济和社会发展统计公报》,其他数据摘自《2008年辽宁统计年鉴》和《2008年中国统计年鉴》。

5. 固定资产投资政府收入系数

固定资产投资政府收入系数,是反映一定时期内单位固定资产投资所增加的政府收入的指标,等于财政收入增加额/当年固定资产投资额。本文选取辽宁省税收收入作为政府收入的度量指标。

"十五"期间,辽宁固定资产投资政府收入系数有升有降,但总体上与全国平均水平大体持平。但从"十一五"前三年情况看,辽宁固定资产投资政府收入系数每年均低于全国平均水平(见表13)。

表13 2001~2008年辽宁及全国固定资产投资政府收入系数

单位:亿元

年 份	税收收入	新增税收收入	固定资产投资额	辽宁投资政府收入系数	全国投资政府收入系数
2001	698.77	115.13	1420.96	0.081	0.073
2002	737.2	38.43	1605.55	0.024	0.054
2003	882.95	145.75	2082.7	0.070	0.043
2004	1048.28	165.33	3000.11	0.055	0.059
2005	1244.35	196.07	4234.06	0.046	0.052
2006	1428.1	183.75	5689.64	0.032	0.055
2007	1766.66	338.56	7435.22	0.046	0.079
2008	2034.4	267.74	10016.3	0.027	0.071

资料来源:2008年辽宁省数据摘自《2008年辽宁省国民经济和社会发展统计公报》,其他数据摘自《2008年辽宁省统计年鉴》和《2008年中国统计年鉴》。

(八)存在的问题分析:投资对经济增长的拉动作用不断减弱,投资的经济效益有待提高,投资的产业结构尚需优化,投资地区结构需要进一步调整,一些地区投资资金来源中国内贷款比重增加过大

"十一五"前三年,辽宁固定资产投资虽然取得了较好的成绩,但仍存在一些需要引起注意的问题。

1. **投资对经济增长的拉动作用不断减弱**

在市场经济条件下,一个国家或地区的经济增长引擎主要有三个:净出口、投资和消费。由于经济发展战略、经济发展阶段和区域产业结构的差别,三个引擎在不同地区所起的作用是不一样的。对于实行出口导向发展战略的国家和地区,净出口是拉动经济增长的主要动力。对于那些正处

于工业化初期的国家和地区来说,固定资产投资是拉动经济增长的最主要的动力,而辽宁省目前则正处于工业化中期向工业化后期过渡的过程之中,其经济增长方式表现为典型的投资驱动型经济增长模式,固定资产投资规模的大小对经济增长有着举足轻重的作用。同时,辽宁省是一个以原材料工业和装备制造业为主体的工业省份,这种产业结构决定了辽宁的出口依存度必然要低于出口导向型地区,因此,过去多年来,净出口都难以成为拉动辽宁经济增长的第一引擎。与此同时,消费支出在短期甚至中期内,都难以较大幅度地提高在经济增长中的贡献率。因此,可以预期固定资产投资在目前,在"十二五"期间,甚至在"十二五"后的相当长一段时间内,仍将是辽宁区域经济增长的主要动力。但根据我们对辽宁"十一五"(2006~2008年),甚至上溯到"十五""九五"时期的固定资产投资数据分析表明,投资弹性系数逐年递减,国民收入对投资变动的敏感性在下降,投资规模在不断扩大,但资本的边际报酬递减,等等。因此,如果继续沿袭传统的固定资产投资路径,那么,辽宁固定资产投资或将面临少投资则经济无以增长,越投资边际收益则越低的两难状态。这是需要引起注意和深入探讨解决的首要问题。

2. 固定资产投资效益有待提高

"十一五"期间辽宁省固定资产投资效果系数年平均为0.23,其中第一产业年均固定资产投资效果系数为0.7,第二产业为0.31,第三产业为0.09。与"十五",甚至更长时间相比,固定资产投资效果系数、就业系数、企业收入系数、政府收入系数,全面下滑,且与全国平均水平存在相当差距。但为保障经济增长,又必须加大投入。显然,这种低效率的投资方式,粗放式的经济增长,不利于辽宁省经济健康良性发展。尤其是本就不高的投资效益,在当前全球性金融与经济危机背景下,投资驱动型经济增长的辽宁为了保障经济增长还必须进一步加大投资力度,但依靠大量投资所带动的经济增长,不仅增加了地方政府的财政和招商压力,引发对资源和环境的破坏,还极易使区域经济陷入大起大落的境地。因此,如何提高固定资产投资收益,也是需要深入研究解决的问题。

3. 固定资产投资的产业结构尚需优化

固定资产投资的产业结构存在的问题主要表现在以下几个方面:一是房地产投资规模一直很大,造成商品房一边建设一边积压,但这不是主要问题,主要的问题是,最近几年,许多城市商住楼、宾馆利用率偏低的矛盾已经比较突出,造成投资产品利用率的耗损;二是工业投资投向高污染、高能耗行业的比重仍然偏大,一方面产生新的环境压力,另一方面,传统产业已经形成的平均利润率消除了高附加值形成的可能,造成投资效益低下;三是在利用外资的直接投资中,许多企业的投资并不是围绕装备制造业产业链的薄弱环节进行的,也不是进口替代型投资,而是利用国内的廉价劳动力资源进行国内企业竞争型的投资,造成国内企业在竞争中处于劣势;四是外延扩大再生产的新建项目投资比重不断增加,内涵扩大再生产的改建投资比重不断降低,由此产生一些低水平重复建设等问题。

4. 固定资产投资地区结构需要进一步调整

固定资产投资地区结构不平衡主要表现在:一是固定资产投资的绝大部分仍然主要集中在沈阳和大连两个城市,与第二集团中的城市的差距在不断拉大。在辽宁的城市中,长期以来形成了由沈阳、大连构成的第一集团,鞍山、抚顺、本溪、锦州、营口、丹东等构成的第二集团。从固定资产投资规模上看,尽管第二集团的城市在努力追赶第一集团,但差距仍然在拉大。2007年,仅沈阳、大连两市的固定资产投资就占全省的57.74%,其余12个城市加在一起仅占42.26%,辽宁西部五市所占比重加在一起仅为12.48%。二是县域固定资产投资比重偏低。在我国,虽然经过30年的改革开放,市场在资源配置中的基础地位不断强化,但在固定资产投资方面,中央和地方政府主导型的投资仍占有重要地位。这种政府主导型投资主要表现在政府划定的重点投资地区,如辽宁沿海经济带中的各个点成为基础设施投资的重点区域,被纳入沿海经济带的县(包括县级市)有东港市、庄河市、瓦房店市、普兰店市、大洼县、凌海市、兴城市、绥中县等。而大部分县并没有被纳入沿海经济带,导致这些县域固定资产投资所占比重偏低。

5. 一些地区投资资金来源中国内贷款比重增加过快

使用国内贷款进行基础设施建设,是近几年辽宁省一些地方政府发展经济、保证国内生产总值增长的重要举措之一。使用国内贷款进行基础设施建设是一把双刃剑,一方面可以增加固定资产投资总额,加速GDP增长;另一方面,由于贷款需要还本付息的本质,会加重今后还本付息的负担,削弱地方政府继续融资的能力,甚至有可能危及地方政府的正常运作。负债发展应该建立在偿债能力基础上,如果偿债能力不强,这种发展模式就是不可持续的。根据我们对一些市县的调查,一些市县目前的债务负担已经远远超出了它们的承受能力。这也是需要引起注意的一个问题。

二 "十一五"辽宁固定资产投资规模总体判断及对固定资产投资率的比较分析

(一)"十一五"辽宁固定资产投资规模总体判断

1. 定性分析

2008年10月美国金融危机导致的全球经济衰退和市场萎缩,对世界各国之间的贸易造成了很大的冲击。对我国而言,主要影响沿海地区、外向型企业和劳动密集型产业。与其他沿海省份相比,辽宁经济外向度较低,受金融危机影响较弱,且外资在辽宁固定资产投资比重较小,所以,金融危机对辽宁固定资产投资冲击相对较小。面对金融危机导致的全球经济衰退,我国政府把保持经济平稳较快增长作为经济工作的首要任务,实施积极的财政政策和适度宽松的货币政策,出台并不断丰富完善应对国际金融危机的一揽子计划。辽宁省委、省政府也把"保投资"作为经济工作的重中之重,提出要利用扩大投资的良机,争取在国际金融危机过后留下两笔财富,即辽宁要有站在世界前沿的基础设施和公用设施,要有更具竞争力的产业集群、企业、产品。辽宁省加大了建设铁路、高速公路、机场等基础设施和教育、会展、博物馆、图书馆等公用设施的投资力度。总体来看,"十一五"时期,辽宁固定资产投资增长速度较快,2008年,辽宁全社会固定资产投资2.3亿元,平均增速33.2%。2009年1~5月间,辽宁省固定资产投资绝对额为2632.83亿元,在全国位列第7。固定资产投资同比增速高达49.4%,不仅高出全国平均水平(32.9%),而且高于大部分省份,在全国位列第8。按此速度继续发展,可以预期2009年辽宁省固定资产投资完成年增速30%以上的目标应该没有问题。受国际国内环境影响,2010年固定资产投资预期有放缓趋势,预计"十一五"期间辽宁固定资产投资增长速度年均增长30%左右,全省固定资产投资总规模累计达到5万亿左右。

2. 定量预测

关于固定资产投资预测方法,本研究采用拟合指数曲线进行预测。根据本课题研究需要,分别采用1992~2008年、1992~2000年、2001~2008年数据,做了三个预测。

(1) 采用样本期：1992～2008 年预测结果。

经由对 1992 年以来辽宁省固定资产投资发展趋势的初步分析，建立模型如下：

$$\dot{Y}_t = ab^t \tag{1}$$

运用 1992～2008 年辽宁省固定资产投资数据，对模型参数估计后得到的估计方程为：

$$\dot{Y}_t = 372.79 \times (1.18)^t \tag{2}$$

相应地，各期实际值与预测值数据见表 14。

表 14 辽宁省 1992～2010 年固定资产投资额预测表

单位：亿元

年 份	固定资产投资额实际值	固定资产投资额预测值
1992	436.80	441.17
1993	718.30	522.10
1994	888.00	617.87
1995	865.49	731.21
1996	881.67	865.34
1997	986.62	1024.07
1998	1057.70	1211.92
1999	1119.47	1434.22
2000	1267.69	1697.31
2001	1420.96	2008.65
2002	1605.55	2377.10
2003	2082.70	2813.14
2004	3000.11	3329.16
2005	4234.06	3939.84
2006	5689.64	4662.54
2007	7435.22	5517.81
2008	10016.30	6529.96
2009	—	7727.77
2010	—	9145.30

资料来源：摘自历年《辽宁统计年鉴》。

根据表14绘制曲线图1，曲线拟合结果并不理想，计算出的平均绝对百分误差为 MAPE = 22.21%，误差较大。

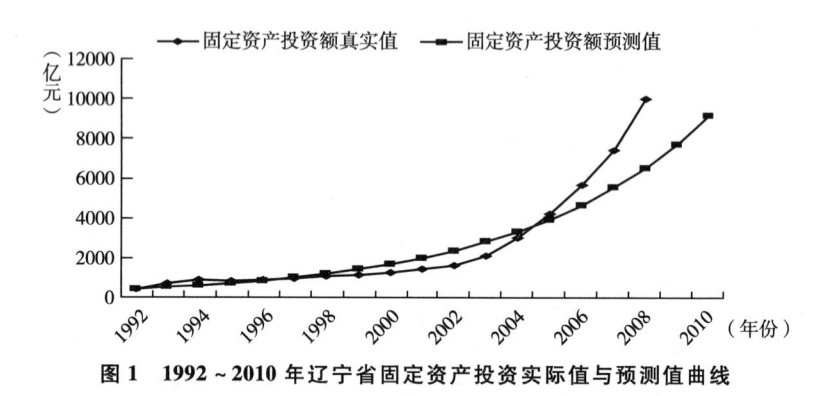

图1 1992～2010年辽宁省固定资产投资实际值与预测值曲线

对固定资产投资实际值曲线走势进行分析，发现2004年以来辽宁省固定资产投资迅猛增长。就其背景而言，2003年10月，中共中央、国务院正式印发《关于实施东北地区等老工业基地振兴战略的若干意见》，制定了振兴战略的各项方针政策，从而给辽宁省的经济发展注入了新的活力和动力。这可能是该指数曲线拟合误差较大的主要原因。为验证以上观点，本研究对辽宁省固定资产投资额进行了分段预测。

（2）采用样本期：1992～2000年预测结果。

由于辽宁省样本期的环比发展速度大致相同，故建立指数模型如下：

$$\hat{Y}_t = ab^t \qquad (3)$$

运用辽宁省1992～2000年固定资产投资数据，对模型参数估计后得到的估计方程为：

$$\hat{Y}_t = 530.17 \times (1.11)^t \qquad (4)$$

辽宁省1992～2000年的固定资产投资实际值与指数曲线估计值见表15。

表15 辽宁省1992～2000年固定资产投资额预测表

单位：亿元

年 份	固定资产投资额实际值	固定资产投资额预测值
1992	436.80	586.65
1993	718.30	649.15

续表

年 份	固定资产投资额实际值	固定资产投资额预测值
1994	888.00	718.30
1995	865.49	794.82
1996	881.67	879.50
1997	986.62	973.19
1998	1057.70	1076.87
1999	1119.47	1191.59
2000	1267.69	1318.53

资料来源：摘自辽宁历年统计年鉴。

绘制曲线图2。与图1相比，两条曲线的吻合程度得到了较大的提高，计算出的平均绝对百分误差为 MAPE = 9.45%，可见误差显著减小。图2中，固定资产投资额实际值曲线 1992~1994 年出现了一个小波峰。究其原因可能是1992年邓小平同志的南方谈话，不仅为南方经济发展注入了活力，也促使辽宁省加快了经济发展速度。此后，辽宁省的固定资产投资又回归到了一个相对平稳的发展时期。

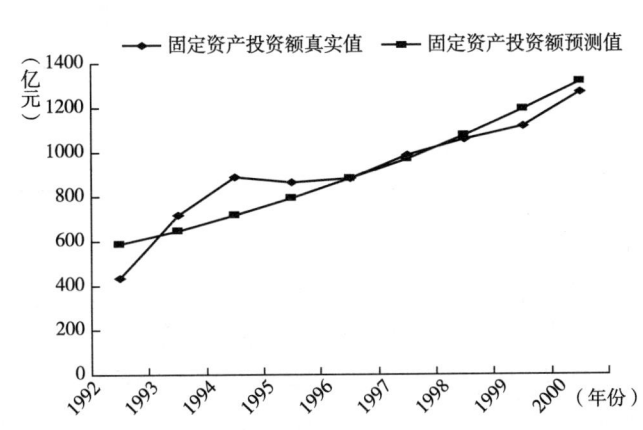

图2 1992~2000年辽宁省固定资产投资实际值与预测值曲线

（3）采用样本期：2001~2008年预测结果。
建立指数模型如下：

$$\hat{Y}_t = ab^t \tag{5}$$

运用辽宁省 2001～2008 年固定资产投资数据，对模型参数进行估计后得到的估计方程为：

$$\dot{Y}_t = 947.25 \times (1.342)^t \qquad (6)$$

辽宁省 2001～2010 年的固定资产投资实际值与指数曲线估计值见表 16。

表 16　辽宁省 2001～2010 年固定资产投资预测表

单位：亿元

年　份	固定资产投资额实际值	固定资产投资额预测值
2001	1420.96	1270.97
2002	1605.55	1705.31
2003	2082.70	2288.09
2004	3000.11	3070.02
2005	4234.06	4119.18
2006	5689.64	5526.89
2007	7435.22	7415.66
2008	10016.30	9949.91
2009	—	13350.22
2010	—	17912.56

资料来源：摘自辽宁历年统计年鉴。

绘制曲线图 3。与图 1 相比，两条曲线的吻合程度得到了提高，计算出的平均绝对百分误差为 MAPE = 4.43%，误差也得到了极大程度的降低。综上所述，由于时间跨度较大，从 1992 年邓小平南方谈话到 2003 年东北老工业基地振兴的实施，2005 年国务院办公厅发布了《关于促进东北老工业基地进一步扩大对外开放的实施意见》，并把辽宁增列到《中西部地区外商投资优势产业目录》中，再到 2009 年辽宁沿海经济带上升为国家战略，其间，国家政策环境，以及辽宁省经济形势和国际经济形势等都发生了很大的变化，辽宁固定资产投资额实际值的环比增速呈现较大起伏。经与上述由两个不同样本期构建的指数曲线模型对比可见，以 1992～2008 年作为样

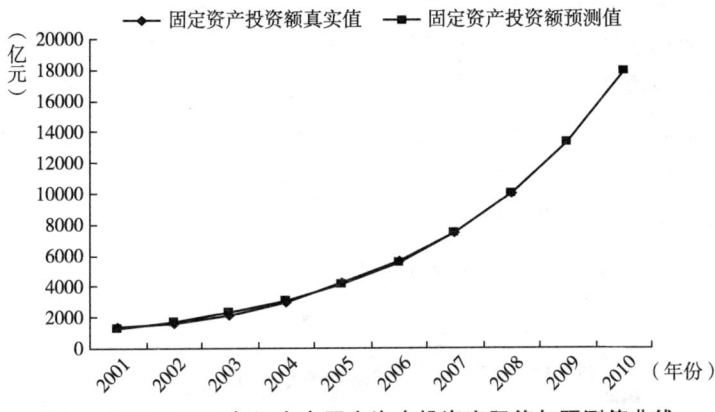

图 3　2001~2010 年辽宁省固定资产投资实际值与预测值曲线

本对"十一五"末期固定资产投资水平进行预测的模型拟合效果较差，误差较大。而由 2001 年以来的近几年数据构建的指数模型的预测结果较好，误差较小。表 16 的预测结果表明，按此固定资产投资增速发展，2009 年，辽宁省固定资产投资额可达到 13350.22 亿元，"十一五"末期 2010 年辽宁省固定资产投资额将达到 17912.56 亿元。

3. "十一五"辽宁固定资产投资规模总体判断

根据定性分析与数学模型预测结果，我们认为"十一五"期间，辽宁省固定资产投资总规模有望突破 5 万亿元大关，年均投资绝对额达到 1 万亿元以上，年均增长速度达到 30% 以上。其中，2009 年和 2010 年固定资产投资总规模，预期将分别达到 1.3 万亿元和 1.5 万亿元，比 2008 年分别增长 30% 和 50%。

（二）对固定资产投资率的比较分析

"十一五"以来，辽宁固定资产投资快速增长，2008 年突破万亿元，达到 10016 亿元。伴随固定资产投资总量的快速增长，固定资产投资率也不断走高。通过较长时间考察，1989~2008 年的 20 年间，1989~2003 年基本保持在 25.00%~35.00%，2003 年后则节节攀升，2004~2008 年，固定资产投资率分别达到 45.00%、53.00%、62.00%、67.00% 和 74.00%，这是"十一五"辽宁固定资产投资出现的一个新情况，已经引起社会各界和决策管理部门的高度关注。

固定资产投资率指标数值是固定资产投资额与当期 GDP 之比。投资率是反映一个区域积累水平的重要标志，投资率越高，表明生产成果用于扩大再生产的比重越多。目前在我国宏观经济管理中，固定资产投资率已成为判断投资规模适度与否，以及各级政府部门进行宏观调控的主要依据之一。我们认为，无论哪个国家或地区，在一个特定的时间内，较高的投资率是经济发展的一个必经阶段。

1. 固定资产投资率经验规律

（1）日本固定资产投资率变动趋势。

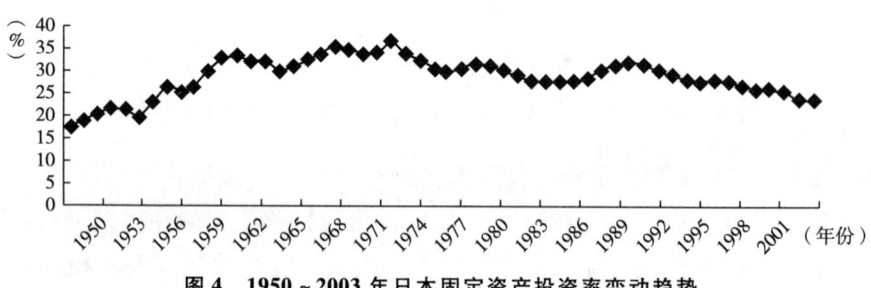

图4 1950～2003年日本固定资产投资率变动趋势

由图6可见，1950～1962年，日本固定资产投资率虽有偶尔波动，但一直处于上升通道中，从1950年的17.6%上升到1962年的33.7%；1963～1990年，则基本围绕33%上下波动，这一期间，最高为1973年的36.7%，最低为1986年的27.8%；1991～2003年，虽然有偶然的波动，但总体上处于下降的趋势，从1991年的31.8%下降到2003年的23.9%。

（2）韩国固定资产投资率变动趋势。

由图5可见，1953～1959年，虽有波动，但韩国的固定资产投资率一直处于10%～15%的平行通道中，围绕10%上下波动；1959～1979年，虽然波动频繁，但固定资产投资率一直处于上升通道中，从1959年的10.4%上升到1979年的34.07%；1979～1996年，韩国的固定资产投资率围绕33%上下波动，在这期间，最高为1991年的38.89%，最低为1981年的28.21%；1996～2004年，虽有偶尔的波动，但固定资产投资率处于下降的趋势，从1996年的37.49%下降到2004年的29.51%。

综上，在日本和韩国的经济发展过程中，固定资产投资率都出现过快速增长的时期，并在经济水平到达一定阶段后，固定资产投资率开始下滑，并趋于稳定。但有一点需要引起注意的问题是，日本、韩国即使在经济起飞阶段，其固定资产投资率最高也没有达到40.00%，而我国在2004年全

图 5　1953~2004年韩国固定资产投资率变动趋势

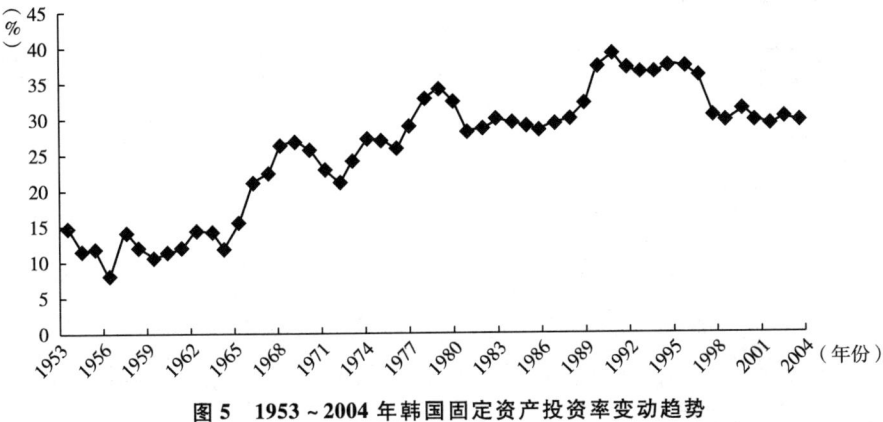

社会固定资产投资率就已达到51.50%，东中部的一些发达省市甚至已经远远超过了50.00%。

(3) 中国浙江、上海、广东、北京四省市固定资产投资率分析。

表17　1989~2008年浙江、上海、广东、北京四省市固定资产投资率数据表

单位：元，%

年份	浙江		上海		广东		北京	
	人均GDP	固定资产投资率	人均GDP	固定资产投资率	人均GDP	固定资产投资率	人均GDP	固定资产投资率
1989	2023	0.21	5487	0.31	2251	0.25	4269	0.08
1990	2138	0.21	6107	0.29	2484	0.24	4635	0.09
1991	2558	0.22	6954	0.29	2941	0.25	5494	0.09
1992	3212	0.26	8650	0.32	3699	0.40	6458	0.12
1993	4469	0.36	10729	0.43	5085	0.05	8006	0.14
1994	6201	0.38	13807	0.57	6530	0.50	10240	0.19
1995	8149	0.42	17022	0.65	8129	0.43	12690	0.62
1996	9455	0.39	22275	0.69	9513	0.36	15044	0.55
1997	10515	0.35	22583	0.59	10428	0.31	16735	0.55
1998	11394	0.36	24513	0.53	10819	0.33	19118	0.56
1999	12037	0.36	30805	0.46	11728	0.35	19846	0.54
2000	13461	0.39	34547	0.41	12885	0.33	22460	0.52

续表

年份	浙江		上海		广东		北京	
	人均GDP	固定资产投资率	人均GDP	固定资产投资率	人均GDP	固定资产投资率	人均GDP	固定资产投资率
2001	14655	0.42	37382	0.40	13730	0.33	25523	0.53
2002	16838	0.45	40646	0.41	15030	0.33	28449	0.56
2003	20147	0.50	46718	0.40	17213	0.35	32061	0.59
2004	23942	0.51	55307	0.41	19707	0.37	37058	0.59
2005	27703	0.49	51474	0.38	24435	0.31	45444	0.41
2006	31874	0.48	57695	0.38	28332	0.30	50467	0.42
2007	37411	0.45	66367	0.37	33151	0.30	58204	0.43
2008	—	0.43	—	0.35	—	0.31	—	0.37

①上海市固定资产投资率。

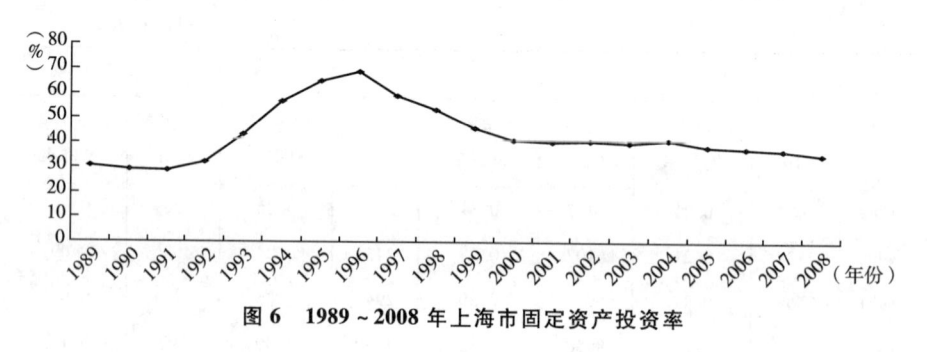

图6 1989~2008年上海市固定资产投资率

作为改革开放的前沿，1989~1993年，上海固定资产投资率明显高于北京、浙江、广州、辽宁等省份，其人均GDP的值也明显高于这几个省份。1993年，其人均GDP达到10729元，其经济和社会发展开始进入一个新的阶段。1995~1998年，上海市固定资产投资率连续5年保持在50%以上的高位，其人均GDP也从1993年的10729元迅速上升到1999年的30805元，表明这一阶段是上海飞速发展的一个阶段。1999年后，其固定资产投资率呈现比较明显的下滑趋势（见图6）。

②浙江省固定资产投资率。

1989~2004年，浙江省固定资产投资率呈中速爬升趋势，2004年为

图7　1989~2008年浙江省固定资产投资率

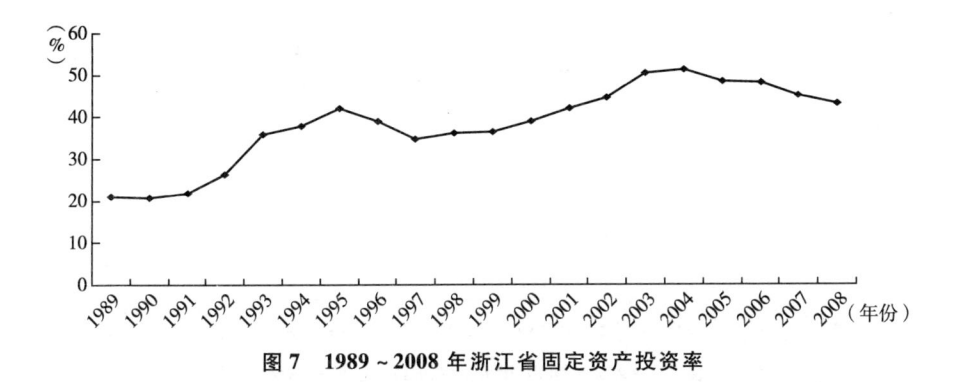

51.00%，达到历史最高点，2005年起逐年下滑，2008年已降至43.00%（见图9）。

③广东省固定资产投资率。

图8　1989~2008年广东省固定资产投资率

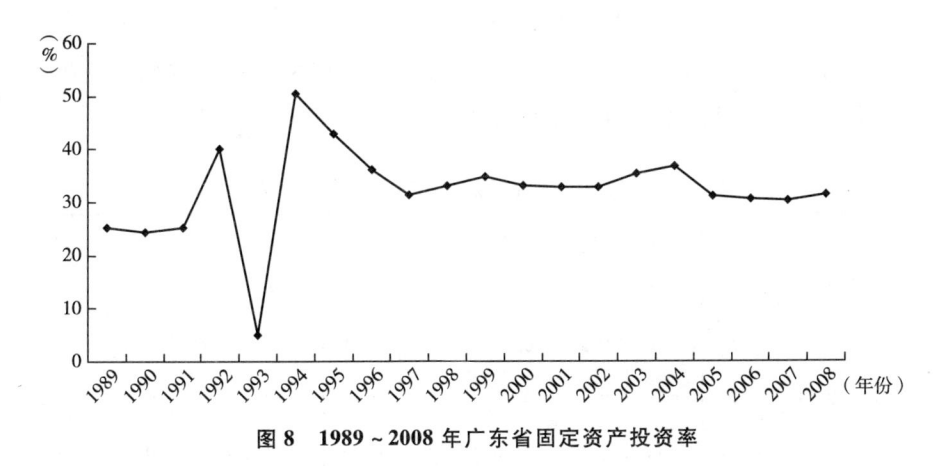

广东省固定资产投资率在1994年达到一个顶点后开始下降，并且十几年来一直维持在30%~40%，已经进入一个相对平稳的增长区间（见图8）。

④北京市固定资产投资率。

由图9可见，北京市固定资产投资率1995~2004年一直保持在50.00%以上的高位，最高点在1995年，为62.00%。2005年起呈下降趋势，到2008年已降至37.00%。

以上日本和韩国，以及我国浙江、上海、广州和北京四个省份的经验数据表明，在经济起飞的特定阶段，保持较高的固定资产投资率是经济发

图 9　1989~2008 年北京市固定资产投资率

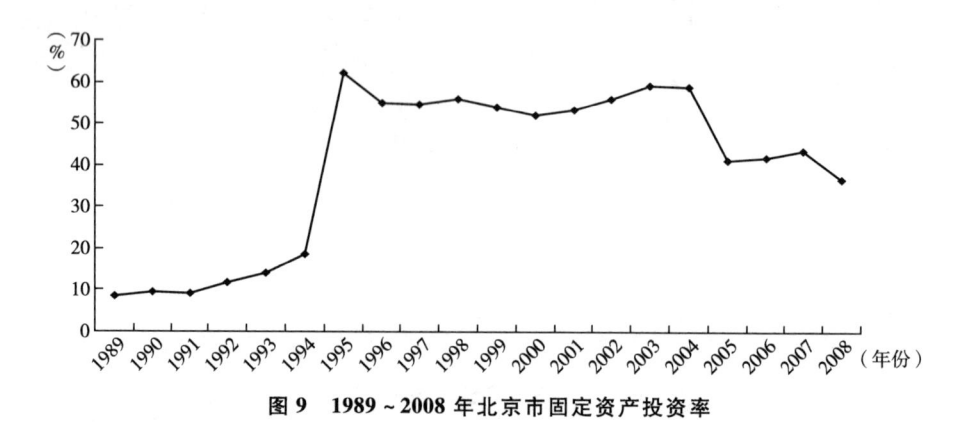

展的必备要素，但其通常只持续 5~10 年的时间，其后固定资产投资率会下滑到另一个区间内，并持续一段时间。

2. 辽宁省固定资产投资率走势分析

（1）东中部主要省份固定资产投资率比较。

表 18 列出了 1989 年以来辽宁等 11 个省份的固定资产投资率，这些省份由沿海省份、经济发达省份以及与辽宁经济形势相似的省份等构成。

表 18　辽宁与主要省份的固定资产投资率表

年 份	山东	辽宁	北京	上海	河北	河南	浙江	广东	福建	吉林	黑龙江
1989	0.24	0.25	0.08	0.31	0.23	0.22	0.21	0.25	0.22	0.20	—
1990	0.22	0.25	0.09	0.29	0.20	0.22	0.21	0.24	0.22	0.22	—
1991	0.24	0.26	0.09	0.29	0.22	0.25	0.22	0.25	0.23	0.25	—
1992	0.27	0.30	0.12	0.32	0.26	0.25	0.26	0.40	0.29	0.27	—
1993	0.32	0.36	0.14	0.43	0.32	0.27	0.36	0.05	0.33	0.35	—
1994	0.29	0.36	0.19	0.57	0.32	0.28	0.38	0.50	0.32	0.32	—
1995	0.26	0.31	0.62	0.65	0.32	0.26	0.42	0.43	0.32	0.28	0.26
1996	0.26	0.28	0.55	0.69	0.34	0.28	0.39	0.36	0.30	0.27	0.24
1997	0.26	0.28	0.55	0.59	0.36	0.30	0.35	0.31	0.29	0.25	0.25
1998	0.27	0.27	0.56	0.53	0.37	0.30	0.36	0.33	0.32	0.28	0.28
1999	0.29	0.27	0.54	0.46	0.39	0.26	0.36	0.35	0.31	0.30	0.26

续表

年份	山东	辽宁	北京	上海	河北	河南	浙江	广东	福建	吉林	黑龙江
2000	0.30	0.27	0.52	0.41	0.36	0.27	0.39	0.33	0.28	0.31	0.26
2001	0.30	0.28	0.53	0.40	0.34	0.27	0.42	0.33	0.28	0.33	0.28
2002	0.33	0.29	0.56	0.41	0.33	0.28	0.45	0.33	0.27	0.36	0.29
2003	0.43	0.35	0.59	0.40	0.35	0.32	0.50	0.35	0.29	0.36	0.29
2004	0.45	0.45	0.59	0.41	0.37	0.35	0.51	0.37	0.31	0.37	0.3
2005	0.50	0.53	0.41	0.38	0.41	0.41	0.49	0.31	0.35	0.48	0.32
2006	0.50	0.62	0.42	0.38	0.47	0.47	0.48	0.30	0.39	0.61	0.36
2007	0.48	0.67	0.43	0.37	0.50	0.53	0.45	0.30	0.47	0.69	0.4
2008	0.50	0.74	0.37	0.35	0.55	0.57	0.43	0.31	0.49	0.87	0.44

资料来源：摘自历年《中国统计年鉴》。

为进一步分析各省的固定资产投资率走势，依照其相似程度，分别绘制图10、图11。

图10　山东、北京、上海、浙江、广东固定资产投资率

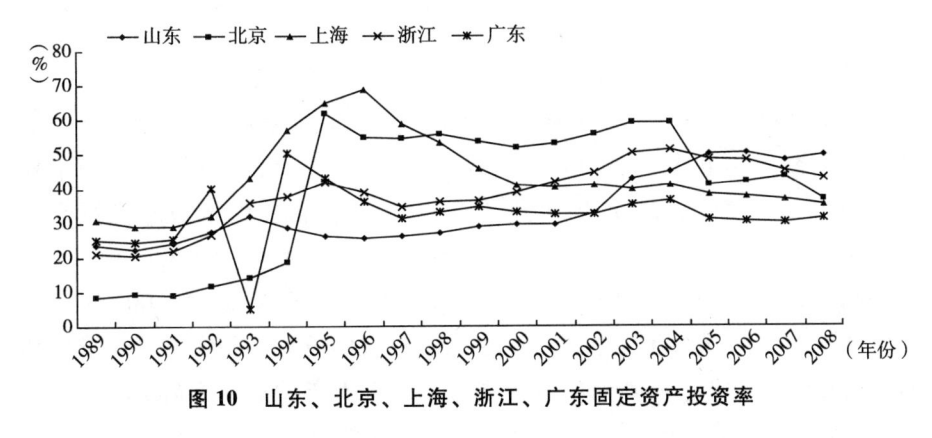

图12所示的5个省份固定资产投资率曲线走势大致相同。20年间5个省份的固定资产投资率曲线均存在较大程度的波动，都经历了快速增长—下降—平缓的阶段。

其中上海的固定资产投资率走势最为明显，从1992年开始迅猛增长，1996年开始大幅度下滑，2000年后固定资产投资率基本平稳，维持在40%

左右，2004年后又有小幅下滑。广东省固定资产投资率从2004年开始下降，并且十多年来一直维持在30.00%～40.00%。北京经历了1995年固定资产投资率的大幅提升后，保持在50.00%～60.00%，2005年起呈下降趋势，到2008年已降至37.00%。山东省2002年起固定资产投资率增长加速，2005～2008年保持平稳，基本维持在50.00%左右。浙江省1990年以来固定资产投资率保持缓慢增长，2005年起逐年下滑，2008年已降至43.00%。

图11　辽宁、河北、河南、福建、吉林、黑龙江固定资产投资率

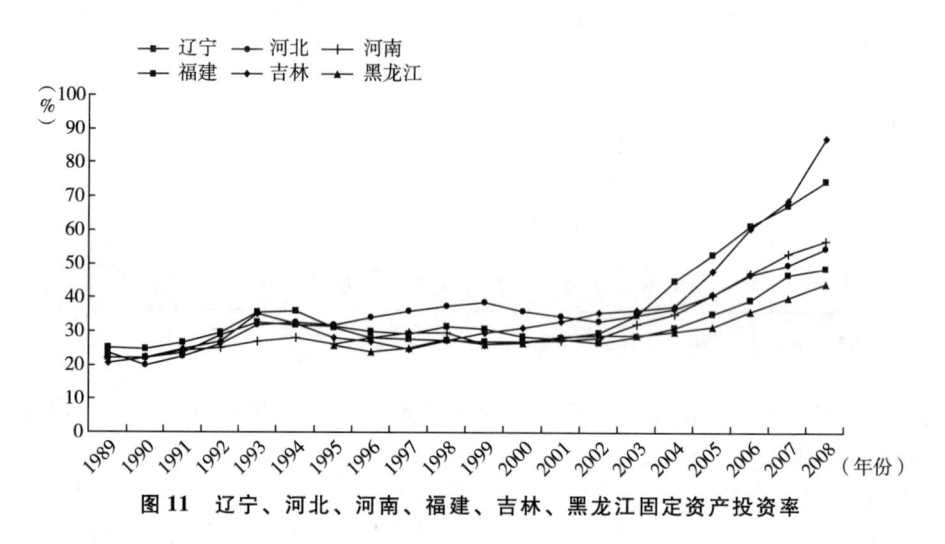

图11所示的6个省份固定资产投资率波动趋同，以2002～2003年为转折点，都经历了缓慢增长到快速增长的时期。尤其是2004年以后，增长速度日益强劲，其中辽宁省和吉林省尤为突出。辽宁省固定资产投资率自2003年起迅速提高，2008年达到了74.00%。吉林省固定资产投资率于2005年开始迅猛增长，并在2007年超过了辽宁省，成为目前固定资产投资率最高的省份，2008年已经高达87.00%。其主要原因在于，2003年国家制定并推出"振兴东北"战略，一系列优惠鼓励政策开始实施，辽宁省和吉林省作为东北老工业基地的重要省份，固定资产投资额迅速增长。而黑龙江固定资产投资率于2005年开始增长，并且增速也日益明显。

可见，与图10中北京、上海、浙江、广东、山东等国内经济发展程度相对较高、经济开放较早、工业化程度相对较高的地区比较而言，辽宁等省份目前处于向更高工业化程度转变的经济快速发展时期，也是基础设施加快建设和生产能力快速增长的时期，投资作为经济增长的主要推力，必须保证其较高的增速。事实也证明辽宁省近年来快速增长的固定资产投资极大地促进了经济增长。综上，固定资产投资率的不断增长，是经济发展和工业化进程中的必经阶段，在这个阶段，出现固定资产投资率的波动并非异象，辽宁省目前固定资产投资率达到74.00%也属正常。

（2）辽宁省固定资产投资率走势。

表19　辽宁省历年固定资产投资率表

单位：亿元，%

年　份	固定资产投资额	GDP	固定资产投资率	人均GDP
1989	253.50	1003.80	0.25	2574
1990	262.90	1062.70	0.25	2698
1991	318.00	1200.10	0.26	3027
1992	436.80	1473.00	0.30	3693
1993	718.30	2010.80	0.36	5015
1994	888.00	2461.80	0.36	6103
1995	865.49	2793.40	0.31	6880
1996	881.67	3157.70	0.28	7730
1997	986.62	3582.50	0.28	8725
1998	1057.70	3881.70	0.27	9415
1999	1119.47	4171.70	0.27	10086
2000	1267.69	4669.10	0.27	11177
2001	1420.96	5033.10	0.28	12015
2002	1605.55	5458.20	0.29	13000
2003	2082.70	6002.50	0.35	14270
2004	3000.11	6672.00	0.45	15835
2005	4234.06	8009.00	0.53	18983
2006	5689.64	9251.20	0.62	21788
2007	7435.22	11023.49	0.67	25729
2008	10016.30	13461.60	0.74	31259

资料来源：摘自历年《辽宁统计年鉴》。

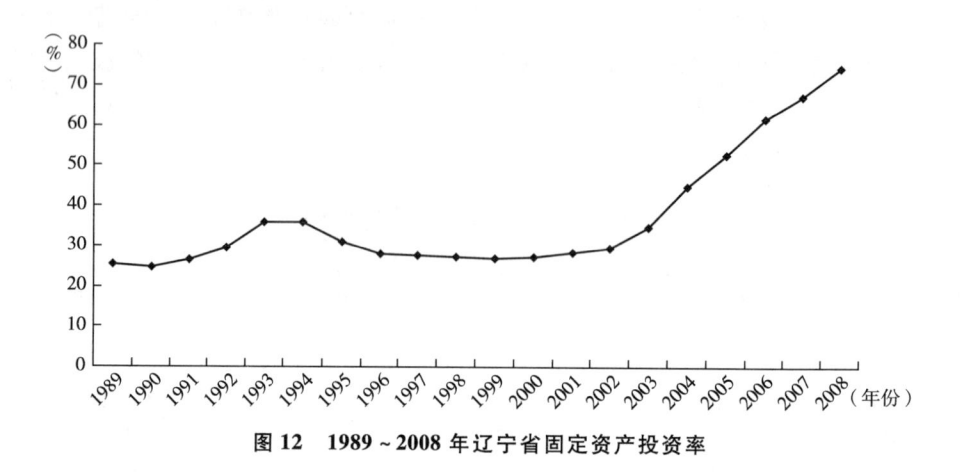

图 12　1989~2008 年辽宁省固定资产投资率

如图 12 所示，辽宁省固定资产投资率在 1992~1994 年增长 3 年后，1995~2002 年大体在 30.00% 以下相对平稳运行。2003 年以来，固定资产投资率迅猛提升。2005~2009 年，固定资产投资率均在 50% 以上，高速增长已达 5 年。按此发展态势和发展惯性预测，2010 年辽宁省固定资产投资额或许会逼近本省国内生产总值。但如前所述，我们认为，"十一五"以来，辽宁固定资产投资率骤增，是有其合理的必然性的；借鉴国内外经验，我们预计，"十二五"中后期，辽宁的固定资产投资率可能进入下降的拐点，进而进入另一个增长区间。

三　"十二五"辽宁固定资产投资面临的形势与环境

（一）国际经济发展形势与环境总体好转，但不确定性因素依然较多

目前乃至 2010 年上半年，预期世界经济仍将处于克服由美国金融危机引发的全球性经济危机的过程之中，国内外环境总体上不确定性因素依然较多，甚至也可能产生一些其他突如其来的变数，但总体趋势是，将逐渐摆脱衰退对世界经济的威胁。

1. 世界经济有望在 2010 年下半年或"十二五"初期走出危机的阴影

目前，世界各国经济正在受到由美国金融危机引发的实体经济危机的影响，关于发达国家经济何时触底反弹，世界经济是走出"V"型轨迹、

"U"型轨迹、"L"型轨迹，还是走出"W"轨迹的论争，众说纷纭、莫衷一是。乐观的估计是，发达国家经济将会陆续在2010年年中或年底复苏，并进入新的经济增长周期。悲观的估计则是经济要到2011年开始复苏。我们认为世界经济有望在2010年下半年或"十二五"初期走出危机的阴影，发达国家经济增长速度将呈现出先低后高的态势，在"十二五"中后期进入高涨阶段。

2. 国际直接投资将逐步复苏增长

国际直接投资与世界经济走势呈正相关，随着世界经济的复苏和发展，国际直接投资也将逐步复苏增长。国际直接投资的形式将以股权投资和兴办独资企业或合资企业为主，跨国并购将出现新的高潮，跨国并购的主战场仍然在发达国家。新兴市场经济国家在国际并购中将异军突起，国际经济环境为新兴市场经济国家提供了前所未有的跨国并购机遇，但由于社会制度、企业文化、法律制度等诸多方面的差异，新兴市场经济国家企业跨国并购的路将不会一帆风顺，甚至有可能付出昂贵的学费。

国际直接投资兴办独资企业或合资企业的主战场，仍然在新兴市场经济国家。从国际资本供求关系看，国际资本将仍然处于"卖方市场"地位，发展中国家和新兴市场国家吸引外商直接投资的竞争将越来越激烈。在吸引外商直接投资的竞争中，投资环境，特别是投资软环境将会发挥越来越重要的作用。新兴市场经济国家劳动力廉价、政策优惠的优势将逐步丧失。新兴市场经济国家在国际分工中将面临产业结构升级和经济发展方式转变的双重任务。

发达国家经济将继续向后工业化社会转变，发达国家内部"产业空洞化"的趋势将进一步显现，"研发、销售在国内，生产制造在国外"的生产模式将进一步发展。国际范围内的产业转移仍将继续。高技术产品生产过程中的劳动密集工序将继续向发展中国家和新兴市场经济国家转移。

3. 国际贸易将逐步复苏，但摩擦将逐渐加剧

随着世界经济，特别是发达国家经济的恢复与发展，国际贸易将在"十二五"期间逐步复苏，其速度将会略高于世界经济的增长速度。

在国际货物贸易复苏过程中，各种形式的贸易摩擦，特别是针对我国的贸易摩擦将会进一步增加。这种摩擦不仅将继续发生在我国与发达国家之间，而且，同新兴市场经济国家之间的贸易摩擦也将会增加。贸易摩擦仍然主要集中在补贴与反补贴、倾销与反倾销方面。贸易保护主义将愈演

愈烈。环境壁垒将在国际货物贸易中不断涌现、花样不断翻新。产品安全标准将会越来越严格，甚至碳排放都有可能被纳入进出口标准。人民币升值压力依然存在，如果人民币升值，将对我国出口贸易产生巨大的压力。

国际服务贸易的发展速度将加快，但从服务贸易所包含的12大类型来看，金融服务、商业服务、运输服务和旅游服务将会随着世界经济的复苏而得到较快发展。从我国吸引利用外资的角度看，金融服务、商业服务和旅游服务将会发展得更快些。

（二）中国经济可能进入一个新的发展阶段，宏观经济政策将发生一系列变化

1. 国民经济可能进入相对平稳的"中速"发展阶段

1978～2008年，改革开放的动力机制使我国GDP年均增长率保持了30年的约9.50%的高速增长水平。其中，最近的2003～2007年，中国平均经济增长速度达到了10.60%的两位数增长。但自2008年始，中国经济可能出现了一个趋势性的拐点变化。如果说改革开放前30年，接近两位数的经济高速增长表现为一种"常态"，那么，随着形势，主要是外部国际消费需求形势的变化，今后超过两位数的增长，可能只是一种"特例"了。"十二五"期间，预期GDP年均增长率保持在8.00%～9.00%的"中速"水平。经济增速减缓将对固定资产投资规模产生一定的向下拉动作用。

2. 国家宏观经济政策将发生"三大"主要变化

一是国家宏观经济政策将再次进入由"松"到"紧"的周期性循环，"调结构、扩内需、防通胀"将成为宏观经济管理的主基调。为了应对国际金融危机，我国政府从2008年下半年开始实行超宽松的财政政策和货币政策，国家投资4万亿元拉动内需，以确保2009年国民经济增长速度达到8.00%。2009年上半年，中国新增信贷高达7.37万亿元，超过新中国成立以来任何一年的信贷投放总量，预计全年金融机构的贷款总规模可能会逼近10万亿元。这样大的贷款规模在支持国内经济增长、保稳定方面会发挥积极作用。但这种双扩张政策只能在危机时期运用，一旦走出危机，这种宏观调控政策必然要发生变化。2010年至"十二五"初期，如果国际国内经济走出危机、明显复苏，我国的宏观经济政策必定要发生转变。转变的方向是从"过度宽松"走向"适度从紧"。

二是靠国家补贴拉动内需的政策将在"十二五"初期逐渐淡出。拉动

内需的重点可能转向调整分配结构、启动中低收入群体的消费需求。靠国家补贴刺激消费是不可持续的政策。因为，国家补贴资金主要依靠财政赤字维持，而任何国家的财政赤字规模都会受到限制，同时，还会掩盖经济发展中存在的结构性和体制性矛盾。

三是经济结构调整政策、产业结构升级政策和节能减排政策将陆续出台。应对金融危机对我国经济造成的不利影响，除了保增长、保稳定和保民生外，还有一个重要的内容是调结构。我国是一个新兴市场经济国家，伴随经济发展，一些传统的比较优势正在逐渐丧失，因此，从国际经验看，危机时期也恰好是进行经济结构调整升级、重塑新的比较优势的大好时机。事实上，目前国家已经开始把调整产业结构、促进产业升级作为经济政策的核心内容。另外，目前我国已经成为世界上最大的温室气体排放国，随着环境压力的逐步加大，节能减排政策亦将成为重要国策。可以预期，"十二五"期间，国家必定抓住经济复苏的有利时机，出台一系列的调整产业结构、促进产业升级和节能减排的政策。

（三）辽宁经济发展将继续在快车道行驶，新的投资机会和"热点"依然较多

1. 辽宁经济发展空间还相当广阔

在区域版图、资源环境、产业结构、技术层次、市场环境相对不变的前提下，一个地区的经济发展空间在一定时期是有"增长的极限"的。改革开放以来，以江、浙、沪、粤为代表的东部沿海地区得改革开放之先，经济快速发展，但其发展空间已相对缩小。与上述沿海省市持续约20~30年的经济高速增长相比，辽宁经济则长期处于调整状态。改革开放至20世纪90年代中期，辽宁经济增长速度排位一直在全国后25~27位徘徊，"九五"时期以后开始出现转机，提升至第18~19位。进入21世纪，辽宁经济才出现快速发展势头，特别是2003年中央提出振兴东北等老工业基地后，经济才进入快速发展的轨道，"五点一线"的沿海经济带开发区，也仅处于起步阶段，因此，辽宁经济发展空间还相当广阔。广阔的发展空间为吸引内外部投资提供了可能。预期"十二五"期间，这个优势将得到更加充分的发挥。

2. 良好的投资环境将吸引更多的投资需求

国家应对经济危机的4万亿元大投资，主要投向民生、基础设施和公用

设施等领域。辽宁省委、省政府提出要利用扩大投资的良机,建设站在世界前沿的基础设施和公用设施。目前开工建设的项目在"十二五"时期将陆续建成并投入使用,使辽宁的基础设施在现有的基础上得到进一步的改善。良好的投资环境预期将吸引更多的投资进入,从而带动辽宁固定资产投资的增长。

3. 民间投资和外部资本投入将快速增加

始于 2008 年末的 4 万亿大投资资金来源和投资主体,主要由财政投入和国有企业发挥骨干作用。目前,国家已经并正在陆续采取一系列措施,以促进民间投资增长。一方面是增强企业的投融资能力,如降低企业的税费负担,包括实施消费性增值税、降低固定资产投资项目资本金比例下限、放宽企业债发行限制、支持建立中小企业信用担保机构、支持企业技术改造等,对鼓励民间投资和中小企业发展将起到积极作用。另一方面,所有扩大内需的政策对中小企业、民间投资的发展都是有促进作用的。特别是随着世界经济复苏和我国经济的稳定发展,预期"十二五"期间投资前景乐观。但与目前政府主导投资不同的是,"十二五"初中期,社会投资、海外投资的潜力将得到比较充分的释放。

4. 产业结构升级将创造新的投资机会

为应对金融危机,国家制定的着重以产业升级、结构调整为主线的汽车、钢铁、装备制造、船舶等十大产业的振兴规划有利于中国的长期产业结构的优化。辽宁重要的支柱产业与国家十大产业振兴规划大多息息相关,将为"十二五"时期的固定资产投资带来新的投资机会。此外,2009 年国家发改委向辽宁省发改委下发了《关于开展装备制造产业投资基金筹备的批复》,正式批准辽宁开展设立装备制造产业投资基金及其管理机构的筹备工作,基金总规模约 200 亿元。作为全国试点的 10 只产业投资基金之一,国家批准辽宁筹集装备制造产业投资基金,标志着辽宁在发展直接股权投资和利用产业投资基金融资方面走在全国前列,进而将进一步带动投资的增长。

5. 发展低碳经济为投资提供了新机遇

随着资源能源紧缺的瓶颈制约和环境保护压力不断增大,目前,低碳经济已经成为全球科技界、政界、经济界和社会各界共同关注的重大问题。低碳经济是以低能耗、低污染、低排放为基础的经济模式,是人类社会继农业文明、工业文明之后的又一重大进步,人类社会有可能由此进入

"生态文明"的历史时期。低碳经济实质是能源利用高效率和清洁能源结构问题,核心是能源技术创新、制度创新和人类生存发展观念的根本性转变。低碳经济强调低能耗、低排放、低污染的可持续发展模式,涉及清洁能源、工业节能、建筑节能、能源高效转化等众多行业。2009年以来,以风电、太阳能、核电和新能源汽车为代表的"低碳"产业形态跃入视野,作为"节能减排""优化能源结构"和承担产业结构调整的重要角色,低碳经济带来的广阔市场应用前景和发展空间已经受到资本市场的持续关注。拟于今年12月召开的哥本哈根气候大会将会成为全球走向低碳经济的标志。碳交易可能实现全球统一,低碳经济所涉及各个领域的技术进步、创新、新产品等,将为产业链里不同的行业提供新的投资机遇。

6. 辽宁三大区域协调发展拉动投资需求

"十一五"期间,辽宁"沈阳经济区""沿海经济带""突破辽西北"三大区域发展战略开始实施。目前,辽宁三大区域协调发展的局面开始形成。"十二五"时期,辽宁沿海与内陆的互动发展,将产生更多的投资需求。

沈阳经济区之间的城际铁路、高速公路等基础设施建设步伐将进一步加快,沈抚、沈本、沈铁、沈阜、沈辽鞍营5条重点产业带和10大产业集群建设和发展,将进一步推动投资增长。此外,计划投资300亿元的沈阳航空经济区项目已于2008年全面启动建设,预计10年时间,沈阳航空经济区将建成集整机、大部件、零部件制造为一体,服务功能较为完善的我国重要的航空产业基地。"十二五"时期,是沈阳经济区发展的关键时期,固定资产投资作为经济区建设的基础条件将得到快速发展。

辽宁沿海经济带已形成以先进装备制造业为骨干,以高新技术产业、现代服务业和现代农业为重要支撑的临海临港产业聚集带。"十二五"期间,随着船舶制造、石油化工、精品钢材、软件、特色农产品等基地的项目建设和集群发展,将进一步增强对国际国内产业资本吸引力,从而增强固定资产投资能力。

突破辽西北战略中已明确要重点抓好的基础设施建设,特别是交通基础设施建设。辽宁省财政2009~2013年,每年安排三市各1亿元支持辽西北地区市县重点工业园区基础设施建设;同时辽宁省安排的基本建设资金等各类专项资金向辽西北地区倾斜。由于政策扶持,"十二五"期间,辽西北基础设施将得到较快发展,而随着项目的建成,辽西北的投资环境、融资能力都将得到改善,从而带动固定资产投资增长。

(四)制约因素

总体来看,"十二五"时期投资需求潜力和能力巨大,但仍然存在一些可能制约辽宁固定资产投资发展的问题。

资金投入是固定资产投资的保障,资金短缺问题一直制约着辽宁固定资产投资的发展。第一,辽宁企业固定资产主要依靠自筹资金,类似装备制造业这类生产周期长、研发投入大、投资收益慢的行业资金流动性较弱,资金短缺现象严重;一些中小企业勉强维持自身发展,无暇考虑企业未来发展,维持现状的生产状态抑制了企业投资。第二,政府投资主要起着基础和引导作用,"十二五"时期,随着城镇化发展,政府将进一步加强对民生工程的投资力度,此外,如生态、环境等非营利项目建设都以政府投入为主体,有限的财政收入已不能满足辽宁经济发展对投资的需求。第三,虽然辽宁拥有较好的投资环境,将吸引更多的国外资金,但受金融危机的影响,一些发达国家在"十二五"初期可能仍处于经济复苏阶段,投资能力仍不确定,外商投资的比重可能进一步萎缩。

此外,较低的投资效益和宏观政策调整都将影响辽宁固定资产投资。目前,为应对金融危机的冲击,国家加大投资力度以保证经济稳定增长,但较低的投资效益将影响投资对经济的拉动能力和投资欲望。随着我国经济回暖,政府从前期大举支持经济发展、支持基础设施建设中退出;在通胀压力较大的情况下,国际社会和中国政府都可能会适时调整货币政策,降低固定资产投资增长速度,进而减少流动性等,这些都将对"十二五"固定资产投资产生一定的影响。

四 "十二五"辽宁固定资产投资基本思路

(一)指导思想

以邓小平理论、"三个代表"重要思想和科学发展观为指导,认真贯彻落实国务院通过的《东北地区振兴规划》《辽宁沿海经济带发展规划》和《关于进一步实施东北地区等老工业基地振兴战略的若干意见》指示精神，按照国家和辽宁省扩大内需、促进经济增长的总体部署和要求，"十二五"期间，要继续把固定资产投资作为拉动辽宁经济增长和扩大内需的核心，以提高投资效益和调整产业结构、实现产业结构升级为重点，逐步把投资工作的着力点转到推进经济结构调整、增长方式转变和促进科技创新上来。保持适度投资规模，优化投资结构，调整投资布局，提高投资效率，巩固"十一五"以来的良好投资态势，推动辽宁经济实现全面协调可持续发展。

(二) 基本原则

1. 坚持国家宏观调控与市场调解相结合原则

随着固定资产投资自筹资金占比的逐渐扩大，投资要素配置应发挥市场的基础性作用。政府的宏观投资计划及其对全社会固定资产投资的调节必须建立在市场及市场调节的基础上。政府项目应采取政府招标或政府特许经营权招标，以竞争方式引入市场主体。按照资金的不同来源，投资原则应该有所不同，总体上，应该坚持国家计划投资与自筹资金及其他资金来源相结合，政府宏观调控与市场配置资源相结合。

2. 坚持总量速度与质量效益相结合原则

固定资产投资既要保持一定规模的投资总量和增长速度，也要保证投资质量与效益，在提高固定资产投资项目经济效益基础上，提高固定资产投资的乘数效应。在保持投资规模适度增长的同时，重点投向投资效益好、科技含量高、环境污染小、有发展前景和市场的投资项目。在重视改建扩建投资的同时，也要重视技术改造投资。坚决控制经济效益低和发展质量差的项目上马，控制低端重复建设避免资源浪费。

3. 坚持固定资产投资与调整产业结构相结合的原则

固定资产投资大多要物化在某个企业、某个产业或行业中，因此，固定资产投资总是不知不觉地在自发地调整产业结构。市场经济条件下，在发挥市场配置资源的基础性作用的同时，政府也不是单纯地去做这种自发性的"仆人"，而是应当运用自己手中掌握的各种资源，引导各种投资按照经过科学论证后所确定的产业结构调整目标进行投资。

4. 坚持投资增长与增加地方税收相结合的原则

在辽宁的全社会固定资产投资中，域外包括外商直接投资占有相当比例。在目前资金处于"卖方"市场的情况下，一些地区为了完成招商引资任务,不仅搞"零地价"招商,而且引进许多只能增加有限就业却不能增加本地税收的域外投资企业。这不是"双赢",而是"单赢"。因此,"十二五"期间,有必要提出坚持投资增长与增加地方税收相结合的原则。逐步实现在投资增加的同时,增加地方税收。

5. 坚持经济、社会与环境协调可持续发展原则

在固定资产投资中不能只注重经济发展目标,而轻视环境资源成本和社会成本,经济发展所需投资应与社会、环境承载力相适应,遵循经济规律和生态平衡规律。注重转变增长方式与和谐社会建设的统一;注重整体结构布局优化和重点薄弱领域加强的统一;注重近期建设重点与长远发展方向的统一;注重固定资产投资在促进经济社会发展的同时,也要促进改革开放的发展;既要有重大项目投资,也要注重中小项目投资;在保证重点地区发展的前提下,也要注重开发欠发达地区。

(三) 发展目标

1. 定性目标

(1) 建设一流的基础设施和公用设施。抓住国家应对经济危机的刺激政策条件,继续扩大基础设施和公用设施等领域的投资力度和规模。争取在"十二五"期间,基本建设成一流的辽宁基础设施和公用设施。包括海港、空港、高速铁路、公路、城市及城际间的轨道交通、环境保护或治理等基础设施项目。构建辽宁经济社会、城市乡村、人与自然和谐发展共存的经济社会人文生态环境。

(2) 寻找后危机时代经济增长新引擎,抢占低碳经济制高点。目前各国政府尤其是发达国家正在采取一系列措施发展低碳经济,一场"低碳经济革命"正在悄然兴起。低碳经济孕育长期投资机会。从目前我国政策、技术、产业增长潜力等诸方面考察,我们认为低碳能源——风能、核能、太阳能等,新能源汽车、建筑节能、工业节能、智能电网等行业,都具有较大的投资机会,特别是和以往相比,低碳经济的一个突出特点是需要大量利用其上游的装备制造业,而辽宁省恰恰可以利用制造业优势发展低碳经济。因此,"十二五"期间,辽宁省应该抓住国际国内低碳经济的发展机遇,发挥辽宁装备制造业的基础优势,加大与发展低碳经济有关的固定资产投资力度,抢占发展低碳经济制高点,寻找后危机时代经济增长新引擎,扩展辽宁经济发展新空间。

(3) 培育具备国际竞争力的产业集群。产业集群是产业与区域的有效结合,其本质是一种有效的生产组织方式。产业集群的竞争优势源于其专业化、集中化、网络化与地域化特性,可以有效提高产业的劳动生产率、促进新企业创立、刺激产业创新。作为一种有效的生产组织方式,产业集群最适合那些产业链条长、配套环节多、迂回生产方式复杂的产业,这些特点唯有制造业最具备。这意味着产业集群最适合制造业,而制造业基地也最需要产业集群。事实上,产业集群最初也是从制造业中产生的。辽宁省的一些制造业如装备制造业、船舶制造业、汽车制造业、医药制造业、军品制造业、钢铁工业、石化工业、光机电一体化制造业、软件业与农产品深加工业等都有一定的比较优势,且可能发展成为具有较强竞争优势的产业群。产业集群多是自发形成的,但作为一种经济发展的战略,产业集群也可以通过当地政府的引导而自主形成。因此,"十二五"期间,应加大这些产业的倾斜投资力度,培育具备国际竞争力的产业集群。

(4) 奠定可持续发展和科学发展的辽宁经济社会新基础。以增强可持续发展能力为核心,通过扩大固定资产投资和加大研究开发投入,使资源利用效率显著提高,生态环境质量得到明显提高,同时发展起具有竞争力的环保产业;改善固定资产投资地区结构,缩小城乡和地区差距,逐步实现城乡,不同地区的居民基本公共服务相对均等化,加速资源型城市经济转型和接续产业的发展;改革开放的成果要惠及广大群众,在保持固定资产投资规模、提高固定资产投资效益的基础上,不断提高城乡居民收入水平,进而提高消费对国民经济增长的贡献率。

2. 定量目标

以 2009 年和 2010 年辽宁固定资产投资总规模预期将分别达到 1.3 万亿和 1.5 万元,比 2008 年分别增长 30% 和 50% 等基础数据分析为基础,结合辽宁"十一五"固定资产投资发展总体态势和"十二五"面临的形势与环境,我们预测在国内外应对经济危机刺激政策影响下,在东北振兴和辽宁沿海经济带发展战略带动下,在国内城市化和工业化发展阶段驱动下,辽宁"十二五"期间固定资产投资仍将保持相对稳定的快速增长状态,年均增长速度预期在 15%~20%,年度投资额在 2008 年突破 1 万亿大关后,2013 年预期将突破 2 万亿关口,年均投资也将达到 2 万亿元(见表 20)。

表 20　按 15%～20% 年均增长速度预测"十二五"辽宁固定资产投资额

单位：亿元

预测值 指标	2010 年	2011 年	2012 年	2013 年	2014 年	2015 年	五年累计
年均增长 15%	15000	17250	19838	22813	26235	30170	116306
年均增长 20%	15000	18000	21600	25920	31104	37325	133949

基本建设投资平稳增长。平均每年投资约占全社会固定资产投资 30% 以上；更新改造投资力度将有所加大，年均约占全社会固定资产投资 25%；房地产开发投资规模将进一步扩大，占全社会固定资产投资将达到 25% 以上；社会事业基础设施投资规模稳定增长，占全社会固定资产投资 20% 左右；三次产业投资规模预期变动不大。第一产业投资规模有所扩大，预期占全社会固定资产投资 4% 左右。第二、第三产业投资占全社会固定资产投资均在 48% 左右。

（四）投资方向与战略重点

1. 投资方向

"十二五"时期，辽宁固定资产投资应在保证投资规模稳定增长的同时，投资的主要方向应聚焦在环境友好型、结构调整型、科技创新型、城乡协调型和可持续发展型的产业和项目上。

工业固定资产投资——以投资结构调整促进产业结构调整。工业固定资产投资要向优势工业和新型产业聚集，发展以新能源、新材料、机电一体化、计算机通信、尖端医疗设备和办公设备制造业为代表的高新技术产业，加大对石油工业、汽车制造、通用机械设备、化工医药等成熟型工业技术的改造投资力度，提高传统产业技术水平。

促进农业和地区投资结构调整——向经济社会发展薄弱环节和地区适度倾斜。加强新农村基础设施建设，促进城乡协调发展，增加对农业水利设施的投资、对品种改良的投资和对耕作技术标准化的投资；在继续支持辽宁沿海经济带和沈阳经济区等投资效益好的地区快速发展的同时，支持辽西北地区大突破，避免一些边远地区被边缘化的危险，加大对边远地区社会基础设施投资，促进区域协调发展。

加强以自主创新和节能降耗减排为主要内容的投资力度——促进经济

转型、产业升级和发展方式的转变。重点投资方向除产业投资外，还要注意一是加大骨干企业研究开发设备、仪器的投资。以龙头企业为核心、周边聚集配套企业的产业集群，其竞争力的提升取决于龙头企业的研究开发能力。因此，要实现老工业基地振兴，把辽宁省打造成未来中国经济增长的重要区域，提升并始终保持核心企业的市场竞争力是关键；二是加大可供高等院校、企业、科研院所共同使用的科研平台的建设和投入。产学研合作需要有可供三方共同使用的平台，这个平台可以通过科研院所仪器设备对高校、企业开放来建立，也可以通过建立开放实验室来实现。

引导社会资金投资结构调整——扩大和限制社会资金投资领域并重，引领社会资金投资方向。"十一五"期间私营投资骤增，在2008年以30%的比重首次超过国有和集体投资之和的基础上，还要继续鼓励民营、私营等社会投资，防止"国进民退"，合理确定国有企业发展边界。与此同时，还要采取扩大和限制社会资金投资领域并重的必要措施，引领社会资金投资方向。一方面加大社会资金投资现代服务业，控制高耗能、高污染和产能过剩行业盲目扩张，利用创业板股票市场的筹资功能，支持中小型民营创新型企业的成长，促进民营投资的产业结构调整，合理引导社会资本产业投向，按照产业链和产品最佳配套半径来引导社会资本投资，促进投资向各类园区集中；另一方面，降低民营投资门槛，扩大社会资金投资领域，鼓励社会资金全方位投资。

公共投资实现理论与实践创新——突破"硬基础设施"投资局限，树立"软基础设施"投资理念。各级政府的财政投资要进一步突破传统的路桥等交通基础设施和城市基础设施投资局限，扩大文化、教育、卫生、城乡社会保障、最低生活补助、医疗失业保险等"软基础设施投资"边界，以促进和扩大消费，提高消费增长在区域经济增长中的贡献率。要树立"软基础设施投资"也是投资，在现阶段也许是更重要的投资的理念。

建设"新城市"拓展固定资产投资新领域——以城市化建设取向引导固定资产投资方向。由于我国在改革前后30年发展中，都采取了工业化超前而城市化滞后的经济发展模式，由此导致了国内需求总规模与供给总规模严重不对称，社会经济总量循环过程中出现了一个巨大的断层，以至于改革开放以来不得不长期高度依赖外需发展国内经济。而本轮经济危机，彻底暴露了长期存在于国内经济与社会发展中的这一结构性矛盾。而始于2008年末到目前为止的国内应对危机的4万亿投资刺激经济的措施，有可能进一步加大国内需求不足和产能过剩的矛盾。预期 2010 年初步应对危机后,国内将迎来一个城市化发展的高潮。因为,只有城市化才能打开国内长期、巨大、稳定的需求,是对冲外部需求萎缩的根本出路,而且也是中国经济在走向现代化过程中的内生性要求。因此,"十二五"固定资产投资应注意以城市化建设为取向带动固定资产投资方向,并以此保障投资规模的稳定增长。

2. 战略重点

(1) 建设辽宁沿海经济带。

辽宁沿海经济带包括大连、丹东、锦州、营口、盘锦、葫芦岛沿海六市,地处环渤海地区重要位置和东北亚经济圈关键地带,是东北三省和蒙东地区的唯一出海口,也是我国唯一没有整体开发的沿海区域。2009 年 7 月 1 日,国务院常务会议讨论并原则通过的《辽宁沿海经济带发展规划》,为沿海经济带提供了新的发展动力和机遇。"十二五"期间,辽宁沿海经济带固定资产投资要主要围绕"立体交通、产业园区、沿海城市"三大基础设施建设展开。

建设立体交通网络。空港:建设以大连机场为中心,锦州、丹东两个支线机场为两翼的辽宁沿海经济带航空港体系,并结合沈阳桃仙机场改造建设,形成辽宁域内航空港基本格局。锦州机场在搞好前期论证的基础上,争取"十二五"期间开工建设并力争投入使用;大连机场三期扩建工程力争建成,并适时启动新机场建设项目前期工作;丹东机场也应适度扩张机场规模,开辟新航线,不断完善机场基础设施。海港:建设以大连港为龙头,丹东、营口、盘锦、锦州、葫芦岛为两翼的辽宁沿海经济带港口体系。各港口在继续扩大港口吞吐量和各类码头建设的同时,还应根据自身优势,合理布局,明确分工,进行错位建设,组建一个功能齐全、运作高效,以大连港为主要枢纽港,锦州港、营口港、丹东港为支撑港,其他中小港为补充的面向东北腹地的辽宁沿海港口体系和集疏运体系。通过股权投资、参股控股等方式,整合港口资源,避免重复投资,形成大连国际航运的中心地位。轨道交通:"十二五"期间,争取启动丹东至大连、大连至普兰店快速轨道交通建设项目,在此基础上,适时启动辽宁沿海经济带沿线各城市之间的城际轨道交通项目,建设便捷的辽宁沿海经济带快速轨道交通网络。公路交通:继续完善已于 2009 年 9 月 27 日全线竣工通车的辽宁滨海大道,发挥其作为辽宁沿海经济带陆路交通主动脉功能,辐射和带动周边地区快速发展。

不断完善产业园区。重点建设大连长兴岛临港工业区、大连花园口工业园区、营口沿海产业基地（营口沿海产业基地和盘锦船舶工业区）、辽西锦州湾经济区（锦州西海工业区和葫芦岛北港工业区）、丹东产业园区5大重点发展区域，完善园区各项各类硬件基础设施，不断增强其集聚生产要素的功能，促使产业向园区集中，依托"五点"，建设辽宁沿海"黄金经济带"。

建设辽宁沿海城市带。依托沿海经济带便捷的陆海空交通网络和产业园区的产业集聚功能，建设人口相对密集的辽宁沿海城市带。目前已竣工的辽宁滨海大道东起丹东境内的虎山长城，西至葫芦岛市的绥中县，全长1443公里，连接辽宁沿海6个省辖市、7个县级市、4个县和21个市辖区，沟通大小港口25个，也连接着众多的工业园区。"十二五"期间，应该依托滨海大道和建设或拟建的其他交通基础设施，重点建设6个省辖市和绥中、兴城、凌海、大石桥、盖州、瓦房店市、普兰店6个沿海县级市的城市基础设施，改善城市人居环境，在产业向园区集中的同时，带动人口向沿海集聚，建设人口相对高密度的辽宁沿海城市带。

（2）建设以沈阳都市圈为中心的辽宁城市化体系。

土地稀缺所导致的地价上涨和企业在竞争压力下提高效率的要求，在有力地推动着发达国家和中国城市都在以都市圈模式进行发展。"十二五"期间，辽宁固定资产投资应该把以城市化建设取向引导固定资产投资方向，以固定资产投向引导城市化体系建设格局作为重要的一个战略重点来提出。辽宁城市化体系建设格局，可以概括为"一个都市圈、一个'全域城市化'、一个城市带、六个一体化"。一个都市圈——沈阳都市圈；"全域城市化"——大连"全域城市化"；一个城市带——辽宁沿海城市带；六个一体化——沈（沈阳）抚（抚顺）、沈（沈阳）本（本溪）、沈（沈阳）铁（铁岭）、鞍（鞍山）辽（辽阳）、锦（锦州）葫（葫芦岛）、营（营口）盘（盘锦）一体化，以及若干县城和县区，如开（开原市）清（清河区）、盖州（盖州市）鲅（鲅鱼圈）一体化建设试点。

"十二五"期间，辽宁城市化体系要重点建设沈阳都市圈。启动建设沈抚二号公路和沈本开发大道，以及城际轻轨建设项目；新开工建设沈阳市地铁一、二号线延长线和三、四、五号线及其地上物业开发，以及开展与周边城市地铁对接的可行性研究；特别是要改革城市经济适用住房和保障性住房建设和使用制度，在保证和改善城市低收入居民住房条件的同时，逐步建立城乡居民平等购买使用经济适用住房和保障性住房的制度，降低农村人口进入城市的门槛，使改革开放的成果惠及全体人民。适度扩大城市经济适用住房和保障性住房建设规模，释放城乡购买力。

城市基础设施建设。在保持常规的改善人居环境，提高城市功能，城市污染治理、城市道路改造，地下管网建设，供水、供热、供电、供气、绿化等建设的同时，应该在促进城市一体化建设方面。发挥特殊的功能和作用。主要通过城际间的"三通"——公路交通、轨道交通和通信，"五网"——供水、供热、供电、供气、排污管网的一体化建设，以城市基础设施共享，推动城市一体化进程；以提高城市基础设施建设和使用效率，带动城市化建设的发展；以建设新型城市，促进新农村的建设；以城市人口规模的扩张，提高全社会的消费水平，进而提高消费在经济增长中的贡献率。

（3）产业投资以自主创新引领辽宁战略性产业的发展。

为应对已经席卷全球的金融危机，目前世界各国已经开始了一场抢占经济科技制高点的竞赛。全球即将进入一个空前的创新密集和产业振兴的新时代。"十二五"期间辽宁固定资产投资应以把辽宁建设成为创新型地区作为战略目标，在继续鼓励支持通过技术改造提高产业技术层次的同时，通过加大科技投入力度促进自主创新，塑造辽宁新兴战略性产业。

一是新能源产业。通过加大创新发展可再生能源技术、节能减排技术、清洁能源技术及核能技术开发研究投入力度，完成辽宁红沿河核电一期工程，推进循环经济的发展，构建以低碳排放为特征的辽宁工业、建筑、交通运输新体系。

二是新材料产业。依托辽宁的传统产业基础，重点发展新型精细化工材料、粉末金属材料、稀土发光材料、光电子材料、纳米级金属材料、特种功能材料和复合材料等新技术、新产品，形成具有世界先进水平的辽宁新材料与智能绿色制造体系。

三是机电一体化装备制造业。重点发展加工机械、化工机械、采掘建筑机械、路海空行走等机械，进一步提升飞机发动机、海洋工程装备、高速轨道交通设备、高性能船舶及其他机械核心部件的设计与制造能力，塑造辽宁装备制造业基地新形象。

四是做强做大电子信息产业，重点建设大连国家软件产业基地和出口基地，特别是要及早安排后 IP 时代相关技术研发，以信息产业的发展推动传统产业升级，以信息化带动工业化。

五是大力扶持生物工程产业的发展。积极发展转基因育种技术，努力提高农产品的产量和质量。突破创新药物和基本医疗器械关键核心技术，形成以创新药物研发和先进医疗设备制造为龙头的医药研发产业。

六是依托辽宁沿海经济带发展海洋经济，不断增加投入，促进海洋资源合理开发和海洋产业的发展。

（4）抓住事关全局的重大经济社会基础设施建设项目的投入。

抓住事关全局的重大基础性建设项目的投入，扩展区域经济社会发展潜力和可持续发展能力。

一是增加农业基础设施建设投资规模。继续加大对优质高效和设施农业的投入，提高农业产业化水平，以农业龙头企业为核心延展第一产业的产业链。继续大力支持设施农业、种植业、畜牧业、水产养殖业和标准化种养殖小区、科技产业园区、渔业示范基地、禽类示范基地等各类园区的建设，稳定农业的基础地位。特别是要在试点的基础上，支持辽西北地区利用沙漠化、荒漠化土地，发展设施农业，探索突破辽西北的新路径。

二是继续强化以改善民生，促进经济发展模式转型为重点的社会基础设施建设投入。社会事业性投资要普遍增加，突出重点。根据国家统一部署，政府财力应主要投入建立覆盖全社会的社会保障体系；教育继续加大对基础义务教育的投入力度，大力发展职业教育；高等教育、医疗卫生、文化传媒，在深化体制改革，允许社会资本进入的基础上，增加支持其提高服务质量的投入；农村适时增加以"迁屯并村"改造为内容的各级政府财政投入支持科目，在农村人口城市化、农村人口减少的同时，增加工业化、城市化占用土地的可供量；进一步改善自然生态环境和城乡居民生活环境，继续加大对辽东水源涵养林、辽西水土保持林（草）和辽河流域治理的投入，增加对保障城乡居民饮水安全、食品安全、"呼吸安全"的投入，建设能够保障经济社会资源环境可持续发展的社会基础设施。

三是加大基础设施建设投入，以拓展辽宁乃至东北经济社会发展潜力和可持续发展能力。

第一，建议适时启动"北水南调"建设工程。东北和辽宁地区水资源分布的基本特点是北多南少、东多西少，而水资源消费是南部与中部多，北部与东部少。全区水资源总量1929.9亿立方米，其中黑龙江水系和图们江流域占72.7%，辽河、鸭绿江和辽宁沿海各河占27.3%。因此，历史上就有"北水南调"的构想。清康熙（1654～1722年）年间就有"沟通松花江与辽河，实行水陆联运"的记载；光绪三十二年（1906年）提出开凿松辽运河；孙中山在《新中国成立方略》中，提出过两个开凿方案。新中国成立后，1955～1960年间，曾经做了一个规划报告，但1961年因压缩基建而停止。20余年之后，东北经济和城市化的发展，辽中南地区各城市，也包括长春市的工业用水和城市居民生活用水不足的矛盾日益突出，20世纪80年代中期又重新提出调水问题，国家下达了研究制定松辽流域水资源综合利用规划要求，1984年开始工作，1992年完成，其核心部分就是"北水南调"规划。1994年国务院批复了松辽流域水资源规划，开始做"北水南调"的论证，1999年基本完成，其结论是："北水南调"在客观上有迫切要求，在自然条件上有实现的可能，在经济上是合理可行的。但以后的工作并没有进一步展开。主要原因是辽宁省设计了一个恒仁"东水西调"工程，调水17亿～18亿立方水，可以满足一段时间的需求。但从目前的情况看，辽宁中部、南部和西部缺水的形势日益严峻。因此，"十二五"期间，应该把"北水南调"工程再次提上日程，继续开展这项跨省的重大基础设施建设项目规划、论证等前期准备工作，扩展辽宁经济社会发展潜力和可持续发展能力。

第二，启动大连至烟台跨海隧道建设前期工作。"十一五"初期，大连至烟台跨海隧道项目已经被列入国家铁道部未来20～30年内远景规划。随着中国经济发展重心由"珠江三角洲""长江三角洲"向"环渤海经济圈"的梯度转移，特别是由于金融危机所导致的中国经济内外部发展环境的变化，内需将逐渐成为中国经济增长的主要引擎。因此，应提前启动大连至烟台跨海隧道建设项目的前期规划与设计工作，争取"十二五"末期或"十三五"期间进入施工建设阶段，争取在2020年或稍晚一点时间，建成便捷通达的连接渤海南北两端的交通运输干线，全面沟通环渤海高速公路网、铁路网，进而北上与东北老工业基地、东北亚国家及横贯俄罗斯的欧亚大陆桥连接，南下与经济发达的长江三角洲、珠江三角洲、港澳台地区相连，形成贯通中国东部沿海南北的现代化综合交通运输通道。

第三，建设辽宁—东北西部，内蒙古东部公路、铁路大通道。根据近几年振兴东北等老工业基地实际情况看，目前，辽宁—东北的东部地区在修建铁路的同时，还在建设从鹤岗到大连的高速公路。而东北西部地区铁路都是单轨，没有高速公路贯穿南北，铁路和公路建设显得相对落后。从需要铁路或高速公路运输的货源上看，东北地区的东部大部分属于天然林保护工程的范围，木材外运量很小；鸡西、鹤岗等煤炭资源型城市已经开采多年，煤炭外运量有限；粮食在近年深加工不断发展的基础上，原粮运输量也在急剧减少。而东北西部地区，内蒙古的东部5盟市是新发现的大型煤炭生产基地，生产的煤炭除一部分就地转化为电力外，大部分需要外运，其他资源也相对充裕。因此，为振兴辽宁乃至整个东北西部地区的角度考虑，加快东北西部地区和内蒙古自治区东部地区的公路、铁路，直到锦州港出海大通道建设，应当尽快提上议事日程。大通道建设可以考虑以下几个方案：一是建设从齐齐哈尔到锦州的高速公路，中间连接吉林的白城、内蒙古自治区的通辽等城市；二是取直目前齐齐哈尔到锦州的铁路并修建复线；三是建设内蒙古东部煤炭基地到锦州港的高速公路和铁路；四是建设通过内蒙古，与蒙古人民共和国连接的铁路等。

五 政策与对策建议

（一）深化投资体制改革

投资体制是投资运行机制和管理制度的总称。其中，运行机制包括企业投资运行机制、政府投资运行机制、投资者的融资机制以及投资中介服务机制；管理制度主要是指政府对投资活动的宏观调控和监督制度。2004年国务院颁布了《关于投资体制改革的决定》，提出投资体制改革的目标是"建立市场引导投资、企业自主决策、银行独立审贷、融资方式多样、中介服务规范、宏观调控有效的新型投资体制"。按照这个文件精神，结合辽宁省实际情况，应在完善项目建设管理体制、确立企业投资主体地位、逐步取消社会投资准入限制等方面不断深化改革。

完善项目建设管理体制：主要是国有和国有控股企业投资，要按照现代企业制度的要求，建立投资风险约束机制和科学决策机制，严格执行投资项目资本金制、项目法人责任制、招标投标制、工程监理制和合同管理制。

确立企业投资主体地位：对非政府资金的投资项目，政府只对项目是否关系经济安全、影响资源环境、涉及整体布局、保障公共利益、防止出现垄断和过度竞争等方面进行核准，重点审核项目的"外部性"，其他则主要尊重企业自主权力。

逐步取消社会投资准入限制：取消一切不利于非国有投资的各种限制性、歧视性政策，真正落实"国民待遇"，为社会资本营造一个公平、平等的市场竞争环境。除国家特殊规定外，全方位开放社会资本投资领域，提高行业竞争水平，减少由行政垄断或"国有"垄断导致的要素低效配置。

（二）改善投资宏观调控

改善投资宏观调控，主要是在发挥市场配置资源的基础性作用的同时，建立和完善经济的、法律的和必要的行政手段，对全社会投资进行以间接调控为主的宏观调控体系。

一是政府要根据国民经济和社会发展要求以及宏观调控需要，合理确定政府投资规模，保持对全社会投资的正面引导和有效调控；在明确投资方向和战略重点后，应调整政府财力支持对象，灵活运用投资补助、土地供应、贴息、价格、利率、税收等多种手段，保障战略目标的实现。

二是注重发挥规划的指导作用，通过编制重要领域、产业发展规划引导投资方向，调控全社会的投资活动；制定并动态调整全社会固定资产投资指导目录、外商投资产业指导目录，明确鼓励、限制和禁止投资的项目，引导全社会投资。

三是加强和改进投资信息、统计工作。建立投资信息发布制度，及时发布政府对投资的调控目标、调控政策、重点行业投资状况和发展趋势等信息，引导全社会投资活动；改革和完善投资统计制度，及时、准确、全面反映全社会固定资产存量和投资的运行态势，并建立各类信息共享机制，为宏观调控提供科学依据；建立投资风险预警和防范体系，加强对投资运行的监测分析。

四是提高过剩产业、重点行业技术准入制度标准，规范重点行业的环保标准、安全标准、能耗水耗标准、产品技术和质量等系列标准，防止低水平重复建设和过度竞争。

（三）加强政府投资管理

经过 30 年的改革开放，固定资产投资已经改变了政府单一投资主体的格局，实现了投资主体多元化的局面。但是，目前各级政府仍然掌握着一定的甚至巨大的财力，或者使用某种财力的权限和职责，政府投资仍然是固定资产投资的重要组成部分。因此，改善政府投资管理，对调整全社会投资结构，提高投资效益，仍然具有十分重要的作用和意义。

从一般意义而言，加强政府投资管理，第一，要合理界定政府投资范围，政府投资主要用于市场不能有效配置资源的领域，主要是公益性和公共基础设施建设，保护和改善生态环境，促进欠发达地区的经济和社会发展，推进科技进步和高新技术产业化，等等。能够由社会投资建设的项目，则应尽可能利用社会资金；第二，健全政府投资项目决策机制，进一步完善和坚持科学的决策规则和程序，提高政府投资项目决策的科学化、民主化水平，逐步实行政府投资项目公示制度，广泛听取各方面的意见和建议；第三，合理使用各类政府投资资金，包括预算内投资、各类专项建设基金、国外贷款等，政府投资根据资金来源、项目性质和调控需要，可分别采取直接投资、资本金注入、投资补助、转贷和贷款贴息等方式。以资本金注入方式投入的，要确定出资人代表。要针对不同的资金类型和资金运用方式，确定相应的管理办法，逐步实现政府投资资金管理的科学化、制度化和规范化；第四，加强政府投资项目管理，改进建设实施方式。加强政府投资项目的中介服务管理，提高中介服务质量。加强投资风险意识，建立和完善政府投资项目的风险管理机制。引入市场机制，充分发挥政府投资的效益；等等。

具体而言，从过去几年辽宁省各级政府投资实际使用情况看，"十二五"期间，政府投资应注意以下几个方面的调整。

一是明确政府财力支持对象。目前，从省、市两级政府财力看，用于支持经济发展的资金至少包括中小企业贷款担保基金、支农资金、政府财政担保的信贷资金等。"十二五"期间，省及各地区在明确了固定资产投资的战略重点后，就应当按照所确定的战略方向，调整政府财力支持的对象，以保证战略的实施和实现。

二是相对集中使用国家开发银行的贷款。国家开发银行贷款是一种由政府财政担保的贷款。按照目前的国家规定，国家开发银行贷款除了可以用于基础设施建设外，还可以用于资本金出资。目前，辽宁省使用的国家开发银行贷款多数用于基础设施建设，用作资本金的还比较少。但无论是用于基础设施建设，还是用于资本金，都应当相对集中使用，避免出现半截子工程和"钓鱼工程"。

三是制定符合产业结构调整升级、构造有国际竞争力的产业集群的投资鼓励政策。企业投资与政府的产业结构调整升级目标之间是存在矛盾的。如果完全听任企业自发投资，政府调整产业结构、实现产业升级的目标是难以实现的。因此，为实现产业结构调整升级目标，各级政府应当从本级政府的财力中拿出一部分用于鼓励企业朝着政府规划的产业升级目标方向投资。如制定贷款担保、风险补偿、职工培训补助等鼓励政策。

四是集中力量建设园区。目前，省内各园区竞争十分激烈，甚至两个相邻的园区还会发生恶性竞争，强化了域外资金的"卖方市场"地位，引资效果也大打折扣。应当在具体分析优势和劣势的基础上，明确现阶段各地区应重点抓好的园区。避免出现各个园区都有一点项目，但哪个园区也没摆满的局面。

五是防止"寅吃卯粮"。目前已经出现了本届政府吃下届甚至后几届财政饭的情况，辽宁省应当出台相应的纪律规范措施，防止这种势头蔓延和扩大。

（四）拓宽融资渠道

依托辽宁省投资环境、产业结构等方面的比较优势，实施积极的筹融资方略。

第一，争取国家资金支持。国家投资侧重于重大基础设施和国有大型企业，这正可以发挥辽宁省的比较优势。国家投资包括新建项目和原有项目的扩建改造。除积极争取国家在辽宁省建设新项目外，应以现有企业为依托，以存量吸引增量，将现有基础设施和大型企业中对于全省乃至全国经济发展具有重要意义、需要改扩建的项目筛选出来，推荐给国家有关部门，争取成为国家投资的项目。

第二，争取国家金融机构贷款支持，提升地方金融机构融资能力。加强与国家金融机构的合作，特别是加强开行贷款项目的申报争取工作，力争贷款额度每年都有较大幅度的增长。提升地方金融机构融资能力，支持地方财政以参股的方式向地方金融机构注入资本金，扩大地方银行放贷能力；推动地方商业银行之间的兼并重组，使地方商业银行的规模迅速扩大；注重发挥地方金融机构融资的"杠杆"效应，带动其他金融机构增加在辽宁的资金投放；鼓励和支持地方商业银行跨区域经营，在外省设立分支机构，增加辽宁资金总量。目前，盛京、大连、锦州等银行已在省外设立了分支机构，这是一个良好的开端。

第三，加大招商引资力度，灵活运用招商引资方式，吸引域外资本进入辽宁。目前，由于金融危机导致国外直接投资建立的企业有所减少，而以收购一定比例股权为特征的兼并收购成为国际直接投资的主要形式。我们要适应国际投资的这一变化，在省内积极寻找投资项目，以这些项目为依托，吸引更多的外资进入辽宁省。特别是紧紧抓住中央深入实施东北振兴战略和沿海经济带开发建设的机遇，使辽宁沿海经济带成为辽宁省招商引资的金字招牌。

第四，积极向国家争取设立其他产业投资基金。在国家已经正式批准设立的辽宁装备制造产业投资基金基础上，根据国家对振兴东北—辽宁老工业基地的定位，继续申请设立"新材料产业投资基金"，通过基金的发行，扩大资金筹集总量。

第五，扩大直接融资的规模和比重。把握国内资本市场发展机遇，加快优质企业上市步伐，或通过发行企业债券的方式，扩大企业直接融资的规模和比重，优化企业的融资结构；拓宽基建类项目融资渠道，通过引进战略投资者等办法，逐步改变现行基建类项目融资主要依靠银行贷款的局面；加强对基建类项目的资产整合，盘活存量资产，对一些具备经营条件的项目，如地铁运营、加油站、污水和垃圾处理厂、区域供热、供气、收费高速公路等，可以通过股权转让参股形式或特许经营方式，吸引社会资本参与；对已投入使用、低效益的资产或项目通过拍卖形式转让，腾出资金保证重点工程建设需求。

（五）提高投资效益

改变辽宁省固定资产投资效益不断下滑的局面，从根本上说，需要抑制政府投资冲动、强化国企投资管理、转变经济增长方式、优化投资结构。

抑制政府投资冲动。改变政绩考核标准，从 GDP 数量考核为主转为质量和效益考核为主，强化决策者的效益观念和责任感。对非经营性政府投资项目，要加快推行并完善"代建制"，通过招标等方式，选择专业化的项目管理单位，负责项目的投资管理和建设实施的组织工作，严格控制项目投资、质量和工期，提高投资项目的实施效益。进一步提高政府投资决策的科学化、民主化水平，完善投资监管体系，建立健全政府投资项目公示制度、后评价制度和责任追究制度。

强化国企投资管理。在真正落实国有企业领导人的投资决策责任制的同时，将投资效益与企业领导人的收入、职务升迁等直接挂钩。

转变经济增长方式。从经济角度分析，固定资产投资效益低下的根本原因，还在于经济增长方式未能实现从粗放型向集约型、从外延型向内涵型的真正转变。粗放型经济最典型的特征就是"高投入、高消耗、低效益"，外延型的本质是注重量的扩张，而忽略质的提高。要改变这种现状，实现"两个转变"，除适当提高产业集中度和增加技术改造投资外，还必须加大对科技创新的投入力度，充分发挥科学技术在经济增长中的作用。

优化投资结构。优化投资结构包含两个方面的内容：一方面是在所有制结构上，降低效率相对低下的国有经济投资比重，鼓励非国有经济扩大投资，奠定提高全社会固定资产投资效益的体制基础；另一方面是要加大新兴主导产业的投资力度，特别是高新技术产业的投资力度，促进新兴支柱产业的发展壮大，支持具有自主知识产权和高附加值品牌产品的企业投资发展，培育提高固定资产投资效益的产业基础。

(六) 改善投资环境

建设良好的投资环境是鼓励投资和提高投资效益的重要保障。

第一，解放思想，转变观念，形成鼓励投资致富的社会氛围和制度环境。完善劳动、技术、管理和资本等要素参与分配的制度。取消对不同投资主体规定的不一致的歧视政策，促进公平竞争。鼓励科技人员创业，发展科技型企业，促进高新技术产业化，为辽宁产业结构升级提供种子，培育创业光荣、创业致富的社会环境。规范政府行政管理，主动、热情、高效、全方位为企业服务，减免办企业费用，降低创业者创业门槛。开办各类传授创业知识和经验的讲座、培训班和基地，为创业者提供市场信息、管理和技术咨询、销售帮助、融资、担保、场地等便利。

第二，建立和完善投资的法律保护环境。建立保护个人合法财产不受侵犯的法规体系，依法保护正当的固定资产投资，尤其是加强对民营经济的保护，制定有关保护条例，明确私人投资与国家投资享有同等权利，保护社会投资者对投资项目产权占有、支配和处理的权利,完善法律保护体系。

第三,不断提高政府部门的服务水平和质量,营造有利于吸引外埠资金、外来投资者、动员本地资金的体制环境、信用环境、法制环境和管理环境。创造条件搭建政府信用平台,推动制度建设和信用建设,建立政府、企业和个人诚信制度。规范政府及其各有关部门的管理行为,土地、建设、规划、环保、消防和劳动安全等部门,要做好项目相关手续审批服务工作,缩短工作时限,确保项目建设进度。

第四,落实企业投资决策权,全面实施核准制、备案制,提高政府投资服务的主动性,方便企业办事。深化研究辽宁省国有企业重组、改制相关政策,强化招商引资的合作基础。公布投资项目管理流程,建立科学便捷的投资项目管理机制。完善投资调控体系,加强行业规划、产业政策、信息发布、区域布局等方面的信息指导和引导。

第五,要继续加快基础设施和生态环境建设投资力度,优化投资硬环境。继续扩大对外开放领域,鼓励和引导域外资金向农业、教育、医疗、环境改造等领域投资。合理利用国际金融组织和外国政府贷款,配套完善招商引资政策法规,强化服务意识,提高办事效率,发展中介、咨询、信息等机构,发布有效投资信息,不断改善投资软环境。

辽宁省"十二五"经济社会发展战略、目标和任务研究[*]

一 21世纪以来辽宁经济社会发展比较分析

进入21世纪以来,特别是进入"十一五"时期以来,国际国内发展环境多变,经济全球化趋势日益明显,始于2008年的国际金融危机在全球产生深刻影响,国内经济在高速增长后,发展遇到诸多不确定因素。在国际国内发展机遇与挑战并存的背景下,辽宁通过不断努力,国民经济综合实力得到增强,产业结构进一步调整,外向型经济规模扩大,基础设施和项目建设加速推进,社会保障体系不断加强,人民生活水平进一步提升,经济社会发展取得了突出的成绩。

(一)国民经济增速明显,接近甚至超过沿海发达省份

自2003年国家做出振兴东北等老工业基地重大决策以来,在国家支持及自身发展潜力的双重作用下,辽宁省经济发展态势良好,综合实力明显增强。特别是进入"十一五"以来,振兴政策效应逐步放大,辽宁地区生产总值增速明显,投资和消费需求稳定,地方财政收入保持较快增长,同以往时期及沿海发达省份相比,可以说"十一五"是辽宁改革开放以来发展最快的时期。

1. 地区生产总值增速快于历史时期及沿海发达省份

2008年年底,国内生产总值达到13461.6亿元,在全国大陆地区31个省市中位居第8,比"十一五"初期增长47%,年均递增13.8%,比"十

---

[*] 中共辽宁省委"十二五"规划纲要采用。

五"同期高出 2.6 个百分点，更大大高于"八五""九五"和"十五"三个时期（见图1）。

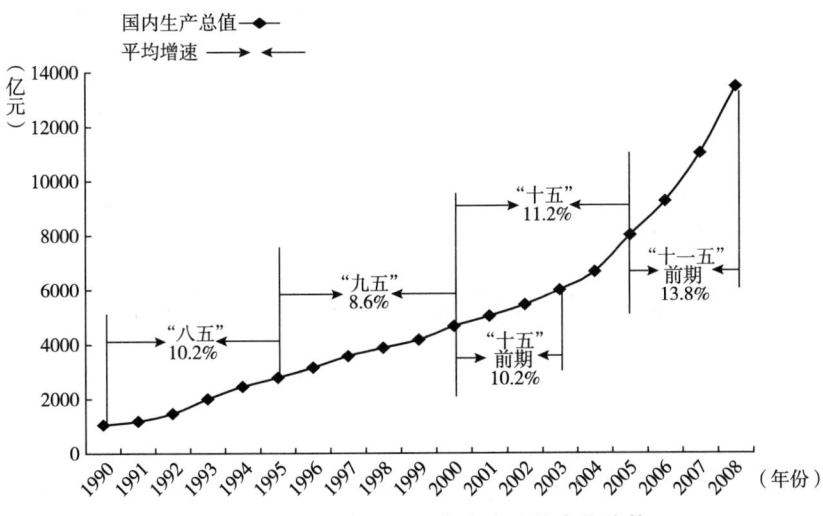

图1 1990 年以来辽宁国内生产总值变化趋势

注：总量按当年价格计算，增速以可比价格计算，下同。

地区生产总值增速排名不断提升，超过沿海主要省份增长速度。2001～2005 年，辽宁省增速均低于江苏、浙江、山东、广东等沿海主要省份，与福建省基本持平。进入"十一五"期间，辽宁省增速明显提高，至 2008 年，增长速度超过这五个省份，达到 13.1%，分别比江苏、浙江、福建、山东、广东高出 0.8 个、3.0 个、0.1 个、1.0 个和 3.0 个百分点，在 31 个省市区中位居第 7（见表1）。

表1 2001～2008 年辽宁省及沿海部分省区地区生产总值增长率排名

年 份	2001	2002	2003	2004	2005	2006	2007	2008
辽 宁	12	15	14	14	14	8	8	7
江 苏	4	4	6	4	4	3	7	14
浙 江	3	3	3	5	9	9	8	23
福 建	12	11	14	21	21	11	4	8
山 东	5	4	4	3	2	4	16	16
广 东	7	8	5	6	6	6	8	24

2. 固定资产投资增速明显，与沿海发达省份的差距缩小

固定资产投资增速高于全国平均水平及以往时期。2008 年，全社会固定资产投资突破万亿元，达到 10016.3 亿元，比 2005 年增加 5782 亿元，利用固定资产投资价格指数调整后（下同），年均增长 26.7%，分别比"八五""九五"和"十五"时期高出 17.8 个、20.4 个和 2.3 个百分点，比"十五"同期高出 10.2 个百分点。2006~2008 年，固定资产投资平均增速高于全国平均水平 7.6 个百分点，且逐年增长率均高于全国相应水平（见表 2）。在 31 个省市中，辽宁省固定资产投资绝对额位居前列，2006~2008 年分别位居第 6 位、第 6 位和第 5 位，在增长的相对幅度上分别位居第 4 位、第 8 位和第 7 位。

表 2　辽宁省与全国固定资产投资总额及增速比较

单位：亿元，%

年份	2006		2007		2008	
固定资产投资	总额	比上年增长	总额	比上年增长	总额	比上年增长
辽宁	5689.6	31.6	7435.2	25.3	10016.3	23.5
全国	109998.2	22.1	137323.9	20.2	172291.1	15.2

同沿海发达省份相比，差距逐渐缩小。2001~2005 年，辽宁省固定资产投资相当于江苏、浙江、山东、广东等沿海主要发达省份的比重均未超过 70%，最高点 2001 年相当于山东省的 64.78%，其次是 2005 年相当于浙江省的 64.43%，且比重都出现不同程度的上下浮动。2006~2008 年，辽宁省相当于这些省份的份额均有大幅增加，且呈现持续上升趋势，特别是至 2008 年年底超过浙江省（相当于浙江省的 107.47%），与广东省不相上下（相当于广东省的 92.18%）（见表 3）。

表 3　辽宁省固定资产投资相当于沿海主要省份的比重

单位：%

辽宁省相当于	2001	2002	2003	2004	2005	2006	2007	2008
江苏	63.51	41.70	45.43	45.44	51.53	58.27	60.59	65.48
浙江	62.08	46.42	42.07	51.54	64.43	74.93	88.17	107.47
山东	64.78	45.71	46.70	42.75	45.66	51.09	59.31	64.9
广东	41.87	40.70	43.41	50.76	61.45	71.31	80.03	92.18

3. 消费品市场发展速度高于历史时期及全国平均水平，接近甚至超过沿海发达省份

消费品市场运行良好。2008年辽宁省全社会消费品零售总额4917.5亿元，比2005年增加了1918.5亿元，年均增长13.4%；人均社会消费品零售额11396.3元，比2005年增加了4237元，年均增长12.3%。无论是消费品零售总额还是人均社会消费品零售额，其增长速度均快于以往时期及全国平均水平。2005~2008年（辽宁省2008年商品零售价格指数采用的是1~10月份的数据），全社会消费品零售总额年均增长13.4%，比"八五""九五""十五"时期分别高出4.3个百分点、2.5个百分点和2.7个百分点，比"十五"同期高出3.8个百分点；人均社会消费品零售额年均增长12.3%，比"八五""九五""十五"时期分别高3.8个百分点、2个百分点和1.9个百分点，比"十五"同期高出2.9个百分点（见表4）。

表4 辽宁省与全国社会消费品零售额增速比较

单位：%

社会消费品零售额	时期	"八五"	"九五"	"十五"	2001~2003年	2006~2008年
总额	辽宁省	9.1	10.9	10.7	9.6	13.4
	全国	10.6	10.7	11.1	11.1	13.3
人均	辽宁省	8.5	10.3	10.4	9.4	12.3
	全国	9.4	9.7	10.4	10.4	12.7

增长速度逐渐接近，甚至超过沿海主要发达省份（见图2）。2005年辽宁省社会消费品零售总额增长速度普遍低于江苏、浙江、福建、山东、广东5省份，至2008年，增长速度由13.5%增至22.0%，增长8.5个百分点，超过江苏（6.8%）、浙江（5.6%）、福建（6.2%）、山东（7.2%）、广东（5.5%）等发达省份的增长率。

4. 地方财政收入突破千亿元，增速明显

2007年辽宁省地方财政收入1082.7亿元，首次突破千亿元。2008年又升至1356.06亿元，比2005年增加680.7亿元，年均增长26.2%，高于"十五"时期8.2个百分点，比"十五"同期高出11.4个百分点，也远高于"八五"和"九五"时期（见图3）。同全国其他省区相比，辽宁省"十一五"以来地方财政一般预算收入总量一直位居全国第7位。

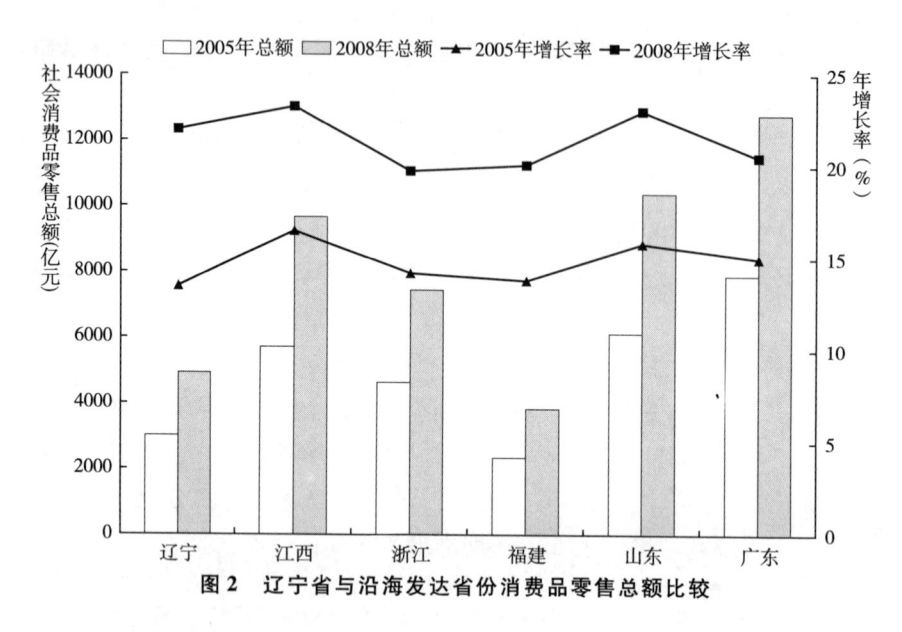

图2 辽宁省与沿海发达省份消费品零售总额比较

图3 1990年以来辽宁省地方财政收入变化趋势

（二）产业结构调整取得一定成效

产业结构调整取得了一定的成效。2008年，三次产业比例为9.7：55.8：34.5。农业、工业和服务业结构调整及升级效果明显。

1. 林牧渔业比重进一步提升

林牧渔业和占农林牧渔服务业产值比重占农林牧渔及其服务业比值由

2005年的61.70%升至2008年的63.79%,高于全国平均水平12.1个百分点,分别高于江苏、浙江、福建、山东和广东省12.44个、9.47个、2.62个、15.38个和8.72个百分点,说明辽宁农业结构层次相对较高(见表5)。

表5 辽宁省和沿海部分省份农林牧渔业结构比较

单位:%

农林牧渔结构	农业		林业		牧业		渔业		农林牧渔服务业	
年份	2005	2008	2005	2008	2005	2008	2005	2008	2005	2008
全国	49.72	48.35	3.61	3.71	33.74	35.49	10.18	8.97	2.75	3.48
辽宁省	38.29	36.21	2.66	2.80	38.07	42.49	18.35	15.12	2.62	3.38
江苏省	50.10	48.65	1.76	1.81	23.25	25.52	19.86	18.54	5.03	5.48
浙江省	45.85	45.68	5.85	6.01	20.02	23.53	26.66	22.91	1.62	1.87
福建省	40.90	38.83	6.94	7.62	19.80	21.66	31.11	27.95	1.24	3.93
山东省	54.36	51.59	1.54	1.82	30.07	30.37	12.44	12.23	1.60	3.99
广东省	45.32	44.93	2.71	2.41	26.09	29.35	21.40	19.79	4.48	3.53

2. 工业行业层次不断提高

装备制造业在国民经济中比重呈上升趋势。2008年,规模以上工业企业完成增加值6603.1亿元,其中装备制造业完成增加值1894.0亿元,比2005年增加1154亿元,占规模以上工业增加值的28.7%,比2005年增加4.1个百分点。

原材料工业向集约化、深加工化方向发展。2005年原材料工业中冶金、石化和建材工业比例为37:54:9,至2008年这一结构调整为45:42:13。冶金以鞍本钢集团、东北特钢为主体的北方精品钢材基地,建设取得重大成效;一批石化大型炼化一体化基地建设进展良好。

形成了一批依托于高技术行业的产业基地。沈阳民用航空、大连信息产业、大连新材料于2008年被批准为国家级高技术产业基地,省内组织建设了锦州光伏、沈阳通信电子、辽宁生物医药(本溪)3个省级高技术产业基地。2008年规模以上工业企业实现高新技术产品增加值2010.5亿元,占规模以上工业增加值的30.5%。全省8个省级以上高新区实现工业增加值

862.7亿元，高新技术产品增加值504.5亿元。

3. 现代服务业加快发展

物流、会展、金融等行业发展迅速。启动和实施大连长兴岛国际物流园、沈阳近海物流园、沈北现代物流园、营口沿海物流产业基地等一批现代物流产业项目，现代物流业发展态势良好。沈阳装备制造业博览会、东北亚高新技术博览会等一些大型展会在国内外知名度不断提升。

金融业发展有了新的突破。全省银行业金融机构贷款余额由2005年末的8305.6亿元增加到2008年末的11794.6亿元，增长42%，对装备制造业、基础设施和农业等重点领域支持作用加强。城市商业银行由2005年的11家增加到2007年的13家，盛京银行、大连银行成为总部设在辽宁的全国性股份制商业银行。农村金融服务体系逐步完善，2007年以来，新批设6家村镇银行，小额贷款公司试点工作正式启动。现代服务业增加值由2005年的800亿元，增加到2007年的1060亿元，年均增长15%。

（三）对外开放与经济合作进程加快

1. 实际利用外资保持快速增长

实际利用外资额增速快于以往时期及全国平均水平。2008年年底实际利用外资额120.2亿美元，比2005年底增长了84.3亿美元，年均增长49.6%，分别比"十五"同期和"九五"同期高出26个百分点和32个百分点，比全国平均水平高出34个百分点。其中，外商实际投资1000万美元以上项目252个，实际投资额88.4亿美元，占全省实际使用外商直接投资额的73.5%（见图4）。

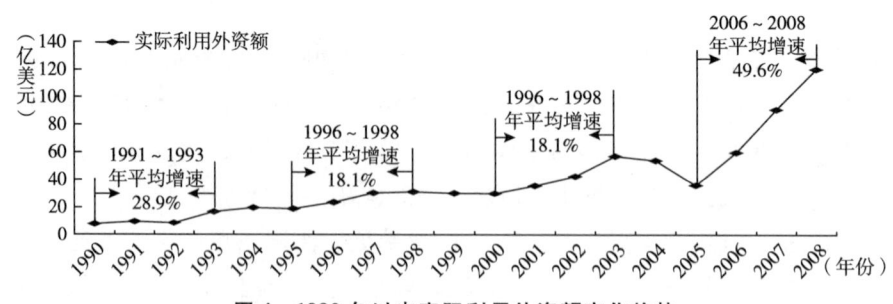

图4　1990年以来实际利用外资额变化趋势

同沿海主要发达省份相比，辽宁省实际利用外资额增速明显。虽然自2007年以来受金融危机的影响，"十一五"前期辽宁省实际利用外资额年增速呈下降趋势，但是同沿海发达省份相比，其增速非常明显，特别是 2006 年增速达 66.73%，分别比江苏、浙江、福建、山东和广东高 34.51 个、51.58 个、43.24 个、55.24 个和 49.37 个百分点。2007～2008 年，其他地区利用外资萎缩甚至负增长，而辽宁仍保持了 32.14% 的高增长率（表6）。

表6　辽宁省与部分沿海省份实际利用外资额年增长率变化情况

单位：%

	辽宁省	江苏省	浙江省	福建省	山东省	广东省
2006 年	66.73	32.22	15.15	23.48	11.49	17.36
2007 年	51.98	25.59	16.61	26.09	10.11	18.02
2008 年	32.14	14.74	-2.82	39.68	-25.51	11.92

2. 进出口总额与对外经济合作不断扩大

2008 年辽宁省进出口总额 724.4 亿美元，比 2005 年增长 76.6%。其中，出口总额 420.6 亿美元，增长 79.4%；进口总额 303.8 亿美元，增长 72.9%。2006～2008 年，外贸进出口总额平均增速 20.9%，比"十五"同期高出 9.1 个百分点。其中外贸出口总额平均增速 21.5%，高出 11 个百分点；外贸进口总额平均增速 20%，高出 6.6 个百分点（见图5）。2008 年在海外新办各类企业和机构 76 家，总投资额 6.8 亿美元，分别比 2005 年增加 28 家和 5.72 亿美元；对外承包工程和劳务合作新签合同项目 1745 个，增加 845 个；新签合同金额 26.2 亿美元，比"十五"末增长了 268%；外派劳务人员 9 万人，增加 1.89 万人。

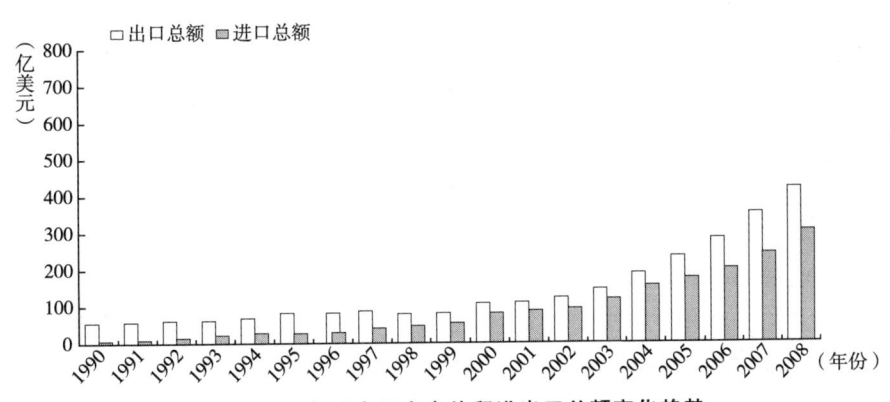

图5　1990 年以来辽宁省外贸进出口总额变化趋势

（四）基础设施建设成果显著

1. 高速公路建设整体水平在全国位居前列

"十一五"以来，辽宁先后启动建设了铁岭至朝阳、本溪至辽阳至辽中、辽中至新民、沈阳至康平、沈大与丹大连接线、大连开发区至旅顺、长兴岛疏港路、抚顺南杂木至梅河口、朝阳至赤峰、丹东至海城、丹东至通化11条16项1713公里高速公路。2008年高速公路在建里程达到了创纪录的1511公里，为历年之最，高速公路建设整体水平在全国位居前列。

2. 水利工程建设项目进展顺利

投资逾百亿元的大伙房水库输水工程一期工程已于2009年4月顺利竣工，水将从大伙房水库输送到抚顺、沈阳、辽阳、鞍山、营口、盘锦6座城市，并将实现向大连供水，解决辽宁中南部地区7城市21世纪前30年水资源短缺的问题，受益人口近1000万。该输水隧道长85.32公里，已经超过长53.86公里的日本青函隧道，成为世界最长隧道。此外，"五点一线"建设的重点工程"引细入汤"工程主体也于2007年10月竣工，在跨流域调水、优化水资源配置方面发挥重要作用，有效地缓解了鞍山市城市生活用水困难，突破多年存在的城市生活用水瓶颈。阜新引白济阜、丹东三湾水利枢纽以及本溪"引观入本"（引辽宁观音阁水库至本溪）等众多调水工程也全面展开，这些工程全部竣工后，辽宁省14个地级市的供水问题将得到极大缓解。农村饮水安全工程也已逐步展开。

3. 电力项目建设积极推进

国家"十一五"期间首个批准开工建设的核电项目——辽宁红沿河核电站主体工程在瓦房店市开工，这是中央实施振兴东北地区等老工业基地战略以来辽宁获得的最大投资项目，总投资486亿元人民币，项目建成后，年发电量300亿千瓦时。建设红沿河核电站，在相当大程度上改善了辽宁省电力工业主要以火电为主的能源结构，加强了辽宁省沿海地区的电源点和网架结构建设，目前，核电站土建工程建设正在积极展开中。其他一些电力项目，如庄河发电厂、康平发电厂和营口电厂二期等项目也都在积极推进中。

4. 港口货物吞吐量明显增加

截至 2008 年年底，全省港口货物吞吐量 48768 万吨，其中，锦州港完成吞吐量 4723 万吨，同比增长 34.5%，增长率位居东北各港之首；营口港港口吞吐量超过 15085 万吨；丹东港 2003 年吞吐量只有 300 多万吨，2008 年实现吞吐量超过 3000 万吨，5 年间增长了近 9 倍；葫芦岛港吞吐量 832 万吨；实力最强的大连港吞吐量达到 24600 万吨。2009 年辽宁省计划安排港口建设项目 46 个，其中续建项目 19 个，新开工项目 27 个，计划完成投资 79 亿元。

5. 城市基础设施建设不断完善

截至 2008 年年底，全年城镇基础设施建设完成投资 2326.3 亿元。城市用水普及率由 2005 年的 93.8% 增至 2008 年的 97.1%，增长 3.3 个百分点；燃气普及率由 88.1% 增至 92.1%，增长 4 个百分点。目前，总投资 7.3 亿元的沈阳五里河奥林匹克体育中心已经投入使用。沈阳市城建史上投资最多、规模最大的重点工程沈阳地铁工程进展顺利，其他一大批涉及供水、污水处理、集中供热、燃气等项目也正在抓紧实施中。

（五）城乡居民收入增速高于全国及沿海主要发达省份

1. 居民收入增速高于全国平均水平

辽宁省城镇居民人均可支配收入由 2005 年的 9107 元增至 2008 年的 14392 元，增长 5285 元，年均增长 16.5%，比全国平均水平高出约 2 个百分点，扣除价格因素后，实际增长 12.7%，比全国平均水平高出 2.4 个百分点。农村居民人均纯收入由 2005 年的 3690 元增至 2008 年底的 5577 元，增长 1887 元，年均增长 14.8%，比全国平均水平高出 1.3 个百分点，扣除价格因素后，实际增长 9.6%，比全国平均水平高出 0.9 个百分点。

2. 居民收入增速高于沿海主要发达省份

"十一五"期间城镇居民和农村居民收入的增长速度均高于沿海主要发达省份。城镇居民人均可支配收入年均增长 16.5%，分别比江苏、浙江、福建、山东和广东省高出 1.6 个、4.7 个、3.1 个、1.6 个和 6.3 个百分点。农村居民收入增速 14.8%，比山东省高出 2 个百分点，比其余省份均高出 3 个百分点以上（见图 6）。

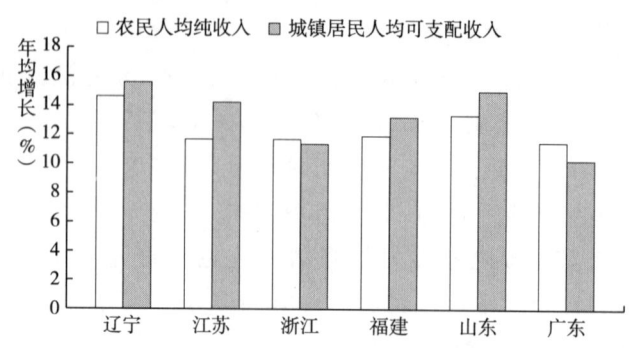

图6 辽宁省与沿海部分省份居民收入增长率比较（2005~2008年）

（六）就业再就业工作取得新进展

1. 城镇登记失业率一路走低

2000年以来，在老工业基地陷入困境和资源型城市经济转型的背景下，大量职工下岗，城镇登记失业率突增。而"十一五"以来，登记失业率一路走低。2008年，辽宁省城镇登记失业率为3.8%，低于全国0.4个百分点，这也是辽宁自1996年以来失业率首次低于全国平均水平（见图7）。2008年新增实名制就业112.6万人，安置零就业家庭成员就业4957人，解决了4365户零就业家庭的就业问题，全省继续保持零就业家庭动态为零，在促进就业再就业方面取得了明显的成效。实名制培训下岗失业人员26.8万人，实名制扶持创业带头人7806人，带动就业再就业5.2万人。发放小额担保贷款3.2亿元，为从事个体经营下岗失业人员减免税费4.2亿元。

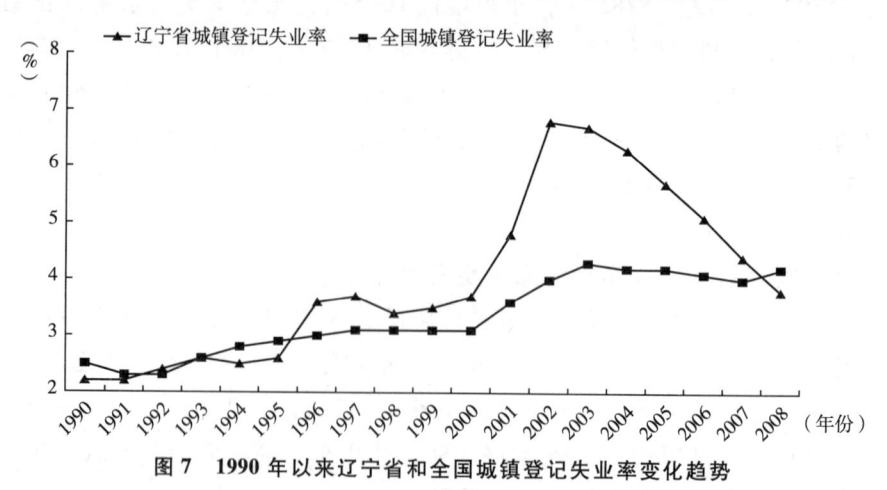

图7 1990年以来辽宁省和全国城镇登记失业率变化趋势

2. 就业结构进一步优化

2008年全省城乡从业人员2198.2万人，比2005年增加77.9万人。其中第一产业700.7万人，减少21.4万人；第二产业605万人，增加9万人；第三产业892.5万人，增加90.3万人。就业结构进一步优化，从业人员出现向第三产业转移的趋势。2005年三次产业就业结构为34.1∶28.1∶37.8，2008年就业结构变为31.9∶27.5∶40.6。

（七）社会保障体系建设进一步加强

"十一五"以来，辽宁省社会保障体系建设取得了有效的进展，基本养老保险、失业保险、医疗保险、工商保险和最低生活保障等覆盖范围不断完善，保障水平逐步提高。

1. 各类保险覆盖面不断扩大

基本养老保险参保人数由2005年底的212.2万人增至2008年的1405.8万人，增加1193.6万人，年均增长56%；失业保险参保人数由607.7万人增至622.7万人，增加15万人；2008年全省领取失业保险金人数15.7万人，比2005年减少30.8万人；工伤保险参保职工由474万人增至659.6万人，增加39%；2008年城镇基本医疗保险参保人数1209.3万人，比2005年增加345.06万人，其中，职工822.8万人，增加238.7万人；退休人员386.5万人，增加106.4万人。城镇居民医疗保险全面启动。截至2008年末共有298.1万城镇居民参加城镇居民医疗保险（见图8）。

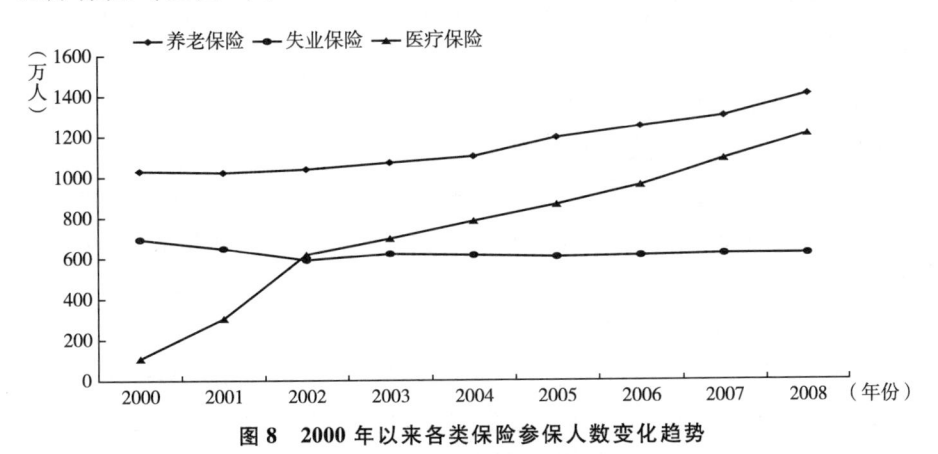

图8 2000年以来各类保险参保人数变化趋势

2. 保险基金收入逐步增加

养老保险基金由 2005 年的 250.5 亿元增至 2008 年的 464.2 亿元，年均增长 22.8%。企业退休人员基本养老金月人均提高 100 元；失业基金收入 30.5 亿元，比 2005 年增加 7.8 亿元；基本医疗保险基金收入 148.9 亿元，比 2005 年增加 80.7 亿元，年均增长 29.7%。新型农村合作医疗人均筹资水平由 50 元提高到 100 元。

3. 最低生活保障幅度显著提高

2008 年共有 227.3 万居民得到政府最低生活保障，比 2005 年增加 33.5 万人。其中，城镇低保人数 137.5 万，减少 13 万人；农村低保人数 89.8 万，增加 46.5 万人。2009 年上半年，辽宁省 14 个省辖市，城市平均低保标准已从人均每月 227 元提高到 273 元，增幅 20.3%；农村低保平均标准从年人均 1234 元提高到 1505 元，增幅 22%。

（八）节能减排和环境保护工作成效突出

"十一五"以来，辽宁省进一步坚持把节能减排作为落实科学发展观、调整经济结构、转变发展方式的切入点和突破口，全面落实节能减排目标责任制，加快淘汰落后产能，加强节能减排工程建设和新技术应用，并以严格的环境执法保证各项政策和举措的高效实施，在节能减排和环境保护方面取得了显著的成就。

1. 节能目标完成情况走在全国前列

2007 年，国家发改委会同国务院有关部门，对全国 30 个省、自治区、直辖市 2007 年节能目标完成情况和节能措施落实情况的评价考核结果显示，辽宁省进入全国前 6 位，与北京、天津、上海、江苏、山东等省（市）考核结果均为超额完成等级。

2. 城市空气环境质量控制效果明显

全省 14 个城市环境空气质量达二级标准天数平均为 339 天，比 2005 年的 313 天增加了 26 天。全省城市环境空气中可吸入颗粒物年均浓度为 0.089 毫克/立方米，继 2007 年首次达二级标准后，持续达标。

3. 水质控制有显著进步

全省辽河、浑河、太子河、大辽河、大凌河、鸭绿江 6 条主要河流，在监测的 36 个干流断面中，20 个为劣 V 类水质，占 55.6%，比 2005 年的 69.4% 下降了 13.8 个百分点。全省近岸海域功能区水质总达标率为

95.2%，比2005年提高9.2个百分点。

4. 污染物排放量控制及综合利用效果显著

一是废气排放量。全省废气中主要污染物二氧化硫、烟尘和工业粉尘排放总量分别为113.1万吨、69.2万吨和26.7万吨，分别比2005年减少6.6万吨、5.4万吨和18.6万吨；二是废水排放量。全省废水排放总量为21.2亿吨，比2005年减少0.7万吨。废水中主要污染物化学需氧量和氨氮排放总量分别为58.4万吨、6.4万吨，比2005年分别减少6万吨、2.7万吨。其中，工业废水排放量为8.3亿吨，减少了2.2万吨；工业化学需氧量排放量为23.6万吨，减少了3.2万吨；工业氨氮排放量为1.0万吨，减少了2.4万吨。三是固体废物综合处理利用量，全省工业固体废物产生量为15841.4万吨，综合利用量为7581.8万吨，综合利用率47.9%，比2005年增加5.2个百分点；处置量为6372.9万吨，处置率为40.2%，增加5.5个百分点；贮存量为2333.8万吨，贮存率14.7%，比2005年减少9个百分点；排放量为1.2万吨，排放率为0.01%，减少0.08个百分点。

二 辽宁经济社会发展中存在的主要问题

21世纪特别是"十一五"以来，辽宁经济社会发展的各方面均取得很大的成就。但是，制约经济社会发展的深层次的结构性矛盾仍未得到根本解决。产业层次低，增长方式依然粗放，资源环境对发展的制约日益突出，生态环境脆弱，自主创新能力弱，社会保障和就业压力沉重，区域发展不平衡，体制性矛盾突出等各种制约经济社会发展的因素依然存在。

（一）产业层次低，第三产业对经济增长的贡献率持续下降

产业内部结构问题突出。农业基础设施薄弱，设施农业规模小，农业产业化、标准化程度还不高。工业结构调整虽然取得重大进展，但产业链条短、产业层次低和产业集聚度不高等突出问题仍没有得到很好解决。服务业内部结构仍以传统服务业为主，现代服务业所占比重偏低，整个行业缺乏有市场竞争力的品牌。

以工业为主的第二产业主导地位不断巩固和提升，而以服务业为主的第三产业发展相对滞后。"十一五"以来，全省第二次产业所占比重均超过50%（见表7）。2008年第二产业比重为55.8%，超过全国平均水平7.2个

百分点；第三产业所占比重低于全国平均水平 5.6 个百分点。三次产业对地区生产总值的贡献向第二产业，特别是向工业集中的趋势越来越明显。2008年，第二产业对地区生产总值的贡献率为 68.0%，其中工业贡献率 57.6%，分别比全国平均水平高出 18.7 个百分点和 14.8 个百分点；而第三产业的贡献率为 25.0%，低于全国平均水平 13.3 个百分点，并且从 2001 年以来持续呈下降态势（表 8）。

表 7 2005 年以来辽宁省和全国三次产业比例变化情况

单位：%

年 份	2005	2006	2007	2008
辽 宁	11∶49.4∶39.6	10.6∶51.1∶38.3	10.3∶53.1∶36.6	9.7∶55.8∶34.5
全 国	12.2∶47.7∶40.1	11.3∶48.7∶40.0	11.1∶48.5∶40.4	11.3∶48.6∶40.1

表 8 2001 年以来辽宁省三次产业对地区生产总值的贡献率

单位：%

产业贡献率 年份	第一产业	第二产业	工业	第三产业
2001	8	42.2	37.4	49.8
2002	8.6	47.5	42.6	43.9
2003	6.5	51	43.2	42.5
2004	6.4	57	47.5	36.6
2005	6.7	64.9	60.3	28.4
2006	5.6	65.6	58.7	28.8
2007	2.8	69.6	65.0	27.6
2008	6.9	68.0	57.6	25.0

（二）产业能耗高，资源消耗型产业比重大

产业能耗高。"十一五"前期，在中国大陆 30 个省市区中（西藏未统计，下同），辽宁省单位 GDP 能耗均高居第 9 位。2008 年，辽宁省单位 GDP 能耗 1.617 吨标准煤/万元，分别是广东、山东、浙江、江苏、福建的

2.3倍、1.5倍、2.1倍、2倍和1.9倍；单位工业增加值能耗也相应处于高消耗水平。2008年辽宁省在30个省市区中排在第14位，每万元增加值耗标准煤比全国平均水平高0.237吨，同广东、江苏、浙江等沿海省份相比差距较大；单位GDP电耗高。2008年单位GDP电耗为1223.81千瓦时/万元，排在第13位，也高于多数沿海省份（见图9）。

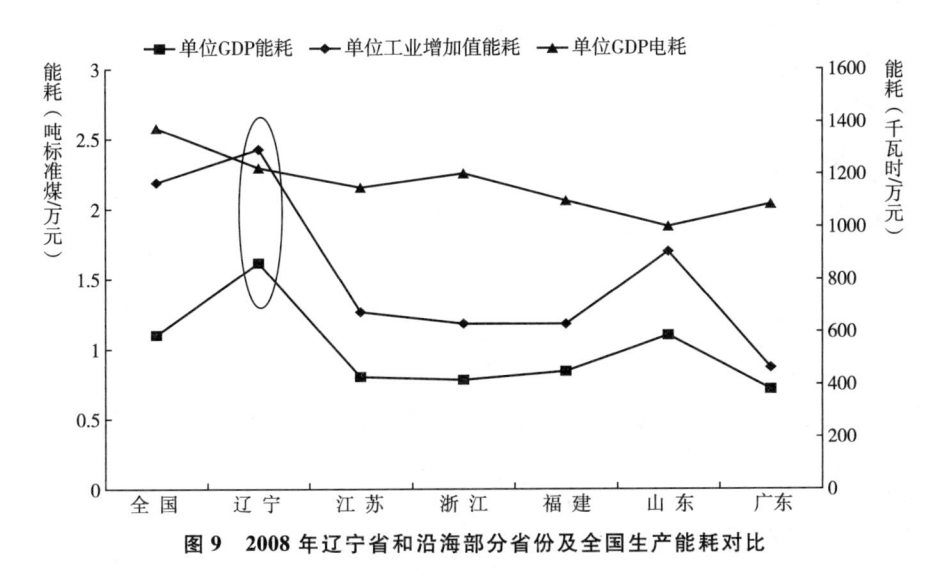

图9 2008年辽宁省和沿海部分省份及全国生产能耗对比

资源消耗型产业比重大。辽宁煤炭、钢铁、重化工等资源消耗型及环境污染型行业发展有约百年的历史，虽然当前工业结构调整取得了一定成绩，但是这些行业在工业结构中依然占较大份额（见表9），黑色金属冶炼及压延加工业，石油加工、炼焦及核燃料加工业，通用设备制造业，交通运输设备制造业，电力、热力的生产和供应业等居于辽宁省前五位的行业对煤炭、钢铁、石油等资源均有较大需求量，它们占工业增加值的比重达到45%，主要依赖矿产资源投入维系区域经济增长的方式没有得到根本改变。

表9 2007年辽宁省二位数行业增加值所占比重

单位：%

二位数行业	比重	二位数行业	比重
黑色金属冶炼及压延加工业	15.48	饮料制造业	1.11
石油加工、炼焦及核燃料加工业	9.16	纺织业	1.10
通用设备制造业	7.87	木材加工及木、竹、藤、棕、草制品业	1.01

续表

二位数行业	比重	二位数行业	比重
交通运输设备制造业	6.95	食品制造业	1.00
电力、热力的生产和供应业	5.39	家具制造业	0.92
农副食品加工业	5.20	皮革、毛皮、羽毛（绒）及其制品业	0.85
非金属矿物制品业	5.09	橡胶制品业	0.82
石油和天然气开采业	5.01	有色金属矿采选业	0.66
电气机械及器材制造业	4.02	仪器仪表及文化、办公用机械制造业	0.65
化学原料及化学制品制造业	4.00	造纸及纸制品业	0.61
专用设备制造业	3.62	非金属矿采选业	0.46
通信设备、计算机及其他电子设备制造业	3.11	烟草制品业	0.44
金属制品业	2.89	化学纤维制造业	0.37
有色金属冶炼及压延加工业	2.46	印刷业和记录媒介的复制	0.32
黑色金属矿采选业	1.97	工艺品及其他制造业	0.29
煤炭开采和洗选业	1.87	水的生产和供应业	0.25
塑料制品业	1.80	燃气生产和供应业	0.12
纺织服装、鞋、帽制造业	1.65	文教体育用品制造业	0.10
医药制造业	1.31	废弃资源和废旧材料回收加工业	0.05

（三）企业自主创新能力弱

企业是创新活动的主体。随着经济的加速发展，产业升级、经济增长方式转变对自主创新能力提出了更高要求，而相对滞后的企业自主创新能力则制约了产业升级的步伐和进度。"十一五"以来，辽宁省有科技活动的大中型工业企业占全部企业的比重呈逐年下降趋势，由2005年底的29.7%降至2007年的26.9%。2007年辽宁高新技术产业增加值298.84亿元，占工业增加值的比重仅为5.75%，分别低于江苏省、广东省10.3个百分点和13.5个百分点，也低于全国平均水平5.07个百分点（见表10）。

表10 2007年辽宁省和部分省份及全国高新技术产业发展比较

单位：亿元，%

地区	高新技术产业增加值	地区工业增加值	比重
辽宁	298.84	5199.89	5.75
江苏	2093.37	13016.84	16.08
浙江	596.91	9095.65	6.56
福建	444.95	4018.42	11.07
山东	954.63	13412.72	7.12
广东	2867.3	14910.03	19.23
全国	11621	107367.2	10.82

高新技术产品出口额度低（见图10）。辽宁省2008年高新技术产品出口额度非常低，仅为广东省的1/36，为江苏省的1/25；约为山东省、浙江省和福建省的1/3。

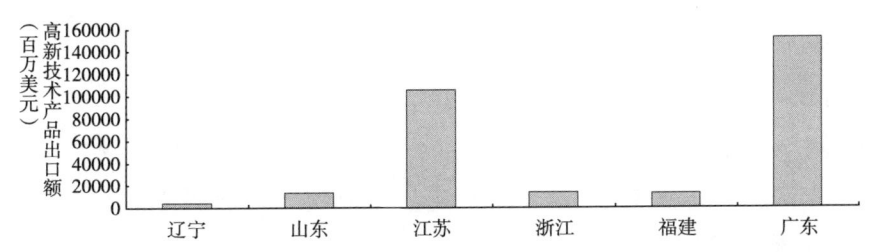

图10 辽宁省和部分省份及全国高新技术产品进出口情况比较（2008年）

（四）对外开放水平低

外商投资额度低。截至2008年年底，辽宁省注册登记的外商投资企业22321户，不足广东省的1/4，江苏省的1/2，也低于浙江、福建和山东省。投资总额1247.5亿美元，仅占全国的5.5%，分别为江苏、浙江、广东省的30%、78%和33%，也仅仅比山东和福建高出11%和23%（见图11）。

进出口额度低。进出口货物总额724亿美元，其中出口总额421亿美元，不足全国的3%，仅为广东省的10%（见图12）。

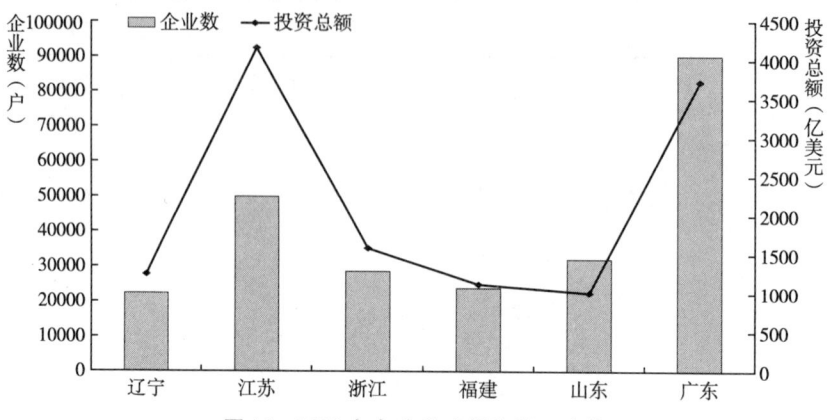

图 11　2008 年年底外商投资情况比较

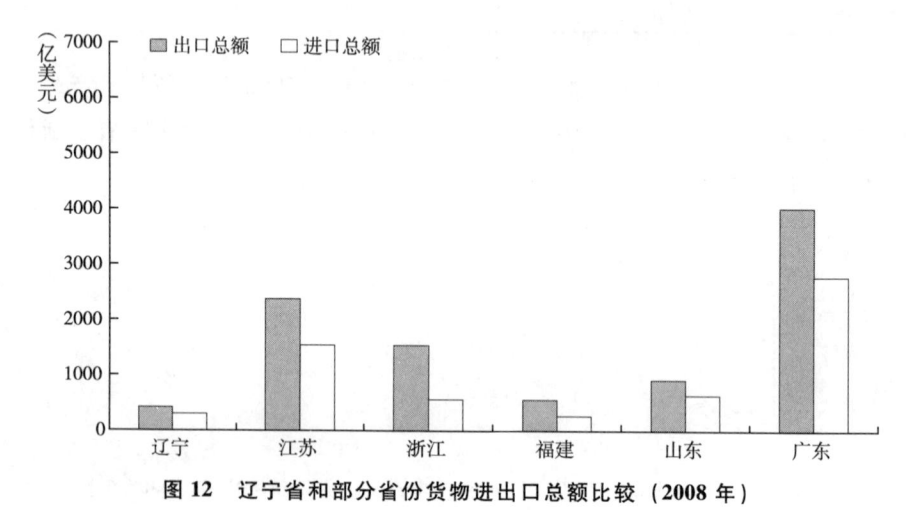

图 12　辽宁省和部分省份货物进出口总额比较（2008 年）

注：图中数据为按经营单位所在地分的货物进出口总额。

（五）固定资产投资率过高，但投资效率应亟待提高

固定资产投资持续高速增长的结果是辽宁经济快速发展，但同时也带来固定资产投资率过高的后果。到 2007 年，辽宁省固定资产投资率已高达 67.5%，比全国高出 11.9 个百分点。但辽宁固定资产投资效益递减，2007 年辽宁一元固定资产投资仅创造效益 1.48 元，比全国水平低 0.32 元，比辽宁 2005 年下降了 0.51 元。固定资产投资效率下降，表明资产的边际产出率呈下降趋势和经济增长所需的投资成本增加，单纯依靠投资拉动经济增

长的方式难以为继。同时，投资过高势必挤占消费。因此怎样保持适当的投资增长速度，实现投资、消费适当平衡，提高投资效益是未来应该主要关注的问题。

（六）居民收入增长与经济增长不同步

居民收入增长持续落后于地区生产总值增长，导致居民收入在社会收入分配结构中份额不断下降。2005年辽宁人均生产总值为18965元，比全国人均生产总值高5021元，而辽宁在岗职工平均工资为17331元，居全国第9位，比全国平均水平低1074元，职工的总体工资水平仍然偏低且与全国平均水平存在较大差距；城镇居民收入差距呈拉大趋势。"十一五"时期，辽宁发达地区与欠发达地区间经济发展不平衡的状况依旧没有得到有效改善，地区间的收入差距继续拉大。2005年辽宁省14个市中城镇居民人均收入最大绝对差值为5468.5元，2008年最大绝对差值为7387.5元，比2005年差距扩大了1919元；"十一五"期间，辽宁城乡居民收入差距继续呈扩大趋势。2007年，农村居民纯收入是城镇居民的38.8%，2008年，农村居民纯收入是城镇居民的38.7%。如何保证居民从地区国民财富增长中得到应有的收入增长应该是"十二五"期间要考虑的问题。

（七）民营经济实力不强

"十一五"期间辽宁经济增长主要靠的是重化工业，而辽宁重化工业还主要是靠国有或国有控股经济，因此，辽宁国有经济主导了经济发展，央企和地方国有独资集团高速发展，还有一些外地民营企业进入辽宁，但本地民营经济特别是非公有制经济发展相对滞后，这也是影响辽宁省人均收入增长的重要因素。国有企业多，创造利润大多数被企业留存或被政府拿走，这必然导致本地居民缺少资产和经营收入。

（八）就业问题严峻

虽然近年来辽宁省失业率一路走低，但失业问题仍然比较严重。2006年辽宁省失业率为5.1%，居全国首位。2008年降至3.8%，但同山东、浙江、广东、江苏等省份相比还存在一定差距（见图13）。许多地区面临失业人员再就业、城镇新增劳动力和农村富余劳动力转移就业同时出现的"三峰叠加"局面。劳动力供给和需求的结构性矛盾突出。劳动力整体素质偏低，技能人才占从业人员比重较低，结构不合理。潜在的失业问题明显，隐性失业人数较多，例如，据 2009 年 5 月份监测数据反映，沈阳市待岗人数 54657 人，占被监测职工总人数的 11.3%。

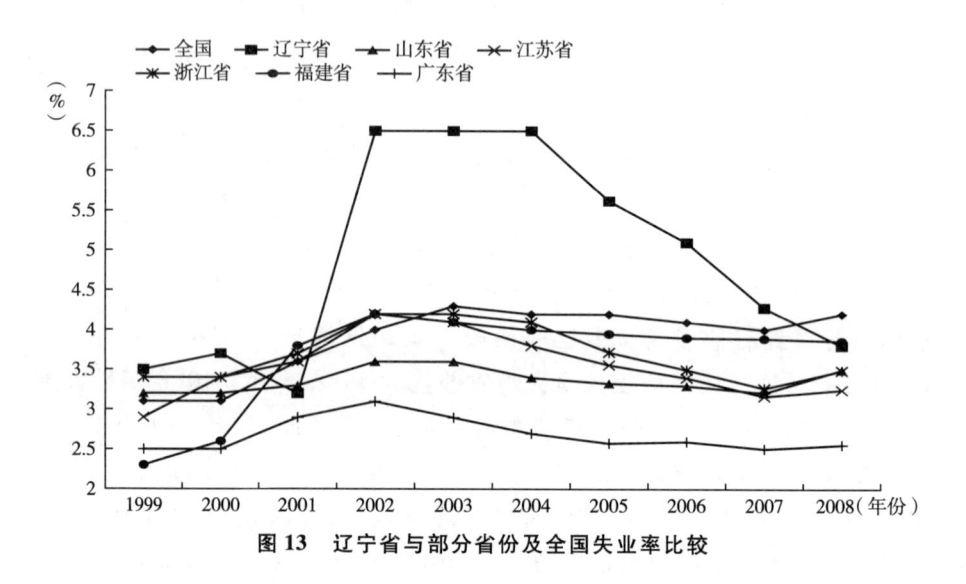

图 13 辽宁省与部分省份及全国失业率比较

（九）资金筹措困难

一是新农村建设资金不足。"十一五"以来，农村固定资产投资所占比重逐年减少，由 2005 年底的 12.7% 减至 2008 年年底的 11.4%，低于全国平均水平 2.6 个百分点。地方财政对农业支出比重偏小。2008 年地方财政一般预算支出 2151.9 亿元，其中农林水事务支出 149.4 亿元，占 6.94%。由于农村基础设施和公共服务建设滞后，农村生产生活条件总体水平和防灾抗灾能力较低，不利于农业生产的顺利进行。

二是用于重大项目建设的地方配套资金筹措难度较大。2006～2008 年上半年国家实施从紧的货币政策，虽然随后开始实施宽松的货币政策，加大信贷投资力度，但是银行基于自身利益考虑，贷款条件依然严格，项目贷款不能及时到位，影响项目进程；企业贷款投资力度明显滞后。政府投资的项目贷款远好于企业，银行对中小企业贷款的准入门槛并没有明显降低，中小企业项目贷款困难，影响项目建设。

三是养老保险金存在较大缺口。随着人口老龄化进程逐步加快，养老金支付压力越来越大,养老保险基金缺口严重。2000年以来,辽宁省养老保险基金一直是入不敷出,"十一五"以来基金缺口逐渐增大,2008年年底缺口达到61.3亿元(见表11)。

表11 2000年以来养老保险基金变化情况

单位:亿元

年 份	2000	2001	2002	2003	2004	2005	2006	2007	2008
收 入	127.6	134.4	160.3	177	213.2	250.5	292.1	352	464.2
支 出	469.5	178.6	202.9	216.4	243.9	287.7	356.8	425.9	525.5
缺 口	341.9	44.2	42.6	39.4	30.7	37.2	64.7	73.9	61.3

(十) 区域发展不平衡

2008年全省14个城市GDP的平均数为1100亿元,标准偏差为1207,离散系数为0.91,高于相对发达的广东省(0.79),地区经济总量的分布不均匀。2008年GDP总量超过3000亿元的有大连和沈阳两个城市,分别为3858亿元和3855亿元。紧随其后的鞍山为1608亿元,其余城市均不到1000亿元。以沈阳和大连为第一集团的经济区域,同以葫芦岛、朝阳、阜新为第四集团的地区经济差距逐步拉大。经济总量最大的大连市与经济总量最小的阜新市差额已经达到3620亿元,是阜新市经济总量的16.2倍。从人均GDP来看,大连、盘锦、沈阳3市超过5万元,铁岭、葫芦岛、朝阳和阜新4市均不超过2万元。人均GDP的平均值为32082元,标准差为16822,离散系数高达1.91,人均GDP地区间差距较大。在空间结构上,辽宁省经济总体上呈现出沈大城市群这一核心地带发达,辽西北、辽东"两翼"地区经济相对落后的特点。

(十一) 生态环境脆弱

经济增长方式并未真正转型,资源利用粗放和浪费现象严重,生态环境脆弱。抚顺、本溪、阜新、盘锦、葫芦岛、调兵山市、北票等资源型城市都不同程度地面临资源开采殆尽的压力。资源的不合理开采开发造成的山林植被、流域水环境和湿地等生态环境的承载能力减弱与资源消耗型产业带来的污染问题并存,环境容量面临越来越大的压力。近岸海域污染形势严峻。2007年，入海排污口排污水总量约53.7亿吨，67%的入海排污口超标排放污染物，部分排污口邻近海域环境污染严重，近岸海域未达到清洁海域水质标准的面积达8150平方公里。辽东湾滨海地区海水入侵面积大、盐渍化程度较高。

（十二）体制性矛盾仍较突出

民营经济发展不充分，国有企业体现现代企业制度的法人治理结构还不够完善，企业适应市场环境发生急剧变化的能力亟待提高。政府自身建设存在薄弱环节，软环境建设还需要加强，行政管理体制改革有待加快，政府在经济管理、公共服务、市场调节、社会监督等方面发挥的作用，距离服务型政府的要求还有差距。要素市场化改革亟待推进，技术、人才、资金等要素市场配置资源的基础性作用尚未充分发挥，要素资源优势亟待整合，要素市场体系亟待进一步完善。城乡二元结构问题仍很突出，反映城乡差别的教育、医疗、交通、居住、就业等公共服务制度有待进一步统筹完善。

三 辽宁目前所处发展阶段的基本判断及未来发展趋势预测

（一）辽宁目前所处发展阶段的基本判断

目前，经济学界对一个国家或地区所处发展阶段判断的标准，大多采用工业化进程、工业内部结构和人均国民收入三个指标。以上述三个指标分析辽宁省当前所处的经济社会发展阶段，我们认为：

1. 辽宁已处于工业化后期，面临产业结构调整优化升级阶段

对工业化进程的判别标准大多采用美国学者钱纳里和赛尔奎因的研究成果。钱纳里和赛尔奎因通过对20世纪中后期101个国家和地区的经济结构转变全过程的比较研究，揭示了三次产业产值结构、就业结构和工业化之间的互动关系理论，得出了经济增长过程中产业结构与就业结构转变的一般模式。如表12所示，具体衡量标准是：当第一产业的比重低到20%以下、第二产业的比重上升到高于第三产业并在GDP结构中占最大比重时，工业化进入了中期阶段；当第一产业的比重再降低到10%左右、第二产业的比重上升到最高水平时，工业化则到了结束阶段，即后期阶段，此后第二产业的比重转为相对稳定或有所下降阶段。

表12 钱纳里和赛尔奎因产业结构模式

人均GDP（美元）	产业结构（％）		
	第一产业	第二产业	第三产业
100	48.0	21.0	31.0
300	39.4	28.2	32.4
500	31.7	33.4	34.6
1000	22.8	39.2	37.8
2000	15.4	43.4	41.2
4000	9.7	45.6	44.7

对照赛尔奎因和钱纳里的结构模式，结合辽宁省产业结构变化的综合判断，辽宁省正处于工业化发展后期阶段，但工业化进程仍未完成，面临着新一轮的由产业优化升级带来的"再工业化"阶段（见表13）。

表13 辽宁省人均GDP和产业结构

年份	人均GDP		产业结构（％）		
	元	美元	第一产业	第二产业	第三产业
1990	2698	565	15.9	50.9	33.2
1991	3027	569	15.1	49.2	35.7
1992	3693	670	13.2	50.4	36.4
1993	5015	870	13	51.7	35.3
1994	6103	708	13	51.1	35.9
1995	6880	824	14	49.8	36.2
1996	7730	930	15	48.7	36.3
1997	8725	1053	13.2	48.7	38.1
1998	9415	1137	13.7	47.8	38.5
1999	10086	1219	12.5	48	39.5
2000	11177	1350	10.8	50.2	39
2001	12015	1452	10.8	48.5	40.7

续表

年 份	人均GDP		产业结构（%）		
	元	美元	第一产业	第二产业	第三产业
2002	13000	1570	10.8	47.8	41.4
2003	14270	1725	10.3	48.3	41.4
2004	15835	1913	12	45.9	42.1
2005	18983	2318	11	49.4	39.6
2006	21788	2733	10.6	51.1	38.3
2007	25729	3384	10.3	53.1	36.6
2008	31259	4573	9.7	55.8	34.5

表13说明：（1）1990年以来，辽宁省第二产业一直占最大比重，虽然期间由于国家对老工业基地的调整等因素使得第二产业比重出现暂时性下降，但总体呈现上升趋势，至2008年第二产业比重达到55.8%。

（2）1990~2005年，第二产业所占比重基本上在50%左右微弱浮动，而第三产业呈小幅稳步上涨态势，第二产业和第三产业的平均比重分别为49.15%和38.08%。第二产业呈现小幅度波动态势，而第三产业基本呈现稳步小幅度上涨态势，第三产业上涨速度快于第二产业。

（3）第一产业比重由1990年的15.9%下降至2008年的9.7%，一产比重于2008年首次降至10%以下。

（4）1990年三次产业比重为15.9∶50.9∶33.2，到2008年变动为9.7∶55.8∶34.5，第一产业下降6.2个百分点，第二产业上升4.9个百分点，第三产业上升1.3个百分点。对照标准产业结构模型，辽宁省工业化水平大致相对于该模型中第5与第6阶段，即人均2000~4000美元的结构状况，说明辽宁省正处于工业化的后期阶段，进一步而言正处于工业结构调整优化的"再工业化"时期，工业对经济仍会带来新一轮的增长作用。

根据赛尔奎因和钱纳里就业结构模型理论，三次就业结构变化趋势随工业化的起步和推进，第一产业劳动力比重不断下降，第二、第三产业就业比重不断提高；当工业化发展到一定阶段，第二产业就业比重变化不再明显，就业向第三产业转移，致使第一产业就业比重持续下降。

对照就业结构模型（见表14），结合1990~2008年的就业结构变化的趋势（见表15），反映出目前辽宁省就业结构水平大致处于赛尔奎因和钱纳里就业结构模型的第5和第6阶段，就业结构工业化处于就业结构模型的后期阶段，与产业结构模型比照结果相对应。

表14 钱纳里和赛尔奎因就业结构模式

人均GDP（美元）	就业结构（%）		
	第一产业	第二产业	第三产业
100	81	7	12
300	74.9	9.2	15.9
500	65.1	13.2	21.7
1000	51.7	19.2	29.1
2000	38.1	25.6	36.3
4000	24.2	32.6	43.2

表15 1990年以来辽宁省就业结构变化趋势

年份	就业结构（%）			年份	就业结构（%）		
1990	34.0	41.0	25.0	2000	33.4	31.7	34.9
1991	34.4	40.7	24.9	2001	33.2	30.2	36.6
1992	33.3	40.7	26.0	2002	34.4	28.7	36.9
1993	31.9	41.3	26.8	2003	34.7	28.2	37.1
1994	31.2	38.5	30.3	2004	34.4	28.0	37.6
1995	31.2	38.8	30.0	2005	34.1	28.1	37.8
1996	31.7	37.0	31.3	2006	33.7	27.7	38.6
1997	32.5	36.4	31.1	2007	32.4	27.6	40.1
1998	33.6	35.0	31.4	2008	33.3	25.5	41.2
1999	32.7	33.0	34.3	—	—	—	—

以上分析表明，辽宁省并未完成整个工业化进程，第二产业和工业对经济增长的贡献仍存在提升空间，但辽宁省已经进入工业化后期的最后阶段，未来必然向后工业经济过渡，抓紧发展重化工、装备制造业，利用新

能源、新技术对传统产业进行改造，是未来工业发展的必然要求。

2. 工业已经完成重工业化过程，处于从高加工度向集约化转变的阶段

根据西方工业化发展进程经验来看，工业化过程中工业内部结构变动呈现如下规律：①工业化进程一般都从轻工业发展起步，然后逐渐向以基础工业为主的重工业转移，进入以原料和能源工业为中心的发展阶段；②在基础工业得到较充分发展的基础上，工业重心又向加工组装工业转移，使工业加工程度和产品附加值不断提高，进入高加工度化阶段；③随着技术进步导入并取代资本要素，工业化开始步入技术集约化阶段。

长期以来，辽宁省重工业一直占较大比重，上世纪末已经完成了基础原材料工业为主的重工业化阶段（霍夫曼比接近1），并向高加工度阶段发展。2000年重工业比重超过80%，结合目前辽宁省产业优化升级的现实状况，工业应处于由高加工度向技术集约化迈进的阶段（见表16）。

表16　辽宁省轻重工业结构比及霍夫曼比

指标	1990年	1995年	2000年	2001年	2002年	2003年	2004年	2005年	2006年	2007年
轻工业	29.6	27.4	18.7	18.1	19.9	16.7	16.5	16.5	17.1	18
重工业	70.4	72.6	81.3	81.9	80.1	83.3	83.5	83.5	82.9	82
霍夫曼比	0.42	0.38	0.23	0.22	0.25	0.20	0.20	0.20	0.21	0.22

3. 收入已达中等偏上收入标准，初步达到中等发达国家水平

人均国内生产总值或人均国民生产总值是20世纪后半叶以来经济学家研究经济发展进程的重要依据。19世纪70年代中期，世界银行在其年度发展报告中首次按照人均国民生产总值进行分类，后改为按照人均国民收入分类。世界银行将国家或者经济实体划分为四个收入档次，分别为低收入、下中等收入、上中等收入以及高收入国家。根据世界银行2008年最新的分类标准（见表17），2008年人均国民收入低于975美元为低收入经济体，在976～3855美元之间为中等偏下收入经济体，在3856～11905美元之间为中等偏上收入经济体，高于11906美元为高收入经济体。虽然世界银行按照自行的一套方法计算各国的国民收入数据，但计算结果与各国官方公布的国内生产总值数据基本上是相对应的。比如，据世界银行公布的数据，2008年年中国国民总收入为36785亿美元，人均2770美元，位居中等偏下收入经济体。而按照中国国家统计局的数据，以2008年年底汇率计算，2008年

中国 GDP 约合 43992 亿美元，人均 3313 美元，也是位居中等偏下收入经济体，两者结果是一样的。2008 年，辽宁省国内生产总值 13461.6 亿元，人均 31259 元。以 2008 年年底汇率计算，国内生产总值 1969.6 亿美元，人均 4573.6 美元。根据世界银行的收入分组标准，辽宁省属于中等偏上收入地区。中等发达国家的人均 GDP 标准为 3000～10000 美元，按此标准，辽宁省已经达到中等发达国家水平。

表 17　世界银行的收入分组标准

人均国民总收入分组	划分标准
低收入经济体	975 美元以下
中等偏下收入经济体	976～3855 美元
中等偏上收入经济体	3856～11905 美元
高收入经济体	11906 美元以上

（二）辽宁未来发展趋势预测

"十二五"期间，经济全球化还将日益加速，资源要素在全球范围内重组进程进一步加快；国内将面临经济社会发展方式转型、产业结构优化升级、竞争格局多元化、产业区域转移加快、全国开发开放不断加速的发展趋势。辽宁老工业基地振兴还将不断深入，沿海经济带开放开发和沈阳经济区上升为国家新型工业化综合配套改革试验区为辽宁经济社会的发展提供了新的战略机遇和发展动力。在这些国际国内环境的影响下，辽宁经济社会将呈现新的发展趋势。

1. 进入新一轮的快速增长时期

受国际国内经济运行环境影响，2005～2007 年，辽宁省国内生产总值增速明显，特别是 2006～2007 年增速达到 14.5%。2008 年以来，在国家宏观调控及国际经济形势趋缓的背景下，增速相对放慢。但是，从辽宁省省内情况来看，老工业基地振兴的政策支持面逐渐扩大，工业进程也正面临新一轮的调整优化机遇。同时沿海经济带和沈阳经济区上升到国家战略的高度，投资需求对经济的拉动作用将越来越明显。省内消费需求也将逐渐旺盛，2008 年辽宁城镇居民人均消费性支出首次突破万元大关，达到 11231 元，同比增长 19.1%，是 2000 年以来增幅最大的一年。边际消费倾向（消费的增加额与收入的增加额之比）为 0.86，达到近五年最高值，高于全国平均水平22个百分点,在全国居首位。总体来讲,辽宁省经济将进入新一轮的快速增长时期,预计2010年经济总量将突破1.7万亿元,经济增长将维持在13%的水平上。

2. 面临进一步的"再工业化"阶段

"再工业化"的实质是产业结构的优化升级。综观发达国家工业化过程,都面临着工业结构的优化升级,一是制造业呈现出高技术化、高加工度化和高附加值化趋势。传统工业改造升级加快,技术水平和生产效率明显改观。二是工业中的高新技术产业成长迅速,日益成为引领未来经济发展的主导产业,先进制造业对工业增长的贡献份额持续提高。2007年辽宁省高技术行业规模以上企业工业总产值1035.1953亿元,规模以上企业工业总产值18249.53亿元,高技术产业所占比重仅为5.7%;高技术产业增加值298.84亿元,占工业增加值的比重仅为5.75%。高科技产业还存在很大的发展空间。

目前辽宁省已经进入工业化后期发展阶段,但是工业产业层次不高,结构性矛盾突出。从外部环境来看,经济全球化进程加快,经济要素在全球范围内重新配置,基于跨国公司的全球性产业链处于快速构建之中,制造业重心向中国转移。国内经济也由传统的发展模式向科学发展模式转变,经济增长方式由粗放向集约转型,发展重心从注重经济增长到关注品质提升,产业结构由产业链低端向中高端转型,增长动力也由投入驱动型向创新驱动型转变。从辽宁省内部环境来看,资源消耗型产业与资源短缺、生态环境脆弱之间的矛盾日益突出。在资源约束和环境容量限制的双重压力下,工业化主导以原材料为主向高度加工工业为主转换的步伐将加快,对资源强依赖的粗放增长方式向高附加值的集约增长方式转变、产业结构优化升级的速度将加快。

3. 城镇化进程将加快推进

在固定资产投资、全面对外开放及消费需求的拉动下,辽宁省城镇化水平将加快推进。全球性金融危机背景下,国家保增长、扩内需、调结构的目标和思路已经明确。新一轮的固定资产投资将成为经济保增长的主力。辽宁省2009年固定资产投资突破1.3万亿元。辽宁沿海经济带开发开放上升为国家战略,也极大地拓展了全面对外开放的空间。固定资产投资的增长和对外开放开发区建设的逐步推进,将带来资金的集聚、土地的集约化利用以及人口的集中,进一步推进辽宁省城镇化进程。

4. 面临全方位的对外开放

辽宁省开放水平的提升主要基于当前的发展机遇，一是国家自2003年起实施的东北老工业基地振兴战略；二是辽宁省"五点一线"沿海经济带开发开放水平的日益提升；三是沈阳经济区上升为国家新型工业化综合配套改革试验区。特别是辽宁沿海经济带上升为国家战略，将有一系列的优惠政策推动沿海经济带的开放开发，辽宁省在海内外的知名度也会相应提高，吸引全球的资金、科技、人才积聚，将从更大范围、更广领域、更高层次上参与国际合作和融入经济全球化过程。

5. 沿海将构造成为新的国家级增长带

《辽宁沿海经济带发展规划》于2009年7月由国务院常务会议讨论通过，沿海经济带的发展上升至国家战略层面，发展的软环境将愈来愈优良。辽宁海岸线长，港口资源十分丰富。海岸线资源丰富，拥有2292.4公里海岸线，627.6公里岛屿岸线，宜建港岸线168公里，沿海港口6个，分别分布在大连、丹东、营口、锦州、盘锦、葫芦岛六个沿海城市。沿海经济带地处环渤海地区重要位置和东北亚经济圈关键地带，资源禀赋优良，工业实力较强，交通体系发达，初步形成了以大连港为龙头，以营口港、锦州港、丹东港等为支撑的港口群框架体系，以沈阳为中心的沈大、沈山、沈丹等高速公路网络体系。这些基础设施为沿海经济带的发展提供了坚实的后盾。坚实的硬件基础加优良的软环境，为沿海经济带的发展提供了助推力，沿海经济带在辽宁乃至在东北地区的地位将日益凸显，对东北沿海经济与腹地经济形成良性互动起到重要作用，将成为国家区域层面上新的增长带。来自辽宁省对外开放工作领导小组办公室的统计数据显示，截至2008年第一季度，辽宁沿海经济带累计签约项目756个，投资总额达4375.9亿元，其中合同外资额达133.8亿美元。沿海经济带拉动辽宁，进而全国经济增长的态势初显端倪。

6. 产业集群化发展将成为推动区域经济增长的主要模式

产业竞争力是区域竞争力的核心。产业集群化发展是提升产业竞争力进而提升区域竞争力的重要手段。从目前情况来看，辽宁省内已经形成的集群主要集中在装备制造业、高新技术产业、资源开采和加工业、农产品加工等领域，"十一五"期间重点发展的产业集群有30个，集群规模主要集中在10亿~100亿元，占集群总数的63%。规模在100亿元以上的产业集群有8个。这些产业集群已经初步完成了产业集中，但是，更加地域化的、专业化的产业集群还在发展过程中。且产业集群发展状况很不均衡,有的正处于集群的初始阶段,刚刚完成了产业的初步集中;有的已经完成了产业集群的第一阶段,正处于机制创新的转折阶段,如营口大石桥的镁质材料产业集群;还有的产业集群已经在国内外产生了一定影响,如海城的纺织产业集群。由当前情况展望以后的发展趋势,可以说,辽宁省产业集群化趋势将更加明显,即朝向企业间加强协作、产业间联系更加紧密、协调分工更加明确的方向发展,集群的外部性也将更加充分地发挥出来,对区域经济的带动作用也会日益明显。以产业集群化方式推动产业发展,进而推动区域发展提升区域竞争力的经济增长方式将是辽宁省今后的主要模式之一。

四 辽宁省"十二五"经济社会发展战略、目标和任务

(一) 发展战略

根据我们前述对辽宁经济社会发展的比较研究和对辽宁当前经济社会发展过程中存在的主要问题分析,以及对辽宁经济社会发展阶段的判断和对未来发展趋势的预测,我们认为,在历史发展特别是"十一五"以来发展的基础上,"十二五"期间,辽宁应该制定并实施"富民强省、发展转型、全面创新"三大战略。

富民强省——以人为本的科学发展观,客观上要求把民生放在第一优先位置,或者说把改善民生作为科学发展的出发点和落脚点。第一,进一步转变就业观念,拓宽就业渠道,增加公益性岗位,强化就业培训,搭建就业平台,完善就业预警制度,努力创建充分就业的和谐局面。第二,加强民生工程制度建设,鼓励民众参与决策与监督,建立民生工程建设长效机制,以推进重点民生工程为载体,着力实现好、维护好、发展好广大人民群众的根本利益。第三,进一步完善城镇职工基本养老保险、失业保险、医疗保险、城镇居民最低生活保障制度,加快推进农村居民养老保险和新型农村合作医疗工作,逐步实现全省统筹和城乡统筹,建立全省统一、城乡统一、全民有份的社会保障体系。第四,打破公共服务的行政垄断,促进公共服务供给多元化,加强公共服务能力建设,降低公共服务成本,提高公共服务水平和效率,建立多元化的公共服务体系,推进基本公共服

均等化。

　　特别是在投资率居高不下的情况下，公共投资要实现理论与实践创新，突破"硬基础设施"投资局限，树立"软基础设施"投资理念。各级政府的财政投资要进一步突破传统的路桥等交通基础设施和城市基础设施投资局限，扩大文化、教育、卫生、城乡社会保障、最低生活补助、医疗失业保险等"软基础设施投资"边界，以促进和扩大消费，提高消费增长在区域经济增长中的贡献率。要树立"软基础设施投资"也是投资，现阶段也许是更重要投资的理念。

　　发展转型——根据我们对辽宁经济社会发展阶段的认识，"十二五"期间，辽宁经济社会发展将进入全面转型的新时期，需要完成五大转型任务：第一，统筹经济社会发展，从传统的主要注重经济增长向更加关注生态环境、社会发展和民生改善转型；第二，统筹城乡发展，从城乡分割向城乡一体化转型；第三，经济增长要推动传统的以粗放外延发展模式为主向以集约内涵发展模式为主转型；第四，产业发展，从产业链低端向中高端转型；第五，发展动力，要从要素投入驱动向创新驱动转型。

　　全面创新——要进一步解放思想，深化改革，依靠科技创新、制度创新、产业创新、品牌创新和管理创新，推动辽宁经济从要素投入驱动转变为创新驱动。一是大力推进科技创新，走自主创新之路，不断提高自主创新能力，建设创新型区域，构筑科技创新高地；二是大力推进机制体制创新，加快经济、社会、科技、文化和行政管理体制的综合配套改革，建立和形成符合科学发展观要求的社会主义市场经济新机制、新体制，为辽宁走科学发展之路提供强有力的制度保障；三是产业创新，依靠科技创新和机制体制创新，推动产业结构调整和优化升级，大力发展高端制造业、现代服务业，鼓励技术创新和新产品开发，推动产业创意化，逐步实现由辽宁制造向辽宁创造的转变；四是大力推进管理创新，积极推广先进的管理理念和方法，强化管理能力建设，全面提高管理水平；五是大力推进品牌创新，实施辽宁品牌建设工程，积极培育自主品牌，把增强自主创新能力与培育自主品牌结合起来，以自主品牌带动自主创新，以自主创新提升自主品牌。

（二）发展目标

1. 经济增长目标

　　立足于辽宁的发展基础，按照发展要素和发展条件变动的一般趋势，采用国际常用的预测方法判断,"十二五"期间辽宁区域生产总值将保持在年均增长 11% 左右,到 2015 年地区生产总值约达到 2.8 万亿元;人均生产总值比 2010 年增长 50% 以上,达到 8000~9000 美元的国际平均水平,初步进入到高收入国家及地区之列。

2. 结构调整目标

调整优化产业结构,加快发展第三产业,尤其是注意发展现代服务业,加强现代物流业、金融保险业、信息通信业等生产性服务业比重,建设现代服务业体系;以优势优先原则,建设国家先进装备制造业产业体系和国家新型原材料工业产业体系;以自主创新为原则,抓住沈阳新型工业化试验区发展契机,建设新型工业化体系;以延伸产业链、完善产业配套为重点,形成一批具有一定规模的产业集群体系;以海路运输、物流配送和电子商务为主体,以国际物流、区域物流、城市物流为支撑,形成本地区并辐射东北亚的现代综合物流体系;大力发展高新技术产业,高新技术产业增加值争取年均增长达到 25% 以上,到 2015 年高新技术产业增加值达到 1 万亿元。

3. 体制创新目标

"十二五"期间,全省发展面临的体制性矛盾将更加复杂,既有新兴市场经济体制与传统计划经济体制的矛盾,又有建立环境友好型社会、和谐社会与传统市场经济体制的矛盾。体制改革将从经济领域更多地扩展到社会管理和文化等社会领域。体制改革将由体制模仿转向以体制创新为主。在全面完成政府体制、国有企业体制、社会事业体制市场化改革的基础上,要重点推进流通、消费和分配结构的体制改革与创新,提高分配的公平性,注意对区域经济管理体制改革的试点与探讨,完善政府有效调控的新型社会主义市场经济体系。

4. 科技创新目标

大幅度提高区域创新能力和效率,全面提高劳动力素质。以提升经济和社会发展质量为中心,以增强全社会创新能力、形成社会创新体系为主导,全面提高劳动力素质、企业素质,形成以知识密集型的高附加值产业为支柱的产业结构,努力实现新型工业化和社会信息化,健全和扩张支柱产业自主品牌核心技术创新体系,科技对增长的贡献达到 60% 以上,高新技术产品增加值占生产总值的比重达到 30% 以上。发挥比较优势,在坚持引进、消化、吸收与自主研发相结合的基础上,侧重引进高新技术改造提升传统产业。全面开发和推广绿色技术、虚拟制造和网络制造技术、快速响应制造技术、精密成型和净成型技术，发展环保、低碳、非生物能源、生物基因工程、信息等高新技术产业。实现工业化模式由资源依托、投资拉动向技术密集、内需支撑的全面转变。

5. 城乡和谐发展目标

城镇化水平进一步提高，新农村建设稳步推进。到 2015 年，城镇化率达到 65%；加强城市基础设施建设，提高城市管理水平，增强城市对人口的吸纳与承载能力。新农村建设取得新成效，努力实现由农业大省到农业强省的新跨越，实现现代农业建设和农业产业化经营新突破，实现县域经济发展新突破。改善农村基础设施、农村公共服务和农村生态环境建设。全面打破城乡人口流动屏障，在加快大型城市现代化改造、新建数十个生态型中小城市的基础上，稳步推进农业人口城市化，尽快缩短农村农业人口向城市转移过程。实现城乡在社会保险、教育就业、卫生保健等社会事业方面的同等国民待遇，使城乡居民收入差距大幅度缩小。

6. 开放创新目标

加快全面开放步伐，促进体制机制创新，推动产业结构优化升级，促进区域经济增长，破除封闭观念，用世界的眼光和战略思维谋划发展。充分利用国内外两个市场、两种资源，实现可持续发展。促进外向型经济转型升级，不断吸引国内外先进技术，提高产品档次和市场竞争力。支持企业广揽国内外高新技术人才，兼并收购高新技术企业，建立以我为主的高新技术研发体系，培育自主的价值链条，提高国际竞争力。依托沿海经济带在东北亚的中心地位，推动产业由加工环节向研发和服务环节扩展，自主建立国内价值链，实现功能升级和部门升级，进而在全球市场上确立自己的品牌地位，使辽宁成为国际性的现代装备制造业，精深加工原材料业研发、加工和流通的中心区域。

7. 人民生活目标

城乡居民收入显著提高，城乡居民收入差距逐步缩小。城乡居民生活有较大改善，人均收入水平与沿海强省的差距逐步缩小。2010～2015 年城镇居民人均可支配收入和农村居民人均纯收入年均增长达到 10% 以上，到 2015 年，城镇居民人均可支配收入要达到 2.8 万元，农民人均纯收入达到 1 万元以上。城镇登记失业率控制在 5% 以下。

8. 社会进步目标

社会保障体系逐步健全。城乡居民社会保障覆盖面进一步扩大，保障水平进一步提高；覆盖城乡的医疗卫生服务体系逐步完善，实现基本医疗卫生服务人人享有；新型农村社会养老保险全面推开，到 2015 年新型农村社会养老保险基本覆盖全体农民；城镇居民社会保障覆盖面进一步扩大，实现人人享有社会保障的目标；全面发展教育、科技、文化、卫生、体育等社会事业，民主法制和精神文明建设进一步加强。社会事业经费投入持续增加，研究与试验发展（R&D）经费支出占 GDP 比重在 2015 年达到 2%以上。

9. 生态环境目标

资源利用效率不断提高。实现资源型产业结构向高新科技型产业结构转变，资源节约集约利用水平大幅度提高，单位地区生产总值能源消耗到 2015 年比"十一五"末再降低 20% 左右，万元工业增加值用水量比"十一五"末进一步降低；农业灌溉水利用系数进一步提高，单位面积灌溉用水量继续减少。

实现经济持续增长与生态环境优化的初步协调，基本扭转生态环境恶化的趋势。坚决落实功能区规划，初步形成生态省建设的机制和框架，全省环境监管能力实现现代化。大力发展可再生能源和核能，大力发展绿色经济。全面加强对荒漠、荒山、碱滩、污染水面治理，遏制可利用耕地和水资源总量下降的趋势，城市绿化率达到世界城市先进水平，主要污染物排放总量明显低于经济增长，重点流域和城市环境质量全面改善，农村环境得到全面整治。争取单位产出的资源消耗和污染物排放达到世界平均水平，建立起系统的循环经济体系，大力发展低碳经济，形成环境友好型社会。

（三）主要任务

1. 建设以沈阳都市圈为中心的辽宁城市化体系

由于我国在改革前后 30 年的发展过程中，都采取了工业化超前而城市化滞后的经济发展模式，由此导致了国内需求总规模与供给总规模严重不对称，社会经济总量循环过程中出现了一个巨大的断层，以至于改革开放以来不得不长期高度依赖外需发展国内经济。而本轮经济危机，彻底暴露了长期存在于国内经济与社会发展中的这一结构性矛盾。而始于 2008 年末到目前为止的国内应对危机的 4 万亿元投资刺激经济的措施，有可能进一步加大国内需求不足和产能过剩的矛盾。预期"十二五"初期初步应对危机后，国内将迎来一个城市化发展的高潮。因为，只有城市化才能打开国内长期、巨大、稳定的需求，是对冲外部需求萎缩的根本出路，也是中国经济在走向现代化过程中的内生性要求。

由于土地稀缺所导致的地价上涨和企业在竞争压力下提高效率发展产业集群的要求，发达国家和中国城市都在以都市圈模式进行发展。辽宁城市化体系建设格局，可以概括为"一个都市圈、一个'全域城市化'、一个城市带、六个一体化"。一个都市圈——沈阳都市圈；"全域城市化"——大连"全域城市化"；一个城市带——辽宁沿海城市带；六个一体化——沈（沈阳）抚（抚顺）、沈（沈阳）本（本溪）、沈（沈阳）铁（铁岭）、鞍（鞍山）辽（辽阳）、锦（锦州）葫（葫芦岛）、营（营口）盘（盘锦）一体化，以及若干县城和县区，如开（开原市）清（清河区）、盖州（盖州市）鲅（鲅鱼圈）一体化建设试点。

（1）"十二五"期间，辽宁城市化体系要重点建设沈阳都市圈。近年来，关于从辽宁中部城市群派生出来的"沈阳经济区"的研究讨论，在经济一体化方面，已经取得了很大进展。实践上，"沈阳、铁岭工业走廊"已投入建设；沈抚一体化已正式获得国家批准建设；沈阳本溪两市已签署了《沈本一体化建设合作框架协议》；等等。但在城市化或城镇化发展方面，从本质意义上讨论，辽宁中部城市群难以包括营口，更难以包括阜新。因为，无论是从空间距离，还是地理位置，在城镇化发展与建设方面，营口和阜新都难以被纳入辽宁中部城市群的范畴。辽宁中部城市群的发展与建设，要以沈（沈阳）抚（抚顺）、鞍（鞍山）辽（辽阳）一体化（同城化）为主体，推进辽宁中部城市群——沈阳都市圈发展与建设的一体化进程。

沈阳、抚顺是全国距离最近的两个特大型城市，空间上已经相连，历史、文化、习俗基本一致，两市市民之间的交往也十分频繁，"同城化"发展建设的要素齐全。2007 年 9 月沈阳市人民政府和抚顺市人民政府签订了《加快推进沈抚同城化协议》。之后，两市在交通、通信，沈阳、抚顺两市共同来管理建设的 400 多平方公里的沈抚新城等城市基础设施和新城区建设已经迈出了实质性步伐。沈阳约有 780 万人口，抚顺 220 多万人，通过沈抚同城化，将真正建成户籍人口超千万的大型城市联合体，沈（沈阳）抚

(抚顺)一体化前景光明。

鞍山、辽阳两市中心距离仅 25 公里，交通与城市建设已经"无缝对接"，鞍山达道湾工业园区与辽阳刘二堡经济开发区隔路相望，鞍钢张岭铁矿在辽阳，辽阳钢铁工业许多为鞍钢配套。地方史志记载，古时候鞍山曾隶属于辽阳，辽阳也曾隶属于鞍山。在辽宁中部城市群一体化发展建设中，鞍山、辽阳两市是继沈阳—抚顺一体化后，最具备一体化发展建设条件的城市。辽宁省发改委编制的《辽宁中部城市群总体发展规划纲要》中，提出了"大鞍山都市区"的概念，通过辽阳区域南扩、海城北靠，推进鞍辽一体化发展，构筑大鞍山都市区，已经指明了鞍山—辽阳一体化发展建设的方向和道路。鞍山现有人口约 480 万人，辽阳约 180 万人，"大鞍山都市区"的形成，将极大地优化辽宁城镇化布局，提升鞍山与辽阳的城市功能，达到 1+1 大于 2 的效果。

(2) 重点建设项目。启动建设沈抚二号公路和沈本开发大道，以及城际轻轨建设项目。新开工建设沈阳市地铁一、二号线延长线和三、四、五号线及其地上物业开发，以及与周边城市地铁对接的可行性研究。特别是要改革城市经济适用住房和保障性住房建设和使用制度，在保证和改善城市低收入居民住房条件的同时，逐步建立城乡居民平等购买使用经济适用住房和保障性住房的制度，降低农村人口进入城市的门槛，使改革开放的成果惠及全体人民；适度扩大城市经济适用住房和保障性住房建设规模，释放城乡购买力。

(3) 城市基础设施建设。在保持常规的改善人居环境，提高城市功能、城市污染治理、城市道路改造，地下管网建设，供水、供热、供电、供气、绿化等建设的同时，应该在促进城市一体化建设方面。发挥特殊的功能和作用。主要通过城际"三通"——公路交通、轨道交通和通信，"五网"——供水、供热、供电、供气、排污管网的一体化建设，以城市基础设施共享，推动城市一体化进程；以提高城市基础设施建设和使用效率，带动城市化建设的发展；以建设新型城市，促进新农村的建设；以城市人口规模的扩张，提高全社会的消费水平，进而提高消费在经济增长中的贡献率。

2. 扩大内需：建立公平分享经济增长成果的新机制

中国关于内需问题的讨论，其实已有十多年的历史。1997 年"亚洲金融风暴"爆发，我国出口形势很不乐观，1998 年国家第一次提出了有关拉动内需的口号,并实施了一些启动扩大内需的政策,其主要举措就是发行国债,力推基础设施建设。但是,东南亚金融危机过去后,2011年11月10日中国加入WTO,直接带动了中国出口快速增长,内需问题似乎不再突出,其后国内关于扩大内需的讨论更多地体现在舆论上了。2008年,发端于美国的金融危机直接导致了全球的经济危机和实体经济衰退。金融危机对中国的金融行业可能没有太大影响,但是对中国的实体经济却有着潜在的巨大影响。特别是由于过去30年来我国形成的外向型经济增长模式高度依赖境外消费市场,因而外部市场变化对我国经济增长的影响直接而明显。面对严重的金融危机所导致的出口萎缩,中国再次重提十年前的议题:扩大内需。"十二五"期间,辽宁应该把扩大内需作为一个重要战略任务予以高度重视。

(1) 改革税制——建立扩大内需的制度保障。

税制改革是扩大内需的首要途径。我国现行的许多税收制度是保护企业的制度,而不是保护消费者的制度。如关税、个人所得税等。特别是出口增值税返还,保护的是生产,而不是消费,并且实质上是对国内消费征收了17%的增值税,这显然不是鼓励消费需求的措施。因此,应该进一步降低或调整各项税率,这样才能促进国内消费需求。

(2) 改变"低工资"政策。

"低工资"政策在我国历史悠久。计划经济时期,实行"高积累、低消费、低工资"政策,那是由于计划经济体制下的政策环境保证了这种制度的有效性。虽然消费和社会福利水平相对要低一些,但仍然有一大块"隐性消费"非货币化。从计划经济向市场经济转变的过程中,则出现了另一种不合理状况:一方面,低工资政策迟迟没有解除,即使经济增长速度很快,但居民收入——包括农民收入和工薪阶层的收入仍然上不去。另一方面,传统的"隐性消费",如福利性的住房、医疗、养老以及子女教育迅速显性化、货币化。正是由于人们对这些制度改革的预期,使得其在低收入的水平上进一步减少了现期消费的支出。诚然,调整低工资政策并非主张要采取高工资政策,而是认为工资水平要与经济发展阶段和生产效率相适应,要有利于协调积累和消费的关系。

(3) 全面调整收入分配体系,不断培育壮大消费群体。

收入分配体系的不健全是造成内需不足的根本原因。在一次分配中,没有明确合理的国家、企业、居民三者的分配比例关系,劳动报酬偏低,没有建立劳动报酬的正常增长机制；在二次分配中，没有以制度形式明确各级财政用于社会保障以及转移支付的支出比例，难保二次分配的公平性、合理性；三次分配规模小，慈善捐赠有待健全机制，调节功能有限。特别是，由于一次分配的不合理使"强资本、弱劳动"趋势不断强化，初次分配过于"亲资本"，劳动者报酬占比总体偏低，劳动者工资增长赶不上企业利润增长。在发达国家，工资一般会占企业运营成本的50%左右，而在我国则不到10%。因此，欲扩大内需，必须深化收入分配制度改革，加大国民收入分配调整力度，增加城乡劳动者报酬，增强居民特别是低收入群众消费能力，培育壮大消费群体。

实施积极创业就业政策，加强创业项目开发。加大农村劳动力转移就业力度。引导高校毕业生到基层就业和自主创业。

完善社会保障制度，免除消费者后顾之忧。巩固养老保险省级统筹；全面实现农村养老全覆盖目标；实施被征地农民养老保险制度；建立健全基本医疗保险制度和失业保险体系，改善居民消费预期。

加大扶贫开发力度。逐步提高贫困人口自主发展能力和消费能力。

（四）构建辽宁新型产业体系

优化升级两大传统的主导产业：现代装备制造业、现代能源、原材料工业。大力培育发展四大新兴产业：具有核心竞争力的高新技术产业、具有较高劳动力吸纳能力的都市工业、引领循环经济发展的低碳环保产业、服务于新型经济体系的现代服务业。

1. 优化升级两大传统的主导产业

（1）发展现代装备制造业。

充分发挥辽宁作为我国传统装备制造业基地的基础优势，利用世界高端制造业加速转移、我国进入工业化中期的发展契机，大力发展以基础设备、成套设备和运输设备为主的现代装备产业。在机床、造船、能源冶金设备、工程机械、军工装备、运输设备等辽宁具有比较突出优势的领域，形成具有领先创新能力和集群规模效益的中国先进装备制造业产业聚集区。大力提高技术的集成创新能力，通过技术集成形成具有辽宁"创造"特色的装备制造业技术高地。

（2）优化升级原材料、能源工业。

辽宁原材料能源工业具有突出的基础比较优势。"十二五"时期，要加快建设临海石化大型重要基地。依托沿海经济带，建设具有国际辐射力和国内带动力的先进石化制造业基地。构建从炼油、乙烯、化纤到精细化工、润滑油、沥青、橡胶制品等系列产品体系。加大技术改造投入，提升产品质量定位，提高深度加工能力和产品类型拓展能力，实现与国际现代原材料能源产业对接，并达到在某些领域具有领先优势的行业发展水平。大力发展新型煤化工工业，顺应国家抑制传统煤化工、鼓励发展新型煤化工的政策导向，大力发展煤制油、煤制天然气等新型煤化工，改造升级煤制甲醇、合成氨、电石等传统煤化工，引导发展以优质煤和新型煤产品为原材料或能源的现代建材行业。

做强钢铁、有色金属产业基地。依托鞍钢等国家大型钢铁冶金骨干企业，以及沿海国际化港口建设，通过开发和引进优质原材料、提高技术、资金投入、调整产品结构、提高产品质量，大力构建以精品板材、精品特钢和精品建筑钢材基地和铝、铜、锌、镁、黄金等重点有色金属及深加工基地为主体的现代高端冶金产业基地。

改造升级传统能源产业，培育发展新型能源产业。"十二五"时期，要大力加强火电的清洁化改造和网络化建设，大力推动发展水电产业，全面提高能源供给能力和效率。同时，积极探索发展风能、太阳能、核能、生物质能等新型能源和可再生能源产业，逐步提高新能源在总能源供给结构中的比重。

2. 培育发展四大新兴产业

（1）建设具有核心竞争力的高新技术产业。

大力发展高新技术产业是辽宁振兴老工业基地，全面优化升级产业结构，提升产业发展水平，构建新经济竞争力的关键所在。"十二五"期间，辽宁高新技术产业主要面临两大任务，其一是创新和引进适用技术，加快对制造业、能源原材料等传统优势产业在产品设计、质量、清洁化生产、成本控制等方面的技术改造。其二是依据自身比较优势，培养发展电子信息、新型能源、海洋开发、生物工程与制药、新材料等重点产业，逐步形成具有自主创新能力和核心竞争力的特色高新技术产业体系。

（2）大力发展现代都市工业。

所谓都市工业是指依托大都市独特的信息流、人才流、现代物流、资金流等社会资源，以产品设计、技术开发和加工制造为主，以都市型工业园区为基本载体，能够在市中心区域生存和发展，与城市功能和生态环境相协调的有就业、有税收、有环保、有形象的现代绿色工业。辽宁以装备制造业为主体之一的工业体系，为现代都市工业发展提供了良好的发展条件。随着城市化建设步伐的加快，辽宁应该提出发展都市型工业的目标与任务。"十二五"时期，要大力发展中高端服装、食品、家电、日用品、医药、工艺美术等现代都市工业，大力吸引资金、技术、品牌投入，建设国内外营销网络，实现集约化、规模化、网络化、国际化发展。

（3）大力发展现代服务业。

现代制造业的发展趋势是"服务化"，生产性服务业已经成为发达国家和地区最具有增长能力的部门。"十二五"时期，辽宁要大力发展服务于现代装备制造业和现代原材料能源产业的生产性服务业。有序发展金融服务业，拓宽金融服务领域，健全金融中介服务体系。积极发展信息服务业，规范发展商务服务业和科技服务业，大力发展现代物流业，建设大型现代化物流基地和大宗商品流通市场，发挥辽宁的区位、基础设施、产业基础的综合优势，建设东北地区重要的现代物流中心。大力发展广告、会展、传媒等各种新型生产性服务业的业态。与都市工业相配套，优化改造传统商贸、餐饮、交通运输、通信、社区服务等传统服务业，同时大力推进新型商业业态发展。加强都市娱乐和观光旅游产业发展，建设和引进国内外大型都市娱乐演艺产业，推动旅游产业被纳入国际、国内旅游产业网络，构建辽宁现代服务业新增长极。

（4）寻找后危机时代经济增长新引擎，抢占低碳经济制高点。

目前各国政府尤其是发达国家正在采取一系列措施发展低碳经济，一场"低碳经济革命"正在悄然兴起。低碳经济孕育长期投资机会。从目前我国政策、技术、产业增长潜力等诸方面考察，我们认为低碳能源——风能、核能、太阳能等，新能源汽车、建筑节能、工业节能、智能电网等行业，都具有较大的投资机会，特别是和以往相比，低碳经济的一个突出特点是需要大量利用其上游的装备制造业，而辽宁省恰恰可以利用制造业优势发展低碳经济。因此，"十二五"期间，辽宁省应该抓住国际国内低碳经济的发展机遇，发挥辽宁装备制造业的基础优势，加大与发展低碳经济有关的固定资产投资力度，抢占发展低碳经济制高点，寻找后危机时代经济增长新引擎，扩展辽宁经济发展新空间。

（五）不断完善辽宁公共服务体系

"十二五"时期，要进一步加快公共服务发展，构建服务于新型产业、覆盖城乡全社会的均等化高效基本公共服务体系。

1. 继续加强基础设施建设

交通基础设施，在已经形成的省际高速公路网的基础上，加快城际高速公路网络和城乡连接线路、路网分支线建设，加强大城市轨道交通、公共交通能力建设。大力推动跨区域的高速客运铁路和货运专线铁路的建设，为新型工业体系和城市化体系的发展提供基础支撑。继续加快以大连港为主体的各枢纽港总体功能、吞吐能力和专业化码头建设，形成现代港口集群。新建扩建枢纽机场和北部支线机场，进一步提高航空运力和航线密度，构建东北航空运输中心。

提高城市基础设施服务能力。改造和新建城乡自来水管网系统、排污管网系统和燃气管网系统，发展多种形式低碳化的城市供热、污水治理、垃圾处理模式，鼓励发展低碳环保型基础设施。

提高基础教育水平，加快发展高等教育和职业教育。"十二五"时期，在继续扶持义务教育的同时，要鼓励社会资本进入高等教育领域，实现辽宁教育的全方位快速发展。加强教育信息化、网络化建设，缩小不同地区、不同学校之间在教师水平等方面存在的差距，促进教育均衡和平等，同时延伸和拓展学校教育功能，为社会提供多种教育服务。

构建覆盖全社会的基本医疗卫生服务体系。建立功能完善、反应迅速、运转协调的大型突发公共卫生事件应急机制，加强公共卫生信息系统建设。加强农村初级卫生保健的建设，完善农村医疗保障制度，实现新型农村合作医疗全覆盖。加强健康知识的普及教育，建立公众健康教育网络和信息网络。

大力发展文化体育事业。面向国内外推出具有辽宁地方特色的大型文化体育活动，树立辽宁文化大省的品牌，提升知名度和影响力，塑造鲜明的地域形象，建立艺术和体育发展的良性循环机制。加快博物馆、文化馆、体育场馆建设。

扩大非农就业，完善社会保障体系。通过就业服务和职业培训扩大就业和再就业。健全城乡统筹的社会保障体系，完善养老制度和最低生活保障制度，逐步实现社会保障的异地共享。逐步培育发展商业保险和保障项目，形成多层次的社会保障体系。

（六）建设新型的辽宁对外开放新格局

一是扩大开放地域，促进区域协调发展。由沿海经济带向北部、西部和东部地区拓展，沈阳经济区要向"四面八方"集聚与辐射，形成全省对外开放新格局。

二是扩大开放领域，促进产业优化升级。扩大服务业领域开放范围，加大服务业领域的招商引资力度，改变辽宁"重工业太重、轻工业太轻、服务业滞后"的局面。通过引进外资，改造、提升服务业水平，优化产业结构，促进产业升级，使第二、第三产业协调发展、互动发展。

三是完善各类园区功能，锻造有吸引力的开放平台。特别是沿海经济带的"五点"园区，要做好各类园区产业定位，整合各类园区功能，实现"集团化招商、协作化发展、信息化共享"。引导产业和企业向各类园区聚集，提高外向型经济的可持续发展能力。

四是"引进来""走出去"，实行双向开放。变单向引进外资为引进外资与对外投资相结合，既要"引进来"，还要"走出去"，充分利用境内、境外两种资源，境内、境外两个市场，优化生产要素配置，抵御各类经济风险。将开放战略由国际贸易向国际投资和国际经济技术合作延伸。充分发挥地处东北亚地区的地缘优势，强化与俄、日、韩、朝鲜之间的贸易、投资、服务、技术合作和人员往来，积极参与东北亚区域分工，促进全面开放格局的形成。

（七）建设辽宁创新体系

一是要尊重知识，尊重人才，尊重科技人员的劳动成果。要广开门路，吸纳海内外优秀知识分子来辽宁居住、生活、创业。要严格保护知识产权，鼓励科技人才创业兴办实体。

二是要重视教育，尤其是职业技术教育。辽宁是我国重要的装备制造业基地，许多有实际操作经验的老工人面临退休，一线熟练操作工面临断档的危机。在提高基础教育质量的基础上，要大力兴办职业技术教育，各级政府要加大对职业技术教育的财政投入，鼓励社会资本投入职业技术教育，鼓励大中型企业自办职业技术教育。职业技术教育学校在学科设置上要与辽宁产业发展现状与规划相匹配。

三是要以企业为主体，鼓励大中型企业建立技术研发中心，鼓励高等院校、科研院所与企业进行多种形式的结合，有重点地在装备制造、石化、生物工程、制药及新材料领域建立一批高水平的研发中心、工程技术中心和中试基地，努力形成一批具有国际竞争力的产业和拥有自主知识产权的产品。

四是要把发展高新技术产业当作经济建设的核心任务来抓，制定引导政策，鼓励高新技术产业发展，限制、淘汰落后产能，以各类产业园区为载体，强化产业准入机制、产品绿色认证机制和落后产业退出机制。

五是加强能够激励创新的制度建设。首先要继续深入推进国有企业改革，走出国有企业创新动力不足，民营企业创新能力不足的两难困局。其次要改革行政管理体制，增加政府投入，鼓励和支持创新。

六是管理创新。在发挥市场的基础性作用的同时，发挥政府的规划、引导和监管职能，引导各类产业向合适的区位聚集，为产业集群的形成创造有利条件，发挥产业集群的溢出效应。

七是创造品牌创新。品牌创新是区域创新体系形成的重要标志。由产品竞争到资本竞争到技术竞争再到品牌竞争，是创新发展的基本路经；由产品品牌上升到企业品牌上升，再到城市品牌或者区域品牌形成也是区域创新发展的必然过程。因此，应该把培育优势品牌作为辽宁省"十二五"的重要战略任务来抓。树立品牌竞争是最高水平的竞争的理念，使"辽宁制造"上升为"辽宁创造"。

辽宁省地区经济社会发展战略[*]

一 "十一五"(2006~2010年)辽宁经济社会发展取得的成就及目前所处发展阶段

(一)辽宁经济社会发展取得的成就

进入21世纪以来,特别是"十一五"时期,面对复杂多变的内外部发展环境,辽宁经济社会发展仍然取得了巨大成就。经济实力跃上新台阶,辽宁沿海经济带、沈阳经济区和辽西北三大区域协调发展形成新格局,产业结构优化升级取得新进展,改革开放实现新突破,基础设施和生态环境建设取得新成效,民生工程建设取得新进展,老工业基地进入全面振兴的新阶段。主要经济指标持续实现了不低于振兴以来的平均水平,不低于中国东部地区平均水平的发展目标。

到2010年末,预计辽宁地区生产总值达到1.7万亿元以上,年均增长预计达到13%左右,人均预计达到5000美元以上。

全社会固定资产投资达到5万亿元以上,年均增长30%以上。

全省地方财政一般预算收入达到2000亿元左右,年均增长20%以上。

全省城镇居民人均可支配收入和农村居民人均纯收入年均增长,平均约达10%。

总体观察,过去几年,是改革开放以来辽宁综合实力提升最快、城乡面貌变化最大、社会进步最显著、人民生活改善最好的时期之一。

---

[*] 中国辽宁、韩国京畿道、日本神奈川《第八回三地域友好交流会议》大会发言材料。

（二）辽宁目前所处发展阶段的基本判断

经济学界对一个国家或地区所处发展阶段判断的标准，大多采用工业化进程、工业内部结构和人均国民收入三个指标。以上述三个指标分析辽宁省当前所处的经济社会发展阶段，我们认为：

第一，辽宁已步入工业化后期、面临产业结构调整优化升级阶段。

对工业化进程的判别标准大多采用美国学者钱纳里和赛尔奎因的研究成果。钱纳里和赛尔奎因通过对20世纪中后期101个国家和地区的经济结构转变全过程的比较研究，得出了经济增长过程中产业结构转变的一般模式。具体衡量标准是：当第一产业的比重低到20%以下、第二产业的比重上升到高于第三产业而在GDP结构中占最大比重时，工业化进入了中期阶段；当第一产业的比重再降低到10%左右、第二产业的比重上升到最高水平时，工业化则到了结束阶段，即后期阶段，此后第二产业的比重转为相对稳定或有所下降。

1990年以来，辽宁三次产业结构不断变化调整。第一产业比重由1990年的15.9%下降至2008年的9.7%，一产比重首次降至10%以下。1990午三次产业比重为15.9：50.9：33.2，到2008年变动为9.7：55.8：34.5，第一产业下降6.2个百分点，第二产业上升4.9个百分点，第三产业上升1.3个百分点。对照赛尔奎因和钱纳里的结构模式，结合辽宁省产业结构变化的综合判断，辽宁省正处于工业化后期发展阶段，但工业化进程仍未完成，面临着新一轮的由产业优化升级带来的"再工业化"阶段，工业对经济仍会缺乏新一轮的增长作用。

第二，工业已经完成重工业化过程，处于从高加工度向集约化转变的阶段。

根据西方工业化发展进程经验来看，工业化过程中工业内部结构变动呈现如下规律：①工业化进程一般都从轻工业发展起步，然后逐渐向以基础工业为主的重工业转移，进入以原料和能源工业为中心的发展阶段；②在基础工业得到较充分发展的基础上，工业重心又向加工组装工业转移，使工业加工程度和产品附加值不断提高，进入高加工度化阶段；③随着技术进步导入并取代资本要素，工业化开始步入技术集约化阶段。

长期以来，辽宁省重工业一直占较大比重，20世纪末已经完成了基础原材料工业为主的重工业化阶段，并向高加工度化阶段发展。2000年以来重工业比重一般都占 80% 左右，结合目前辽宁省产业优化升级的现实状况，工业应处于由高加工度向技术集约化迈进的阶段。

第三，收入已达中等偏上收入标准，初步达到中等发达国家水平。

人均国内生产总值或人均国民生产总值是 20 世纪后半叶以来经济学家研究经济发展进程的重要依据。根据世界银行 2008 年最新的分类标准，人均国民收入低于 975 美元为低收入经济体，976～3855 美元为中等偏下收入经济体，3856～11905 美元为中等偏上收入经济体，高于 11906 美元为高收入经济体。

2008 年，辽宁省国内生产总值 13461.6 亿元，人均 31259 元。以 2008 年年底汇率计算，国内生产总值 1969.6 亿美元，人均 4573.6 美元。根据世界银行的收入分组标准，辽宁省属于中等偏上收入地区。中等发达国家的人均 GDP 标准为 3000～10000 美元，按此标准，辽宁省已经达到中等发达国家水平。

二 目前辽宁经济社会发展面临的形势

未来一段时间，辽宁经济社会发展面临崭新形势和发展环境。

国际社会，地界经济有望逐步摆脱金融危机的阴影，进入恢复性增长阶段。经济全球化和区域经济一体化将继续深入发展，国际资本、产业、技术、人才流动趋势继续加快，竞争将日趋激烈。国际商品贸易逐步复苏，但摩擦将愈加激烈。新兴市场经济国家在国际分工中将面临产业结构升级和经济发展方式转变的双重任务。世界经济发展格局面临深度调整，全球资源、产业、市场竞争将愈加激烈。

中国国内环境，区域间产业梯度转移速度将进一步加速，继珠江三角洲和长江三角洲崛起，环渤海经济圈和东北地区将加快成长为新的经济增长极；转变经济发展方式，将有力推动经济发展从要素驱动向创新驱动转变，进而促进新兴产业的发展；工业化和城镇化的"双轮驱动"，将深刻改造传统的经济社会结构；加快收入分配政策调整和改善民生政策实施，建设城乡均等的公共服务体系，将逐渐改变经济增长主要依靠投资和外需拉动的局面。

辽宁经济社会面临着极其有利的发展环境。一是辽宁经济发展空间还相当广阔。改革开放以来，与中国东部沿海地区持续约 30 年的经济高速增长相比,辽宁经济则长期处于调整状态。2003年中央提出振兴东北等老工业基地战略,辽宁经济才进入快速发展的轨道,经济发展空间还相当广阔。二是继续实施老工业基地振兴战略、辽宁沿海经济带开发开放上升到国家战略、沈阳经济区被确定为全国新型工业化综合配套改革实验区的"组合优势",将得到充分地发挥。三是中国应对金融危机制定的若干产业振兴规划,与辽宁的主导产业密切相关,进而将带动辽宁产业调整和优化升级。四是辽宁基础设施建设和环境保护将进入一个新的发展时期,持续提升基础设施和公用设施的质量与水平,修复生态环境,将进一步改善辽宁经济社会发展环境。因此,可以认为,今后现代长的一段发展时期,是辽宁实现全面振兴的"重要机遇期",是辽宁实现赶超的"黄金发展期",更是辽宁全面构建和谐社会和实现小康社会发展目标的"关键发展期"。

虽然,过去一段时间辽宁经济社会发展的各方面均取得很大成就。但是,仍然存在一些需要引起注意的问题。一是制约经济社会发展的深层次的结构性矛盾需要进一步解决;二是产业层次需要进一步提高,经济增长方式需要进一步转变,企业自主创新能力需要进一步增强;三是资源环境对发展的制约需要不断克服和消除;四是城乡居民收入分配结构需要进一步调整;五是区域发展之间的不平衡,需要进一步协调;等等。

三 辽宁经济社会发展战略和主要任务

(一) 发展战略

根据辽宁经济社会发展现状,经济发展所处阶段和面临的形势,我们认为,在历史发展基础上,未来相当长的时期内,辽宁还应继续坚定实施辽宁沿海经济带开发开放、沈阳经济区配套改革和突破"辽西北""三大战略"。完成发展转型、全面创新、修复环境、改善民生"三大战略任务"。

第一,"三大战略"。

1. 建设辽宁沿海经济带

以长兴岛国家级开发区和省综合改革试验区、及丹东、营口、盘锦、锦州、葫芦岛等省级开发区建设为重点,带动沿海经济带开发开放,建设全国对外开放的新高地;以大连东北亚国际航运中心建设为中心,以大连港为龙头,优化港口布局,整合港口资源,建设辽宁沿海经济带港口集聚带；以城镇化发展为驱动，推进沿海经济带的城镇化发展进程，在沿海各市之间连接带上规划建设 37 个新城、新市镇，建设辽宁沿海城镇带；大力发展临港产业和海洋经济，建设辽宁沿海经济带。

2. 大力推进沈阳经济区新型工业化综合配套改革进程

把沈阳经济区建设成为经济发展方式由粗放型向集约型转变的先导区，区域经济一体化、城市一体化发展的综合试验区，生态文明建设示范区，"科技含量高，经济效益好，资源消耗低，环境污染少，人力资源优势得到充分发挥"的新型工业化发展区。到 2020 年，沈阳经济区基本实现区域经济一体化，综合实力达到中等发达国家水平，成为东北亚地区重要的经济中心，成为拉动我国快速发展的新的经济增长极。

3. 突破辽西北

"十二五"期间，辽西北地区要在修复生态环境、培育产业基础等方面，再上一个新台阶，实现新跨越。修复生态环境。围绕"治山、治河，种树、种草""八字方针"，加快辽西北地区生态环境修复与建设。重点实施科尔沁沙地综合治理工程、三北防护林等造林绿化工程、辽西北草原生态建设工程、重点河流河道生态建设和水土流失综合治理等工程。全面改善和修复辽西北特别是辽西朝阳、阜新地区生态环境，使之达到或接近辽宁东部水平，奠定突破辽西北的生态环境基础。

培育产业基础。提高科技创新能力和大力发展新兴产业。加快推进传统产业结构优化升级，着力发展具有比较优势和特色的产业，建设农产品生产加工、林木加工、汽车改装及零部件制造业、液压件制造、现代物流五大产业集聚区；打造新型能源、煤炭和煤化工、精品钢材、有色金属及锰深加工、新型建材、氟化工生产六大新型产业基地，努力培育一批年销售收入超千亿元的产业集群、种植面积超百万亩的农产品生产基地等。

第二，"主要任务"。

发展转型——实现五大转型：第一，统筹经济社会发展，从传统的主要注重经济增长向更加关注生态环境、社会发展和民生改善转型；第二，统筹城乡发展，从城乡分割向城乡一体化转型；第三，经济增长要推动传统的以粗放外延发展模式为主向以集约内涵发展模式为主转型；第四，产业，从产业链低端向中高端转型；第五，发展动力，要从要素投入驱动向创新驱动转型。

全面创新——一是大力推进体制机制创新，加快经济、社会、科技、文化和行政管理体制的综合配套改革，为辽宁走科学发展之路提供强有力的制度保障；二是大力推进科技创新，走自主创新之路，不断提高自主创新能力，建设创新型区域，构筑科技创新高地；三是产业创新，大力发展高端创造业、现代服务业，鼓励技术创新和新产品开发，逐步实现由辽宁制造向辽宁创造的转变；四是管理创新，积极推广先进的管理理念和方法，强化管理能力建设，全面提高管理水平；五是大力推进品牌创新，实施辽宁品牌建设工程，积极培育自主品牌。

修复环境——遵循科技发展观的要求，建设资源节约型、环境友好型社会。加强能源资源节约，发展循环经济，推广低碳技术，倡导绿色生活，丰富资源环境约束，促进增长方式转变。保护修复生态环境，以辽东生态屏障建设保护区、辽西低山丘陵生态屏障区、辽河流域生态走廊为骨架，构建覆盖全省的生态安全战略格局，建设生态文明、节约能源资源和保护生态环境的产业结构、增长方式和消费模式，实现人与自然和谐发展。

改善民生——第一，坚持以人为本的科学发展观，把改善民生作为科学发展的出发点和落脚点。第二，加强民生工程制度建设，建立民生工程建设的长效机制，着力维护好广大人民群众的根本利益。第三，进一步完善城镇职工基本养老保险、失业保险、医疗保险、城镇居民最低生活保障制度，加快推进农村居民养老保险和新型农村合作医疗工作，逐步实现全省统筹和城乡统筹，建立全省统一、城乡统一、全民有份的社会保障体系。第四，不断深化收入分配制度改革，持续提高劳动者收入水平；拓宽就业渠道，增加公益性岗位，强化就业培训，搭建就业平台，完善就业预警制度，努力创建充分就业的和谐局面。第五，加强公共服务能力建设，提高公共服务水平和效率，建立多元化的公共服务体系，推进基本公共服务均等化。

四 加强辽宁、日本、韩国三方合作

三方合作具有坚实的基础：
1. 地理区位优势明显
辽宁、日、韩，一衣带水，空间距离近，海空交通运输便捷，同属东北亚地区。三方合作，交易费用相对低廉，具有天然的地缘优势基础。

2. 产业互补性较强

辽宁主要还是以中低端产业为主体。日、韩则以中高端产业为基础。三方产业有竞争性、环保产业等方面，具有世界水平，这为我们三方合作提供了重要的产业基础。

3. 辽宁发展空间广阔

辽宁沿海经济带"五点一线"临港产业发展空间、沈阳经济区以新型工业化为主体的传统产业改造和新兴产业发展空间、"辽西北"地区环境修复和产业转型发展空间等，十分广阔，为三方合作提供了空间基础。

因此，我们希望能够进一步加强三方在产业、技术、资金和人才等各方面的合作和交流，建立有利于促进合作与交流的体制和机制，实现共同发展，合作双赢。

辽宁省城镇化发展存在问题及对策建议[*]

辽宁省城镇化已基本进入都市圈、城市带发展阶段。如何在"十二五"期间进一步提高城镇化发展水平与质量是值得深入思考的问题。当前,省社科院结合辽宁省城镇化发展实际,经过多年调查研究,提出了"一群一带、东西两线、三中心六组团"的发展布局,并对城市建设和发展思路进行了科学定位,为辽宁省今后推进城镇化工作提供了有益借鉴。

一 辽宁城镇化发展的基本格局

一个国家或地区城镇化发展布局或基本格局基本取决于区位环境、交通条件、资源禀赋等要素。基于上述要素和对辽宁城镇化问题的多年研究,我们认为,辽宁城镇化发展基本格局拟应是"一群一带、东西两线、三中心六组团"。

"一群一带":一群,即辽宁中部城市群,以沈阳为中心,包括沈阳、鞍山、抚顺、本溪、辽阳、铁岭6个地级市;一带,即辽宁沿海城市带,包括丹东、大连、营口、盘锦、锦州、葫芦岛6个地级市。

"东西两线",即辽宁东西两条线状生态保护城镇,承担着水源涵养、防风固沙等生态保护使命。其中,东部由北向南排列着西丰、清原、新宾、桓仁、宽甸、凤城和岫岩7个县(县级市),大体呈半月形拱卫着中部城市群的水源生命线;西部由东北向西南,排列着康平、彰武、阜新满族自治县、阜新市、北票市、朝阳县、朝阳市、建平、凌原9个市县,大体呈"一字"形守护着中部城市群和整个辽宁沿海经济带的生态保护线。

"三中心六组团":三中心,即沈阳、大连、锦州三大区域性中心城市。

---

[*] 合作者:李劲为、田华。

沈阳、大连作为中部城市群和沿海经济带的区域中心地位已基本确立，锦州的区域中心城市地位则有待进一步确立。六组团，即包括沈阳抚顺一体化、鞍山辽阳一体化、锦州葫芦岛一体化、营口盘锦一体化、大连城乡一体化（全域城市化）、丹东东北亚国际化六个组团城市。

二　根据基本格局定位辽宁城市发展与建设取向

中部城市群：重点建设沈阳抚顺一体化（同城化）、鞍山辽阳一体化两大组团城市。沈阳、抚顺是国内距离最近的两个大型城市，"同城化"发展要素齐全；鞍山、辽阳两市中心距离仅 25 公里，交通与城市建设已实现"无缝对接"。这两大组团城市建设应以一体化建设为导向，完善老城区，建设新城区。依托两大组团城市，沈抚向北拉动铁岭，本溪向北靠拢沈抚、向西趋近鞍辽，最终建成以沈阳为中心，沈抚、鞍辽两大组团城市为主体，在中国乃至在世界有地位和重大影响的城市群。

沿海城市带：重点建设 4 大组团城市。锦葫一体化，即依托"两港"（锦州港、葫芦岛港）、"两区"（锦州西海工业区、葫芦岛北港工业区）、"四市"（凌海、锦州、葫芦岛、兴城），培育以"两港""两区"为纽带，锦州和葫芦岛为"双核"，兴城、凌海为两翼的辽西中心城市，与沈、大一起构成呈"三足鼎立"之势的辽宁三大中心城市；营盘一体化，即建设以营口市区为中心，盘锦市区和盖州、鲅鱼圈为副中心，盘山、大洼、大石桥为重要支点的组团式营盘沿海城市带；大连城乡一体化，即完善大连现市区，普兰店撤市设区，瓦房店市与长兴岛区域整合，庄河与花园口区域整合建设新城市，实现全域城市化；丹东"国际化"，即依托毗邻朝鲜半岛的区位条件，丹东市区南扩、东港市北上，沿鸭绿江建设具有国际化色彩的东北亚国际都市。

阜新、朝阳两市及 44 个县：应根据区位条件、资源禀赋及环境保护等要求，区别对待，重点建设基础较好、环境优越、交通便利，有发展潜力的节点城市。

"东西两线"县城（包括阜新、朝阳）：重点提升老城区建设水平，控制新城区建设规模，进一步完善城市功能，增强城市集聚生产要素的能力。"西线"重点建设阜新、朝阳和凌源；"东线"重点建设凤城市。"东西两线"其他县域人口转移应以向异地迁徙为主，因为这些地区生产要素及区位条件相对较差，环境承载能力较弱、大规模聚集经济和人口条件不够好，依托本地资源发展地区经济的潜力有限。

"东西两线"之外其他地区：重点建设基础较好、环境优越、吸引外部要素能力强、位于交通要道和两大城市之间节点、具有较大发展潜力的六个县级市。沈阳、阜新之间重点建设新民市，沈阳、锦州之间重点建设北镇市，沈阳、铁岭与吉林四平之间重点建设开原市，鞍山、营口之间重点建设海城市，营口、大连之间重点建设盖州市（包括鲅鱼圈），大连、丹东之间重点建设庄河市。上述六个县级市及位于"东西两线"的凌源市、凤城市，应成为"十二五"期间辽宁城市化建设的重点区域。

三 城市建设规模应按照"小变中、中变大、大变强"的层次同步展开，以发展大中城市为主

小变中——新民市、北镇市、开原市、海城市、盖州市、庄河市、凌源市和凤城市8个县级市，大多属于20万及以下人口的小城市。根据资源条件、交通环境等要素分析，这些地区具备发展成为20万~30万或30万~50万人口中等规模城市的基础。

中变大——铁岭、葫芦岛、辽阳等中等规模的城市，应在与周边城市一体化建设过程中实现中变大。

大变强——沈阳、大连两座特大型城市，应在辽宁中部城市群和大连全域城市化建设过程中实现大变强。

辽宁省工业化、城市化水平较高，占用了大量土地，土地资源已成为辽宁省工业化与城市化进一步发展的瓶颈。因此，辽宁城市化发展模式，应走以发展大中城市为主的道路，这就需要克服我国过去形成的以避免出现"大城市病"为理由，限制大城市，力主发展小城镇的观念。辽宁省44个县级地区，首先以建设县城为主，每个县平均至多选择两三个重点建设的乡镇，作为联结乡村与城市的枢纽，避免小城镇建设遍地开花，造成要素资源浪费。另外，小城镇建设应坚持"产业化带动、生态化保障"原则，继续推进"一村一业、一乡一业乃至一县一业"的现代农业产业园区发展模式，大力发展生态农业，强化生态城镇意识，加快农业生产方式转变。

四 以城市化发展为契机，调整行政区划，消除城市一体化发展障碍

以城市化发展为契机，调整行政区划是实现辽宁省城市化健康快速发展的重要条件。特别在"小变中、中变大、大变强"的建设过程中，应特别注意与周边地区的联系融合，考虑城市建设规模和外延走向，实现城市集约发展。"十二五"期间可在一些地区推进城市或城区一体化试点工程。

一是重点推出沈抚、鞍辽城区一体化建设试点。通过沈抚、鞍辽两大组团式城市建设，沈抚向北拉动铁岭，本溪向西靠拢鞍辽，构成中部城市群的南北两大集团，继而沈抚铁向南，鞍辽本向北，最终实现中部城市群一体化。

二是重点推出锦葫一体化、大连城乡一体化建设试点。传统的辽西地区包括盘锦、锦州、葫芦岛、朝阳和阜新五市，历史上的锦州是该区域的中心城市。由于锦州与沈阳、大连相比发展基础较弱，特别是1990年葫芦岛被分出，其曾经的辽西中心城市地位被削弱了。在新一轮城市发展高潮中，应通过锦葫一体化建设，重塑锦州的区域中心城市地位。其城市建设布局，可按照凌海—锦州—"两港"（锦州港、葫芦岛港）两区（锦州与葫芦岛两个开发区）—葫芦岛—兴城"四轴五点"组团式布局展开，避免出现"摊大饼"式的各自外延式扩大城区的建设模式，锦葫应联手沿锦州湾打造辽西走廊城市共同体。大连市及庄河、瓦房店市、普兰店、长海等地基础好，最具备实现城乡一体化的条件。"十二五"期间可将其列为试点地区，并逐步在全省推广。

三是重点推出开（开原）清（铁岭清河区）一体化、盖（盖州）鲅（鲅鱼圈）等县区一体化建设试点。

县城城区建设应避免各自为政、孤立进行，只要具备条件，就应统筹规划与周边地区对接，提高城市集约化水平和土地资源利用效率。如开原市和清河区同隶属于铁岭市，两地中心区间隔约10公里，历史上的清河区是隶属于开原的一个镇。目前，开原市与清河区城区建设已经对接，东西向已形成连绵十余公里的中等以上规模城市雏形。"十一五"时期，国务院副总理李克强同志在辽宁主持工作期间，就提出过"开清经济一体化"的建设构想。县级城市一体化的建设步伐可迈得更大一些，甚至可采取"行

政一体化"措施。地级市的城市一体化在"十二五"期间主要通过基础设施一体化建设和共享来推动,未来可根据国家行政体制改革情况,适时推动行政一体化改革。

五 科学统计城市化水平,彻底消除不利于农村人口城市化的政策壁垒

目前,在我国的城市化进程中,有约占 10 个百分点、总量约为 2 亿的"农民工"及其家庭人口还未享有城市住房、养老、医疗、教育等福利,实际上属于"被城市化"。辽宁省在加快城市化发展步伐时应着力避免这一现象。应在研究和讨论城市化问题上,严格按照户籍人口统计城市化率水平。建议选择典型地区开展农村人口城市化试点,如辽宁省产粮大县昌图的人口约 103 万,其中农村人口占 80% 以上,在该县开展城市化试点工作具有积极的示范与指导意义。应实施积极的城市化政策,大力推进城市化发展的体制改革与创新,彻底消除制约农村人口城市化的政策壁垒。